"十二五"职业教育国家规划教材
经全国职业教育教材审定委员会审定
国家林业和草原局职业教育"十三五"规划教材

林业法规与执法实务

（第3版）

谭丽凤　石荣胜　张　芳　主编

中国林业出版社
China Forestry Publishing House

图书在版编目(CIP)数据

林业法规与执法实务 / 谭丽凤, 石荣胜, 张芳主编. -- 3 版. -- 北京：中国林业出版社, 2021.8 (2025.6重印)

"十二五"职业教育国家规划教材经全国职业教育教材审定委员会审定　国家林业和草原局职业教育"十三五"规划教材

ISBN 978-7-5219-1229-6

Ⅰ.①林… Ⅱ.①谭… ②石… ③张… Ⅲ.①森林法-行政执法-中国-高等职业教育-教材 Ⅳ.①D922.63②D922.11

中国版本图书馆 CIP 数据核字(2021)第 115094 号

责任编辑：郑雨馨
电话：(010)83143611　　　　　　　　传真：(010)83143516

出版发行	中国林业出版社(100009　北京市西城区德内大街刘海胡同7号) E-mail: jiaocaipublic@ 163. com　电话：(010)83143500 http://www.forestry.gov.cn/lycb.html
印　刷	北京中科印刷有限公司
版　次	2007 年 8 月第 1 版（共印 6 次） 2014 年 8 月第 2 版（共印 8 次） 2021 年 8 月第 3 版
印　次	2025 年 6 月第 6 次印刷
开　本	787mm×1092mm　1/16
印　张	25.25
字　数	600 千字
定　价	62.00 元

数字资源

未经许可，不得以任何方式复制或抄袭本书之部分或全部内容。

版权所有　侵权必究

《林业法规与执法实务》(第3版)编写人员

主　　编：谭丽凤　石荣胜　张　芳

编写人员：(按姓氏笔画排序)

　　　　　王宏生　河南林业职业学院

　　　　　石荣胜　广西生态工程职业技术学院

　　　　　张　芳　山西林业职业技术学院

　　　　　李　卓　辽宁生态工程职业学院

　　　　　李潇晗　云南林业职业技术学院

　　　　　武亚莉　河南林业职业学院

　　　　　黄仲贵　广西生态工程职业技术学院

　　　　　谭丽凤　广西生态工程职业技术学院

《林业法规与执法实务》（第 2 版）编写人员

主　　编：石荣胜

副 主 编：韩建军　李晓明　张　芳

编写人员：（按姓氏笔画排序）

王宏生　石荣胜　刘晓瑞　张　芳　李晓明　武亚莉

黄仲贵　韩建军　谭丽凤　廖常规

《林业法规与执法实务》（第 1 版）编写人员

主　　编：张　力

副 主 编：李润东

编写人员：（按姓氏笔画排序）

邓先娥　孙丙寅　李润东　张　力　陈　飞　胡先祥

韩建军

主　　审：张　蕾

第3版前言

"十三五"时期,我国立法取得快速发展,以《宪法》为核心的中国特色社会主义法律体系日趋完善。《中华人民共和国森林法》《中华人民共和国野生动物保护法》《中华人民共和国防沙治沙法》《中华人民共和国动物防疫法》等与林业相关的多部法律法规也进行了大范围的修订,使林业建设从"有法可依"走向"良法善治"。

本教材将新修订的林业法律法规进行了梳理,既适用于当前高等职业院校林业技术专业及其林科类专业,也适合林业行政执法人员参考。

本教材共分为10个单元。第1单元为林业行政执法基本知识、主要介绍一些法学的基本理论知识。第2单元是行政许可法律制度,主要介绍林业行政许可方面的一些基本知识,为掌握具体的林业行政许可知识打下基础。第3单元至7单元主要是涉及林业的法律,包括:林权法律制度、森林培育法律制度、森林保护法律制度、森林采伐法律制度、森林经营管理法律制度、野生动植物保护和自然保护地法律制度等内容,这部分是林业行政执法的基础知识。第8单元至第10单元分别介绍林业行政处罚、林业行政复议和林业行政诉讼等方面的内容。

本教材附有数字教材,内容包括了林业行政复议和林业行政诉讼等内容,按需选择。

本教材有以下特点:

1. 本教材适应新时期法制建设的进程,更新林业法律法规新修订的内容,反映林业的新政策、新观点和新内容、保持内容的适用、新颖。
2. 本教材遵循职业教育人才培养的要求,注重实际应用,将理论融入实践中。
3. 本教材以案例引出法律问题,通过思考、分析,让学生能够更好地理解林业法律法规的规定,既生动、形象,又有科学、完整的理论体系。
4. 本教材采用纸质教材与数字教材结合的形式发行。注重教材的实用性,也考虑不同专业、不同岗位的需求。

本教材的总体目标:通过"林业法规与执法实务"课程的学习,使学生了解与林业生产、经营和生态建设相关的法律法规,增强法制观念,基本具备独立分析和解决与本课程有关的案例的能力,能从事林业执法能力。

知识目标:掌握与林业相关的法律法规的基础知识。

能力目标:能在林业行政管理、林业执法和相关生产实践中正确运用林业法律法规,并能解决实践工作中的各种实际问题。

思政目标:培养学生学法、尊法、守法、用法、诚实守信、爱岗敬业、依法行政的职业精神、团队合作精神和友爱互助精神；激发学生热爱林业和生态环境建设事业的思想感情，践行绿水青山就是金山银山的理念，全面落实"依法治林"，建设生态文明，实现美丽中国。

本教材第 1 单元由李卓编写；第 2 单元由武亚莉编写；第 3 单元由谭丽凤编写；第 4 单元由王宏生编写；第 5 单元由张芳编写；第六单元由黄仲贵和谭丽凤编写；第 7 单元由谭丽凤编写；第 8 单元由李卓编写。数字教材部分，林业行政复议由王宏生编写；林业行政诉讼由李潇晗编写。全书由石荣胜统稿。

由于编者水平有限，书中难免存在疏漏和不足，恳请专家和广大读者批评指正。

编　者
2021 年 5 月

第2版前言

本教材共分为10个单元。第1单元为林业行政执法基本知识,主要介绍一些法学的基本理论知识。第2单元为林业行政许可,主要介绍林业行政许可方面的一些基本知识,为掌握具体的林业行政许可知识打下基础。第3~7单元主要涉及林业的法律制度,包括:林权法律制度、森林培育法律制度、森林保护法律制度、森林采伐利用法律制度、野生动物保护法律制度等内容,这部分是林业行政执法的基础知识部分。第8~10单元分别是林业行政处罚、林业行政复议和林业行政诉讼等方面的内容。

本教材具有以下特点:

1. 本教材的总体设计思路为以突出能力培养为主体,精心选择和设计案例,贴近林业实际,注重培养学生的综合能力。

2. 本教材以案例组织课程教学,通过对案例的剖析引出相应的知识点,打破了以知识传授为主要特征的传统授课模式,使学生具备独立分析和解决本课程有关案例的能力。

3. 本教材的练习注重围绕章节知识点设计案例剖析,同时注重巩固和加深对理论知识的掌握,体现了高等职业教育的特点。

4. 本教材的编写紧紧围绕课程目标进行。

本课程的总体目标:通过"林业法规与执法实务"课程的学习,使学生了解与林业相关的法律法规,基本具备独立分析和解决与本课程有关的案例的能力,能从事林业执法活动。

知识目标:掌握与林业相关的法律法规的基础知识。

能力目标:具备独立分析和解决各种案例的能力,能在林业行政管理、林业执法和相关生产实践中正确运用林业法律法规,并能解决实际工作中的各种实际问题。

本教材第1单元由李晓明编写;第2单元由武亚莉编写;第3单元由韩建军和廖常规编写;第4单元由王宏生编写;第5单元由张芳编写;第6单元第1~4、6节由石荣胜编写,第5节由黄仲贵编写;第7单元第1~3节由谭丽凤编写,第4、5节由黄仲贵编写;第8单元由张芳编写;第9单元由王宏生编写;第10单元由刘晓瑞编写。韩建军对第2、4、5、8单元进行了初步修改,李晓明对第9、10单元进行了初步修改,全书最终由石荣胜进行统筹修改和定稿。

由于编者水平有限,书中难免存在疏漏和不足,恳请专家和广大读者批评指正。

编 者
2014年3月

第1版前言

本教材的编写贯彻"以服务为宗旨,以就业为导向"的职业教育方针,按照高等职业教育人才培养目标的要求,突出职业能力和实践技能的培养;适应新时期林业工作的根本性转变和全面推进"依法治林"方针的需要,较好地吸收与林业行政执法相关的法律、法规的新知识、新内容和新观点,反映新时期林业建设的方针和林业法制建设的新发展,内容实用、新颖、全面,注重理论与实践相结合,注重实际运用能力的培养,体现高等职业教育的特点。

本教材内容涉及面广,因讲授时数所限,教学中可以根据实际需要选择重点。教学中应当将教师讲授与指导学生阅读、练习及实训结合起来。通过本课程的学习,使学生增强"依法治国、依法治林"观念,熟知和掌握与林业生产建设有关的法律知识和林业行政执法的基本理论及实务,具有依法进行林业生产经营活动和从事林业行政执法活动的能力。本教材适用于高职高专学校林业技术专业和林科类其他相关专业,也适合成人高等教育使用和林业行政执法人员参考。

本教材由广西生态工程职业技术学院张力主编,河南科技大学林业职业学院李润东为副主编。参加编写的有辽宁林业职业技术学院陈飞,杨凌职业技术学院孙丙寅,湖北生态工程职业技术学院邓先娥、胡先祥,黑龙江林业职业技术学院韩建军。全书共11单元,张力编写了绪论、第2、第5单元、第4单元第5节、第7单元第4节、第8单元第8节,对第3单元和第6单元初稿做了全面修改和补充,对第1、第4和第7单元初稿做了局部修改;李润东撰写第9、10单元,对第8单元初稿做了全面修改和补充,对第1、第3和第11单元初稿做了局部修改;陈飞撰写第1单元和第7单元初稿;孙丙寅撰写第4单元初稿;邓先娥撰写第11单元初稿;胡先祥撰写第3单元1~2节和第8单元第1~7节初稿;韩建军撰写第3单元3~4节和第6单元初稿。全书最后由张力定稿。

本教材在教育部高职高专教育林业类专业教学指导委员会的组织下完成。在编写过程中得到国家林业局政策法规司、全国林业职业教育研究会、国家林业局职业教育研究中心等有关领导、专家的指导,谨在此表示衷心的感谢。

由于编者水平有限,书中缺点和错误在所难免,诸专家和读者批评指正。

编　者
2006 年 12 月

目 录

第 3 版前言
第 2 版前言
第 1 版前言

单元 1　林业行政执法基本知识 · 1
1.1　林业行政执法概述 · 1
1.2　林业行政执法主体与相对人 · 4
1.3　林业行政执法的内容及种类 · 7
1.4　林业行政执法基本法律依据 · 11
1.5　林业违法行为及其法律责任 · 20
1.6　林业行政执法监督 · 25

单元 2　林业行政许可法律制度 · 30
2.1　林业行政许可概述 · 30
2.2　林业行政许可设定制度 · 35
2.3　林业行政许可实施主体 · 38
2.4　林业行政许可实施程序 · 40
2.5　林业行政许可听证 · 50
2.6　林业行政许可的费用 · 54
2.7　林业行政许可的监督与责任制度 · 56
2.8　违反行政许可法规的法律责任 · 61

单元 3　林权法律制度 · 69
3.1　林权制度 · 69
3.2　森林、林木、林地流转 · 75
3.3　林权纠纷处理 · 80
3.4　占用征用林地管理 · 89
3.5　违反林权管理法规的法律责任 · 99

单元 4　森林培育法律制度 · 105
4.1　造林绿化法律制度 · 105
4.2　林木种苗管理法律制度 · 112

4.3　植物新品种保护法律制度 …………………………………… 120
　　4.4　退耕还林还草法律制度 …………………………………… 126
　　4.5　防沙治沙法律制度 ………………………………………… 134

单元 5　森林保护法律制度 …………………………………………… 143
　　5.1　森林保护法律制度概述 …………………………………… 143
　　5.2　森林草原防火法律制度 …………………………………… 151
　　5.3　林业有害生物防治法律制度 ……………………………… 170
　　5.4　林业植物检疫法律制度 …………………………………… 179

单元 6　森林经营管理法律制度 ……………………………………… 196
　　6.1　公益林和商品林的划定 …………………………………… 196
　　6.2　森林经营方案编制 ………………………………………… 199
　　6.3　森林采伐制定 ……………………………………………… 200
　　6.4　其他相关制度 ……………………………………………… 207
　　6.5　木材流通监管 ……………………………………………… 208
　　6.6　伐区管理法律制度 ………………………………………… 210
　　6.7　违法森林经营管理的法律责任 …………………………… 215

单元 7　野生动植物保护与自然保护地法律制度 …………………… 227
　　7.1　野生动物保护法律制度 …………………………………… 227
　　7.2　野生植物保护法律制度 …………………………………… 248
　　7.3　野生动植物进出口法律制度 ……………………………… 255
　　7.4　自然保护地法律制度 ……………………………………… 259
　　7.5　古树名木保护制度 ………………………………………… 274

单元 8　林业行政处罚 ………………………………………………… 281
　　8.1　林业行政处罚基本知识 …………………………………… 281
　　8.2　林业行政处罚的种类 ……………………………………… 283
　　8.3　林业行政处罚管辖和移送 ………………………………… 285
　　8.4　林业行政处罚证据 ………………………………………… 288
　　8.5　林业行政处罚程序 ………………………………………… 294
　　8.6　林业行政处罚的执行 ……………………………………… 300
　　8.7　违反林业行政处罚法规的法律责任 ……………………… 303
　　8.8　林业行政处罚文书 ………………………………………… 306

单元 9　林业行政复议 ………………………………………………… 327
　　9.1　林业行政复议概述 ………………………………………… 327
　　9.2　林业行政复议的范围 ……………………………………… 332
　　9.3　林业行政复议的管辖 ……………………………………… 334
　　9.4　林业行政复议参加人 ……………………………………… 337
　　9.5　林业行政复议程序 ………………………………………… 340

  9.6 违反行政复议法律、法规的法律责任 …………………………… 351
单元 10 林业行政诉讼 ……………………………………………………… 355
  10.1 林业行政诉讼概述 …………………………………………………… 355
  10.2 林业行政诉讼的管辖 ………………………………………………… 360
  10.3 林业行政诉讼参加人 ………………………………………………… 367
  10.4 林业行政诉讼程序 …………………………………………………… 375

参考文献 ………………………………………………………………………… 389

附 录 ………………………………………………………………………… 390

单元 1　林业行政执法基本知识

学习目标

1. 了解我国立法体制的含义及特点、法的表现形式、适用原则及法的效力。
2. 掌握林业行政执法的概念、特征、内容、种类、监督等法律规定和要求，做到执法必严，违法必究，公开、公平、公正。
3. 掌握我国林业法律法规体系的基本构成。
4. 能够根据案情及违法行为的构成要件确定林业行政违法行为，学会正确运用法律知识分析和解决林业行政执法实践中遇到的新情况和新问题，不断提高林业行政执法水平。

1.1　林业行政执法概述

案例

2020年8月5日，村民贾某得知邻居田某手上有一批盗伐的木材，遂从田某处收购了15立方米，随后用自家的农用车运输出去准备转手卖掉，途经县某木材检查站时被工作人员拦下，经检查，工作人员发现该木材来源不明，贾某无木材采伐许可证，遂将木材暂扣，并立即报请县林业局处理。县林业局经调查核实后，决定对贾某作出没收违法收购、运输的木材15立方米的行政处罚。

1. 本案中的木材检查站的行为是否属于林业行政执法？为什么？
2. 县林业局执法应遵循哪些基本要求？

1.1.1　林业行政执法概念及意义

(1) 林业行政执法的概念

林业行政执法是指林业行政主管部门和法律、法规授权的组织（以下简称林业行政主体）依照法定的职权和程序，运用有关的法律、法规和规章，对特定的公民、法人或者其他组织作出的对于林业生产、经营、管理活动具有约束力的具体行政行为。林业行政执法

— 1 —

行为也是各级林业行政主管部门经常、大量、具体的行政行为。

(2) 林业行政执法的意义

① 林业行政执法是我国林业法制建设的重要标志。政府领导和管理着庞杂的经济、文化等行政事务，林业行政执法在林业行政管理领域内发挥着强有力的调控作用。当前，我国林业行政法律体系已基本形成。如果林业行政执法不能有效进行，林业行政立法的目的就无法达到。由此可见，林业行政执法在林业法制建设中占有重要的地位。

② 林业行政执法是实现林业行政管理职能的重要方式。在林业行政管理的实际过程中，一切林业行政法律体系所涉及的法律规范，都必须通过行政执法这一基本方式得到具体实施和切实执行；一切行政管理和服务，也都必须通过行政执法这一基本方式才能具体而有效地作用于相对人和国计民生。从一定意义上讲，林业的行政管理是通过行政执法的具体途径和强有力手段来保障实现的。可以说没有林业行政执法，林业行政管理就没有具体的措施和有效的手段，就不可能实现林业行政管理的职能。

③ 林业行政执法有利于维护和平衡各方面权益。林业行政执法维护国家、集体以及公民、法人和其他组织的利益，维护林业行政管理秩序，切实保护森林资源，促进林业建设持续、稳定、健康地发展。

1.1.2 林业行政执法特征

林业行政执法的特征，是指可以作为林业行政执法标志的显著特点。主要有以下 4 个方面。

① 林业行政执法的主体是由林业法律法规设定的。主要包括林业行政机关和法律、法规授权的组织。其他任何组织和个人都不能成为林业行政执法的主体。

② 林业行政执法是林业行政主体执行法律、法规和规章的行政行为。行政执法行为一经作出即由国家强制力保障，直接产生一定的法律效果。有关当事人必须遵守和服从，非因法定原因并经法定程序不能停止执行和中断其效力。

③ 林业行政执法是一种具体行政行为。林业行政执法是林业行政主体将法律、法规和规章直接应用于具体的人或组织的行为，是一种具体行政行为。

④ 林业行政执法行为的内容是林业行政机关对林业行政相对人的权利义务发生有利或不利的影响。主要表现在两个方面：一是行政机关依法作出决定，赋予相对人某项权利或要求相对人承担某项义务；二是对相对人是否依法正当行使权利和履行义务的情况进行监督检查，查处其违法行为。

1.1.3 林业行政执法基本原则

(1) 公正原则

公开原则是指林业行政主体进行行政执法行为时的执法依据、执法理由、执法程序等法定事项均应依法公开，但涉及国家秘密、商业秘密和个人隐私的事项除外。

(2)合法原则

合法原则是指林业行政主体作出具体行政执法行为时的主体、内容、程序、形式等均应符合宪法、法律、行政法规、地方性法规和规章等规定。

(3)合理原则

合理原则是指林业行政主体作出具体行政执法行为时应符合法理、情理、事理,应当遵循蕴含于法律规范中的法律原则和精神,应当合乎理性、适度、妥当,不得滥用行政执法权。

1.1.4 林业行政执法基本要求和有效要件

(1)林业行政执法基本要求

林业行政执法直接关系到相对人的合法权益,关系到政府的威望和社会主义现代化建设事业的成败。因此,要求林业行政执法机关及其执法人员必须做到正确、合法、及时,这三者是互相联系、不可分割的整体。

"正确",是指在林业行政执法活动中,要做到事实清楚,定性准确,处理恰当;"合法",是指在行政执法中必须严格依法办事;"及时",是指在正确、合法的前提下,行政执法机关必须提高工作效率,遵守法定时限,不拖延,不积压,审慎而又迅速地解决问题。

(2)林业行政执法有效要件

林业行政执法行为并非任何条件下都有效,必须符合法定的条件,否则就会导致该行为的无效、可变更或可撤销。林业行政执法行为有效的要件如下:

①行为主体合法。即实施行政执法行为的机关或组织具有合法的行为主体资格。它包括以下两层意思:一是有权实施林业行政执法行为的是行政机关和法定授权的组织;二是实施的行政行为应限定在其法定或授权的职权范围内。

②行为内容合法。要求具体行政执法行为的内容合法、适当。它包括三层意思:一是行政执法行为所依据的事实清楚、主要证据确凿、充分;二是行政执法行为适用法律、法规和规章正确;三是执法效果公平正义,正确行使裁量权,达到法律效果和社会效果和谐统一。

③执法程序正当。正当执法程序是防止滥用行政执法权,行政专制,保障行政民主,保护相对人合法权益不被侵犯的有力屏障。程序合法的要件主要有:一是执法行为符合法定方式,包括执法行为公开、保障相对人的知情权、陈述权、申辩权、听证权等规则和制度;二是执法行为符合法定步骤、顺序、方式和方法;三是执法行为符合法定期限;四是在法无明文规定的情况下,应当符合立法目的、程序正义的法律宗旨、原则和精神。

合法有效的林业行政执法行为具有以下法律效果:一是确定力,也称不可变更力,是指行政执法行为一经有效确定,非因法定原因并经法定程序不得变更或撤销;二是约束力,是指有效的行政执法行为对个人或组织和行政执法主体具有相同的约束效力;三是执行力,是指行政执法或法定授权的组织依法采取一定措施,使行政裁决得以实现的权力。

案例解析

1. 不属于。根据林业行政执法的概念和有效要件可知,林业行政执法主体必须是林业行政主管部门和法律、法规授权的组织,并且林业行政执法主体实施的行政行为应限定在其法定或授权的职权范围内。根据《森林法》第七十八条规定:"违反本法规定,收购、加工、运输明知是盗伐、滥伐等非法来源的林木的,由县级以上人民政府林业主管部门责令停止违法行为,没收违法收购、加工、运输的林木或者变卖所得,可以处违法收购、加工、运输林木价款三倍以下的罚款。"本案中,木材检查站不属于林业行政执法主体,其暂扣行为也不属于林业行政执法。

2. 林业行政执法机关及其执法人员执法必须做到正确、合法、及时。"正确",是指在林业行政执法活动中,要做到事实清楚,定性准确,处理恰当。"合法"是指在行政执法中必须严格依法办事。"及时",是指在正确、合法的前提下,行政执法机关必须提高工作效率,遵守法定时限,不拖延,不积压,审慎而又迅速地解决问题。

1.2 林业行政执法主体与相对人

案例

2017年11月5日,村民张某上山放牧时吸烟,不慎引起山草燃烧,因扑救及时,只烧了5平方米的草地,未造成其他损失,但此事恰巧被护林员发现上报给乡林业站,乡林业站即向县林业局作了汇报。由于案情简单,加之县林业局人手不够,县林业局便发文授权乡林业站全权查处该案。林业站进行了调查取证,在事实清楚、证据确凿的情况下,以林业站的名义,对当事人张某作出了罚款100元的行政处罚决定。张某不服,认为自己虽在山上引起小火,但烧的是杂草,没有造成损失,不应受到处罚,遂向人民法院提起行政诉讼。县人民法院审理后,认为乡林业站不是一级林业行政主管部门,不具备行政处罚主体资格,其行为属于越权行为;乡林业站辩称,县林业局已根据有关法律授权其全权查处该案,林业站以自己的名义作出处罚决定是正确的。

1. 本案中谁是相对人?相对人有哪些权利?
2. 本案中的林业站能否以自己的名义对张某作出行政处罚?

1.2.1 林业行政执法主体概念和要件

(1)林业行政执法主体的概念

林业行政执法主体是指享有国家行政执法权,能以自己的名义从事林业行政执法活动,并能独立地承担由此产生的法律责任的林业行政机关或组织。它具有以下特征。

①林业行政执法主体是有权实施林业行政执法行为的林业行政机关或组织。在我国,行政机关是指政府及政府各部门,但并非所有的行政机关都是行政执法主体,如编制委员

会就不是行政执法主体。行政机关必须具有行政执法权,才能成为行政执法主体。

②林业行政执法主体是能够以自己的名义进行林业行政执法活动的行政机关或组织。这是与受委托组织的主要区别,委托的组织不能以自己的名义进行行政执法,它必须以委托的行政机关的名义进行执法活动。例如,乡(镇)林业工作站受县级林业行政主管部门的委托后,可以以县级林业行政主管部门的名义,代为进行林业行政执法活动。

③作为林业行政执法主体的行政机关和组织应当有能力承担因其行政执法行为的违法或不当所引起的法律后果。依据《国家赔偿法》*的规定,行政机关及其工作人员在行使行政职权时,侵犯了公民的人身权和财产权,受害人有得到赔偿的权利。

(2)林业行政执法主体适格的要件

享有林业行政执法权的行政机关是林业行政执法主体,有些非行政机关经法律、法规授权后,也可成为行政执法主体。林业行政执法主体必须同时具备以下要件:

①必须是依法成立的行政机关和法律、法规授权的组织。行政机关依法设立的途径,一是依据宪法和组织法规定必须设立的国家行政机关,如乡级、县级、省级人民政府和中央人民政府即国务院;二是根据宪法和法律规定,经有关机关批准设立的行政机关。其他组织在设立的程序和条件方面虽然没有行政机关那样严格,但也必须是依法或经有关主管部门的批准、或经注册登记的合法组织。

②必须具备法人资格。法人是指具有权利能力和行为能力、依法独立享有权利和承担义务的组织。权利能力是法人享有法律权利、承担法律义务的资格,而行为能力是法人以自己的意思独立进行法律活动的能力,又是法人对其法定代表人或其工作人员及其代理人的职务行为独立承担法律责任的法律依据。独立的名义、独立的财产、独立的意思和独立的责任为所有法人固有的基本法律特征。这些特征是法人与其内设机构、派出机构、分支机构在法律地位上的根本区别。我国《民法典》将法人分为营利法人、非营利法人和特别法人。

③必须享有法定的行政执法权。行政机关或其他组织依法成立并具有法人资格后,并非当然就是行政执法主体,还必须享有法定的行政执法权,"先有权利,后有行为"是法律上的一条基本原理。行政机关享有行政执法权的途径:一是国家法律、法规、规章在其依法成立之时就赋予其行政执法权;二是根据《行政处罚法》的规定,国务院或者经国务院授权的省、自治区、直辖市人民政府可以决定一个行政机关行使有关行政机关的行政处罚权。三是其他组织享有行政执法权的途径是法律、法规的授权。

1.2.2 林业行政执法主体的种类

(1)职权性执法主体

职权性执法主体是指由宪法和组织法以概括性和原则性规定的方式,赋予各级林业行政机关行政执法的主体资格。一是享有林业行政执法权的国家行政机关属于职权性主体,即依职权而成为行政执法主体的国家行政机关。《森林法》第十条规定,国务院林业主管部

---

* 《国家赔偿法》是《中华人民共和国国家赔偿法》的简称,文中其他法律名称统一采用简称,其对应的全称见附录。

门主管全国林业工作。县级以上地方人民政府林业主管部门，主管本地区的林业工作。因此，县级以上林业主管部门，是县级以上人民政府主管林业事务的工作部门，它对外具有行政机关的地位，具有独立的外部主体资格，享有林业行政执法权，成为当然的林业行政执法主体；二是依有权行政机关决定而成为行政执法主体的行政机关也属于职权性主体。根据《行政处罚法》的规定，国务院或者经国务院授权的省、自治区、直辖市人民政府可以决定一个行政机关行使有关行政机关的行政处罚权。这是我国积极探索建立高效率的、有权威的行政执法体制的重要举措。现在部分省、自治区、直辖市人民政府正在进行这项工作的试点。

（2）授权性执法主体

授权性执法主体是指法律、法规将某项或某一方面的行政职权的一部分或全部通过法定授权方式授予某个行政机关或者非行政机关的公益性组织，从而使其获得以自己的名义对外依法独立行使行政执法权的主体资格。如经法律、法规授权而获得以自己的名义对外独立进行林业行政执法行为的事业单位。例如，《森林法》授予森林公安机关享有行政执法权，《植物检疫条例》授权植物检疫机构享有植物检疫行政执法权，自然保护区管理机构拥有《自然保护区条例》赋予的行政执法权。

（3）受委托性执法主体

林业行政机关依照法律、法规或规章的规定，可以在其法定权限内委托一定的组织进行行政执法行为。受委托的组织不具有行政执法主体的资格，它只能以委托行政机关的名义从事行政执法活动，其执法的法律后果由委托的行政主体承担。在法定情况下，受委托的对象也可以是法定的个人。

1.2.3 林业行政执法相对人的权利和义务

（1）林业行政执法相对人的概念

林业行政执法相对人是指在林业行政执法活动中与林业行政执法主体相对应的，受执法主体的行政行为影响的个人或组织。林业行政执法的顺利实施离不开林业行政执法相对人的积极配合，林业行政执法相对人在林业行政执法活动中具有重要作用。

（2）林业行政执法相对人享有的权利

根据有关法律、法规的规定，林业行政执法相对人在林业行政执法活动中主要享有下述权利。

①提出申请的权利。行政相对人有权依法向林业行政执法主体提出实现其法定权利的各种申请。例如，依法申请林权确认、申请林木许可证等林业证书，请求依法解决林权争议等。

②知情权。行政相对人有权依法了解林业行政执法主体的各种行政行为和法律依据。包括行政执法主体作出的决定、根据和理由以及相关的规范性文件、程序和规则等内容。

③要求听证的权利。在林业行政执法主体作出对行政相对人的权益影响较大的行政行为之前，林业行政相对人有依法提出申辩和要求举行听证的权利。给予林业行政相对人以

充分辩论、申诉、维护自己的合法权益，有利于监督林业行政执法主体作出合法、公正的林业行政执法行为。

④获得救济的权利。林业行政执法相对人对于林业行政执法主体作出的具体行政行为不服，有权依照《行政复议法》的规定申请林业行政复议，或者依照《行政诉讼法》的规定提起林业行政诉讼。当林业行政执法主体的行政行为违法，侵犯行政相对人的合法权益并造成损失时，行政相对人有请求行政赔偿的权利。

⑤抵制违法行政的权利。林业行政执法相对人对于行政主体实施的明显违法的行政执法行为有权依法予以抵制。例如，抵制没有法律根据的罚款、摊派和乱收费等行为。

(3) 林业行政执法相对人的义务

根据有关法律、法规的规定，林业行政执法相对人在林业行政执法活动中应当履行以下义务。

①遵从和配合行政执法的义务。依法服从和履行行政主体作出的生效林业行政执法处理决定。

②遵循行政程序的义务。林业行政执法相对人在请求林业行政执法主体为一定行为或者不为一定行为时，应该遵循相应的法定步骤、手续和时限，否则可能导致不利的法律后果。

③接受行政执法监督的义务。林业行政相对人在林业行政执法活动中负有向行政主体提供真实信息，自觉接受林业行政执法主体依法实施的检查监督的义务。如造林质量检查，采伐林木的伐区作业检查等。

 案例解析

1. 林业行政执法相对人是指在林业行政执法活动中与林业行政执法主体相对应的，受执法主体的行政行为影响的个人或组织。本案中的相对人是村民张某。张某享有下列权利：①提出申请的权利；②知情权；③要求听证的权利；④获得救济的权利；⑤抵制违法行政的权利。

2. 否。本案中，乡林业站实施林业行政处罚，实际上是依委托的行政行为，根据《行政法》和《林业行政处罚程序规定》的相关条款，乡林业站作为受委托的组织不具有行政执法主体的资格，它只能以委托行政机关的名义从事行政执法活动，其执法的法律后果由委托的行政主体承担。因此，本案中的林业站不能以自己的名义对张某作出行政处罚。

1.3 林业行政执法的内容及种类

 案例

2017 年初，国家发改委批准建设国家重点项目某水利枢纽工程，确定 A 建设管理局为建设项目法人。预计该工程将占用 M 县所属防护林地 300 亩*。M 县林业局按照《森林

---

* 亩 ≈ 667m²。下同。

植被恢复费征收使用管理暂行办法》第四条规定："凡勘查、开采矿藏和修建道路、水利、电力、通信等各项建设工程需要占用、征用或者临时占用林地，经县级以上林业主管部门审核同意或批准的，用地单位应当按照本办法规定向县级以上林业主管部门预缴森林植被恢复费。"A建设管理局预缴森林植被恢复费160万元。

1. M县林业局收取森林植被恢复费是否属于林业行政执法？它有何特点？
2. 林业行政执法的种类有哪些？

1.3.1　林业行政执法内容

林业行政执法的内容，是林业行政执法主体依法行政，直接影响公民、法人或其他组织的权利义务的各种法律事务。在森林资源保护管理和林业生产建设中，林业行政执法的内容主要包括：林权林地管理行政执法，造林绿化行政执法，林木种苗行政执法，森林防火行政执法，森林病虫害防治行政执法，森林植物检疫行政执法，森林采伐行政执法，木材经营加工行政执法，木材运输行政执法，陆生野生动物保护行政执法，野生植物保护行政执法，防沙治沙行政执法等。

1.3.2　林业行政执法种类

1.3.2.1　林业行政征收

(1) 林业行政征收的概念及特征

林业行政征收，是指林业行政主体根据林业建设与资源保护和发展的需要，依据林业法律法规的规定，依法从林业行政相对人处收取一定财物的一种具体行政行为。林业行政征收具有单方性、公益性等特征。

①单方性。林业行政主体实施行政征收行为，不需征得相对人的同意，征收的对象数额，完全由林业行政机关依法确定，不需与相对人商量。

②公益性。林业行政征收的目的是履行国家职能，为了更好地保护生态环境，维护公共利益，而不是单纯地为了经济利益，因此，具有很强的社会公益性。

③强制性。林业行政征收是为了实现国家利益而采取的必要措施和有效途径，因而，必须由国家强制力保障实施。

④非制裁性。林业行政征收的目的不是惩罚相对人，针对的不是违法者的违法行为，而是合法行为人。因此，它属于非制裁性的一种行政行为。

(2) 林业行政征收的原则

①依法征收原则。林业行政征收必须以国家法律、法规和林业政策的明文规定为依据。没有法律法规依据，任何组织和个人不得自行设定征收权。

②公开征收原则。林业行政征收的项目、标准、环节等，依法应当公示，保障相对人的知情权，并接受有关机关、相对人和社会各界的监督。

③及时、足额征收和收支分离原则。林业行政征收应本着"不漏不重"的宗旨及时、足

额征收入库。任何征收主体不得以任何名义截留、挪用。

(3) 林业行政征收的种类

林业行政征收的种类较多，主要有：育林费、森林植被恢复费、野生动物资源保护管理费、植物检疫费等。

1.3.2.2 林业行政确认

(1) 林业行政确认的概念及特征

林业行政确认，是指行政主体依法对行政相对人的法律地位、法律关系或有关的法律事实进行甄别，给予确定、认可、证明，并予以宣告的具体行政行为。林业行政确认具有以下特征。

① 林业行政确认的主体是行政主体，包括有关人民政府、林业行政机关和法律、法规授权的组织。

② 林业行政确认的内容是对行政相对人的法律地位和权利、义务的确定。

③ 林业行政确认是一种要式行政行为，即林业行政主体在作出确认行为时，必须以书面的形式作出。参加确认的有关人员还须签名，并由进行确认的行政主体加盖印鉴或颁发证书。

(2) 行政确认的形式

① 确定。即对个人、组织的法律地位与权利义务的确定。如在颁发林权证、宅基地使用证、房屋产权证书中确定财产所有权。

② 认可。又称认证，是行政主体对个人、组织已有的法律地位和权利义务以及确认事项是否符合法律要求的承认和肯定，如林木种子质量是否合格的认证、植物新品种权认证等。

③ 证明。即行政主体向其他人明确肯定被证明对象的法律地位、权利义务或某种情况，如国家重点保护野生动植物认定、重点公益林认定等。

④ 登记。即行政主体应申请人申请，在政府有关登记簿册中记载相对方的某种情况或事实，并依法予以正式确认的行为，如林权抵押登记等。

⑤ 行政鉴定。即行政主体对特定的法律事实或客体的性质、状态、质量等进行的客观评价，如森林火灾鉴定等。

(3) 林业行政确认的作用

① 实行林业行政确认有利于预防林业纠纷的发生，林业行政确认可以明确当事人的法律地位和法律关系，防止因含糊不清而使之处于不稳定状态或发生争议。

② 实行林业行政确认有利于保护当事人合法权益不受侵犯，例如，在林权争议中，林业行政机关对林木、林地所有权或使用权的确认，就是对当事人合法权益的保护。

③ 林业行政确认可以为法院审判活动提供准确、客观的处理依据，在发生林权纠纷无法解决而起诉到法院时，法院可以以林业行政确认为审判依据。

1.3.2.3 林业行政检查

(1) 林业行政检查的概念及特征

林业行政检查是林业行政主体及其工作人员依照法律授予的权限，对行政相对人是否守法的事实进行单方面强制了解的具体行政行为。林业行政检查有以下主要特征。

①林业行政检查是一种依职权的监督检查。它是经法律法规特别授权的，如《植物检疫条例》授权森林植物检疫机构对林业植物检疫对象的检疫、检查等。

②林业行政检查是一种限制性执法行为。它表现为对行政相对人权利的某种临时性限制。如木材检查站依法对木材运输进行检查时，必然在短时期内限制行政相对人的权利，但不是行政处罚。

③林业行政检查是一种单方面的依职权的行政执法行为。行政检查无须相对人申请或同意即可强制检查，相对人有接受检查的义务。

(2) 林业行政检查的方法

林业行政检查的方法有以下几种。

①实地检查。林业行政执法人员直接进入现场或定位设点进行监督检查。

②书面检查。要求相对人提交书面材料，通过查阅书面材料进行检查。

③特别检查。林业行政执法主体通过特殊方式进行的行政检查。

(3) 林业行政检查的法律控制

林业行政检查可以间接影响相对人的权利义务，必须有一定的法律控制。目前林业法律法规对林业行政检查的法律控制规定主要有以下几个方面。

①检查人员在执行检查任务时，应当佩戴公务标志，出示证件。

②林业行政检查对物品检查时，应当通知被检查者在场，并有一定数量的检查人员参加。

③林业行政检查涉及对公民住宅检查时，应当依照有关法律的特别规定进行，并取得法定的检查证件。如依法检查非法猎捕、收购野生动物涉及对公民住宅检查时，首先要取得住宅检查证。

1.3.2.4 林业行政处置

(1) 林业行政处置的概念

林业行政处置是指林业行政执法主体对行政相对人违法标的物采取即时强制、限制措施的具体行政行为，是林业行政执法经常采用的必不可少的临时强制手段。行政处置是一种特殊行政行为，目前在林业行政执法中常见的行政处置形式有两种：一是封存，如《植物检疫条例》规定，对违章调运的检疫对象，植物检疫机构有权予以封存；二是暂扣，如《森林法实施条例》第三十七条规定，发现无证运输木材等违法行为的，木材检查站可以暂扣其木材。

(2) 林业行政处置的特点

①急迫性。林业行政处置是在紧急情形下适用的。所谓紧急情形是指危害社会的事实可能发生，必须立即采取制止措施的情况。例如，调运未经检疫的检疫对象很可能带来某种危险性林木病虫害而造成巨大的损失，因此，必须采取这种临时处置措施。

②临时性和即时性。行政处置并不是对相对人权利义务的最终处分，而只是一种临时性约束或限制。在基于预防或阻止危害事实继续发生的前提下，行政处置不要求有严格的审批程序，可以由林业行政执法人员依现场情形而即时采取。

③直接强制性。林业行政处置是行政主体单方面的强制性约束行为，无须行政相对人同意或申请。

(3) 林业行政处置的法律控制

林业行政处置是林业行政执法必不可少的即时强制手段，但是，如果不合法地实施处置手段，会给相对人的合法权益造成损失。林业行政处置的法律控制，一是必须合法地实施处置行为，避免作出越权处置，如木材检查站只有权对无运输证的木材暂扣，暂扣木材必须开具合法的暂扣凭证；二是要尽量控制在最小的范围内，如木材暂扣之后，应尽快立案、结案，以减少木材暂扣带来的各种损失。林业行政执法种类除了上述几种形式外，还包括林业行政许可和林业行政处罚等。

案例解析

1. 本节案例中，育林基金应属于行政征收，具有林业行政征收的以上特点。
2. M县林业局收取森林植被恢复费的行为属于林业行政执法中的林业行政征收，林业行政征收，是指林业行政主体根据林业建设与资源保护和发展的需要，依据林业法律法规的规定，依法从林业行政相对人处收取一定财物的一种具体行政行为。它具有单方性、公益性、强制性、非制裁性4个特点。

1.4 林业行政执法基本法律依据

案例

2015年6月11日和12日，佟某雇佣本村村民马某在村委会承包给自己管理的杉林中采伐集体所有杉树105株，加工成原木。佟某及村委会均未到林业主管部门办理林木采伐许可证。县林业局接报后，指派林业行政综合执法大队对该案进行了立案调查。经查，佟某在没有办理采伐许可证的情况下，擅自雇佣他人采伐林木，合计立木蓄积量12.593立方米，应追究其刑事责任。于是，将案件移交给县森林公安机关侦查。

1. 佟某在整个案件中是否具有违法行为？如果村民马某事先不知道佟某是雇佣其盗伐林木，能否追究其责任？
2. 本案应依据何种法律对佟某定罪处罚？

1.4.1 立法体制概述

(1) 立法体制含义及要素构成

①立法体制的含义。立法体制是关于一国立法机关设置及其立法权限划分的体系和制度，是有关法的创制权限划分所形成的制度和结构，是关于立法权限、立法权运行和立法权载体诸方面的体系和制度所构成的有机整体。

②立法体制的构成要素。立法体制由三要素构成：一是立法权限的体系和制度，包括

立法权的归属、性质、种类、构成、范围、限制,各种立法权之间的关系,立法权在国家权力体系中的地位和作用,立法权与其他国家权力的关系等方面的体系和制度;二是立法权的运行体系和制度,包括立法权的运行原则、运行过程、运行方式等方面的体系和制度;三是立法权的载体体系和制度,包括行使立法权的立法主体或机构的建置、组织原则、活动形式、活动程序等方面的体系。

(2) 我国现行的立法体制

我国现行立法体制从立法权限划分的角度看是中央统一领导和一定程度分权的多级并存、多类结合的立法体制。"中央统一领导"是指最重要的立法权亦即国家立法权属于中央,并在整个立法体制中处于领导地位。"一定程度分权"是指国家的整个立法权力由中央和地方多方面的主体行使,即最高国家权力机关及其常设机关统一领导,国务院行使相对较大的权力,地方行使一定权力。所谓"多级(多层次)并存",即全国人大及其常委会制定国家法律,国务院及其所属部门分别制定行政法规和部门规章,拥有立法权的地方国家权力机关和政府制定地方性法规和地方政府规章。全国人大及其常委会、国务院及其所属部门、地方有关国家权力机关和政府,在立法上以及在它们所立的规范性法律文件的效力上有着级别之差,但这些不同级别的立法和规范性法律文件并存于现行中国立法体制中。所谓"多类结合",即上述立法及其所制定的规范性法律文件,同民族自治地方的立法及其所制定的自治法规,以及经济特区和港澳特别行政区的立法及其所制定的规范性法律文件,在类别上有差别。

(3) 我国的立法主体及其权限

①全国人民代表大会及其常务委员会立法。全国人大修改宪法,制定和修改刑事、民事、国家机构和其他的基本法律;全国人大常委会制定和修改除应当由全国人大制定的法律以外的其他法律。在全国人大闭会期间,对全国人大制定的法律进行部分修改,但不得同该法律的基本原则相抵触。

②国务院及其各部门立法。国务院的立法权是制定行政法规、行政决定等,而国务院隶属部门的立法权为制定部门(委)规章。

③一般地方人民代表大会及其常务委员会以及同级人民政府立法。其中拥有立法权的地方人大及其常委会以及同级人民政府的立法权限分别是制定本行政区域内的地方性法规和地方政府规章。

④民族自治地方人民代表大会及其常务委员会立法。其立法权是分别制定本行政区域内的自治条例、单行条例。

⑤经济特区立法其人民代表大会及其常务委员会以及同级人民政府立法。其立法权同上述③。

⑥特别行政区立法。特别行政区立法权来源于全国人民代表大会以特别行政区基本法形式所作的专门授权。特别行政区立法权由设置的立法会行使《香港特别行政区基本法》第七十三条规定的立法职权,包括依法制定、修改和废除特别行政区法律。

1.4.2 我国的法律渊源

法律渊源是指法律规范的创制方法和外部表现形式。为了规范立法活动，健全国家立法制度，维护国家法制统一，发挥立法的引领和推动作用，根据《宪法》制定《立法法》，此法于 2000 年 3 月 15 日第九届全国人民代表大会第三次会议通过（以下简称《立法法》），根据 2015 年 3 月 15 日第十二届全国人民代表大会第三次会议《关于修改〈中华人民共和国立法法〉的决定》修改，此法规定我国的法律渊源主要包括以下几个方面。

(1) 宪法

宪法是国家的根本大法，是治国安邦的总章程，在我国的法律体系中具有最高的法律地位和法律效力，是我国全部立法的基础和根据。宪法的内容具有根本性，其他任何部门法的内容不得与宪法相违背；宪法的效力具有最高性，当其他部门法的相关内容与宪法相违背时，要以宪法的相关规定为标准。宪法的制定和修改，需要全国人民代表大会全体成员的三分之二以上通过。只有全国人民代表大会有权力制定和修改宪法，而全国人大常务委员会只有解释权。

(2) 法律

法律是由全国人民代表大会及其常务委员会制定的规范性文件，其具有普遍约束力。它以正义为其存在的基础，以国家强制力的保证实施为手段。按照法律制定的机关及调整的对象和范围不同，法律可分为基本法律和一般法律。

基本法律是由全国人民代表大会制定和修改的，规定和调整国家和社会生活中某一方面带有基本性和全面性的社会关系的法律，如《刑法》《民法典》《刑事诉讼法》《行政诉讼法》等。

一般法律是由全国人民代表大会常务委员会制定或修改的，规定和调整除由基本法律调整以外的，涉及国家和社会生活某一方面的关系的法律，如《森林法》《野生动植物保护法》等。

法律是依据宪法的原则和规定制定的，其地位低于宪法，但高于其他的法律渊源。

(3) 行政法规

行政法规是国务院为领导和管理国家各项行政工作，根据宪法和法律制定的规范性文件。行政法规由国务院制定和发布，多以条例、办法、细则和规定称谓。其地位和效力低于宪法和法律。

(4) 地方性法规

地方性法规是指省、自治区、直辖市以及省、自治区人民政府所在地的市和经国务院批准的较大的市的人民代表大会及其常委会，在其法定权限内制定的在本行政区域内实施的规范性法律文件。地方性法规是地方立法机关制定或认可的，其效力不能及于全国，而只能在地方区域内发生法律效力的规范性法律文件。如《辽宁省实施〈中华人民共和国森林法〉办法》《黑龙江省森林管理条例》《黑龙江省野生动物保护条例》和《黑龙江省林木种子管理条例》等。

(5) 自治条例和单行条例

自治条例是民族自治地方的人民代表大会,依照当地民族的政治、经济和文化的特点制定的调整本自治地方事务的综合性规范性法律文件。单行条例是民族自治地方的人民代表大会,依照当地民族的政治、经济和文化的特点制定的调整本自治地方某方面事务的单项规范性法律文件。

(6) 部门规章和地方政府规章

部门规章,又称部委规章,是指国务院各部门(包括具有行政管理职能的直属机构)根据法律和行政法规、决定、命令,在本部门权限内,依法定程序制定的规定、办法、实施办法、规则等规范性文件的总称,主要形式是命令、指示、规章等。

地方政府规章,是指由省、自治区、直辖市人民政府,省、自治区人民政府所在地的市人民政府和经国务院批准的较大的市,以及经济特区所在地的市人民政府根据法律、行政法规和地方性法规,并按法定程序制定的普遍适用于本行政区域的规定、办法、实施办法、规则等规范性文件的总称。地方政府规章的法律效力,低于宪法、法律、行政法规。

(7) 国际条约

国际条约是两个或两个以上国家就政治、经济、贸易、军事、法律、文化等方面的问题确定其相互权利义务关系的协议。我国签订或者加入的国际条约,对于我国国内的国家机关、企事业单位、社会团体和公民具有与国内法一样的约束力。从这个意义上讲,我国签订或加入的国际条约也是我国的法律渊源。

(8) 立法解释和具体应用解释

立法解释是指全国人民代表大会常务委员会根据法律的执行情况和遇到的实际问题,结合立法原意对法律规范具体条文的含义以及所使用的概念、术语、定义所作的阐述和释明。例如,《全国人民代表大会常务委员会关于〈中华人民共和国刑法〉第二百二十八条、第三百四十二条、第四百一十条的解释》。在我国立法解释权属于全国人大常委会,立法解释同法律具有同等效力。

具体应用解释是立法解释的一种,是指最高人民法院、最高人民检察院和国务院及其所属的工作部门在应用法律过程中,对法律的有关规定的含义作出的说明和阐述。此种法律解释是对某一案件在适用法律上所做的解释,只对该案件有效,没有普遍约束力。具体应用解释根据解释的主体不同,可以分为审判解释、检察解释和行政解释。其中审判解释和检察解释合称为司法解释,如《最高人民法院〈关于审理破坏森林资源刑事案件具体应用法律若干问题的解释〉》。

1.4.3 法律效力

法律效力是指法律规范的效力,即法律规范作为国家意志的指令对主体行为具有的约束力和强制性。这种约束力和强制性,不以行为主体的意志为转移,并以国家强制力为最终保障手段。一般认为,法律效力包括对人的效力、空间效力和时间效力三个方面。

1.4.3.1 法律对人的效力

(1) 世界上多数国家采用的对人的效力原则

法律对人的效力是指法律对谁有效，适用于哪些人。在世界各国的法律实践中先后采用过4种对人的效力原则。

①属人主义。法律只适用于本国人，无论其居住在国内还是国外。不适用于外国人。

②属地主义。法律适用于本国领域所有人，不论是本国公民还是外国人。而本国人在国家领域外，则不适用本国法律。

③保护主义。以维护本国利益为基础，不管是什么国籍的人，在什么地方，只要其行为侵害了本国的利益，就适用本国的法律。

④折中主义。就是以属地主义为主，以"属人主义"和"保护主义"为补充。

(2) 我国法律对人的效力

根据我国国家的主权原则和国际通用的惯例，我国法律对自然人的效力遵循以"属地主义"为主，以"属人主义"和"保护主义"为补充的原则。

①对中国公民的效力。凡是具有中国国籍的人，都是中国公民，中国公民在中国领域内一律适用中国法律。中国公民在国外的法律适用问题，原则上仍适用中国法律，但当中国法律与所在国的法律发生冲突时，要区别不同的情况和具体的国际条约、协定及国内法的规定，确定是适用中国法律还是适用外国法律。

②对外国人和无国籍人的效力。外国人和无国籍人在中国领域内除法律另有规定外，适用中国法律。外国人和无国籍人在中国领域外对中国国家或公民犯罪，按《中华人民共和国刑法》规定的最低刑为三年以上有期徒刑的，可以适用我国《刑法》，但是按照犯罪地的法律不受处罚的除外。

1.4.3.2 法律的空间效力

法律的空间效力，是指法律在哪些地域范围内发生效力的问题。一般来说，在一个主权国家，法律适用于主权管辖范围内的全部领域，它包括领土、领海、领空，以及其他延伸意义上的领域(如驻外使馆、航行或停泊在任何地方的本国船舶及飞机内)。但具体地说，由于制定法律的机关不同，法律的空间效力也不同。

我国从维护国家主权和领土完整以及国家统一出发，将法律的空间效力大致分成两种情况。

(1) 法律的域内效力

①中央国家机关制定的法律在全国有效。全国人民代表大会制定的宪法和基本法，全国人民代表大会常务委员会制定的法律，国务院制定的行政法规，均在全国范围内有效。全国的一切国家机关、社会团体、企事业单位和公民，都必须遵守。

②地方国家机关制定的地方性法规、自治条例和规章等只能在制定机关所管辖的范围内生效。我国各省、自治区、直辖市人民代表大会及其常委会等有立法权的国家机关制定的地方性法规或自制条例等，仅在相应地区有效。

(2) 法律的域外效力

所谓法律的域外效力是指法律在其制定国管辖以外的效力。目前，有的法律不仅在国内生效，而且根据国家主权原则还往往规定适用于在国外发生的特定事件和行为，如国际刑事犯罪。

1.4.3.3　法律的时间效力

法律的时间效力是指法律何时生效、何时终止效力及法律对其颁布实施前的事件和行为是否具有溯及力。

(1) 法律生效的时间

法律生效的时间一般是根据法律的具体性质和实际需要来决定的。主要有以下几种形式：①自法律颁布之日起生效；②由该法来规定具体生效时间；③由专门决定规定该法的具体生效时间（如《香港特别行政区基本法》和《澳门特别行政区基本法》这两部法律的生效时间是由全国人大以决定的形式规定生效时间）；④规定法律颁布后到达一定期限开始生效。

(2) 法律终止生效的时间

法律效力的终止是指通过明令废止或默示废止的形式终止某一法律的效力。我国法律终止效力的形式有：①新的法律公布后，原有的法律即丧失效力；②新法律取代原有法律，同时宣布旧法律作废；③法律本身规定的有效期届满；④由有关机关颁布专门文件宣布废止某个法律；⑤法律已完成其历史任务而自行失效。

(3) 法律的溯及力

法律的溯及力又称法的溯及既往的效力，是指新的法律颁布后，对其生效前的事件和行为是否使用的问题。如果适用，则具有溯及力；如果不适用，则不具有溯及力。我国法律遵循"法律不溯及既往"的原则，这一原则也是各法治国家通行的法律原则，但这个原则也有例外，如《刑法》，目前各国刑法采用的通例是"从旧兼从轻"原则，即原则上不溯及既往，但新法不认为犯罪或罪轻，可以适用新法。我国现行《刑法》就是采用"从旧兼从轻"原则。此外，民事或经济立法，有时也可能有条件地溯及既往，对此，法律通常都会做出专门规定。

1.4.4　法的适用规则

在我国的法律体系中除《宪法》外，已经制定颁布的法律、行政法规、地方性法规、自治条例及单行条例、部门规章等规范性文件，数量极为庞大。由于这些规范性文件的制定主体不同，难免会出现相互冲突的情况，使具体案件的法律适用处于两难境地，因此，在法律规范适用过程中，遇到法律规范相互冲突时，需要选择适用法律规范所应遵守的法定具体规则即法的适用规则。依据《立法法》的规定，确立了以下适用规则。

(1) 上位法的效力高于下位法

法律效力是指规范性文件所具有的普遍约束力和适用范围。"法"在法律体系中所处的效力和等级位置称为法的效力位阶，通常由制定该法的不同立法机构或国家机关的等级地位而决定。上位法是效力等级处在高位阶的法。下位法是效力等级处于低位阶的法。在不同位阶的法律规范发生冲突时，应当选择适用高位阶的法律规范，即"上位法优于下位法"，这是解决法律冲突的一般规则。由于不同规范性法律文件的制定主体、制定依据和制定程序不同，其效力等级也不相同。具体内容包括：宪法具有最高的法律效力；法律的效力高于行政法规、地方性法规和规章；行政法规的效力高于地方性法规和规章；地方性法规的效力高于本级和下级地方政府规章；上级政府规章的效力高于下级政府规章；自治条例和单行条例对法律、行政法规作出的变通规定具有优先适用效力；经济特区法规对法律、行政法规和地方法规作出的变通规定，在经济特区内有优先适用的效力。

确立法的效力等级，是用于解决法律规范冲突时的选择优先适用问题，并非是公民、法人和其他组织遵守法律的选择依据。等级效力不同的法律规范均具有法的强制力和拘束力，都必须遵守。

（2）同位阶法律规范具有同等法律效力且在各自权限范围内实施

同位法，是指在法的位阶中处于同一效力位置和等级的规范性文件。同位阶法律规范没有上下高低之分，并具有同等法律效力。如同级地方人民代表大会及其常务委员会制定的地方性法规之间、自治条例之间、单行条例之间、部门规章之间、部门规章与省级人民政府制定的地方政府规章之间具有同等效力，它们都在各自的权限范围内施行。

（3）特别法优于一般法

所谓特别法，是指针对某种特殊情况和需要规定的调整某种特殊社会关系的法律规定。所谓一般法，是为调整一般社会关系而制定的具有普遍约束力的法律规范。这项规则是对同一机关制定的同位规范性文件之间不一致时，选择适用法律规范的规则。特别法与一般法具有相对性。如在调整民事合同的法律规范性文件中，《民法典》中有关侵权的规定属于一般规定，而《消费者权益保护法》中有关消费者购买商品被侵权属于特别规定，当前者与后者规定不一致时，应当优先适用后者。

（4）新法优于旧法

这项规则也称为"新法优于旧法"，新法与旧法是以法律的生效时间先后为标准来分类的。此规则适用于同一机关制定的同位规范性文件不一致的情形。如在两个规范性文件都是现行有效的情况下，新法与旧法不一致时，应当选择适用新法。理解这一规则，需要与法的溯及力区别开来。

（5）法不溯及既往原则

法律的溯及力又称法溯及既往的效力，是指新的法律颁布后，对其生效前的事件和行为是否适用的问题。我国法律遵循"法律不溯及既往"的原则，这一原则也是各法治国家通行的法律原则。任何法不能要求人们遵守立法者尚未颁布的法律规定，对过去已经发生的事件和行为一般应当适用当时的法律规定，这是大多数国家公认的一般原则。但这个原则也有例外，如在刑法中，目前各国刑法采用的通例是"从旧兼从轻"原则，即原则上不溯及既往，但新法不认为犯罪或罪轻，可以适用新法。我国现行刑法就是采用"从旧兼从轻"的原则。此外，民事或经济立法，有时也可能有条件地溯及既往，对此，法律通常都会做出专门规定。

（6）对法律规范之间冲突的裁决机制的规定

《立法法》明确了不同规范性文件之间的效力等级，并确立了解决法律规范之间冲突时的适用规则，但仍然没有完全解决法律规范之间发生冲突的全部问题。如对同一机关制定的规范性文件，在适用特别法优于一般法和新法优于旧法这两项没有先后顺序的并列规则时，该两项规则之间也会发生冲突。《立法法》根据各类立法主体之间的监督权限，对法律规范之间冲突的裁决机制作了如下规定：①同一机关制定的新的一般规定与旧的特别规定不一致时，由制定机关裁决；②根据授权制定的行政法规和经济特区法规与法律规定不一致，又不能确定如何适用时，由全国人大常委会裁决；③地方性法规与部门规章之间对同一事项的规定不一致，不能确定如何适用时，由国务院提出适用意见，国务院认为应当适用地方性法规的，应当决定在该地方适用地方性法规的规定；认为应当适用部门规章的，应当提请全国人民代表大会常务委员会裁决；④部门规章之间，部门规章与地方政府规章对同一事项的规定不一致时，由国务院裁决。

1.4.5 林业法律渊源

(1)《宪法》

《宪法》作为国家根本法，具有最高的法律效力，其他部门法的制定和相关内容要以其为基础。林业法律法规所涵盖的法律法规条款都要遵从《宪法》相关规定，不得与《宪法》相违背。

(2)基本法律

基本法律是指全国人大制定的，全面、系统地规范某一方面基本的社会关系的规范性文件。如《刑法》《民法典》等。

在刑事基本法律方面，《刑法》(1979年7月1日第五届全国人民代表大会第二次会议通过，1997年3月14日第八届全国人民代表大会第五次会议修订)是我国的刑事基本法律。《刑法》及十一个《刑法修正案》(截至2021年3月1日)对林业犯罪作了系统的规定，为《森林法》《野生动物保护法》等林业法律、法规的实施提供了有力的保障。

在民事基本法律方面，《民法通则》(1986年4月12日第六届全国人民代表大会第四次会议通过)《民法总则》(2017年3月15日第十二届全国人民代表大会第五次会议通过)、《民法典》(2020年5月28日十三届全国人大三次会议表决通过)，是目前我国的重要民事基本法律。林业法律、法规中的森林、林木、林地所有权和使用权法律制度、林业承包合同法律制度、林业企业法律制度等的制定和实施，都必须以《民法通则》《民法总则》《民法典》为依据。

在行政基本法律方面，我国已经制定和实施了《行政处罚法》(1996年3月17日第八届全国人民代表大会第四次会议通过)、《行政许可法》(2003年8月27日第十届全国人民代表大会常务委员会第四次会议通过)、《行政复议法》(1999年4月29日第九届全国人民代表大会常务委员会第九次会议通过)等。在林业法律、法规中，林业行政处罚、林业行政许可、林业行政复议等方面的林业行政法规、部门规章的制定和林业行政执法的实施，都必须以上述行政基本法律为依据。

审判机关、检察机关进行与林业有关的诉讼活动，则必须以《刑事诉讼法》(1979年7月1日第五届全国人民代表大会第二次会议通过，根据2018年10月26日第十三届全国人民代表大会常务委员会第六次会议《关于修改〈中华人民共和国刑事诉讼法〉的决定》第三次修正)、《民事诉讼法》(1991年4月9日第七届全国人民代表大会第四次会议通过,根据2017年6月27日第十二届全国人民代表大会常务委员会第二十八次会议《关于修改〈中华人民共和国民事诉讼法〉和〈中华人民共和国行政诉讼法〉的决定》第三次修正)、《行政诉讼法》(1989年4月4日第七届全国人民代表大会第二次会议通过,根据2017年6月27日第十二届全国人民代表大会常务委员会第二十八次会议《关于修改〈中华人民共和国民事诉讼法〉和〈中华人民共和国行政诉讼法〉的决定》第二次修正)为依据。

(3) 单行的林业法律

单行的林业法律是指全国人民代表大会常务委员会制定的,调整在林业生产和生态环境建设中保护、培育和合理利用森林资源而形成的各种社会关系的规范性文件。单行的林业法律在全国范围内具有普遍约束力,是林业行政法规、林业地方性法规的基础和重要依据。

我国单行林业法律主要有:①《第五届全国人民代表大会第四次会议关于开展全民义务植树运动的决议》;②《森林法》;③《野生动物保护法》;④《防沙治沙法》⑤《种子法》;⑥《进出境动植物检疫法》。

上述单行林业法律是制定林业行政法规、地方性法规、部门规章、地方政府规章等规范性文件的基础,也是林业行政执法的重要依据。

(4) 林业行政法规

林业行政法规是国务院根据法律制定、发布的关于林业的规范性文件的总称。林业行政法规在全国范围内具有普遍约束力,是林业行政执法活动的主要法律依据,如《森林法实施条例》《陆生野生动物保护实施条例》《野生植物保护条例》《自然保护区条例》《植物新品种保护条例》《退耕还林条例》《森林防火条例》《森林病虫害防治条例》《植物检疫条例》等。

(5) 林业部门规章

林业部门规章是国务院林业行政主管部门根据林业法律、行政法规制定的规范性文件的总称。它是我国林业法规的主要表现形式之一,数量多,涉及面广,也是各级林业行政主管部门进行林业行政执法活动的依据。例如,《植物检疫条例实施细则(林业部分)》《林木和林地权属登记管理办法》《占用征用林地审核审批管理办法》《森林公园管理办法》《植物新品种保护条例实施细则(林业部分)》等。

(6) 林业地方性法规和地方政府规章

各省、自治区、直辖市人民代表大会及其常务委员会制定的林业地方性法规和各省、自治区、直辖市人民政府制定的规章,也是本行政区内各级林业行政主管部门进行林业行政执法活动的重要依据。例如,《广西壮族自治区木材运输管理条例》《黑龙江省森林管理条例》。

案例解答:

1. 本案中,佟某在未报请林业主管部门批准办理林木采伐许可证的情况下,擅自雇佣村民马某在村委会承包给其管理的集体杉林中采伐杉树,其行为属于盗伐林木。

佟某承包管理集体林木,并不享有该林木的所有权。按照《最高人民法院关于审理破坏森林资源刑事案件具体应用法律若干问题的解释》第三条规定,以非法占有为目的,擅自砍伐本单位或者本人承包经营管理的森林或者其他林木,数量较大的,构成盗伐林木罪。第四条规定,盗伐林木"数量较大",以2至5立方米或者幼树100至200株为起点;盗伐林木"数量巨大",以20至50立方米或者幼树1000至2000株为起点;盗伐林木"数量特别巨大",以100至200立方米或者幼树5000至10000株为起点。本案中,佟某以非法占有为目的,雇佣他人非法采伐自己承包经营管理的村集体的林木,且数量较大(立木蓄积量12.593立方米),已达到盗伐林木"数量较大"的立案标准,应按照《刑法》第三百四十五条第一款的规定:"盗伐森林或者其他林木,数量较大的,处三年以下有期徒刑、拘役或者管制,并处或者单处罚金;数量巨大的,处三年以上七年以下有期徒刑,并处罚金;数量特别巨大的,处七年以上有期徒刑,并处罚金。"追究佟某盗伐林木罪的刑事责任。

对于村民马某,如果他事先知道佟某是雇佣其盗伐林木,则应按盗伐林木罪的共犯追究其责任,否则,不能追究其责任。

3. 我国林业法律渊源有宪法、基本法律、单行的林业法律、林业行政法规、林业部门规章、林业地方性法规和地方政府规章。本案中依据的《刑法》属于基本法律。

1.5 林业违法行为及其法律责任

案例

2016年12月2日至5日,A县村民张某(21周岁)持其事先购买的半自动步枪一支和子弹40余发,驾驶越野车辆并携带刀具前往G自然保护区猎杀国家一级保护动物野牦牛,后进行剥皮、肢解。12月6日,张某将猎杀后肢解的野牦牛腿装车运回M镇准备存放时被查获。经鉴定,送检检材为野牦牛肢体,属国家一级重点野生保护动物,野牦牛至少10头,价值人民币75万元。

1. 试分析犯罪嫌疑人张某是否违法?
2. 如违法试分析张某违法行为的构成要件?

1.5.1 违法行为概念及构成要件

(1)违法行为的概念

违法,是指法律主体违反现行法律规定,给社会造成不同程度危害的一般违法和犯罪行为。广义的违法行为是指法律主体违反现行法律规定,给社会造成不同程度危害的一般违法和犯罪行为。狭义的违法是指一般的违法,不包括犯罪。

(2)违法行为的构成要件

一般而言,违法行为的构成要件包括违法行为的客观要件、主观要件、主体要件和客体要件四个方面,但民事责任中实行无过错责任和公平责任归责原则的情形例外。

①违法行为的客观要件。即违法行为的客观外在表现,包括作为和不作为。违法行为

是违法行为人在其意志的支配下所表现为外部积极地行动(作为)和消极的不行动(不作为)。在违法行为的外在表现形式上,作为是违法行为的常态,如常见的盗伐林木行为、肆意猎杀国家级野生保护动物行为、伪造林业相关证件等行为。不作为是违法行为的非常态,如行政机关具有法定职责而消极的不履行行为,如对于上报到行政机关的林业违法案件,执法人员搁置不予处理等。违法行为的客观要件排除了将单纯的思想活动作为一般违法行为和犯罪的惩罚对象,即思想活动未表现为外在行动也未对社会造成危害,则不能认定其为违法行为。

②违法行为的主观要件。即支配违法行为人实施违法行为的主观故意或过失的心理状态。故意是指违法行为人明知其实施的行为会导致危害社会的结果,却希望或者放任这种结果发生的心理状态;过失是指行为人应当知道自己的行为会产生危害社会的结果,由于疏忽大意而未能避免危害结果发生,或者虽有预料却轻信能够避免发生的心理状态。违法行为的主观要件排除了因意外事件或不可抗力所致危害社会结果的行为是违法行为。

值得注意的是,违法行为的主观要件是认定大多数违法行为必须具备的要件,但该要件并非所有违法行为都必须具备的要件,例如,法律明确规定适用无过错责任(又称严格责任)的违法行为的认定不以违法行为的主观要件为必要构成要件。

③违法行为的主体要件。是指实施违法行为的主体。具体来说,违法主体是实施了违法行为的自然人、法人和其他组织。自然人是指具有自然生命的中国公民、外国人和无国籍人。法人和其他组织包括中国法人和其他组织,也包括在中国境内的外国法人和其他组织。认定违法犯罪主体的条件有两个:一是行为人(自然人、法人和其他组织)具有法律责任能力;二是行为具有社会危害性。因此,违法主体必须符合实体法律中关于法律主体承担法律责任能力的相关规定。例如,《民法典》规定未满8周岁的未成年人和无民事行为能力的精神病人不能成为违法主体。在行政违法和刑事犯罪主体方面,未满14周岁的未成年人和不能辨认和控制其行为的精神病人因其无行政责任能力和刑事责任能力,依法不能成为该行政违法或犯罪的主体。

④违法行为的客体要件。即违法行为在不同程度上侵犯的法律所保护的社会关系。违法行为的客体要件反映了违法行为的本质特征——社会危害性。凡是违法行为必须具备一定程度的社会危害性;不具备违法行为客体要件的行为,因其不具有社会危害性而不是违法行为,如正当防卫、紧急避险等。

总之,认定以过错责任原则(含过错推定原则)归责的违法行为,必须查明行为人是否同时具备以上四个构成要件,缺其中任何一个要件,违法行为则不能成立。对于以无过错责任归责的违法行为,则其构成要件为违法行为的客观要件、主体要件和客体要件,主张权利人则无须证明其主观过错。

(3) 违法的种类

根据违法的性质和危害程度,一般可将其分为四类。

①刑事违法。也称犯罪,是指危害社会的、违反刑法并且应当受刑罚处罚的行为。犯罪在所有的违法行为中,对社会的危害性最大,是严重违法。

②民事违法。是指违反民事法律且应当承担民事责任的行为。民事违法属于一般违法。民事违法可分为两大类:债的不履行和侵权。如买卖合同中卖方根本没有向买方交

货,就属于债的不履行。侵权是不法侵害他人人身权或财产权。

③行政违法。是指违反行政管理法律、法规而应当承担行政责任的行为。

④违宪。是指国家机关制定的某种法律、法规和规章,以及国家机关、社会组织或公民的某种活动与《宪法》的规定相抵触。

1.5.2 法律责任概念和特点

法律责任是指违法主体对自己实施的违法行为必须承担的某种带有强制性的法律后果。与道义责任或其他社会责任相比,法律责任具有两个显著的特点:一是承担法律责任的最终依据是法律;二是法律责任具有国家强制性。法律责任一经法定程序予以确定,责任主体依法必须在履行期限内主动履行其法律责任,否则,代表国家行使执法权力的国家机关,将依法强制责任人作出一定行为或不得作出一定行为,补偿和救济权利人遭受违法侵害的合法权益,以维护法律关系和法律秩序的正常状态。

1.5.3 法律责任种类

根据不同的划分标准,可以对法律责任作出不同的分类。以引起责任的行为性质为标准,法律责任可划分为民事责任、行政责任、刑事责任、国家赔偿责任和违宪责任。

(1) 民事责任

民事责任是指民事主体因违反合同或者不履行其他民事义务所应承担的民事法律后果。民事责任具有以下特点:一是以财产责任为主、非财产责任为辅。财产责任是责任人以赔偿损失、支付违约金、返还财产、修理、重作、更换等方式为内容的民事责任;非财产责任是责任人以消除影响、停止侵害、赔礼道歉、恢复名誉等责任方式为内容的民事责任;二是以补偿性为主,惩罚性为例外。补偿性体现为由违约方或侵权方向守约方或受害方支付赔偿金等方式,使守约方或受害方的合法权益恢复至正常履行或受损之前的状态。惩罚性表现为对违约方实行定金制裁、价格制裁、双倍赔偿等方式,使责任人对其违约行为付出一定代价,以惩戒和预防其再次违约。

(2) 行政责任

行政责任是指行政法律关系主体因违反行政法所应承担的法律后果。行政责任主要包括行政主体的行政责任、行政主体工作人员的行政责任和行政相对人的法律责任。

行政主体的行政责任,是指行政主体违反行政法而应向国家和行政相对人承担的法律责任。其中,向国家承担责任的主要方式包括:责令作出检查、通报批评;停止违法行为;责令履行职责;撤销违法行为;纠正不当行为等。对行政相对人承担责任的主要方式包括:赔礼道歉、承认错误;恢复名誉、消除影响;返还权益;恢复原状;赔偿损失。

行政主体工作人员承担行政责任的方式包括:罢免行政领导职务;没收、追缴违法所得或者退赔;赔偿损失;责令检讨、通报批评、赔礼道歉;行政处分(警告、记过、记大过、降级、撤职、开除)。行政相对人承担行政责任的方式主要是接受行政处罚。

(3) 刑事责任

刑事责任是指行为人因实施犯罪行为所必须承担的法律后果。刑事责任具有两个最显著的特点：一是刑事责任是各种法律责任中最严厉的法律责任；二是刑事责任中不存在无过错责任。行为人刑事责任的承担方式分为主刑和附加刑两大类，其中主刑的种类有管制、拘役、有期徒刑、无期徒刑和死刑；附加刑的种类有罚金、剥夺政治权利、没收财产和驱逐出境(仅适用于犯罪的外国人)。

(4) 国家赔偿责任

国家赔偿责任是指国家在国家机关及其工作人员执法过程中损害公民、法人和其他组织合法权益时所应承担的赔偿责任。国家赔偿责任依赔偿性质分为行政赔偿与刑事赔偿。

行政赔偿是指行政机关及其工作人员在行使职权时，侵犯行政相对人的人身权、财产权并造成损害时应给予的赔偿。

刑事赔偿是指行使国家侦查、检察、审判、监狱管理职权的机关在刑事诉讼中，侵犯当事人人身权、财产权造成损害时依法应给予的赔偿。

(5) 违宪责任

违宪责任是指拥有立法权的国家机关制定的法律、法规、地方性法规、规章或公民法人和其他组织从事与《宪法》相抵触的活动所产生的法律后果。《宪法》是我国的根本大法、母法，是所有下位法的立法依据。对于违宪行为，应由国家各级权力机关依法追究违宪责任。

1.5.4 法律责任的归责、免责和确定法律责任的逻辑方法

(1) 法律责任的归责原则

法律责任的归责原则，是指确认法律主体违法和承担法律责任时必须遵守的法定基本准则。法律责任的认定权和追究权是由法定的国家机关和组织依照法定程序进行的，这是法律责任区别于其他社会责任的根本点。依据现行法律规定，法律责任的确定必须遵守以下五个主要归责原则：

①责任法定原则。法律责任作为一种否定的法律后果应当由法律规范预先规定，其实质是要求法律责任的确定性。

②责任自负原则。国家各类执法主体在认定行政违法和刑事犯罪并追究法律责任时，仅限于法定责任主体，而不得株连无辜。

③因果关系原则。确认法律主体的法律责任时，必须以正确认定违法行为和损害后果(物质性或非物质性损害后果)之间存在引起和被引起的因果联系为前提。对于实行过错责任归责原则的违法行为，必须查明行为人的主观心理状态与违法行为之间的因果联系的存在。

④程序保障原则。确认和追究法律主体的法律责任，必须通过相应的法定程序进行。例如，确认和追究法律主体的民事责任，必须依照《民事诉讼法》规定的程序进行；确认和追究法律主体的行政责任，必须依照《行政处罚法》《行政复议法》《行政诉讼法》等规定的程序进行等。

⑤公平正义原则。国家执法主体行使执法权,并确定违法行为人违法和承担法律责任时,必须在法定范围内坚持违法过错或罪过、违法行为、危害后果与其法律责任轻重相适应,正当行使自由裁量权,不得主观擅断、畸重畸轻或者徇私枉法。

(2) 法律责任免除的主要情形

①因不可抗力、意外事件而免责。《民法典》第一百八十条、《刑法》第十六条、《民法典》第五百九十条对此作了明确规定。

②因超过法定时效而免责。《行政处罚法》第二十九条规定了一般行政责任为二年的追究时效;《治安管理处罚法》第二十二条规定了6个月的治安行政责任的追究时效;《民法典》第一百八十八条规定了三年和二十年的民事诉讼的法定时效。

③因无法律责任能力而免责。《行政处罚法》第二十五条、第二十六条,《刑法》第十七条、第十八条分别规定了不满14周岁的人,完全不能辨认或不能控制其行为的精神病人违法或犯罪,依法应免除其行政责任和刑事责任。

④因权利人弃权而免责。根据权利处分原则,民事责任、国家赔偿责任,告诉才处理的刑事自诉案件,被告人的刑事责任皆可因权利人的自愿弃权而免责。

⑤因法律豁免权而免责。根据我国缔结和加入的国际公约和有关外交特权、豁免权的法律规定,对享有外交特权和豁免权人员的法律责任,可依法免责,有关问题依法通过外交途径解决。

(3) 确定违法行为及法律责任的逻辑方法

根据成文法国家的法学理论和法律实践普遍达成的共识,执法主体确认违法行为人违法及法律责任的逻辑方法,普遍运用普通逻辑的三段论的推理方法。三段论推理,是指由两个已知判断为前提(大前提、小前提),从中推出另一个判断为结论的推论。三段论推理是典型的保真推理,即只要前提真,并遵守推理规则,则结论一定为真。三段论推理过程可表示为:

①大前提。具有普遍适用性的法律规定。

②小前提。已确认的具体案件违法事实。

③结论。关于该案件的定性和法律责任。

案例解析

1. 违法。"非法持有枪支、弹药罪"是指不符合配备、配置枪支、弹药条件的人员,违反枪支管理法律法规的规定,擅自持有枪支、弹药的行为。根据《刑法》第一百二十八条第一款之规定,张某构成非法持有枪支、弹药罪。"非法猎捕珍贵、濒危野生动物罪"是指违反野生动物保护法律法规,猎捕、杀害国家重点保护的珍贵濒危野生动物的行为。根据《野生动物保护法》和《刑法》的规定,张某的行为应承担刑事责任,构成非法猎捕珍贵、濒危野生动物罪。

2. 张某的行为已经违法。

客观要件方面:张某实施了猎捕国家重点保护野生动物的行为。

主观要件方面:张某明知野牦牛是国家重点保护野生动物,仍然去猎捕,主观上属故意。

主体要件方面：张某年满16周岁，为完全刑事责任能力人。

客体要件方面：张某的行为是破坏野生动物资源保护的行为，具有社会危害性。

1.6 林业行政执法监督

案例

2014年5月，某家具制造厂的负责人李某为采伐A乡集体所有的核桃楸作为制造家具的原材料，到B县林业局申请办理林木采伐许可证。李某提供申请采伐证所需的各种证明材料，但未能提供林木所有权证书。李某提出，自己正在与A乡政府协商采伐林木所有权的转让问题，日后一定补交采伐林木的所有权证书。工作人员赵某将该情况向主管局长王某汇报并获得同意后，为李某办理了林木采伐许可证，后被A乡政府及时发现予以制止，并举报到市林业局。市林业局经调查后，作出如下决定：对于赵某违法发放林木采伐许可证的行为，由市林业局责令纠正，由县林业局根据有关规定给予张某和主管局长王某行政处分。

1. 本案对工作人员赵某违法行为的纠正是否属于林业行政执法监督？
2. 林业行政执法监督的内容和方式有哪些？

1.6.1 林业行政执法监督的概念和作用

林业行政执法监督，是指国家机关、企业事业单位、社会团体和人民群众对林业行政主管部门或者法律、法规授权的组织及其工作人员实施的林业行政执法是否合法进行的监督。可分为两部分，一部分是国家机关的监督，另一部分是社会监督。国家机关监督是一种能直接产生法律效力的监督，也称权力监督，分为权力机关监督、司法机关监督、行政机关监督。在行政机关监督方面，1996年9月27日原林业部发布《林业行政执法监督办法》，使林业行政执法监督有法可依，有章可循。从狭义上讲，林业执法监督是指《林业行政执法监督办法》所规定的行政机关监督。主要具有预防作用、补救作用和改进作用。

(1) 预防作用

监督的目的就是保证林业行政执法准确无误地实施。如果行政机关执法人员不受任何监督和制约，就容易产生主观随意性，甚至发生越权或违法行为。因此，通过对林业行政执法活动之前进行监督，可以防止产生错误的执法决定，从而保证决定的正确作出和实施。

(2) 补救作用

林业主管部门在行政执法时，存在许多无法预测的因素，同时也不能完全排除出现某些机关或个人滥用权力、以权谋私、违法乱纪的腐败现象。通过监督，就能及时发现存在的缺陷，加以排除，纠正和补救，对各种腐败现象进行有效的揭露，追查，惩处和制止。

(3) 改进作用

行使行政执法权，查明行政执法不当和失误的原因，采取适当的方式和改进措施，并总结经验教训，提高工作效率。

1.6.2 林业行政执法监督的内容和目的

林业行政执法的国家机关监督包括内部监督和层级监督。内部监督是指各级林业主管部门内部对本部门的执法机构及其执法人员行使林业行政执法权进行监督的活动。层级监督是指上级林业主管部门对下级林业主管部门及其执法人员行使林业行政执法权进行监督的活动。

(1) 林业行政执法监督的内容

林业行政执法内部监督的内容包括：执法人员是否具备执法资格，执法是否持有有效的执法证件；受委托组织是否在委托范围和权限内依法行使行政执法权；执法人员是否有超越职权、滥用职权、行贿受贿、包庇纵容、徇私舞弊、玩忽职守等违法行为；案件的事实是否清楚，证据是否确凿；适用法律、法规和规章是否正确；办案是否符合法定程序；林业行政处罚决定的执行是否符合法律、法规和规章规定；案件档案管理制度是否健全；以及其他需要进行监督的事项。

林业行政执法层级监督的内容包括：林业规范性文件是否合法；林业行政案件是否依法查处；具体行政行为是否合法、适当，包括行政执法主体是否合法，是否履行了法定职责，是否符合法定权限和程序，事实是否清楚、证据是否确凿，适用的法律、法规、规章是否正确；林业行政赔偿是否依法处理；其他需要进行监督的事项。

(2) 林业行政执法监督的目的

林业行政执法监督的目的在于规范林业行政执法行为，促使林业主管部门及其执法人员认真行使林业行政执法权，保障林业行政执法活动的正常运行，保护公民、法人或其他组织的合法权益。

1.6.3 林业行政执法监督的方式

(1) 行政复议

行政复议是目前我国采取的最普遍的一种监督方式。行政复议是指有行政复议权的行政机关，根据相对人的申请，对行政机关的具体行政行为进行复查的制度。

(2) 行政听证

行政听证是指林业行政主体在作出特定案件的林业行政处罚决定前，公开举行听证会以听取各方有关利害关系人意见的活动。它是由林业行政主体自行组织、进行的一种监督方式，旨在检查本单位拟作出处罚决定的合法性、适当性，是林业行政主体自律和他律相结合的监督检查的重要形式。

(3) 行政执法检查

行政执法检查是指上级林业主管部门对下级林业主管部门的行政执法行为进行检查监

督的活动，主要检查林业主管部门和法定授权组织及其工作人员是否正确执法。

(4) 重大行政处罚案件备案制度

《林业行政执法监督办法》规定：地方各级林业行政主管部门对本辖区内责令停产停业，吊销许可证，没收较大数额的违法所得或者非法财物，较大数额的罚款等重大复杂的林业行政处罚，应当在作出处罚决定之日起十五日内，将有关材料报送上一级林业行政主管部门备案。备案的有关材料包括：处罚案件简要介绍，主要证据材料复印件，处罚决定复印件等。通过备案对重大的行政处罚行为合法性和适当性进行审查，以保护公民、法人或其他组织的合法权益。

(5) 林业行政执法过错责任追究制度

林业行政机关及其执法人员在林业行政执法中要严格依法办事，避免执法违法，更不能玩忽职守，滥用职权，徇私枉法。因执法过错并造成一定后果的，应当依法追究过错责任并且给予必要的行政处分。

(6) 林业行政执法公示制度

各级林业主管部门将与人民群众密切相关的有关许可证的核发程序，收取林业税费的项目和标准，林业行政处罚的法律依据和处罚程序，在办公场所公布或者以其他方式向社会公开，接受社会监督。

案例解析

1. 属于。林业行政执法监督是指国家机关、企业事业单位、社会团体和人民群众对林业行政主管部门或者法律、法规授权的组织及其工作人员实施的林业行政执法是否合法进行的监督。本案中，赵某是 A 县林业局的工作人员，赵某发放林木采伐许可证的行为属于行政机关工作人员作出的具体行政行为，因此，A 县林业局对赵某违法行为的纠正属于林业行政执法监督。

2. 林业行政执法监督的内容包括内部监督和层级监督。内部监督包括执法人员是否具备执法资格，执法是否持有有效的执法证件；受委托组织是否在委托范围和权限内依法行使行政执法权；执法人员是否有超越职权、滥用职权、行贿受贿、包庇纵容、徇私舞弊、玩忽职守等违法行为；案件的事实是否清楚，证据是否确凿；适用法律、法规和规章是否正确；办案是否符合法定程序；林业行政处罚决定的执行是否符合法律、法规和规章规定；案件档案管理制度是否健全；以及其他需要进行监督的事项。层级监督包括林业规范性文件是否合法；林业行政案件是否依法查处；具体行政行为是否合法、适当，包括行政执法主体是否合法，是否履行了法定职责，是否符合法定权限和程序，事实是否清楚、证据是否确凿，适用的法律、法规、规章是否正确；林业行政赔偿是否依法处理；其他需要进行监督的事项。

林业行政执法监督的方式有行政复议，是指有行政复议权的行政机关，根据相对人的申请，对行政机关的具体行政行为进行复查的制度；行政听证是林业行政主体在作出特定案件的林业行政处罚决定前，公开举行听证会以听取各方有关利害关系人意见的活动；行政执法检查，是指上级林业主管部门对下级林业主管部门的行政执法行为进行检查监督的活动，主要检查林业主管部门和法定授权组织及其工作人员是否正确执法；重大行政处罚案件备案制度,备案的有关材料包括:处罚案件简要介绍,主要证据材料复印件,处罚决定复印件等;林业行政执法过错责任追究制度,指林业行政机关及其执法人员在林业行政执法中要严格依法办事,避免执法违法,更不能玩忽职守,滥用职权,徇私枉法;林业行政执法公示制度,各级林业主管部门将与人民群众密切相关的有关许可证的核发程序,收取林业税费的项目和标准,林业行政处罚的法律依据和处罚程序,在办公场所公布或者以其他方式向社会公开,接受社会监督。

复习思考题

一、名词解释

1. 法律效力;2. 林业法律渊源;3. 违法行为;4. 法律责任;5. 林业行政执法主体;6. 林业行政执法相对人;7. 林业行政征收;8. 林业行政确认;9. 林业行政检查;10. 林业行政处置;11. 林业行政执法监督。

二、单项选择题

1. 根据我国的法律效力层次,下列法律中效力最高的是( )。
   A. 行政法规　　B. 地方性法规　　C. 政府规章　　D. 自治条例
2. 不属于林业执法监督的作用的是( )。
   A. 预防作用　　B. 惩罚作用　　C. 补救作用　　D. 改进作用
3. 下列中的( )属林业行政执法主体。
   A. 县林业局　　B. 乡镇人民政府　　C. 木材检查站　　D. 林业工作站
4. 当事人应当自收到林业行政处罚决定书之日起( )内,到指定的银行交纳罚款。
   A. 十日　　B. 十五日　　C. 三十日　　D. 六个月
5. 林业行政确认是一种( )行政行为。
   A. 命令式　　B. 选择式　　C. 非要式　　D. 要式
6. 下列中( )属于林业行政检查行为。
   A. 上级林业主管部门到林场检查工作
   B. 木材检查站工作人员对木材运输进行检查
   C. 林场的领导对本场护林防火工作进行检查
   D. 苗圃技术人员对苗木病虫害的检查
7. 下列中的( )属林业行政执法的范围。
   A. 城市园林植物防火
   B. 水生野生动物保护
   C. 林区外珍贵野生树木管理
   D. 农作物和草本花卉调运检疫。

三、判断题(对的打"√",错的打"×")

1. 林业行政执法主体必须享有林业行政执法权。　　　　　　　　　　　　( )
2. 野生动植物资源管理属于林业行政执法的范围。　　　　　　　　　　　( )
3. 立法解释是指全国人大常委会根据法律的执行情况和遇到的问题,对法律有关规定的含义所作的说明和阐述。　　　　　　　　　　　　　　　　　　　　　( )
4. 基本法律属于林业法律渊源。　　　　　　　　　　　　　　　　　　　( )

5. 根据授权制定的行政法规和经济特区法规与法律规定不一致，又不能确定如何适用时，由国务院裁决。（   ）
6. 林业行政主体实施行政征收行为时，需要先征得相对人的同意。（   ）
7. 地方性法规和规章的效力高于行政法规。（   ）
8. 林业行政执法包括林业行政征收、林业行政确认、林业行政检查和林业行政处置。（   ）
9. 林业行政确认的内容是对行政相对人的法律地位和权利、义务的确定。（   ）
10. 林业行政执法的国家机关监督包括内部监督和外部监督。（   ）

四、案例分析题

1. A 村支部书记马某为了筹措修水库的建设资金，向镇林业工作站申请 100 立方米的松木采伐指标，以便出卖本村长岭脚山场的松树。2016 年底，镇林业工作站站长杨某便率技术员去该村做了采伐松树的伐区设计，同意 A 村在长岭脚山场择伐松树 25 株，材积 72 立方米。随后杨某将设计资料报县林业局审批，县林业局疑是古松，故不同意采伐。马某不知情却将杨某设计采伐的 25 株松树以 6 万元的价款卖给了付某，之后付某将 25 株松树砍倒。

马某、付某的行为是否合法？为什么？

2. 某林木种子经销公司，由于所经销的林木种子应当包装而没有包装，被该县林业主管部门处以 2 万元罚款和吊销林木种子经营许可证的林业行政处罚。该公司不服县林业主管部门的处罚决定

①林业行政相对人在林业行政执法活动中享有哪些权利？
②该公司若不服县林业主管部门的处罚决定，可以通过哪些途径和法律形式来维护自己的合法权益？

单元 2　林业行政许可法律制度

> **学习目标**
>
> 1. 了解我国林业行政许可的概念、特征、原则、种类、监督等基本情况，理解并掌握林业行政许可的设定、实施主体、实施程序、听证程序及违反林业行政许可的法律责任。
> 2. 能够理论联系实际，掌握林业行政许可的基本要求，正确解决林业行政许可中的各类纠纷。
> 3. 熟练制作、填写中各类林业行政许可文书。

2.1　林业行政许可概述

 案例

2017年8月28日，A市某丰产林公司为了发展"三高"林业，与B镇民签订了《土地使用权入股认定书》，B镇同意以将500亩山林地作为合作营造丰产林基地使用权入股50年，并于2018年4至5月间完成造林。该地于1985年由政府办理了林权证。1998年5月28日，A市国土局根据某科技园的申请，批准城区国土分局发给该科技园6份《国有土地使用证》，该证中土地面积包括了丰产林公司造林地在内的3934.273亩林地，将林地使用权划给该科技园经营使用。丰产林公司认为：A市国土局的具体行政行为侵害了其合法权益，提起行政诉讼，要求撤销市国土局违法审批的6份《国有土地使用证》，维护其合法权益。

1. A市国土局将集体林地直接变更为国有土地及直接把集体林地登记确权给第三人某科技园使用，是否合法？如不合法，违反了行政许可法的哪一基本原则？
2. 本案应如何处理？

2.1.1　林业行政许可概念和特征

（1）林业行政许可的概念

行政许可是行政机关依法对社会、经济事务实行事前监督管理的一种重要手段。林业行政许可是指林业行政主管部门，法律、法规授权的组织或者林业行政主管部门委托的行政机关，根据公民、法人或者其他组织的申请，经依法审查，准予符合法定条件的申请人从事某种活动的法律资格或实施某种行为的法律权利的一种具体行政行为。如林业行政主管部门对某单位或者个人的林木采伐申请，经依法审查，认为其符合条件，核发林木采伐许可证，准予其按照证的规定采伐林木。

(2) 实行林业行政许可制度的意义

《行政许可法》于2003年8月27日经第十届全国人民代表大会常务委员会第四次会议通过，2004年7月1日起施行。《行政许可法》的施行，对于保护公民、法人和其他组织的合法权益，深化行政审批制度改革，推进行政管理体制改革，从源头上预防和治理腐败，保障和监督行政机关有效实施行政管理，具有十分重要的意义。

为进一步贯彻执行第十二届全国人民代表大会第一次会议批准的《国务院机构改革和职能转变方案》，要求减少和下放投资审批事项，减少和下放生产经营活动审批事项，减少资质资格许可和认定，取消不合法不合理的行政事业性收费和政府性基金项目，国务院于2013年5月15日发布《国务院关于取消和下放一批行政审批项目等事项的决定》，取消和下放一批行政审批项目等事项，共计117项。其目的在于深化行政体制改革、加快转变政府职能的要求，继续坚定不移推进行政审批制度改革，清理行政审批项目，加大简政放权力度。

林业行政许可制度作为国家行政许可制度的重要组成部分，是国家林业行政管理的一种重要手段和方式。实行林业行政许可制度，有利于保护和合理开发利用森林资源；有利于促进林业生态平衡和林业产业体系的协调发展；有利于推动以森林为主体的生态环境建设，实现我国经济社会的可持续发展。

(3) 林业行政许可的特征

①林业行政许可是林业行政主管部门的管理性的行政行为。林业行政许可，如林木采伐许可证核发、林木种子生产（经营）许可证核发等，是林业行政主管部门对林业经济和社会事务的管理行为。行政许可不包括对民事权利、民事关系的确认。不具有行政管理性特征的行为，即使被称为登记、审批，也不是行政许可，如林地权属登记、林木资产抵押登记、植物新品种权的授予等。

②林业行政许可是对社会实施的外部管理行为。外部行政行为是行政机关对公民、法人或其他组织作出的管理行为。林业行政主管部门对内部事务的审批，例如，林业行政主管部门对公务员职务的任免，林业行政主管部门对其直接管理的林业事业单位的人事、财务、外事等事项的审批等，不是行政许可。

③林业行政许可是依申请的行政行为。林业行政许可是根据公民、法人或者其他组织提出的申请而产生的行政行为。无申请即无许可，如果当事人不提出申请，即使其符合获得某项许可的条件，林业行政主管部门也不得主动授予其行政许可。

④林业行政许可是准予相对人从事特定的林业活动的行为。取得林业行政许可，表明申请人符合法定条件，可以依法从事有关林业活动。例如，申请人取得林木种子经营许可证的可以在许可证规定的范围内从事林木种子经营等。

2.1.2 林业行政许可功能和种类

(1) 林业行政许可的功能

林业行政许可主要有以下功能：

①控制危险。行政监督管理方式通常分为事前监督管理和事后监督管理。行政许可属于事前监督管理方式。事前监督管理方式主要是对可能发生的系统性问题提前设防，从源头上控制某种危险的发生。例如，为了预防森林火灾，实行森林防火期林区野外生产用火许可制度。

②配置资源。市场经济条件下，市场在资源配置方面发挥基础作用。但是，在有限资源领域，需要政府以公开、公正、公平的方法，通过行政许可的方式配置有限资源。如出口珍贵树木或者其制品审批、采集或者采伐国家重点保护种质资源审批等。

③证明或者提供某种信誉、信息。在经济、社会活动中，需要政府以行政许可（通常是登记）的方式，确立相对人的特定主体资格或者特定身份，使相对人获得合法从事涉及公众关系的经济、社会活动的某种能力。如人工繁殖国家重点保护野生动物的许可等。

(2) 林业行政许可的种类

林业行政许可按管理的类别可分为：

①森林资源管理类林业行政许可。建设工程征占用林地审核，临时占用林地审批，森林经营单位在所经营的林地范围内修筑直接为林业生产服务的工程设施占用林地审批等。

②森林保护类林业行政许可。如法定目录内应施检疫的林业类植物、植物产品以及植物种子、苗木和繁殖材料的植物检疫证书核发，在非疫区对林业类植物检疫对象进行研究审批，从国外引进林业类种子、苗木的检疫审批，森林防火期内林区野外生产用火许可等。

③森林利用类林业行政许可。如林木采伐许可证核发，经营、加工木材审批，松材线虫病疫木加工板材定点加工企业审批等。

④林木种苗和植物新品种管理类林业行政许可。如林木种子或者主要林木良种的种子生产许可证核发，林木种子或者主要林木良种的种子经营许可证核发，采集或者采伐国家重点保护的天然林木种质资源审批，向境外提供或从境外引进林木种质资源审批，林木种子苗木进口审批等。

⑤陆生野生动物管理类林业行政许可。如国家一级重点保护陆生野生动物特许猎捕证核发，出售、收购、利用国家一级重点保护陆生野生动物或者其产品审批，进出口国际公约限制进出口的陆生野生动物或其产品审批，外国人对国家重点保护野生动物进行野外考察、标本采集或者在野外拍摄电影、录像审批，国家一级重点保护野生动物人工繁殖许可核发，猎捕、收购、出售地方重点保护陆生野生动物及其产品审批等。

⑥野生植物管理类林业行政许可。如采集国家一级重点保护野生植物审批，进出口中国参加的国际公约限制进出口野生植物审批，出口国家重点保护野生植物审批，出口珍贵树木或其制品、衍生物审批，外国人对国家重点保护野生植物进行野外考察审批，出售、收购国家二级重点保护野生植物审批等。

⑦自然保护区管理类林业行政许可。如在林业系统自然保护区建立机构和修筑设施审批，进入林业系统国家级自然保护区从事科学研究审批，在林业系统国家级自然保护区实验区开展生态旅游方案审批等。

⑧沙化土地治理类林业行政许可。如沙化土地治理验收，在沙化土地封禁保护区范围内进行修建铁路、公路等建设活动审批等。

2.1.3 林业行政许可基本原则

设定和实施林业行政许可必须遵循合法原则，公开、公平、公正原则，便民原则、救济原则，信赖保护原则，林业行政许可不可转让原则，监督原则。

(1) 合法原则

①设定林业行政许可必须遵循合法原则。一是应当按照《行政许可法》规定的权限范围设定林业行政许可；二是应当按照《行政许可法》规定的许可的事项范围设立林业行政许可；三是应当按照《行政许可法》确定的条件设定林业行政许可；四是应当按照《行政许可法》和其他相关法律、行政法规规定的程序设定林业行政许可。

②实施林业行政许可必须遵循合法原则。一是实施林业行政许可的主体及权限应当合法；二是实施林业行政许可应当符合《行政许可法》和其他相关法律、法规和规章规定的条件；三是实施林业行政许可应当依照《行政许可法》和其他法律、法规、规章规定的程序。

(2) 公开、公平、公正原则

①设定林业行政许可必须遵循公开原则。设定林业行政许可的过程应当是开放的，从设定林业行政许可的必要性、可行性，到林业行政许可可能产生效果的评估，都要广泛听取意见，允许并鼓励公众评论。凡是有关林业行政许可的规定都必须公布，未经公布的，不得作为实施林业行政许可的依据。

②实施林业行政许可必须遵循公开原则。林业行政许可的具体实施机构应当公开。林业行政许可实施的条件应当是规范的、明确的和公开的。林业行政许可实施的程序，包括申请、受理、审查、听证、决定、检查等，都应当是具体的、明确的和公开的。林业行政主管部门做出的准予行政许可的决定，除涉及国家秘密、商业秘密和个人隐私的情况外，应当予以公开，公众有权查阅。

③设定和实施林业行政许可应当遵循公平、公正原则。林业行政许可实施机关应当平等地对待所有个人和组织，不得搞歧视待遇，应当一视同仁。

(3) 便民原则

便民原则是指林业行政许可实施机关在实施行政许可的过程中，应当减少环节、降低成本，提高办事效率，提供优质服务，方便人民群众。如对公民、法人或者其他组织申请林业行政许可，林业行政许可实施机关应当尽量提供方便，如提供申请书格式文本，允许申请人通过信函、传真等方式提出申请；将林业行政许可的事项、依据、条件、数量、程序、期限及需要提交的全部材料的目录等在办公场所公示；合法定形式、材料齐全的申请，林业行政许可实施机关应当尽量当场受理，不应拖延。

(4) 救济原则

救济原则是指公民、法人或者其他组织对行政机关实施行政许可，享有陈述权、申辩权；有权依法申请行政复议或者提起行政诉讼；其合法权益因行政机关违法实施行政许可受到损害的，有权依法要求赔偿。如在实施林业行政许可的各个环节，都应当尊重和保护公民、法人和其他组织的陈述权、申辩权。对依法需要听证的事项，必须依法告知申请人、利害关系人享有听证的权利并依法举行听证等。

(5) 信赖保护原则

信赖保护原则是指公民、法人或者其他组织依法取得的林业行政许可受法律保护，林业行政主管部门不得擅自改变已经生效的林业行政许可。林业行政许可决定所依据的法律、法规、规章修改或者废止，或者准予林业行政许可所依据的客观情况发生重大变化的，为了公共利益的需要，林业行政主管部门可以依法变更或者撤回已经生效的行政许可。但是由此给公民、法人或者其他组织造成财产损失的，林业行政主管部门应当依法给予补偿。

(6) 林业行政许可不可转让原则

林业行政许可不得转让原则是指依法取得的林业行政许可，除法律、法规规定依照条件和程序可以转让的外，不得转让。如果有关法律、法规规定林业行政许可以转让的，被许可人可以按照法定的条件、程序依法转让。

(7) 监督原则

监督原则是指县级以上人民政府应当建立健全对行政机关实施行政许可的监督制度，上级行政机关应当加强对下级行政机关实施行政许可的监督检查，及时纠正行政许可实施中的违法行为。同时，林业行政主管部门应当对公民、法人或者其他组织从事林业行政许可事项的活动实施有效监督，发现违法行为应当依法查处。

案例解析

本节案例中，被告A市国土资源局将集体林地直接变更为国有土地的主体及权限及直接把集体林地登记确权给第三人使用的程序均属违法行为。

A市国土资源局批准城区国土分局发给某科技园《国有土地使用证》，其中包括了原告造林地在内的3934.273亩林地使用权。而上述林地于1985年政府已颁发了林权证，林权证是林地使用权和所有权的法律凭证。根据原《森林法》第十八条、《森林法实施条例》第十六条，及原林业部《关于征用、占用林地审核程序有关问题的通知》第五条规定，征用林地必须向县级林业主管部门提出拟征用林地申请，建设项目批文、林地权属证明、林地林木补偿协议书等规定申请林料、经林业主管部门审核许可后，预缴森林植被恢复费，报有权机关更换证书。而被告审批并发放《国有土地使用证》时，没有按上述规定进行，并将某科技园占用的集体林地直接登记确权视为国有土地，程序严重错误。此外，被告为某科技园审批林地征用数千亩，根据《占用征用林地审核审批管理办法》第六条规定，属超越审批权限。其行为违反了行政许可合法原则。行政许可合法原则，是指设立和实施行政许可，应当依照法定的权限、范围、条件和程序。因此，受诉法院应根据《行政诉讼法》第五十四条第二项第三目规定，依法判决撤销被告1998年5月28日审批颁发的6份《国有土地使用证》，保护当事人合法权益。

2.2 林业行政许可设定制度

案例

2020年8月，A县林业局在全县下发《关于加强林木、竹子采伐管理的通知》，规定农村居民凡是采伐自留山的林木、竹子，包括采伐不是以生产竹材为主要目的的竹子，一律要向县林业局申请办理采伐许可证，违者以滥伐论处。

1. 你认为A县林业局的规定合法吗？为什么？
2. 本案应如何处理？

2.2.1 设定林业行政许可事项范围

按照林业行政许可事项的性质、功能、条件和适用程序的不同，可以设定林业行政许可的事项有以下几类。

①直接涉及公共安全、生态环境保护，需要按照法定条件予以批准的事项。对这类事项设定的行政许可，其主要功能是防止危险、保障安全，如森林防火期内林区野外生产用火许可、松材线虫病疫木加工板材定点加工企业审批等。

②对有限自然资源开发利用需要赋予特定权利的事项。其主要功能是分配有限资源，如国家重点保护野生动物特许猎捕证核发、国家重点保护野生植物采集证核发、野生动植物允许进出口证明书核发等。

③提供公众服务并且直接关系公共利益的职业、行业，需要确定具备特殊信誉、特殊条件或者特殊技能等资格、资质的事项。其主要功能是提高从业水平或者某种技能、信誉，如林木种子生产（经营）许可证核发、野生动物驯养繁殖许可证核发等。

④直接关系公共安全、人身健康、生命财产安全的重要设备、设施、产品、物品，需要按照技术标准、技术规范，通过检验、检测、检疫等方式进行审定的事项。对这类事项设定的行政许可，是指由林业行政主管部门和法定授权的组织对某些事项是否达到特定技术标准、技术规范的判断、审核、认定，如林木种苗检疫、调运木材检疫等，其主要功能是为了防止危险、保障安全。

⑤企业或者其他组织的设立等需要确定主体资格的事项。如设立木材经营（加工）企业审批等。

⑥法律、行政法规规定可以设定行政许可的其他事项。包括：现行法律、行政法规对其他行政许可事项的规定仍然保留、有效；以后的法律、行政法规还可以根据实际情况，在《行政许可法》明确规定的上述五类行政许可事项外设定其他行政许可事项。地方性法规、省级地方政府规章和国务院决定等都不得对上述五类许可事项以外的事项设定行政许可。

2.2.2 设定林业行政许可主体和形式

(1) 设定林业行政许可的主体

设定林业行政许可的主体，是指依法有权设定林业行政许可的国家机关。根据《行政许可法》的规定，有权设定林业行政许可的国家机关包括：全国人民代表大会及其常务委员会，国务院，省、自治区、直辖市人民代表大会及其常务委员会，省、自治区、直辖市人民政府。

除上述国家机关外，其他国家机关无权设定林业行政许可。

(2) 设定林业行政许可的形式

设定林业行政许可的形式，是指可以设定林业行政许可的规范性文件的形式。根据《行政许可法》规定，有权设定林业行政许可的规范性文件包括：法律，行政法规，国务院决定，地方性法规，省、自治区、直辖市人民政府规章。

除上述规范性文件外，其他规范性文件一律不得设定行政许可。如部门规章和省级人民政府规章以外的地方各级人民政府制定的其他规范性文件等，都不得设定行政许可。

2.2.3 林业行政许可设定权

(1) 法律的行政许可设定权

全国人民代表大会及其常务委员会可以制定法律设定行政许可。法律可以设定《行政许可法》规定的可以设定行政许可的各类事项。如《森林法》《野生动物保护法》《种子法》《防沙治沙法》等都设定了林业行政许可。

(2) 行政法规的行政许可设定权

①国务院可以通过制定行政法规设定行政许可。行政法规也可以设定《行政许可法》规定的可以设定行政许可的各类事项。如《植物检疫条例》《野生植物保护条例》《自然保护区条例》等行政法规都设定了林业行政许可。

②法律已经设定行政许可的，行政法规只能作出具体规定，不得增设行政许可。行政法规可以在法律设定的行政许可事项范围内，对实施行政许可作出具体规定。行政法规对行政许可条件作出的具体规定，不得增设违反法律的其他条件。例如，《森林法》对林木采伐设定了行政许可，《森林法实施条例》则对申请林木采伐应当提交的有关证明文件、不得核发林木采伐许可证的情形和核发采伐许可证的权限等事项作出具体的规定。

(3) 国务院决定的行政许可设定权

国务院决定是指国务院制定的管理经济、文化、社会事务的行政法规以外的规范性文件。《行政许可法》规定，必要时，国务院可以通过发布决定的方式设定林业行政许可。实施后，除临时性行政许可因情况发生变化废止以外，国务院决定设定的其他行政许可在条件成熟时，国务院应当适时提请全国人民代表大会及其常务委员会制定法律，或者自行制定行政法规。如《国务院对确需保留的行政审批项目设定行政许可的决定》，设定了引进陆生野生动物外来物种种类及数量的审批，国家级森林公园设立、撤销、合并、改变经营范围或变更隶属关系的审批等林业行政许可。

（4）地方性法规的行政许可设定权

①对于可以设定行政许可的事项，尚未制定法律、行政法规的，地方性法规可以设定行政许可。

②地方性法规在设定行政许可时受到以下限制：不得设定应当由国家统一确定的公民、法人或者其他组织的资格、资质的林业行政许可；不得设定企业或者其他组织的设立登记及其前置性林业行政许可；不得限制其他地区的个人或者企业到本地区开展生产经营活动或者限制其他地区的商品进入本地区市场。

③法律、行政法规已经对有关事项设定行政许可的，地方性法规只能作出具体规定，不得增设行政许可。

（5）省级地方政府规章的行政许可设定权

①对于可以设定行政许可的事项，尚未制定法律、行政法规和地方性法规的，因行政管理的需要，确需立即实施行政许可的，省、自治区、直辖市人民政府规章可以设定临时性的行政许可。临时性的行政许可实施满一年，需要继续实施的，应当提请本级人民代表大会及其常务委员会制定地方性法规。例如，某省级人民政府发布《关于树蔸树木采挖流通管理规定》，对采挖树蔸树木事项设定的行政许可，就属于临时性的行政许可，实施满一年需要继续实施的，应当提请本级人民代表大会或其常务委员制定地方性法规。

②省级地方政府规章在设定临时性行政许可时受到以下限制：一是不得设定应当由国家统一确定的公民、法人或者其他组织的资格、资质的林业行政许可；二是不得设定企业或者其他组织的设立登记及其前置性林业行政许可；三是不得限制其他地区的个人或者企业到本地区开展生产经营活动或者限制其他地区的商品进入本地区市场。

③省级地方政府规章在法律、行政法规、地方性法规等上位法设定的行政许可事项范围内，可以对实施行政许可作出具体规定，但不得增设行政许可；对行政许可条件作出的具体规定，不得增设违反上位法的其他条件。

案例解析

本节案例中，A县林业局在全县下发《关于加强林木、竹子采伐管理的通知》，规定农村居民凡是采伐自留山的林木、竹子，包括采伐不是以生产竹材为主要目的的竹子，一律要向县林业局申请办理采伐许可证，违者以滥伐论处的做法是违反《行政许可法》规定的行为。因为A县林业局作为县级林业行政主管部门根本不具有行政许可权，根据《行政许可法》的规定，有权设定林业行政许可的国家机关包括：全国人民代表大会及其常务委员会，国务院，省、自治区、直辖市人民代表大会及其常务委员会，省、自治区、直辖市人民政府。除上述国家机关外，其他国家机关无权设定林业行政许可。根据《森林法》第五十六条的规定，采伐林地上的林木应当申请采伐许可证，并按照采伐许可证的规定进行采伐；采伐自然保护区以外的竹林，不需要申请采伐许可证，但应当符合林木采伐技术规程。农村居民采伐自留地和房前屋后个人所有的零星林木，不需要申请采伐许可证。因此，农民在采伐自然保护区以外的竹林是不需要办理采伐证的，A县林业局只能根据此规定依法对采伐林木行为进行监管,而不能擅自设定林业行政许可,变更办理林木采伐许可证的范围,该行为应当依法撤销。

2.3 林业行政许可实施主体

 案例

2017年至2019年两年间,A区林业局委托其所属的野生动物救护中心对人工繁育国家重点保护野生动物的申请发放人工繁育许可证,该野生动物救护中心站在发证时,未认真审查申请者的申请条件,如有无适宜野生动物人工驯养繁殖的固定场地和必需的设施,是否具有与野生动物人工驯养繁殖种类、数量相适应的资金、人员和技术等,最后造成部分国家重点保护野生动物死亡的严重后果。

A区林业局委托野生动物救护中心发放人工繁育许可证是否合法?

2.3.1 林业行政主管部门

林业行政许可的实施,是指林业行政主管部门和有关组织依法为公民、法人或者其他组织具体办理林业行政许可的行为。林业行政主管部门是林业行政许可的主要实施主体。

作为林业行政许可实施主体的林业行政主管部门,主要包括以下三个层次:一是国务院林业行政主管部门,实施一些直接关系国家重大利益、不宜下放的林业行政许可;二是省级人民政府林业行政主管部门,实施一些事关重大、但又不宜全部由中央层次行政机关实施的林业行政许可;三是县级和设区的市、自治州人民政府林业行政主管部门,实施与普通公民、法人和其他组织密切相关的林业行政许可。

2.3.2 法律、法规授权的组织

法律、法规授权的具有管理公共事务职能的组织,在法定授权范围内以自己的名义实施行政许可。享有林业行政许可实施权的法律、法规授权的组织也是林业行政许可的实施主体。例如,根据《植物检疫条例》的规定,县级以上林业行政主管部门所属的森林植物检疫机构,享有森林植物检疫的行政许可实施权。

法律、法规授权的组织实施林业行政许可具有以下特征。

①授权的主体和方式具有特定性。从授权的主体来说,可以将行政许可的实施权授予其他组织的包括:全国人民代表大会及其常务委员会、国务院、省级地方人民代表大会及其常务委员会以及较大的市的人民代表大会及其常务委员会。从授权的方式来说,授权必须以法律、法规(包括行政法规和地方性法规)的方式进行。但是,法律、行政法规或者地方性法规以外的其他规范性文件不得授权其他组织实施行政许可。

②被授权的组织应当是具有管理公共事务职能的组织。具有管理公共事务职能的组

织，通常是指该组织承担着管理公共事务的责任，如林业行政主管部门所属的植物检疫机构承担着管理公共事务的责任，是具有管理公共事务职能的组织。而学校、医院以及一些公用事业机构等，只承担管理本组织自身事务责任的，就不是具有管理公共事务职能的组织。

③被授权的组织必须有法律、法规的授权作为依据。例如，《植物检疫条例》第三条规定："县级以上地方各级农业主管部门、林业主管部门所属的植物检疫机构，负责执行国家的植物检疫任务。"

④被授权的组织以自己的名义实施林业行政许可。被授权的组织取得林业行政许可实施机关的地位，以自己的名义独立地行使实施林业行政许可的职权和承担相应的责任。当申请人就林业行政许可实施事项提起行政诉讼或者申请行政复议时，被授权实施林业行政许可的组织是被告或者被申请人。

⑤被授权的组织必须在授权范围内实施林业行政许可。例如，森林植物检疫机构应当在《植物检疫条例》授权范围内实施森林植物检疫行政许可，而不得超越范围实施其他林业行政许可。

⑥被授权的组织实施林业行政许可，适用《行政许可法》中有关行政机关的规定。例如，《行政许可法》第三十条第二款规定："申请人要求行政机关对公示内容予以说明、解释的，行政机关应当说明、解释，提供准确、可靠的信息。"这些对行政机关及其工作人员的规定，同样适用于被授权实施行政许可的组织及其工作人员。

2.3.3 林业行政主管部门委托的行政机关

林业行政主管部门在其法定职权范围内，依照法律、法规、规章的规定，可以委托其他行政机关实施林业行政许可。例如，《森林法》第五十七条：采伐许可证由县级以上人民政府林业主管部门核发。县级以上人民政府林业主管部门应当采取措施，方便申请人办理采伐许可证。农村居民采伐自留山和个人承包集体林地上的林木，由县级人民政府林业主管部门或者其委托的乡镇人民政府核发采伐许可证。

(1) 委托实施林业行政许可的特点

①受委托实施林业行政许可的主体只限于行政机关，林业行政主管部门不得委托行政机关以外的其他组织实施林业行政许可。

②受委托行政机关实施林业行政许可的权力来源于委托的林业行政主管部门的委托行为。林业行政主管部门根据行政管理工作的实际需要，依照法律、法规或者规章的规定，将部分林业行政许可实施权委托给其他行政机关，受委托实施林业行政许可的行政机关则基于林业行政主管部门的委托才有权行使部分林业行政许可实施权。

③受委托行政机关在委托范围内，以委托的林业行政主管部门名义实施林业行政许可，不能以自己的名义实施林业行政许可。

④受委托行政机关实施受委托林业行政许可的行为的法律后果由委托的林业行政主管部门承担。如果因实施受委托行政许可行为而引起行政诉讼或者行政复议的，其被告或者被申请人是委托的林业行政主管部门而不是受委托行政机关。

(2) 委托林业行政许可的规则

①林业行政主管部门应当遵循职权法定的原则,在其法定权限范围内依法委托。

②委托实施林业行政许可的依据是法律、法规和规章。无法律、法规、规章依据,林业行政主管部门无权委托其他行政机关实施行政许可。

③林业行政主管部门对受委托行政机关实施林业行政许可的行为应当负责监督。林业行政主管部门对受委托行政机关实施林业行政许可的情况,包括实施的方式和后果等,应当进行经常性的检查,确保受委托行政机关在委托权限范围内依法实施林业行政许可。

④受委托实施林业行政许可的行政机关,不得将林业行政许可实施权转委托给其他组织或者个人。

⑤林业行政主管部门应当将受委托行政机关和受委托实施林业行政许可的内容予以公告。公告应当包括下列内容:林业行政主管部门的名称、地址、联系方式、监督电话;受委托实施行政许可的行政机关的名称、地址、联系方式、监督电话;委托实施的林业行政许可的具体事项、职责权限、依据及其变动情况等。

案例解析

本节案例中,A区林业局委托野生动物救护中心发放人工繁育许可证是不合法的。因为根据《行政许可法》第二十四条规定:"行政机关在其法定职权范围内,依照法律、法规、规章的规定,可以委托其他行政机关实施行政许可。委托机关应当将受委托行政机关和受委托实施行政许可的内容予以公告。委托行政机关对受委托行政机关实施行政许可的行为应当负责监督,并对该行为的后果承担法律责任。受委托行政机关在委托范围内,以委托行政机关名义实施行政许可;不得再委托其他组织或者个人实施行政许可。"这是行政许可法关于委托行政许可的涵义、规则的集中规定。它要求委托的行政机关须拥有行政许可的职权;可委托的行政许可实施的项目,须有法律、法规、规章的明确规定;委托行使行政许可实施权的主体只限于行政机关,这也是委托实施行政许可和委托实施行政处罚的主要区别,非行政机关依法不得作为受托行使行政许可实施权的主体,而委托实施行政处罚的主体可以是具有公共管理职能的事业法人组织;受托实施机关并未因委托机关的委托而获得法定的行政许可实施权。本案例中,受委托实施野生动物人工繁育行政许可的野生动物救护中心是事业单位,而非行政机关。A区林业局委托事业单位发放人工繁育行政许可证的行为,违背了行政许可法及其实施前的有关法律规定,委托行为无法律、法规和规章的规定为依据,因而不具有合法性。

2.4 林业行政许可实施程序

案例

2004年5月15日,李某与A市B乡C村签订了一份承包造林合同书。承包造林地点为B乡某林地,承包面积为200亩,承包期限为25年,即自2004年至2028年。2005年

单元2 林业行政许可法律制度

10月28日，李某又与C村签订了一份《森林土地承包合同书》，C村将100亩林地承包给了李某。2006年2月2日，A市人民政府为李某颁发了林权证，林权证中标明造林面积为300亩，树种为落叶松，并标明了四至界限。2016年12月29日，李某向A市林业局提出申请，要求对其承包的落叶松用材林进行抚育性透光采伐，给予颁发采伐许可证，并提交了申请报告及相关材料。A市林业局对李某的申请迟迟未作答复。

2017年3月5日，李某以A市林业局为被告向法院提起行政诉讼，要求法院判令被告为其颁发林木采伐许可证。被告A市林业局在诉讼中辩称：一是未收到原告的采伐林木申请，二是原告与D村的林地存在林地争议，所以未能及时为其核发采伐证。

密山市人民法院审判认为，被告A市林业局具有依法履行林木采伐行政许可的法定职责。原告向被告提交了申请报告、人工林执照等材料，要求对其所有的林木申请颁发采伐许可证，被告作为林业行政主管机关，对原告的申请应依法进行审核。被告以未收到原告的申请为由进行抗辩，因原告方证人吕某等人证实他们与原告同去被告处提交的申请，可以确认原告已向被告提交了采伐申请。被告称原告的林地与D村的林地存在争议，因A市人民政府为原告核发的林权执照载明了四至界线，D村证明其林地与原告林地界线清楚没有异议，且有证人出庭证实，其是购买D村林地使用权，原告与自己的林地界线无异议。被告称原告的林地与D村存在争议，但未提供证据证实，被告的主张依法不能成立。故判决责令被告于判决生效后60日内依法履行行政许可的法定职责。

1. 林业行政许可不作为如何认定？A市林业局的行为属于林业行政许可不作为吗？
2. 林业行政许可不作为的法律责任是什么？

2.4.1 林业行政许可实施程序意义和规则

(1) 林业行政许可实施程序的意义

林业行政许可实施程序，是指林业行政许可的实施机关从受理林业行政许可申请到作出准予、拒绝、中止、收回、撤销林业行政许可等决定的步骤、方式和时限的总称。行政许可的实施程序是规范行政许可行为，防止滥用权力、保证正确行使权力的重要环节。林业行政许可实施程序的意义体现在以下几个方面。

①林业行政许可实施程序直接影响林业行政许可决定的正确性。合理的林业行政许可程序可以预防或减少林业行政主管部门实施林业行政许可行为的随意性，有利于提高林业行政许可决定的正确性。

②林业行政许可实施程序直接关系林业行政管理活动是否高效、便民。把有利于保护公民权益和提高行政效率的合理程序法律化、制度化，简化烦琐的程序，可以促进林业行政管理活动的高效、便民。

③林业行政许可实施程序具有限制行政权力滥用的功能。例如，按照行政许可实施程序规定，林业行政许可实施机关要公布有关林业行政许可事项的决定以及拒绝行政许可时的说明理由，这有利于公民、法人和其他组织对林业行政许可实施机关行使裁量权的监督，防止林业行政许可实施机关对裁量权的滥用。

④林业行政许可实施程序可以促进公众参与林业行政管理。林业行政主管部门实施林

业行政许可时可听取利害关系人意见、举行听证，能够促进公众参与林业行政管理活动，有利于建立良好的政府与公民的关系。

(2) 林业行政许可实施程序的规则

①林业行政许可的实施必须依据法定程序进行。法律、法规、规章对林业行政许可的实施规定了步骤、环节和时限的，林业行政许可的实施机关应当按照规定实施林业行政许可。例如，省级林业行政主管部门审批主要林木品种的推广应用，应当依照《种子法》的规定，先经省级林木良种审定委员会审定通过，然后由省级林业行政主管部门公告，可以在本省适宜的生态区域推广。

②林业行政许可实施机关实施林业行政许可，应当公开进行。在林业行政许可的实施过程中，林业行政主管部门应当向林业行政许可申请人公开下列事项：林业行政主管部门实施行政许可依据的法律、法规、规章和其他规范性文件有关林业行政许可的条件、范围、程序、期限等的规定；实施林业行政许可的行政机关法定权限及其内部机构设置，包括处理林业行政许可事项的经办机构、联系人员等信息；有关林业行政许可事项处理的决定，包括准予林业行政许可的决定、不予林业行政许可的决定、中止林业行政许可的决定、撤销林业行政许可的决定等的内容（涉及国家秘密、商业秘密和个人隐私的部分除外）；作出林业行政许可决定的过程，包括受理程序、处理程序及后续程序等。

③林业行政许可实施机关实施林业行政许可，应当公正进行。林业行政许可实施机关应当排除偏见，合理行使裁量权，确保行政决定的合理性。其次，对申请人不得实行歧视待遇。例如，对相同情况的申请人不应给以不同等对待，对不同情况的申请人不应给以同等对待，不得对申请人有企业所有制歧视、户籍地歧视、教育经历歧视、性别歧视等。

④有关林业行政许可实施程序的规定应当方便公民、法人或者其他组织提出申请。在实践中，只有这样才能减少林业行政许可申请人的办事成本，提高林业行政许可实施机关的服务效率和服务水平。

2.4.2 林业行政许可实施程序规定

2.4.2.1 申请与受理程序

(1) 林业行政许可的申请

①林业行政许可申请人。申请林业行政许可，是指公民、法人或者其他组织向林业行政许可实施机关提出拟从事依法需要取得林业行政许可的活动的意思表示。申请林业行政许可的公民、法人或者其他组织，称为林业行政许可申请人。林业行政许可是依申请的行政行为，其启动权在公民、法人或者其他组织。公民、法人或者其他组织拟从事依法需要取得林业行政许可的活动的，应当提出林业行政许可申请；公民、法人或者其他组织不提出申请的，林业行政主管部门便无义务进行审查，也不得自行准许公民、法人或者其他组织从事依法应当取得林业行政许可的活动。

②申请林业行政许可的方式。申请人申请林业行政许可，可以有多种方式，除书面申请外，还可以用信函、电报、电传、传真、电子数据交换和电子邮件提出，也可以由申请人委托代理人提出林业行政许可申请，但依法应当由申请人本人到办公场所提出林业行政许可申请的除外。

③申请人应当如实反映有关情况、提供有关材料。为了便于林业行政许可实施机关审查申请人是否符合法定的条件，申请人应当如实提供有关材料、反映真实情况，不能隐瞒有关情况提供虚假材料。

④林业行政许可实施机关应当公示有关行政许可事项的规定，答复申请人的疑问。林业行政许可实施机关应当在其办公场所公示有关林业行政许可的规定，便于公民、法人或者其他组织能够在固定场所比较方便地查阅有关林业行政许可的规定。林业行政主管部门公示的内容包括：林业行政许可事项的名称和内容；实施林业行政许可所依据的法律、法规、规章及具体条款；林业行政许可的条件、数量、期限、费用；实施林业行政许可收费的法律、行政法规依据和收费标准及批准机关；申请人需要提交的全部材料目录；林业行政许可实施机关的通信地址、联系电话、具体受理林业行政许可事项的机构以及监督电话等。

林业行政许可申请人对林业行政许可实施机关公示的有关行政许可的事项、依据、条件数量、程序、期限以及需要提交的全部材料的目录和行政许可申请书示范文本内容有疑义的，有权要求林业行政许可实施机关予以说明、解释。林业行政许可实施机关对于申请人提出的问题、应当提供准确、可靠的信息。

⑤林业行政许可实施机关应当提供申请书格式文本，并示范如何填写。申请林业行政许可需要采用格式文本的，林业行政许可实施机关应当向申请人提供申请书格式文本，还应当指导申请人填写申请书格式文本，可以示范如何填写有关申请书，也可以公开填写好的林业行政许可申请书示范文本。《行政许可申请书》样式见表2-2。

(2) 林业行政许可的受理

林业行政许可的受理，是指经对公民、法人或者其他组织提出的申请进行形式审查后，林业行政许可实施机关认为其申请事项依法属于本机关职责范围，申请材料齐全、符合法定形式的，因而对申请予以接受的行为。

①决定是否受理林业行政许可。林业行政许可实施机关收到行政许可申请后，应当对申请人提交的申请材料目录及材料格式进行形式审查。形式审查的内容包括：申请事项是否属本行政机关管辖范围；申请事项是否属于依法需要取得林业行政许可的事项；申请人是否按照法律、法规和规章的规定提交了符合规定数量、种类的申请材料；申请人提供的林业行政许可申请材料是否符合规定的格式；其他有关事项。如申请人是否属于不得提出林业行政许可申请的人，申请人提供的材料是否有明显的计算、书面错误，申请人是否在法定期限内提出集中处理的林业行政许可申请等。

②对林业行政许可申请作出处理。林业行政许可实施机关经过形式审查，对于公民、法人或者其他组织提出的申请，应当区别不同情况分别作出以下处理：一是申请事项依法不需要取得林业行政许可的，应当即时告知申请人不受理，并出具书面凭证；二是对于依法不属于本机关职权范围内的事项，应当即时作出不予受理的决定，并告知申请人向有关

行政机关申请；三是对依法属于本行政机关职权范围内的事项且申请事项依法需要取得林业行政许可的，如果申请人提交的材料存在文字错误、计算错误等可以当场更正的错误的，应当允许申请人当场更正，不得以此为由拒绝受理申请；四是对依法属于本行政机关职权范围内的事项且申请事项依法需要取得林业行政许可的，如果林业行政许可实施机关在受理前的形式审查中发现申请人提交材料不齐全或者不符合法定形式的，应当当场一次告知申请人补正有关材料；不能当场告知的，也应在五日内告知。林业行政许可实施机关逾期不告知的，自收到材料之日起即为受理。申请材料不齐全是指申请材料的数量、种类没有达到法定要求，如应当提供多种材料，而行政许可申请人只提供了部分材料。申请材料不符合法定形式是指申请人提供的材料在形式上不具备法定要求。如《森林法实施条例》规定，国有林业企业事业单位申请林木采伐许可证，申请人应当提交规定的文件材料，如果申请人只提交了部分文件材料，未提交全部文件材料，则属于申请材料不齐全；如果申请人提交了全部文件材料，但其中伐区调查设计文件的设计单位的设计资质不符合规定，则属于申请材料不符合法定形式；五是申请事项依法属于本行政机关职权范围，申请材料齐全、符合法定形式的，林业行政许可实施机关应当予以受理。《补正行政许可申请有关材料通知书》样式见附录十四表3。

③出具受理或者不予受理林业行政许可的书面凭证。对公民、法人或者其他组织提出的申请进行形式审查后，林业行政许可实施机关无论受理行政许可申请或者不予受理行政许可申请的，都应当出具加盖本林业行政许可实施机关专用印章和注明日期的书面凭证，并通知申请人签收。《行政许可申请受理通知书》样式见附录十四表4，《不予受理行政许可申请通知书》样式见附录十四表5。

2.4.2.2 审查程序

林业行政许可的审查程序，是指林业行政许可实施机关对已经受理的林业行政许可申请材料的实质内容时行核查的过程。林业行政许可的审查程序是林业行政许可实施机关作出林业行政许可决定的必经环节。

(1) 审查的主要内容

①审查申请材料反映的申请人条件的适法性。林业行政许可实施机关应当审查申请人提交的申请材料反映的情况与法律、法规规定取得林业行政许可应当具备的条件是否一致。例如，申请人申请国家二级保护陆生野生动物特许猎捕证，如果申请人提交了书面申请报告、实施猎捕的工作方案、证明其猎捕目的的有效文件和说明材料等全部申请材料，省级林业行政主管部门就应当审查申请人提供的材料是否能证明其符合《野生动物保护法》等法律、法规所规定的条件。

②审查申请材料反映的实质内容的真实性。对申请人提供的申请材料，林业行政许可实施机关应当核查其反映的情况是否真实。核查其真实性可以通过以下途径实现：由申请人承诺声明所述情况真实，否则承担相应的不利法律后果或者予以制裁；用申请材料中反映的内容互相进行印证；用行政机关已经掌握的信息与申请材料的内容进行印证；请求其他行政机关协助核实有关申请材料反映内容的真实性；实地核查申请材料反映内容的真实性。

(2) 审查的方式

林业行政许可实施机关审查行政许可申请材料主要有以下几种方式。

①书面审查。书面审查是指林业行政许可实施机关审查申请人的书面申请材料反映的内容。这是审查林业行政许可申请材料最主要的方式。

②实地核查。根据法定条件和程序，需要对申请材料的实质内容进行核实的，林业行政主管部门应当指派两名以上工作人员进行核查。核查后制作调查笔录。调查笔录应经被调查人阅核后，由调查人和被调查人签名或者盖章；被调查人拒绝签名或者盖章的，由调查人在调查笔录上注明情况。

③听取利害关系人意见。根据《行政许可法》规定，行政机关在对行政许可申请进行审查时，发现行政许可事项直接关系申请人以外的第三人重大利益以及重大公共利益的，林业行政许可实施机关在作出准予行政许可的决定前，应当告知利害关系人并听取其意见。利害关系人可以提出反对准予行政许可的意见和理由，申请人也可以就利害人提出的意见加以反驳。林业行政许可实施机关应当兼听双方意见，确保申请人和利害关系人都有陈述、申辩的机会和权利，并对他们提出的理由和依据进行复核，在此基础上作出相应的行政许可决定。

④其他审查方式。林业行政许可实施机关还可以通过当面询问、听证会、专家论证会等方式审查林业行政许可申请材料。

2.4.2.3 决定程序

(1) 依法作出林业行政许可决定

林业行政许可的决定程序，是指林业行政许可实施机关根据审查林业行政许可申请材料的结果，做出是否准予林业行政许可的决定的过程。根据《行政许可法》的规定，林业行政许可实施机关受理林业行政许可申请并进行审查后，应当依法作出行政许可决定。林业行政许可实施机关作出林业行政许可决定，应当遵守以下规定：

①应当在法定期限内作出林业行政许可决定。能够当场作出决定的，林业行政许可实施机关应当当场作出决定；不能当场作出决定的，林业行政许可实施机关应当在法定期限内或者在短于法定期限的承诺期限内作出决定。不允许对林业行政许可申请久拖不决。

②应当按照规定程序作出林业行政许可决定。林业行政许可实施机关审查林业行政许可申请，既要在实体上守法，也要在程序上守法，即必须遵守法定的实施林业行政许可必经的审查环节、步骤、方式。

③应当根据审查结果作出相应的林业行政许可决定。申请人的申请是否符合法定的林业行政许可条件、标准，是由其自身条件与法律规定决定的，不由林业行政许可实施机关工作人员的个人好恶决定。林业行政许可实施机关审查林业行政许可申请并作出是否准予行政许可的决定，必须依据法定条件、标准进行。林业行政许可申请符合法定条件、标准的，林业行政许可实施机关应当依法作出准予林业行政许可的决定；林业行政许可申请不符合法定条件、标准的，林业行政许可实施机关应当依法作出不予林业行政许可的决定。除法律另有规定的外，无论是否准予行政许可，林业行政许可实施机关都应当作出决定，不得对林业行政许可申请不予答复。《行政许可决定书》样式见附录十四表7。

(2) 依法作出不予行政许可书面决定必须履行的义务

林业行政许可实施机关作出不予林业行政许可的决定，是指林业行政许可实施机关对申请人的林业行政许可申请书、申请材料以及申请人的实际情况审查后，认为其不具备法定的全部林业行政许可条件或者不属于有数量限制的林业行政许可的条件优先者，因而依法作出的对林业行政许可申请予以拒绝的书面决定。根据《行政许可法》规定，林业行政许可实施机关拒绝林业行政许可申请的，必须履行以下义务：

①作出不予行政许可的书面决定。林业行政许可实施机关对申请人提出的林业行政许可申请不予批准的，应当作出书面决定。一般可以通过以下形式作出不予林业行政许可的书面决定：一是作出加盖本林业行政主管部门印章、注明日期的不予林业行政许可的书面决定；二是在申请人的申请书、材料上注明不予林业行政许可的意思表示，并加盖本行政机关印章、注明日期。

②说明不予行政许可的理由和依据。林业行政许可实施机关作出不予林业行政许可的决定，应当在书面决定中说明不予林业行政许可的理由。其理由包括：申请人不符合法定条件、标准的具体情况，载明法定条件、标准的有关法律、法规、规章，不予林业行政许可所依据的事实和应当说明的其他情形。

③告知申请人申请行政复议、提起行政诉讼的权利　林业行政许可直接影响申请人的生产、生活，有的还涉及较大的财产利益。林业行政许可实施机关拒绝林业行政许可申请的，申请人有权依法申请行政复议或者提起行政诉讼。林业行政许可实施机关在作出不予林业行政许可的决定时，应当告知申请人享有申请行政复议、提起行政诉讼的权利。《不予行政许可决定书》样式见附录十四表8。

(3) 依法公开林业行政许可决定

林业行政许可实施机关作出的准予行政许可决定，应当予以公开，公众有权查阅。

①公开林业行政许可决定的意义。林业行政许可决定的公开，便于群众监督林业行政许可实施机关实施林业行政许可的行为，监督其依法行政；便于社会公众了解从事特定活动的公民、法人或者其他组织是否取得林业行政许可，有利于监督被许可人的活动，预防和减少未经林业行政许可从事依法应当取得林业行政许可的活动的现象。

②公开林业行政许可决定的形式。对准予林业行政许可决定的公开方式，《行政许可法》未作具体规定。林业行政许可实施机关可以根据林业行政许可事项的性质和本机关的实际情况，选择适当的方式公开林业行政许可决定，可以在办公场所公开，也可以制定公告栏目给予公开；可以在报刊上公开，也可以在政府网站上公开。林业行政许可决定的公开形式应当与公众的关注度相适应，社会公众关注度较高的，如有数量限制的林业行政许可的被许可人、资格资质类林业行政许可的被许可人等，其行政许可决定应当在普遍发行的报刊或者互联网上公开；而对社会公众关注度不高的事项，其行政许可决定在林业行政许可实施机关办公场所公开。

③林业行政许可实施机关公开的准予行政许可的决定，社会公众均有权查阅。林业行政许可实施机关应当创造条件，保障公众的查阅权，而不得设置限制性条件阻挠公众行使查阅权、复制或者摘录。但是，涉及国家秘密、商业秘密和个人隐私的内容除外。

2.4.2.4 作出林业行政许可决定的期限

林业行政许可的期限制度,是为了保证林业行政许可实施机关实施林业行政许可活动的高效,而对林业行政许可的实施程序整体及各个环节提出的时间上的限制。规定期限制度,可以促进林业行政主管部门提高办事效率,也可以防止林业行政许可实施机关拖延时间而侵害公民、法人或者其他组织的合法权益。

(1)作出林业行政许可决定的一般期限

①一般期限的规定及计算。除可以当场作出林业行政许可决定外,林业行政许可实施机关作出林业行政许可决定的一般期限为二十日;林业行政许可依法由两个部门以上分别实施的,林业行政许可采用统一办理或联合办理、集中办理的,办理的时间不得超过四十五日。

林业行政许可实施机关作出林业行政许可决定的期限,从林业行政许可实施机关受理林业行政许可申请之日起计算;林业行政许可实施机关对申请人材料不齐全或者不符合法定形式,未依法履行告知义务的,从林业行政许可实施机关收到申请人提交的申请材料之日起计算;林业行政许可采取统一办理或者联合办理、集中办理的,从第一个行政机关受理林业行政许可申请起至最后一个林业行政机关作出林业行政许可决定止。实施行政许可的期限以工作日计算,不含法定节假日。

②期限延长的规定。林业行政许可实施机关自受理林业行政许可申请之日起二十日内不能作出决定的,经本行政机关负责人批准,可以延长十日。林业行政许可采取统一办理或者联合办理、集中办理,四十五日不能办结的,经本级人民政府负责人批准,可以延长十五日。期限的延长需有理由,林业行政许可实施机关应当将延长期限的理由告知申请人。

延长期限的内部审批程序是:林业行政许可承办机构提出延长期限申请,填写延长期限审批表;将审批表送有关领导审批;经批准延长期限的,承办机构将延长期限的理由和期限告知申请人;将延长办理期限的申请书和通知书归档。

③期限扣除的规定。林业行政许可实施机关作出行政许可决定期限中的除外事项主要是依法需要听证、招标、拍卖、检验、检测、检疫、鉴定和专家评审的事项。这些活动所需时间不计算在林业行政许可实施机关作出行政许可决定的期限内。

林业行政许可实施机关应当将依法不计算在作出林业行政许可决定的期限内的听证、招标、拍卖、检验、检测、检疫、鉴定和专家评审等所需的时间,书面告知申请人。

(2)法律、法规规定的其他期限

如果法律、法规对林业行政许可实施机关办理行政许可事项的期限另有规定的,林业行政许可实施机关应当严格遵守这些期限的规定。《行政许可法》规定,法律、法规可以对行政许可决定作出长于二十日的审查期限规定,省级地方政府规章和其他规范性文件不得规定长于二十日的审查期限。

如果法律、法规规定的期限短于二十日的,林业行政许可实施机关必须在法律、法规规定的期限内作出林业行政许可决定,而不能适用二十日内作出林业行政许可决定的一般期限。

(3) 多层级林业行政主管部门实施林业行政许可时下级林业行政主管部门审查期限

一个林业行政许可事项涉及多层级林业行政主管部门时，只有上级林业行政主管部门有权作出是否准予林业行政许可的决定，其他的下级林业行政主管部门只有审查权，没有作出是否准予行政许可的决定权。根据《行政许可法》的规定，下级林业行政主管部门应当自受理行政许可申请之日起二十日内完成审查工作。例如，陆生野生动物及其产品经营利用许可证由省级林业行政主管部门核发，申请人申请该许可证，需要先经申请人所在地的县级林业行政主管部门、市级林业行政主管部门审查，县级林业行政主管部门和市级林业行政主管部门应当在二十日内完成审查工作。

法律、法规对下级行政机关审查行政许可材料的期限规定长于二十日或者短于二十日的，依照有关法律、法规执行。规章和其他规范性文件对下级行政机关审查行政许可材料的期限规定长于二十日的，其规定无效，应当予以撤销；短于二十日的则符合《行政许可法》的规定，行政机关应受其约束。

2.4.2.5 林业行政许可证件的颁发、送达

(1) 林业行政许可证件种类

对需要颁发林业行政许可证件的，林业行政许可实施机关应当根据不同情况颁发相应的林业行政许可证件。林业行政许可证件可以分为以下几类：①行为类许可证或者其他许可证书，如林木采伐许可证、国家重点保护野生植物采集证等；②资格类许可证或者其他合格证书，如主要林木良种的种子生产许可证等；③林业行政主管部门的批准文件或者证明文件，如临时占用林地审批，采集或采伐国家重点保护的天然林木种质资源审批等；④法律、法规规定的其他林业行政许可证件，如建设项目使用林地审核同意书，植物检疫证书等。

此外，林业行政主管部门实施检验、检测、检疫的，可以颁发检疫合格证件，也可以在检验、检测、检疫合格的设备、设施、产品、物品上加贴标签或者加盖检验、检测、检疫印章，不必颁发林业行政许可证件。

(2) 林业行政许可证件的颁发、送达

被许可人从事需要取得该林业行政许可的生产经营活动，林业行政许可证件是证明其行为合法的重要凭证。林业行政许可实施机关作出林业行政许可决定，依法需要颁发林业行政许可证件或者加贴标签、加盖检验、检测、检疫印章的，必须自作出林业行政许可决定之日起十日内完成颁发、送达林业行政许可证件以及加贴标签、加盖检验、检测、检疫印章。林业行政许可实施机关应当直接向被许可人颁发、送达林业行政许可证件；申请人指定了代理人的，也可以向代理人送达林业行政许可证件；直接送达有困难的，可以邮寄送达；受送达人下落不明或者用其他方式无法送达的，可以公告送达。

2.4.2.6 林业行政许可的变更与延续

(1) 林业行政许可的变更

林业行政许可的变更，是指被许可人在取得林业行政许可后，因其拟从事的活动的部分内容超出准予林业行政许可决定或者林业行政许可证件规定的活动范围，而申请林业行

政许可实施机关对原林业行政许可准予其从事的活动的相应内容予以改变。

变更许可是对被许可人已经取得的林业行政许可的内容进行变更，因此申请人应当在其取得的林业行政许可失效前提出，并且应当向作出准予林业行政许可的决定的林业行政许可实施机关提出申请。

对被许可人提出的变更林业行政许可的申请，林业行政许可实施机关应当依法进行审查，经审查，被许可人提出的申请符合法定条件、标准的，林业行政许可实施机关应当依法办理变更手续。

（2）林业行政许可的延续

林业行政许可延续，也称林业行政许可延展，是指在林业行政许可的有效期届满后，延长林业行政许可的有效期限。对于需要延续林业行政许可的事项，被许可人才有必要提出延续林业行政许可的申请。没有有效期限的林业行政许可，不需要提出延续申请；对一次有效的林业行政许可不能申请延续。规定了有效期限的林业行政许可，有效期满后，被许可人拟继续从事依法需要取得林业行政许可的活动的，需要申请延续林业行政许可。

需要申请延续林业行政许可的，被许可人应当在林业行政许可有效期届满前三十日向作出准予林业行政许可决定的林业行政许可实施机关提出延展林业行政许可的申请，法律、法规、规章对提出申请的期限另有规定的，依照其规定。

作出林业行政许可决定的林业行政许可实施机关收到公民、法人或者其他组织延续林业行政许可的申请后，应当依法及时审查。林业行政许可实施机关经审查，认为申请人仍然符合取得林业行政许可的条件的，在林业行政许可有效期届满前作出准予其延展林业行政许可的决定或者在有关林业行政许可证件上加注说明；林业行政许可实施机关经审查，认为申请人不再具备取得林业行政许可的条件的，在林业行政许可有效期届满前作出不予延展林业行政许可的书面决定，但是必须向申请人说明不予延展的理由、法律依据，并告知其依法申请行政复议、提起行政诉讼的权利。林业行政许可实施机关未在林业行政许可有效期间届满前作出是否准予延续行政许可的决定的，应当视为准予延续。

案例解析

本节案例中，A市林业局的行为属于行政许可不作为。原因如下：

行政许可不作为是行政不作为的表现形式之一。行政不作为是指基于公民、法人或其他组织的符合条件的申请，行政机关依法应该实施某种行为或履行某种法定职责，无正当理由却拒绝作为的行政违法行为。行政许可不作为的主要表现有：①对符合法定条件的行政许可申请不予受理的；②不在办公场所公示依法应当公示的材料的；③在受理、审查、决定行政许可过程中，未向申请人、利害关系人履行法定告知义务的；④申请人提交的申请材料不齐全、不符合法定形式，不一次告知申请人必须补正的全部内容的；⑤未依法说明不受理行政许可申请或者不予行政许可的理由的；⑥依法应当举行听证而不举行听证的。从许可程序角度看，以上消极不作为表现又是违反行政许可程序的表现形式。⑦对符合法定条件的行政许可申请不予许可或不在法定许可时限内作出准予许可决定。该行为可归入违反法定条件实施行政许可的行为。《行政诉讼法》第十一条第一款四项规定："认为符合法定条件申请行政机关颁发许可证和执照，行政机关拒绝颁发或者不予答复的，公民、法人和其他组织可向人民法院提起行政诉讼,人民法院应当受理。本案原告申请行政机关颁发林木采伐许可证,作为被告的林业局不予答复,涉及上述第 7 种情形,构成了行政不作为。

A 市林业局林业行政许可不作为的行为应承担相应的法律责任。《行政许可法》第七十二条规定,行政机关及其工作人员具有上述消极不作为行为的,由其上级行政机关或者监察机关责令改正;情节严重的,对直接负责的主管人员和其他直接责任人员依法给予行政处分。对相对人提起不作为行政诉讼,请求法院判决被告依法履行其许可职责的,人民法院依法应判决责令被告在一定期限内依法履行其行政许可的法定职责。

因此,审理本案的法院,认定被告 A 市林业局构成行政许可不作为,并责令被告于判决生效后 60 日内依法履行行政许可的法定职责的判决,是正确的。

2.5 林业行政许可听证

案例

2007 年换发林权证时,原告刘某申请了 3 块林地登记,但均未提供原林权证等任何证明材料,由于登记人员把关不严,将其申请的 3 块林地均予以登记,并颁发了林权证。2009 年上半年,同样持有林权证的村民郑某对某林地发生使用权争议,双方林权证中均有某林地的登记内容。为查清事实,郑某申请举行听证会,县政府依法组织听证会,并组织人员调查核实,发现刘某在申请林权登记时没有提供任何权属证明材料,仅提供申请登记地邻的签名并加了指印,但该林地四至只有北界按有一个指印,故认为刘某申请该林地的林权登记材料不符合《林木和林地登记管理办法》的相关规定,登记行为错误,依法应予纠正,遂撤销了刘某林权证中某林地的登记。

1. 刘某具备申请举行听证会的权利吗?
2. 思考林业行政许可听证的意义。

2.5.1 林业行政许可听证意义和听证事项

(1)林业行政许可听证的意义

林业行政许可听证,是指林业行政主管部门在作出影响公民、法人或者其他组织合法权益的决定前,向其告知决定理由和听证权利,公民、法人或者其他组织向林业行政主管部门表达意见、提供证据、申辩、质证以及林业行政主管部门听取意见、接纳其证据的法律制度。为了规范林业行政许可听证程序,根据《行政许可法》和国家有关规定,国家林业局颁布了《林业行政许可听证办法》,自 2008 年 10 月 1 日起实施。

在林业行政许可实施程序中设立听证程序,为申请人和利害关系人提供了一个法定的陈述意见和申辩质证的机会,有利于保证申请人和利害关系人平等参与行政管理的程序权利;通过听证程序听取利害各方的意见,可以充分了解各种不同意见,为林业行政主管部门作出正确的行政许可决定提供基础;可以促进林业行政主管部门与相对人的相互沟通,

单元2 林业行政许可法律制度

提高行政效率，有效预防和减少行政争议，减少公民、法人或者其他组织申请行政复议或者提起行政诉讼的可能性。

林业行政主管部门组织听证应当遵循公开、公平、公正、便民、提高效率和保障当事人合法权益的原则，充分听取公民、法人和其他组织的意见，保证其陈述意见、质证和申辩的权利。除涉及国家秘密、商业秘密或者个人隐私外，听证应当公开举行。申请人、利害关系人不承担组织听证的费用。

(2) 林业行政许可听证事项

①林业行政主管部门主动举行听证的行政许可事项。林业行政主管部门应当主动举行听证的事项有两类：一是法律、法规、规章规定实施林业行政许可应当听证的事项；二是林业行政主管部门认为需要听证的其他涉及公共利益的重大林业行政许可事项。

林业行政主管部门主动举行听证，目的是为了便于林业行政主管部门掌握有关信息，维护社会公共利益。因此，参加听证的人员不仅应当包括申请人，还应当包括对林业行政许可事项有关的其他社会公众。为便于社会公众参加听证，林业行政主管部门对听证事项应当予以公告。

②林业行政主管部门应申请举行听证的事项。林业行政许可直接涉及申请人与他人之间重大利益关系的，林业行政主管部门在作出行政许可决定前，应当告知申请人、利害关系人享有要求听证的权利；申请人、利害关系人在被告知听证权利之日起五日内提出听证申请的，林业行政主管部门应当在二十日内组织听证。

直接涉及申请人与他人之间重大利益关系的林业行政许可，包括：多人同时竞争的有数量限制的林业行政许可，给予申请人林业行政许可将直接影响其相邻权人、竞争对手或者消费者重大经济利益、环境利益的规划许可，建设用地许可等。

在本节篇首案例中，刘某与郑某持有的《林权证》中均有某林地的登记内容，双方对此林地发生使用权争议。根据《林业行政许可听证办法》的规定，林业行政许可直接涉及申请人与他人之间重大利益关系的，林业行政主管部门在作出行政许可决定前，应当告知申请人、利害关系人享有要求听证的权利；申请人、利害关系人在被告知听证权利之日起五日内提出听证申请的，林业行政主管部门应当在二十日内组织听证。《林木林地权属登记管理办法》第十七条也规定："发现林权证错、漏登记的或者遗失、损坏的，有关林权权利人可以到原林权登记机关申请更正或补办。"因此，郑某有要求举行听证，维护自身合法权益的权利。

2.5.2 林业行政许可听证主持人和参加人

(1) 林业行政许可听证主持人

听证主持人是指审查林业行政许可申请的工作人员以外的主持林业行政许可听证的人。林业行政主管部门对林业行政许可事项决定举行听证，听证主持人应当由林业行政主管部门行政许可审查机构内审查该林业行政许可申请的工作人员以外的人员担任。申请人或者利害关系人认为听证主持人与本行政许可事项有直接利害关系的，有权申请回避。

①听证主持人的职权。听证主持人在听证中，主要负责指挥听证的进行，讯问申请人

和利害关系人，询问证人，安排证据的调查顺序，对听证中出现的程序问题作出处理等。听证主持人行使以下职权：决定举行听证的时间、地点和方式；决定听证的延期、中止或者终结；决定证人是否出庭作证；就听证事项进行询问；接受并审核有关证据，必要时可以要求听证参加人提供或者补充证据；指挥听证活动，维护听证秩序；对听证笔录进行审阅以及法律、法规和规章赋予的其他职权。

②听证主持人的义务。听证主持人在听证活动中承担以下义务：决定将有关听证的通知及时送达林业行政许可申请人、利害关系人、林业行政许可审查人员、鉴定人、翻译人员等听证参加人；公正地主持听证，保证当事人行使陈述权、申辩权和质证权；符合回避情形的，应当自行回避；保守听证案件涉及的国家秘密、商业秘密和个人隐私。

(2) 林业行政许可听证参加人

林业行政许可听证参加人包括林业行政许可申请人、利害关系人或者其法定代理人、委托代理人、证人、鉴定人、勘查人、调查人、翻译人和记录员等。

林业行政许可申请人、利害关系人享有以下权利：要求或者放弃听证；依法申请听证主持人回避；可以亲自参加听证，也可以委托一至二人代理参加听证；就听证事项进行陈述、申辩和举证；就证据进行质证；听证结束前进行最后陈述；审阅并核对听证笔录；查阅案卷。

林业行政许可申请人、利害关系人承担以下义务：按照组织听证的机构指定的时间、地点出席听证会；依法举证；如实回答听证主持人的询问；遵守听证纪律。

听证申请人无正当理由不出席听证会的，视同放弃听证权利。听证申请人违反听证纪律情节严重，被听证主持人责令退场的，视同放弃听证权利。

2.5.3 林业行政许可听证程序

(1) 林业行政主管部门应当提前通知听证的时间、地点或者告知申请听证的权利

法律、法规、规章规定实施林业行政许可应当听证的事项和林业行政主管部门认为需要听证的其他涉及公共利益的重大林业行政许可事项，林业行政主管部门决定举行听证的，应当于举行听证的七日前通知申请人和已知的利害关系人听证的时间、地点。必要时通过报纸、网络或者布告等适当方式，向社会公告。

林业行政许可直接涉及申请人与他人之间重大利益关系的，林业行政主管部门在作出林业行政许可决定之前，应当告知林业行政许可申请人、利害关系人享有要求听证的权利，并送达《林业行政许可听证告知书》。告知书应当载明以下事项：林业行政许可申请人、利害关系人的姓名或者名称；被听证的林业行政许可事项；被听证的林业行政许可的初步审查意见、证据和理由；告知林业行政许可申请人、利害关系人有申请听证的权利；告知申请听证的期限和听证的组织机关。送达《林业行政许可听证告知书》可以采取直接送达、委托送达、邮寄送达等形式，并由林业行政许可申请人、利害关系人在送达回执上签字。

(2) 听证申请和受理

①提出听证申请。林业行政许可申请人、利害关系人要求听证的，应当在收到听证告

知书之日起五日内以书面形式提出听证申请。《林业行政许可听证申请书》包括以下内容：听证申请人的姓名、地址；申请听证的具体要求；申请听证的依据、理由；其他相关材料。

②受理听证申请。林业行政主管部门收到听证申请书后，应当对其申请材料进行审查。符合条件的予以受理。申请材料不齐备的，应当一次性告知听证申请人补正。

③送达《林业行政许可听证通知书》。林业行政主管部门应申请决定举行听证的，组织听证的林业行政主管部门应当在听证举行的七日前，将《林业行政许可听证通知书》分别送达林业行政许可申请人、利害关系人，并由其在送达回执上签字。

《林业行政许可听证通知书》应当载明下列事项：林业行政许可申请人、利害关系人的姓名或者名称；听证的事由与依据；听证举行的时间、地点和方式；听证主持人、林业行政许可审查人员的姓名、职务；告知林业行政许可申请人、利害关系人预先准备证据、通知证人等事项；告知林业行政许可申请人、利害关系人参加听证的权利和义务；其他注意事项。《行政许可听证通知书》样式见附录十四表10。

申请人、利害关系人人数众多或者其他必要情形时，可以通过报纸、网络或者布告等适当方式，向社会公告。公告内容应当包括被听证的许可事项和听证会的时间、地点等。组织听证的林业行政主管部门可以根据场地等条件，确定参加听证会的人数。

林业行政许可申请人、利害关系人接到听证通知后，应当按时到场；无正当理由不到场的，或者未经听证主持人允许中途退场的，视为放弃听证权利，并记入听证笔录。

(3) 林业行政许可听证会程序

林业行政许可听证会按以下程序进行：①听证主持人宣布听证会场纪律，告知听证申请人、利害关系人的权利和义务，询问并核实听证参加人的身份，宣布听证开始；②记录员宣布听证所涉许可事项、听证主持人和听证员的姓名、工作单位和职务；③林业行政许可审查人员提出初步审查意见、理由和证据；④林业行政许可申请人、利害关系人就该林业行政许可事项进行陈述和申辩，提出有关证据，对林业行政许可审查人员提出的证据进行质证；⑤林业行政许可审查人员和林业行政许可申请人、利害关系人进行辩论；⑥林业行政许可申请人、利害关系人做最后陈述；⑦主持人宣布听证结束。

在听证过程中，主持人可以向林业行政许可审查人员、林业行政许可申请人、利害关系人和证人发问，有关人员应当如实回答。

(4) 听证笔录与听证报告

①听证笔录。组织听证的林业行政主管部门对听证会必须制作笔录。听证笔录应当载明下列事项：听证所涉许可事项；听证主持人和记录员的姓名、职务；听证参加人的基本情况；听证的时间、地点；听证公开情况；林业行政许可审查人员提出的初步审查意见、理由和证据；林业行政许可申请人、利害关系人和其他听证参加人的主要观点、理由和依据；听证延期、中止或者终止的说明；听证主持人对听证活动中有关事项的处理情况；听证主持人认为应当笔录的其他事项。

听证结束后，听证笔录应交陈述意见的林业行政许可申请人、利害关系人审核无误后签字或者盖章，无正当理由拒绝签字或者盖章的，应当记入听证笔录。听证终结后，听证主持人应当及时将听证笔录、听证报告报本机关负责人。

②听证报告。听证结束后,听证主持人应当写出听证报告。听证报告包括以下内容:听证的基本情况;申请人、利害关系人及其代理人就许可事项提出的要求、事实、理由和证据;审查林业行政许可申请的工作人员对林业行政许可申请的处理意见;听证主持人对林业行政许可申请的处理意见。

林业行政主管部门应当根据听证笔录、听证报告和相关证据,作出林业行政许可决定,并应当在林业行政许可决定中附具对听证会反映的主要观点采纳或者不采纳的说明。

案例解析

1. 刘某与郑某持有的《林权证》中均有某林地的登记内容,双方对此林地发生使用权争议。根据《林业行政许可听证办法》的规定,林业行政许可直接涉及申请人与他人之间重大利益关系的,林业行政主管部门在作出行政许可决定前,应当告知申请人、利害关系人享有要求听证的权利;申请人、利害关系人在被告知听证权利之日起5日内提出听证申请的,林业行政主管部门应当在20日内组织听证。《林木林地权属登记管理办法》第十七条也规定:"发现林权证错、漏登记的或者遗失、损坏的,有关林权权利人可以到原林权登记机关申请更正或者补办。"因此,郑某有要求举行听证,维护自身合法权益的权利。

2. 在林业行政许可实施程序中设立听证程序,为申请人和利害关系人提供了一个法定的陈述意见和申辩质证的机会,有利于保证申请人和利害关系人平等参与行政管理的程序权利;通过听证程序听取利害各方的意见,可以充分了解各种不同意见,为林业行政主管部门作出正确的行政许可决定提供基础;可以促进林业行政主管部门与相对人的相互沟通,提高行政效率,有效预防和减少行政争议,减少公民、法人或者其他组织申请行政复议或者提起行政诉讼的可能性。

2.6 林业行政许可的费用

案例

某省财政厅、发展计划委员会和林业厅最近对全省涉及木材生产经营的收费项目进行了清理整顿,包括多项"林业乱收费"在内的13个林业收费项目被取消,减轻了林农和木材生产经营者负担。这些被取消的收费项目包括财政部、原国家计委批准收取的林业保护建设费,省级人民政府及其财政、价格主管部门出台的自然保护区管理费、森林防火费、森工企业管理费,及省以下各级政府、有关部门越权出台的木材生产经营行业管理费、乡镇管理费、联营管理费、林业道路养路费和预留造林更新费等乱收费项目。该省希望通过清理整顿,减轻木材生产经营者负担,调动有关方面造林育林的积极性,促进林业产业快速健康发展。据统计,仅有案可查的林业保护建设费、自然保护区管理费和森工企业管理费3项收费取消,每年将减轻全省木材生产经营者负担2400万元。

思考该省对全省涉及木材生产经营的收费项目清理整顿,取消多项"林业乱收费"在内的13个林业收费项目的现实意义。

2.6.1 实施林业行政许可以不收费为原则

《行政许可法》第五十八条规定:"行政机关实施行政许可和对行政许可事项进行监督检查,不得收取任何费用。但是,法律、行政法规另有规定的,依照其规定。"因此,除法律、行政法规另有规定的外,林业行政主管部门实施林业行政许可以及依法履行法定职责对被许可人从事林业行政许可事项活动情况进行监督检查,不得收取任何费用。也就是说,林业行政许可实施机关实施林业行政许可和对林业行政许可事项进行监督检查,以不收费为原则。只有全国人民代表大会及其常务委员会通过的法律和国务院制定的行政法规,才有与实施行政许可和对行政许可事项进行监督检查有关的收费的设定权,任何其他机关都无权创设与实施林业行政许可和对林业行政许可事项进行监督检查有关的收费项目。

林业行政主管部门提供林业行政许可申请格式文本,不得收费。公民、法人或者其他组织从事特定活动,依法向林业行政主管部门提出申请,申请书需要采用格式文本的,林业行政主管部门应当免费向申请人提供林业行政许可申请书格式文本。

林业行政主管部门实施林业行政许可所需的经费应当列入本行政机关的预算,由本级财政予以保障,按照批准的预算予以核拨。因为实施林业行政许可以及对被许可人从事被许可活动的情况的监督检查,是林业行政主管部门职责分内之事,所以,财政应当保障其经费需求。各级财政应当严格执行财政部《关于对行政性收费、罚没收入实行预算管理的规定》,对林业行政主管部门等行政机关办公所需正常经费给予保证,合理安排其预算拨款,保证其正常工作的开展。

2.6.2 林业行政许可收费规则和收费纪律

(1)林业行政许可收费必须由法律、行政法规作出规定

根据《行政许可法》,对有限自然资源开发利用、公共资源配置以及直接关系公共利益的特定行业的市场准入等赋予特定权利的行政许可事项,即所谓的特许事项,是可以收费的。但这些收费必须由法律、行政法规来设定。

①只有法律、行政法规明文规定,实施某一林业行政许可或者对某一林业行政许可事项进行监督检查可以收费的,林业行政许可实施机关才可以收费。

②林业行政许可的收费标准由有关的主管机关和财政部门共同制定,并向社会公布。目前,林业行政许可收费大致有以下几类:一是资源补偿费类,如建设工程征占用林地的森林植被恢复费(依据《森林法》第十八条);二是检验费类,如森林植物检疫费(依据《植物检疫条例》第二十一条);三是保护管理费类,如陆生野生动物资源保护管理费(依据《野生动物保护法》第二十七条)。

(2)林业行政许可收费纪律

①法律、行政法规规定实施林业行政许可可以收费的,林业行政许可实施机关必须公布收费项目和标准收取,未公布的收费项目和标准不能作为收费的依据。

②林业行政许可实施机关必须按照公布的法定项目和标准收费，不得擅自增加或者修改收费项目，也不得擅自提高收费标准。

③林业行政许可实施机关实施行政许可所收取的费用必须全部上缴国库，任何机关或者个人不得以任何形式截留、挪用、私分或者变相私分。

④严格实行"收支两条线"管理，财政部门不得以任何形式向林业行政主管部门返还或者变相返还林业行政许可所收取的费用。

案例解析

本节案例中，某省对全省涉及木材生产经营的收费项目清理整顿，取消多项"林业乱收费"在内的13个林业收费项目的做法对于依法实施林业行政许可，减轻木材生产经营者负担，调动有关方面造林育林的积极性，促进林业产业快速健康发展有重大意义。

2.7 林业行政许可的监督与责任制度

案例

王某是村护林员，多年看护本村的集体山林400多亩，2019年8月至12月期间，根据县林业局的批准，对其所看护的山林进行抚育采伐。县林业局派人对王某采伐情况跟踪检查中发现，王某在实际作业过程中，违背了抚育间伐设计书的要求，超过了抚育间伐的强度，造成滥伐林木89株，折合木材材积3.8立方米。

县林业局在处理该案时，有两种意见：第1种意见认为，王某在进行抚育采伐作业过程中，违反规定进行采伐，构成滥伐林木行为，应根据《森林法实施条例》第三十九条的规定，对其处以林木价值3~5倍的罚款，责令补种滥伐株数5倍的树木；第2种意见认为，王某在进行抚育采伐作业过程中，虽然违反规定进行超强度采伐，但他是为了进行林木抚育，并办理了林木采伐许可手续，在主观上与一般的滥伐行为不同，不宜按滥伐处理。

1. 简述行政许可监督制度及其意义。
2. 本案应如何处理？

2.7.1 林业行政许可监督检查的原则和内容

(1) 林业行政许可的监督检查的原则

林业行政许可的监督检查，是指监督机关对林业行政许可实施机关实施林业行政许可和被许可人从事林业行政许可事项的活动进行监督检查，查处违法行为的活动。林业行政许可监督检查应遵循以下原则：

①合法、客观、公正、效率的原则。

②日常监督与专项检查相结合的原则。

③主动监督与受理投诉举报相结合的原则。
④专门机关的监督与社会监督相结合的原则。

(2) 林业行政许可监督检查内容

林业行政许可监督检查包括以下内容：
①对林业行政许可实施机关实施林业行政许可活动的监督检查。
②对被许可人从事被许可事项的活动的监督检查。
③对林业行政许可办理机构及其工作人员的监督检查。

2.7.2 行政机关内部层级监督

(1) 行政机关内部的层级监督检查制度

层级监督检查是县级以上人民政府的责任。县级以上人民政府应当加强对其所属部门和下一级人民政府实施行政许可的监督检查，及时纠正行政许可实施中的违法行为。

《行政许可法》对行政许可的设定权和规定权，对实施行政许可的主体及实施的各个环节，对行政许可收费管理等方面，作了明确的规定。这些规定是县级以上人民政府对行政许可实施监督检查的依据和内容。

(2) 对林业行政许可实施机关监督检查的事项和形式

①监督检查的事项。监督机关对林业行政许可实施机关实施林业行政许可的以下事项进行监督检查：规范性文件中规定林业行政许可的情况；林业行政许可实施主体的合法性；实施林业行政许可事项、条件、标准等内容的合法性；实施林业行政许可程序的合法性；实施林业行政许可收费的合法性；林业行政许可办理人员资格的合法性；履行对被许可人从事林业行政许可事项活动进行监督检查职责的情况；建立和执行实施林业行政许可工作制度的情况以及应当监督的其他事项。

②监督检查的形式。监督机关对林业行政许可实施机关实施林业行政许可进行监督检查，可以采取以下形式：听取林业行政许可实施机关的情况汇报；查阅实施和监督实施林业行政许可的文件资料；观察办理林业行政许可事项的过程；检查事后监督措施落实情况；向被许可人以及其他组织和个人了解有关情况；对林业行政许可实施机关实施林业行政许可的听证、招标、拍卖、考试等活动，进行现场监督检查。

2.7.3 对被许可人的监督检查

(1) 书面检查

书面检查是指林业行政主管部门通过审查反映被许可人从事行政许可事项活动情况的有关材料，监督被许可人是否按照被许可的条件、范围、程序等从事被许可事项的活动的行为。书面检查的要求包括以下几个方面。

①林业行政主管部门进行书面监督检查，应当将监督检查情况和处理结果予以记录，由监督检查人员签字后归档。

②对林业行政主管部门监督检查的记录允许公众查阅，有利于公民对林业行政主管部

门和被许可人的监督。《行政许可监督检查记录》样式见附录十四表 13。

③林业行政主管部门应当创造条件，实现与被许可人、其他有关行政机关的计算机档案系统互联，核查被许可人从事林业行政许可事项活动情况。

(2) 抽样检查、检验、检测与实地检查

对被许可人的活动进行监督，在某些情况下，通过书面检查的方式难以达到监督效果的，林业行政主管部门可以依法进行抽样检查、检验、检测或者实地检查。抽样检查、检验、检测是选择被检查对象的某些部分、某些要素进行采样的检查、检验、检测，根据采样的情况来判断整个客体的情况。例如，林业行政主管部门可以用抽样检验的方式，对林木种子生产者或经营者生产、经营的林木种子进行检查。在有些情况下，还需要进行实地检查才能作出判断。

进行抽样检查、检验、检测，或者实地检查，一般都需要相对人提供与被检查客体有关的数据、资料，被许可人应当如实提供有关材料。林业行政主管部门对被许可人实施现场监督检查，应当委派 2 名以上工作人员进行。

(3) 对被许可人履行开发利用有限自然资源、公共资源义务的监督

对于有限自然资源的开发利用及公共资源的配置的林业行政许可，林业行政主管部门有监督被许可人依法履行开发利用有限自然资源、公共资源的义务。被许可人未履行义务的，林业行政主管部门应当督促其在规定的期限内履行义务；如果被许可人在规定期限内不改正的，林业行政主管部门应当依照有关法律、行政法规的规定予以处理。根据法律、行政法规的规定，依法需要收回行政许可的，收回行政许可；依法不能收回的，林业行政主管部门应当依法采取其他有效措施确保被许可人履行义务。例如，《森林法实施条例》规定，当年更新造林面积未达到应更新造林面积 50% 或者更新造林当年成活率未达到 85% 的，由县级以上林业主管部门责令限期完成造林任务；逾期未完成的，可以处罚款及对有关责任人员给予行政处分。

2.7.4 林业行政许可撤销与注销

2.7.4.1 林业行政许可的撤销

林业行政许可的撤销，是指林业行政主管部门按照依法行政、有错必纠的原则，纠正自己违法作出的林业行政许可决定的行政行为。

(1) 可以撤销林业行政许可的情形

有以下情形之一的，作出林业行政许可决定的机关或者其上级林业行政主管部门，根据利害关系人的请求或者依据职权，可以撤销该林业行政许可：林业行政许可实施机关工作人员滥用职权、玩忽职守作出的准予林业行政许可决定；超越法定职权作出的准予林业行政许可决定；违反法定程序作出的准予林业行政许可决定；对不具备申请资格或者不符合法定条件的申请人准予林业行政许可；依法可以撤销的其他情形。

因林业行政许可实施机关的过错，违法许可被撤销后，造成被许可人合法权益损害的，根据信赖保护原则，林业行政主管部门应当依法予以赔偿。

(2) 应当予以撤销林业行政许可的情形

被许可人以欺骗、贿赂等不正当手段取得林业行政许可的,应当予以撤销。撤销许可的责任应当由被许可人自负,被许可人基于行政许可取得的利益不受保护,林业行政主管部门不予赔偿。《撤销行政许可决定书》样式见附录十四表14。

(3) 是否撤销林业行政许可应当考虑的因素

撤销林业行政许可不仅涉及行政机关与被许可人的利益,有的还直接涉及第三人与社会公共利益。林业行政主管部门应当慎重行使林业行政许可撤销权。撤销林业行政许可行为具有复杂性,需要林业行政主管部门结合具体情况、考虑相关因素后决定是否撤销林业行政许可。林业行政主管部门是否撤销林业行政许可应当考虑的因素有:

①撤销林业行政许可决定对相关各方利益的影响。林业行政主管部门行使撤销权,必须在权衡各种利益后作出合理的决定。撤销林业行政许可可能对公共利益造成重大危害的,不予撤销;撤销林业行政许可所维护的公共利益明显小于维持林业行政许可所保护的被许可人的利益及维护社会稳定的利益的,不予撤销;只有当撤销林业行政许可所保护的公共利益明显大于维持林业行政许可所体现的利益时,林业行政主管部门才可以撤销林业行政许可。

②引起林业行政许可决定违法的原因。林业行政主管部门作出的林业行政许可决定违法,其原因是多样的。有的是被许可人的原因造成的,如被许可人以欺骗、贿赂等不正当手段取得林业行政许可;有的是林业行政主管部门的原因造成的,如林业行政主管部门工作人员由于理解法律有偏差或者认定事实有错误,而对不符合法定条件的人准予林业行政许可。按照责任自负的原则,林业行政主管部门应当对其审查行为负责,而申请人应当对其申请材料、提供情况的真实性负责。对被许可人以欺骗、贿赂等不正当手段取得林业行政许可的,林业行政主管部门应当予以撤销;对因林业行政主管部门审查不严造成林业行政许可决定违法的,则要结合利益衡量原则决定是否撤销,而不应一律予以撤销。

③林业行政许可决定违法的性质及程度。林业行政许可决定违法表现形式多样,有的是实体违法,有的是程序违法。对程序违法不影响林业行政许可决定正确性的,如果通过事后补正能够纠正林业行政许可程序违法的,没有必要撤销林业行政许可决定;如果申请人确实不符合条件,实体违法的,则有撤销林业行政许可的必要。

2.7.4.2 林业行政许可的注销

林业行政许可的注销,是指基于特定事实的出现,林业行政主管部门依据法定程序收回林业行政许可证件或者公告林业行政许可失去效力的行为。

(1) 注销林业行政许可适用的情形

注销林业行政许可的前提是出现了使林业行政许可失去效力的特定事实。这种事实,有的是被许可人违法从事有关活动,有的只是客观事实而与被许可人行为的违法与否无关。

应当注销林业行政许可的有以下情形:①林业行政许可有效期届满未延续的;②赋予公民特定资格的林业行政许可,该公民死亡或者丧失行为能力的;③法人或者其他组织依法终止的;④林业行政许可依法被撤销、撤回,或者林业行政许可证件依法被吊销的;

⑤因不可抗力导致林业行政许可事项无法实施的；⑥法律、法规规定的应当注销林业行政许可的其他情形。

(2) 注销林业行政许可的有关规定

①依法办理注销林业行政许可的手续。出现依法应当注销林业行政许可的情形的，林业行政主管部门应当依法办理有关林业行政许可的注销手续，如收回颁发的林业行政许可证件，或者在林业行政许可证件上加注发还；对找不到被许可人的或者注销林业行政许可事项需要周知的，林业行政主管部门应当公告注销林业行政许可。

②注销林业行政许可应当作出书面决定。为了规范注销行政许可的行为和保护被许可人的合法权益，林业行政主管部门注销行政许可，应当作出书面决定，告知申请人注销林业行政许可的理由和依据。

 案例解析

本节案例主要涉及两个问题：

1. 行政许可监督原则及其意义。行政许可监督原则，是指行政机关应当依法实施行政许可并对被许可人从事行政许可事项活动的检查监督。《行政许可法》第十条规定："县级以上人民政府应当建立健全对行政机关实施行政许可的监督制度，加强对行政机关实施行政许可的监督检查。行政机关应当对公民、法人或者其他组织从事行政许可事项的活动实施有效监督。"该条规定确立了行政许可监督原则。这一原则涉及两种监督机制：一种是对行政机关实施行政许可行为的监督，属于监督行政的范畴；另一种是对公民、法人或者其他组织从事行政许可事项的活动的监督，属于行政监督的范畴。从行政许可的功能来看，对某事项设定行政许可，是要控制该事项的危险性，或者对有限的资源实施合理配置。《行政许可法》确立监督原则的意义在于：从立法上为根除现实生活中行政主体重许可、轻监管或者只许可、不监管的通病提供依据和指向，从行政主体行使监督权力、实施行政许可义务，以及和在其过程中出现的不作为和乱作为所应承担的法律责任3个方面作出了明确规定，从而切实保证行政许可立法目的的实现。

2. 滥伐林木行为的解释。根据2002年12月8日国家林业局《关于超强度采伐林木行为如何定性的复函》的答复内容："根据《森林法》的规定，采伐林木必须申请林木采伐许可证，按林木采伐许可证的规定进行采伐。采伐的期限、数量(面积、蓄积量)、树种、方式和强度等，都是林木采伐许可证规定的内容。在林木采伐许可证规定的范围内，没有按照林木采伐许可证规定的'采伐强度'指标而超强度采伐林木，也就是违反林木采伐许可证的规定进行采伐，应当定性为滥伐行为并依法处理。"据此规定，在抚育采伐作业过程中超强度采伐行为的实质在采伐数量(面积、蓄积量)上违反了被许可的内容。王某在进行抚育采伐作业过程中，违反规定进行采伐，符合滥伐林木的全部成立要件，认定其构成滥伐林木的定性意见是正确的。

综上，行政许可作为行政主体管理社会事务的一种事前控制手段，在许可后必须实化事后监督措施。否则，行政许可的目的将会落空。

单元2 林业行政许可法律制度

2.8 违反行政许可法规的法律责任

案例

2018年11月，A县某国有林场将本单位被病虫危害的林木擅自砍伐，计80立方米，并运往B县出售，后经该林场场长、党支部书记等5人开会决定，向县林业局办理采伐证的人员刘某、森检站办理植物检疫证人员李某每人送5000元"红包"，最后分别从刘某、李某处拿到采伐证和植物检疫证。

当该林场将80立方米木材装车外运时，被举报到市林业局。市林业局指示A县森林公安局立即出警查处。县森林公安分局派人扣押了该80立方米木材和两辆装运木材的车辆，经调查取证后，做出没收木材、罚款3万元的行政处罚决定。

1. A县某国有林场以不正当手段取得行政许可的法律后果是什么？
2. 刘某、李某索取收受财物或者谋取其他利益又违法实施行政许可的法律责任是什么？

2.8.1 行政机关违法设定林业行政许可的法律责任

行政机关违反《行政许可法》的规定设定林业行政许可的，根据《行政许可法》第七十一条规定，有关机关应当责令设定该林业行政许可的机关改正，或者依法予以撤销。

违法设定林业行政许可，是指除法律、行政法规、地方性法规、省级地方政府规章以及国务院决定之外的其他规范性文件设定林业行政许可。例如，县级林业行政主管部门无权设定林业行政许可，如果其制定的规范性文件设定了林业行政许可，该县人民政府或者上级林业行政主管部门有权责令其改正或者予以撤销。

2.8.2 林业行政许可实施机关违法实施行政许可的法律责任

(1) 违反法定程序实施林业行政许可的法律责任

林业行政许可实施机关及其工作人员违反《行政许可法》的规定，违反法定的程序实施林业行政许可，有下列情形之一的，根据《行政许可法》第七十二条规定，由其上级行政机关或者监察机关责令改正；情节严重的，对直接负责的主管人员和其他直接责任人员依法给予行政处分：对符合法定条件的林业行政许可申请不予受理的；不在办公场所公示依法应当公示的材料的；在受理、审查和决定林业行政许可过程中，未向申请人、利害关系人履行法定告知义务的；申请人提交的申请材料不齐全、不符合法定形式，不一次告知申请人必须补正的全部内容的；未依法说明不受理林业行政许可申请或者不予林业行政许可的理由和依据的；依法应当举行听证而不举行听证的。

(2) 违反法定条件实施林业行政许可的法律责任

林业行政许可实施机关及其工作人员违反法定条件实施林业行政许可，有下列情形之一的，根据《行政许可法》第七十四条规定，由其上级行政机关或者监察机关责令改正，对直接负责的主管人员和其他直接责任人员依法给予行政处分；致使公共财产、国家和人民利益遭受重大损失的，构成滥用职权罪或者玩忽职守罪，由司法机关依法追究刑事责任：①对不符合法定条件的申请人准予林业行政许可或者超越法定职权作出准予林业行政许可决定的行为；②对符合条件的申请人不予林业行政许可或者不在法定期限范围内作出准予林业行政许可决定；③依法应当根据招标、拍卖结果或者考试成绩择优作出准予林业行政许可决定，未经招标、拍卖或者考试，或者不根据招标、拍卖结果或者考试成绩择优作出准予林业行政许可决定的行为。

(3) 林业行政许可实施机关工作人员索取或者收受他人财物的法律责任

林业行政许可实施机关工作人员办理林业行政许可、实施监督检查，索取或者收受他人财物或者谋取其他利益，尚不构成犯罪的，根据《行政许可法》第七十三条规定，应当给予行政处分；林业行政许可实施机关及其工作人员在办理林业行政许可、实施监督检查时，索要、收取他人财物或者谋取其他利益，情节严重的，构成受贿罪，由司法机关依法追究刑事责任。

(4) 实施林业行政许可违法收费的法律责任

违反《行政许可法》的规定，林业行政许可实施机关实施林业行政许可擅自收费或者不按照法定项目和标准收费的，根据《行政许可法》第七十五条第一款规定，由其上级行政机关或者监察机关责令退还非法收取的费用；对直接负责的主管人员和其他直接责任人员依法给予行政处分。

林业行政许可实施机关及其工作人员截留、挪用、私分或者变相私分实施林业行政许可依法收取的费用的，根据《行政许可法》第七十五条第二款规定，由财政部门或者其他有关部门予以追缴，上缴国库；对直接负责的主管人员和其他直接责任人员依法给予行政处分；截留、挪用林业行政许可收取的费用，情节严重的，构成挪用公款罪，依法追究刑事责任；私分或者变相私分林业行政许可收取的费用，数额较大的，构成贪污罪，由司法机关依法追究刑事责任。

(5) 违法实施林业行政许可给当事人的合法权益造成损害的法律责任

林业行政许可实施机关违法实施林业行政许可，给当事人的合法权益造成损害的，根据《行政许可法》第七十六条规定，林业行政主管部门应当依照《国家赔偿法》的规定给予赔偿。

(6) 行政机关不依法履行监督职责或者监督不力的法律责任

违反《行政许可法》的规定，林业行政主管部门不依法履行监督职责或者监督不力，造成严重后果的，根据《行政许可法》第七十七条规定，由其上级行政机关或者监察机关责令改正，对直接负责的主管人员和其他直接责任人员给予行政处分；构成滥用职权罪或者玩忽职守罪的，由司法机关依法追究刑事责任。

单元2 林业行政许可法律制度

2.8.3 公民、法人或者其他组织违反行政许可法规的法律责任

(1) 申请人隐瞒有关情况或者提供虚假材料申请林业行政许可的法律责任

申请人隐瞒有关情况或者提供虚假材料申请林业行政许可的,根据《行政许可法》第七十八条规定,林业行政许可实施机关不予受理或者不予行政许可,并给予警告;林业行政许可申请属于直接关系公共安全、人身健康、生命财产安全事项的,申请人在一年内不得再次申请该林业行政许可。

(2) 被许可人以欺骗、贿赂等不正当手段取得林业行政许可的法律责任

被许可人以欺骗、贿赂等不正当手段取得林业行政许可的,根据《行政许可法》第七十九条规定,林业行政主管部门应当依法给予行政处罚;取得的行政许可属于直接关系公共安全、人身健康、生命财产安全事项的,申请人在三年内不得再次申请该行政许可;构成犯罪的,由司法机关依法追究刑事责任。

(3) 被许可人违法从事林业行政许可活动的法律责任

被许可人有以下违法从事林业行政许可活动的,根据《行政许可法》第八十条规定,林业行政主管部门应当依法给予行政处罚;构成犯罪的,依法追究刑事责任:涂改、倒卖、出租、出借林业行政许可证件,或者以其他形式非法转让林业行政许可的;超越林业行政许可范围进行活动的;向负责监督检查的行政机关隐瞒有关情况、提供虚假材料或者拒绝提供反映其活动情况的真实材料的;法律、法规、规章规定的其他违法行为。

(4) 擅自从事依法应当取得林业行政许可的活动的法律责任

公民、法人或者其他组织未经林业行政许可实施机关准予行政许可,擅自从事依法应当取得林业行政许可的活动的,根据《行政许可法》第八十一条规定,林业行政主管部门应当依法采取措施予以制止,并依法给予行政处罚;构成犯罪的,由司法机关依法追究刑事责任。

本节篇首案例中,行政许可申请人以不正当手段取得行政许可的法律后果

根据《行政许可法》第六十九条第二款、第七十三条的规定,行政许可申请人以不正当手段取得行政许可的法律后果是:

①依法撤回或者依法撤销行政许可。申请人以不正当手段取得行政许可后,尚未从事许可活动而被发现的,行政主体可依法撤回,以纠正错误的许可行为。行政许可被撤销是因行政机关滥用职权、超越职权、因审查疏忽而错误发放、违反许可程序,以及因被许可人采取不正当手段获得许可证而决定撤销。但作为例外的是,如果撤销行政许可维护的公共利益明显小于维持行政许可保护的被许可人的利益及维护社会关系稳定体现的利益的,应当不予撤销。

②依法给予行政处罚。对被许可人按照未取得相关许可决定而违法从事许可活动的行为给以行政处罚,具体行政处罚应以行为人实施的违法行为适用有关罚则实施处罚。

③限制行政许可申请权。对直接关系公共安全、人身健康、生命财产安全事项的行政许可,申请人实施以不正当手段取得行政许可的,在三年内不得再次申请该行政许可。该措施属于新型的行政处罚。

④依法追究刑事责任。例如，构成伪造公文印章罪、盗伐林木罪或者行贿罪等罪名的，由司法机关按照刑法的有关规定予以惩处。

案例解析

本节案例中，刘某、李某收受财物或者谋取其他利益有违法实施行政许可的法律责任。

《行政许可法》第二十七条第二款规定："行政机关工作人员办理行政许可，不得索取或者收受申请人的财物，不得谋取其他利益。"该禁止性规定在于维护公务人员职务的廉洁性。根据《刑法》第三百八十五条规定："国家工作人员利用职务上的便利，索取他人财物的，或者非法收受他人财物，为他人谋利益的，是受贿罪。"个人受贿数额在5000元以上不满1万元，犯罪后有悔改表现、积极退赃的，可以减轻处罚或者免予刑事处罚，由其所在单位或者上级主管机关给予行政处分。刘某、李某利用职务上的便利，非法收受他人财物，为他人谋利益，涉嫌构成受贿罪。

此外，刘某违反规定滥发林木采伐许可证，致使林木被滥伐，木材方数达80立方米，致使森林遭受严重破坏。根据司法解释，滥发林木采伐许可证导致林木被滥伐20立方米以上的，涉嫌构成《刑法》第四百零七条规定的违法发放林木采伐许可证罪，对刘某依法应数罪并罚。

复习思考题

一、技能训练

1. 组织学生访问当地县（市）级林业行政主管部门，了解下列情况并撰写一篇调查报告。

①当地林业行政主管部门实施林业行政许可的项目及承办机构。

②当地林业行政主管部门行政许可工作组织管理制度。

③当地林业行政主管部门在办公场所公开林业行政许可的事项及主要内容。

④当地林业行政主管部门实施林业行政许可和对林业行政许可事项进行监督检查的工作制度。

⑤公民、法人或者其他组织就林业行政许可事项申请行政复议或者提起行政诉讼的情况，以及投诉林业行政许可工作人员的情况。

2. 试填写《行政许可申请书》《补正行政许可申请有关材料通知书》《受理行政许可申请通知书》《不予受理行政许可申请通知书》《行政许可决定书》《不予行政许可决定书》《行政许可听证通知书》《撤销行政许可决定书》。

二、名词解释

1. 林业行政许可；2. 林业行政许可实施程序；3. 林业行政许可的变更；4. 林业行政许可听证；5. 林业行政许可的撤销。

三、填空

1. 设定和实施林业行政许可必须遵循以下原则：＿＿＿＿＿＿＿、公开、公平、公正原则、便民原则、救济原则、_____、_____、监督原则。

2. 林业行政主管部门在其_____内,依照法律、法规、规章的规定,可以委托其他行政机关实施林业行政许可。

3. 申请林业行政许可,是指_____。

4. 林业行政许可的审查的主要内容,一是审查申请材料反映的申请人条件的适法性,二是审查_____。

5. 需要申请延续林业行政许可的,被许可人应当在林业行政许可有效期届满前_____日向作出准予林业行政许可决定的林业行政许可实施机关提出延展林业行政许可的申请,法律、法规、规章对提出申请的期限另有规定的,依照其规定。

三、判断题

1. 无申请即无林业行政许可,如果当事人不提出申请,即使其符合获得某项许可的条件,林业行政主管部门也不得主动授予其行政许可。（　　）

2. 设定林业行政许可的主体,是指依法有权设定林业行政许可的国家机关。（　　）

3. 行政法规对行政许可条件作出的具体规定,可以视情况增设违反法律的其他条件。（　　）

4. 对于可以设定行政许可的事项,尚未制定法律、行政法规的,地方性法规可以设定行政许可。（　　）

5. 法律、法规授权的具有管理公共事务职能的组织,在法定授权范围内以自己的名义实施行政许可。（　　）

6. 受委托实施林业行政许可的主体不局限于行政机关。（　　）

7. 林业行政许可申请人应当如实提供有关材料、反映真实情况,不能隐瞒有关情况提供虚假材料。（　　）

8. 对公民、法人或者其他组织提出的申请进行形式审查后,林业行政许可实施机关无论受理行政许可申请或者不予受理行政许可申请的,都应当出具加盖本林业行政许可实施机关专用印章和注明日期的书面凭证,并通知申请人签收。（　　）

9. 一个林业行政许可事项涉及多层级林业行政主管部门时,只有上级林业行政主管部门有权作出是否准予林业行政许可的决定,其他的下级林业行政主管部门只有审查权,没有作出是否准予行政许可的决定权。（　　）

10. 林业行政主管部门应申请决定举行听证的,组织听证的林业行政主管部门应当在听证举行的十日前,将《林业行政许可听证通知书》分别送达林业行政许可申请人、利害关系人,并由其在送达回执上签字。（　　）

四、选择题

1. 有权制定法律设定行政许可的国家机关是(　　)。

A. 全国人民代表大会及其常务委员会

B. 国务院

C. 省、自治区、直辖市人民代表大会及其常务委员会

D. 省、自治区、直辖市人民政府

2. 依法属于本行政机关职权范围内的事项且申请事项依法需要取得林业行政许可的,如果林业行政许可实施机关在受理前的形式审查中发现申请人提交材料不齐全或者不符合法定形式的,应当当场一次告知申请人补正有关材料;不能当场告知的,也应在下列日期内告知:(   )。

    A. 三日　　　　B. 五日　　　　C. 十日　　　　D. 三十日

3. 除可以当场作出林业行政许可决定外,林业行政许可实施机关作出林业行政许可决定的一般期限为(   )。

    A. 十日　　　　B. 二十日　　　C. 三十日　　　D. 六十日

4. 林业行政许可直接涉及申请人与他人之间重大利益关系的,林业行政主管部门在作出行政许可决定前,应当告知申请人、利害关系人享有要求听证的权利;申请人、利害关系人在被告知听证权利之日起_____内提出听证申请的,林业行政主管部门应当在_____日内组织听证(   )。

    A. 5日;10日　　B. 5日;20日　　C. 10日;20日　　D. 10日;30日

5. 被许可人以欺骗、贿赂等不正当手段取得林业行政许可的,____予以撤销(   )。

    A. 应当　　　　B. 可以　　　　C. 不必　　　　D. 视情况

6. 林业行政许可的特征有(   )。

    A. 林业行政许可是林业行政主管部门的管理性的行政行为

    B. 林业行政许可是对社会实施的外部管理行为

    C. 林业行政许可是依申请的行政行为

    D. 林业行政许可是准予相对人从事特定的林业活动的行为

7. 林业行政许可的功能有(   )。

    A. 控制危险　　　　　　　　B. 配置资源

    C. 证明某种信誉、信息　　　D. 提供某种信誉、信息

8. 下列可以设定林业行政许可的事项有(   )。

    A. 直接涉及公共安全、生态环境保护,需要按照法定条件予以批准的事项

    B. 提供公众服务并且直接关系公共利益的职业、行业,需要确定具备特殊信誉、特殊条件或者特殊技能等资格、资质的事项

    C. 对有限自然资源开发利用需要赋予特定权利的事项

    D. 直接关系公共安全、人身健康、生命财产安全的重要设备、设施、产品、物品,需要按照技术标准、技术规范,通过检验、检测、检疫等方式进行审定的事项

9. 根据《行政许可法》的规定,有权设定林业行政许可的国家机关是(   )。

    A. 全国人民代表大会及其常务委员会

    B. 国务院

    C. 省、自治区、直辖市人民代表大会及其常务委员会,省、自治区、直辖市人民政府

    D. 县级人民代表大会及其常务委员会,县级人民政府

10. 根据《行政许可法》规定,有权设定林业行政许可的规范性文件是(   )。

    A. 法律　　　　　　　　　　B. 行政法规

    C. 国务院决定　　　　　　　D. 地方性法规,省、自治区、直辖市人民政府规章

11. 关于委托实施林业行政许可，正确的是(　　)。

A. 受委托实施林业行政许可的主体只限于行政机关，林业行政主管部门不得委托行政机关以外的其他组织实施林业行政许可

B. 受委托行政机关实施林业行政许可的权力来源于委托的林业行政主管部门的委托行为

C. 受委托行政机关在委托范围内，以自己的名义实施林业行政许可

D. 受委托行政机关实施受委托林业行政许可的行为的法律后果由受委托的林业行政主管部门承担

12. 林业行政许可实施机关审查行政许可申请材料主要有(　　)。

A. 书面审查　B. 实地核查　C. 听取利害关系人意见　D. 其他审查方式

13. 林业行政许可监督检查内容有(　　)。

A. 对林业行政许可实施机关实施林业行政许可活动的监督检查

B. 对被许可人从事被许可事项的活动的监督检查

C. 对林业行政许可办理机构及其工作人员的监督检查

D. 对申请人的监督检查

14. 应当注销林业行政许可的有(　　)。

A. 林业行政许可有效期届满未延续的

B. 赋予公民特定资格的林业行政许可，该公民死亡或者丧失行为能力的

C. 法人或者其他组织依法终止的

D. 因不可抗力导致林业行政许可事项无法实施的

15. 根据《行政许可法》第七十二条规定，由其上级行政机关或者监察机关责令改正；情节严重的，对直接负责的主管人员和其他直接责任人员依法给予行政处分，包括(　　)。

A. 对符合法定条件的林业行政许可申请不予受理的

B. 不在办公场所公示依法应当公示的材料的

C. 在受理、审查和决定林业行政许可过程中，未向申请人、利害关系人履行法定告知义务的

D. 依法应当举行听证而不举行听证的

五、简答题

1. 法律、法规授权的组织实施林业行政许可的特征有哪些？
2. 林业行政许可实施机关作出林业行政许可决定，应当遵守的规定有哪些？

六、案例分析题

1. 2014年8月9日，B县居民李某向B县林业局提出办理林木种子经营许可证的申请。B县林业局工作人员黄某看了李某提交的申请材料后说，还缺种子加工、包装设备、仓储设施和种子检验仪器的清单，让李某回去补材料。8月13日，李某带来材料，工作人员黄某看后说，还需要一份技术人员资格证明或培训证明文件，让李某回去再补。8月18日，李某到县林业局补交材料，工作人员黄某看后说材料齐了，可以接受申请，要李某交

手续费 50 元，回去等候答复。但是，直到 9 月 15 日李某仍未接到县林业局答复，于是到林业局询问，工作人员周某说，因黄某调离，这事还未办完，让李某过几天再来。9 月 20 日，县林业局派工作人员刘某到申请人李某的营业场所进行现场核查。事后，李某认为林业局已来检查过，自己又交过手续费，取得批准应该不成问题，就于 9 月 22 日开始了种子经营活动。10 月 15 日，李某再次到林业局询问，工作人员答复，李某的申请已于 9 月 25 日得到县林业局的批准，可以发给林木种子经营许可证。事后县林业局没有把批准李某取得林木种子经营许可证的行政许可决定公开。试回答下列问题：

①在办理李某林木种子经营许可证申请过程中，B 县林业局是否有违反行政许可法规的行为？

②申请人李某是否有违法行为？为什么？

2. 2020 年 7 月间，某公司向某林业局递交了更新采伐其承包的 110 亩林地的申请，请求林业局颁发采伐许可证。同年 8 月 22 日该林业局经审核后，不予颁发某公司林木采伐许可证。

公司认为林业局不予颁发林木采伐许可证的行为侵犯了其合法权益，向法院提起行政诉讼。林业局辩称：被告于 2020 年 7 月 25 日收到原告要求颁发林木采伐许可证的申请，但因其要求更新采伐林木的申请手续不齐全，且其未完成上年度更新林木的任务，不符合相关规定，不予颁发林木许可证。但未提供任何证据。法院经审理后判决被告不予颁发林木采伐许可证的行为违法，责令重新做出具体行政行为。试回答下列问题：

①被告抗辩申请人因"申请手续不齐，且未完成上年度更新林木的任务"，依法应提供哪些证据支持？

②被告不予许可原告申请，依法应履行哪些程序义务？

3. 某市政工程公司在对国道 206 线拓宽改造时，需采伐护路林，向省交通厅申请采伐许可证。省交通厅经审查后向其核发了护路林采伐许可证。市政工程公司在采伐护路林时，被该市林业局执法人员以违反《森林法》，未经林业主管部门批准采伐为由，对其处以罚款 2 万元，并责令其恢复植被。市政工程公司不服，向法院起诉，要求市林业局撤销其行政处罚决定。试回答下列问题：

①公路护路林的采伐许可权依法应由什么行政机关实施？依据是什么？

②市政工程公司采伐公路护路林依法应向哪个行政机关申请采伐许可证？

③你认为法院应如何处理？

单元 3　林权法律制度

学习目标

1. 了解林权和林权的种类，林权类不动产权证书及其法律效力，林权流转的原则，林权纠纷调处的管辖，临时占用林地审批等。
2. 理解林权、林权权利人、林权流转和林权纠纷的概念，受理林权类不动产登记申请和核发，林权流转的管理。
3. 掌握调处林权纠纷的依据、凭证、方法和程序；国有和集体林权流转的一般程序；占用征用林地的条件和范围；占用征用林地的审核审批程序；违反林权管理法规的法律责任。

3.1　林权制度

案例

某林场有一块争议地，面积280亩。1964年4月，A大队利用现争议地及村内其他荒山创办大队集体林场，由各生产队投工投劳，开始种烟叶、茶叶、罗汉果、田七等，1968年开始种杉木，现争议的林木林地属A大队集体林场的其中一部分。1979年A大队分为B大队和C大队(即为现在的B村和C村)，1981年两个大队开会，讨论分割此林场，按双方投工投劳的程度即公分分配制来分割，B村分得总面积的三分之一，C村分得总面积的三分之二，当时只是口头协议，没有文字依据。现争议的林木林地分归B村经营管理。其余部分的林木林地划归C村经营管理，自划分后至2005年，B村与C村均未对各方经营管理的林木、林地有过权属争议。1996年和1997年C村分别在现争议地内种植杉木24亩、板栗4.5亩，B村亦无异议。2006年1月，B村把现争议地承包给他人种植毛竹，C村提出异议，并拔掉承包人所种植的毛竹，因而产生纠纷。当地乡人民政府、县林业局森林公安分局先后组织双方进行调解，因双方当事人意见分歧太大，未达成协议。

2007年4月，县人民政府作出处理决定：①争议的林地属B村农民集体所有，由B村经营管理。②C村在争议地内种植的板栗、杉木，分别属C村所有，待用材林主伐、经济林自然绝收后，将土地退还B村经营管理。C村不服，向市人民政府申请行政复议，市人民政府作出复议决定维持县人民政府所作的处理决定，C村仍不服，向县人民法院提起行政诉讼。

县人民法院查明，争议地权属在"土改""合作化""四固定"时期如何确定均无文字资料记载，原告主张争议地在"四固定"已经确定归其所有无充分的证据证实。原告在诉讼中提供的1981年山界林权证所记载的四至范围无法确定是否包括争议地在内，该证在颁发时是否经过相邻方勘界确认亦无其他档案资料佐证；相关调查笔录没有证据印证，不能采信。

1. 哪些证据可作为林权确权有效证据？
2. 县人民法院应如何判决？为什么？

3.1.1 林权概述

3.1.1.1 林权的概念

林权，是森林、林木、林地权属的简称，是指森林、林木、林地的所有权或者使用权。

森林、林木、林地的所有权是指所有人依法对森林、林木、林地享有占有、使用、收益和处分的权利。使用权是指根据合同或有关规定，使用国家、集体或者他人的森林、林木、林地的权利。使用权是所有权权能的一种，使用权可以由所有人行使，也可以由非所有人行使。在实践中，森林、林木、林地的所有权和使用权在很多情况下是分离的。所以，森林、林木、林地的使用权具有特别重要的意义。

林权的客体是林权所指向的具体物，包括森林、林木和林地，而森林包括乔木林和竹林；林木包括树木和竹子；林地包括郁闭度0.2以上的乔木林地以及竹林地、灌木林地、疏林地、采伐迹地、火烧迹地、未成林造林地、苗圃地和县级以上人民政府规划的宜林地。

3.1.1.2 林权的种类

(1) 国家森林、林木、林地的所有权和使用权

①国家森林、林木、林地的所有权。《宪法》规定，矿藏、水流、森林、山岭、草原、荒地、滩涂等自然资源，都属于国家所有，即全民所有；由法律规定属于集体所有的森林和山岭、草原、荒地、滩涂除外。《森林法》规定，森林资源属于国家所有，由法律规定属于集体所有的除外。国家所有的森林、林木、林地在整个国家财产中占有十分重要的地位，是发展我国林业的主要物质基础。

国家所有的森林资源的所有权由国务院代表国家行使。国务院可以授权国务院自然资源主管部门统一履行国有森林资源所有者职责。

②国家森林、林木、林地的使用权。目前，我国国有森林资源基本上是通过无偿划拨给国有林场、国有林经营局使用。2015年3月，中共中央、国务院印发《国有林场改革方

案》和《国有林区改革改革指导意见》，提出"探索建立国有林场森林资源有偿使用制度"。2016年12月，国务院印发的《国务院关于全民所有自然资产有偿使用制度改革的指导意见》也提出："到2020年，基本建立产权明晰、权能丰富、规则完善、监管有效、权益落实的全民所有自然资源资产有偿使用制度"。国有森林资源使用制度改革方向明确。《森林法》规定，国家所有的森林、林木、林地可以依法确定给林业经营者使用。即国有森林资源还可以通过有偿转让、授权经营、出租等方式给林业经营者使用。可见，国有森林资源的使用者包括但不局限于国有林业经营者。如集体可以以合法形式(如联营、承包、租赁等形式)取得国有森林、林木、林地的使用权。

林业经营者依法享有对所使用的森林、林木、林地的占有、使用、收益和部分处分的权利，但不拥有所有权。

(2) 集体的森林、林木、林地所有权和使用权

按照《宪法》及《森林法》的规定，法律规定属于集体所有的森林、林木、林地，属于集体所有。集体的森林、林木、林地所有权包括：根据《土地改革法》分给农民个人后经过农业合作化时期转化为集体所有的森林、林木和林地；在集体所有的土地上由农村集体经济组织组织农民种植、培育的林木；农村集体组织与国有单位合作在国有土地上种植的林木(如公路、铁路两旁的护路林，江河两岸的护岸林等)按合同规定属于集体所有的林木。在20世纪60年代实行劳力、土地、耕畜、农具"四固定"时期确定给农村集体经济组织的森林、林木、林地，在80年代林业"三定"时期将国有林划给农村集体经济组织所有的森林、林木、林地并由当地县级以上人民政府核发了林权证的，也属于集体所有的森林、林木、林地。

集体所有的森林、林木、林地，是集体所有财产的重要组成部分，是发展我国林业的主要物质基础。集体所有的森林、林木、林地在我国森林资源中占有十分重要的地位。依法保护和合理利用集体所有的森林、林木、林地，是我国林业建设事业的重要内容。

集体所有的森林、林木、林地的所有者，是该集体经济组织，而不是该组织的成员。只有集体经济组织才有权依照法律的规定及集体经济组织全体成员的决定来行使对集体所有的森林、林木、林地的占有、使用、收益和处分的权利。集体所有的森林、林木、林地受国家法律保护，任何单位和个人都不得侵占。也不得任意平调和无偿占有。

根据《农村土地承包法》和《森林法》，集体所有和国家所有依法由农民使用的林地(以下简称集体林地)实行承包经营的，承包方享有林地承包经营权和承包林地上的林木所有权，合同另有约定的从其约定。

(3) 公民个人的林木所有权和林地使用权

根据《森林法》的规定，公民个人享有林木的所有权和林地的使用权，但不享有森林和林地的所有权。

在公有制基础上通过劳动取得林木所有权和林地使用权，是个人林权取得的主要方式，如农民在房前屋后、自留地、自留山上种植的林木，归个人所有；城镇居民在自有房屋的庭院内种植的林木，归个人所有；承包国家所有或集体所有的宜林荒山造林的，除承包合同另有规定的以外，所种植的林木归承包的个人所有。此外，还可以通过继承、接受赠予等方式取得个人林木所有权，通过划定自留山、承包山林等形式取得个人林地使用权。

公民个人自留山造林和承包荒山造林，绝大多数都是以家庭的形式出现的，以个人的形式出现是极个别的情况，所以，自留山造林和承包荒山造林的主体多数情况下是家庭，少数情况下是个人。自留山造林和承包荒山造林的林木权属以家庭形式出现的归全家人所有，以个人形式出现的归个人所有。承包荒山造林合同如果规定发包方也享有部分林木所有权的，则承包荒山造林的林木所有人还应包括发包方。

公民个人的林木所有权和林地使用权受法律保护。这种保护不仅是对公民个人财产和其他合法权益的保护，而且是对广大农民植树造林积极性的保护。个人行使林木所有权和林地使用权也必须符合法律和社会公共利益。

此外，在我国现阶段还出现了共有林权的形式，即林权的所有者或者使用者为两个以上当事人的情况。

随着林地制度改革的深入和土地利用形式的多样化，森林、林木、林地使用权的形式也将趋于多样化。

3.1.2 林权类不动产登记与确认发证

3.1.2.1 林权类不动产权证书及其法律效力

《民法典》规定，国家实行不动产统一登记制度，由不动产所在地的登记机构办理。《不动产登记暂行条例》规定，对土地、森林林木、土地承包经营权等实行统一登记。《自然资源统一确权登记暂行办法》第二条规定，"国家实行自然资源统一确权登记制度。"将林权登记全面纳入不动产登记体系，是切实履行林权登记职责的需要。

《森林法》规定，林地和林地上的森林、林木的所有权、使用权，由不动产登记机构统一登记造册，核发证书。国务院确定的国家重点林区（以下简称重点林区）的森林、林木和林地，由国务院自然资源主管部门负责登记。

《中华人民共和国不动产权证书》（以下简称《不动产权证书》，本教材专指林权类不动产权证书），外封为红色塑封，印有烫金国徽和"中华人民共和国不动产权证书"字样，首页套印"中华人民共和国自然资源部监制"，全国统一编号，盖当地自然资源行政主管部门的不动产登记专用章。《不动产权证书》中详细体现了权利人及共有情况、坐落、用途、面积、使用期限等多项具体信息，是依法经县级以上不动产登记机构登记核发，由权利人持有的确认森林、林木和林地所有权或使用权的法律凭证，是森林、林木和林地合法的权属证书。

《不动产登记暂行条例实施细则》第三十三条规定："本条例施行前依法颁布的各类不动产权属证书和制作的，不动产登记簿继续有效。"因此，原来根据《森林法实施条例》由县级以上地方人民政府登记造册，核发的《中华人民共和国林权证》（以下简称《林权证》）也是森林、林木和林地合法的权属证书。

《不动产权证书》直接关系到所有人和经营者的合法权益，关系到森林、林木和林地权属是否稳定。《森林法》及《不动产登记暂行条例实施细则》分别不同情况，对森林、林木、林地的登记发证程序作了明确规定。

3.1.2.2 林权类不动产登记

3.1.2.2.1 权利人的概念

权利人是指森林、林木、林地的所有权或者使用权的拥有者。权利人可以是公民个人、法人和其他组织。任何单位和个人，只要依法拥有森林、林木和林地所有权或者使用权的任何一项权利，都可以成为林权权利人。

3.1.2.2.2 林权类不动产登记的类型

(1) 国家所有的林地和林地上的森林、林木

按照有批准权的人民政府或者主管部门的批准文件，依法确定给林业经营者使用的，权利类型登记为林地使用权/森林、林木使用权。

(2) 集体所有或国家所有依法由农民集体使用的林地和林地上的林木

①以家庭承包方式承包农民集体所有或国家所有依法由农民集体使用的林地从事林业生产的，依据承包合同，权利类型登记为林地承包经营权/林木所有权。

②在自留山等种植林木的，依据相关协议或材料，权利类型登记为林地使用权/林木所有权。

③未实行承包经营的集体林地以及林地上的林木，由农村集体成立的经济组织统一经营的，依据相关协议或材料，权利类型登记为林地经营权/林木所有权。

④采取招标、拍卖、公开协商等家庭承包以外的方式承包荒山荒地荒滩荒沟等农村土地营造林木的，除合同另有约定外，权利类型登记为林地经营权/林木所有权。

⑤农村集体经济组织统一经营的林地、家庭承包和以其他方式承包的林地，依法流转和再流转林地经营权期限五年以上(含五年)的，依据合同约定，权利类型登记为林地经营权/林木所有权或者林地经营权/林木使用权。

3.1.2.2.3 林权类不动产登记的种类

不动产权利第一次登记的，应当申请首次登记；森林、林木和林地的界址、范围、面积等发生变化的，应当申请变更登记；权属发生转移的，应当申请转移登记；权属灭失的，申请办理注销登记。

3.1.2.2.4 林权类不动产登记的程序

一般登记程序如下：

(1) 申请

林权权利人为个人的，由本人或者其法定代理人、委托代理人提出林权登记申请；林权权利人为法人或者其他组织的，由其法定代表人、负责人或者委托的代理人提出林权记申请。

林权权利人提出不动产权登记时，应当提交以下材料：登记申请书；申请人、代理人身份证明材料、授权委托书；相关的不动产权属来源证明材料、登记原因证明文件、不动产权属证书；不动产界址、空间界限、面积等材料；与他人利害关系的说明材料；法律、行政法规以及《不动产登记暂行条例实施细则》规定的其他材料。

(2) 受理

不动产登记机构认为申请材料齐全，符合法定形式，应当受理并书面告知申请人；认为申请材料不齐全、不符合法定形式的,当场一次性告知申请人需要补正的全部内容;不属于职权范围的,作出不予受理决定,并告知申请人向有关机关申请。

(3) 审核

不动产登记机构受理不动产登记申请的,应当按照下列要求进行查验:

①不动产界址、空间界限、面积等材料与申请登记的不动产状况是否一致。

②有关证明材料、文件与申请登记的内容是否一致。

③登记申请是否违反法律、行政法规规定。

(4) 核准

对可能存在权属争议,或者可能涉及他人利害关系的登记申请,不动产登记机构可以向申请人、利害关系人或者有关单位进行调查。

不动产登记机构进行实地查看或者调查时,申请人、被调查人应当予以配合。

(5) 记载于不动产登记簿

登记事项自记载于不动产登记簿时完成登记。

(6) 缮证、发证、立卷归档

不动产登记机构自受理之日起,20个自然日内应完成登记,缮证,向申请人核发不动产权属证书。最后立卷归档。

案例解析

1. 可以用作林权确权有效证据的有:①不动产权证或林权证;②尚未取得的不动产权证的:根据相关法律法规,下列证据可以作为调处林权纠纷、确定权属的证据材料(简称权属凭证):土地改革时期,人民政府依法颁发的土地证;土地改革时期,《土地改革法》规定不发证的林木、林地的土地清册;当事人之间依法达成的林权争议处理协议、赠送凭证及附图;人民政府作出的林权争议处理决定;对同一起林权争议有数次处理协议或者决定的,以上一级人民政府作出的最终决定或者所在地人民政府作出的最后一次决定为依据;人民法院作出的裁定、判决;法律、法规、规章规定的可以作为调处林权纠纷、确定权属的凭证材料和其他证据,如省、直辖市、自治区颁布的权属纠纷调解处理条例。

2. 根据《森林法》第二十二条之规定,单位之间发生的林木、林地所有权和使用权争议,由县级以上人民政府依法处理。当事人对有关人民政府的处理决定不服的,可以自接到处理决定通知之日起三十日内,向人民法院起诉。林木、林地权属争议在本质上属于平等民事主体之间的民事权益争议,争议的各方当事人均有义务在人民政府调处争议时提供证据证明自己的主张,否则将承担举证不力的责任。争议地权属在"土改""合作化""四固定"时期如何确定,均无文字资料记载。原告C村主张争议地在"四固定"已经确定归其所有无充分的证据证实。在1964年4月,现争议的林木林地由A大队集体经营;1979年A大队分队后,争议林地划分给B村继续经营管理;自划分后至2005年,原告C村与B村均未对本案争议林地发生过权属争议。本着尊重历史、考虑现状的原则,基于现争议林地长期以来由B村使用实际经营管理的事实,故应将争议林地确定属B村集体所有,由B村经营管理。另外,1996年和1997年C村在争议地内种植的板栗、杉木,B村亦无异议。

本着有利于安定团结、有利于生产生活的原则，应属 C 村所有，待用材林主伐、经济林自然绝收后，将土地退还 B 村经营管理。

3.2 森林、林木、林地流转

案例

2016 年 5 月 16 日，A 市 C 村村民委员会（以下简称村委会）与到此洽谈投资的外地客商苏某签订一份租赁林地合同。合同约定：村委会将本村集体所有的 8500 亩山林以每年 3 万元的价格"出租"给苏某开发经营，租期限为 70 年。村委会主任殷某代表该村委会签名，并加盖该村委会公章，苏某亦签名确认。同年 11 月 24 日，双方通过 A 市某公证处办理了合同公证书。同年 12 月 23 日，苏某通过 A 市某区林业局取得了林权证。2018 年 6 月 5 日及 10 月 15 日由殷某出具收条，先后两次共收到苏某所付"租金"3 万元。该村 4 个村民组 43 户共 150 人得知上述情况后，认为村委会和苏某的行为侵犯了其合法权益，刘某等 27 户村民自发组织，于 2020 年 6 月向该区法院提起诉讼，要求确认村委会与苏某签订的合同无效。

1. 村委会是否有权出租集体林地？
2. 该租赁期 70 年是否符合法律规定？
3. 如何进行集体林流转？

3.2.1 森林、林木、林地流转概述

3.2.2.1 森林、林木、林地流转的概念

森林、林木和林地的流转，是指森林、林木所有权人或者林地使用权人将其森林、林木的所有权或使用权和林地的使用权依法全部或部分转移给他人的行为。森林、林木和林地的流转依据的规范性文件包括：《宪法》第十条第四款规定，土地的使用权可以依照法律的规定转让，《森林法》第二章、《农村土地承包法》以及和有关森林、林木和林地流转的地方性法规及林业政策规定等。

随着我国社会主义市场经济体制的建立和林业改革的深入，森林、林木、林地作为生产要素进入市场流转是必然趋势。在我国现阶段，促进林权的流转是盘活林业资产、深化林权制度改革，加快非公有制林业发展的重要途径。

3.2.2.2 森林、林木、林地流转的原则

①公开公正、平等协商、自愿有偿，任何组织和个人不得强迫或者阻碍他人依法进行森林、林木和林地的流转。

②不得改变林地所有权的性质和林地的林业用途。森林、林木、林地的流转必须有利

于保护、发展和合理利用森林资源，不得损害国家、集体、个人利益和社会公共利益，但依法征用、占用林地的除外。

③流转的期限不得超过法定的或者林地承包期规定的剩余期限。

④受让方须有林业经营能力或者资质。

⑤在同等条件下，农村集体经济组织成员享有优先权。

3.2.2.3 林权流转的方式和程序

《农村土地承包法》《森林法》《森林法实施条例》规定了林权流转的方式和程序。

3.2.2.3.1 国有森林、林木、林地

(1) 流转方式

林业经营者依法取得国有林地和林地上的森林、林木的使用权，经批准可以转让、出租、作价出资等。

①转让。是指林业经营者让渡自己对林地和林地上森林、林木的使用权，具体包括买卖、交换、赠与等。

②出租。是指利用经营者的保留林地和林地上森林、林木使用权的前提下，让渡的一定期限内占有、使用、收益的权利。

③作价出资。是林业经营者以使用权作价，出资到投资的企业，获得股权或股份。

(2) 流转程序

国有森林资源关系到国有资产的安全，为避免破坏森林资源和国有森林资源资产流失，国有森林、林木、林地流转必须严格监管。具体流转办法由国务院另行制定。

林业经营者要依法保护森林、林木、林地，还要承担保证国有森林资源稳定增长、提高生态功能的义务。

3.2.2.3.2 集体森林、林木、林地

(1) 流转方式

由于各种原因，部分集体林地未实行承包经营。依照《森林法》第十八条规定，未实行承包经营的集体林地以及林地上的林木，由农村集体经济组织统一经营。经本集体经济组织成员的村民会议三分之二以上成员或者三分之二以上村民代表同意并公示，可以通过招标、拍卖、公开协商等方式依法流转林地经营权、林木所有权和使用权。

(2) 流转程序

由集体经济组织统一经营的林地，关系着集体经济组织每一位成员的切身利益，要保障其知情权、参与权、监督权、继承权和集体资产的收益权，按照《森林法》《农村土地承包法》《村民委员会组织法》等相关法律和《中共中央 国务院关于推进集体林权制度改革的意见》，集体森林、林木、林地流转的一般程序如下：

①公示并经本集体经济组织成员同意。依法抵押的，未经抵押权人同意不得流转；采伐迹地在未完成更新造林任务或者未明确更新造林责任前不得流转；集体统一经营的山林和宜林荒山荒地，在明晰产权、承包到户前，原则上不得流转，确需流转的，应当进行森林资源资产评估，流转方案须在本集体经济组织内提前公示，经村民会议三分之二以上成员同意或者三分之二以上村民代表同意后，报乡镇人民政府批准，并采取招标、拍卖或公

开协商等方式流转，在同等条件下，本集体经济组织成员在林权流转时享有优先权。流转共有林权的，应征得林权共有权利人同意。国有单位或乡镇林场经营的集体林地，其林权转让应当征得集体经济组织村民会议和该单位主管部门的同意。

合资经营、合作经营或者权属共有的森林资源流转，应当依法征求合资方、合作方或者权属共有方的意见。

②确定流转基准价。集体所有的森林、林木、林地采取家庭承包方式流转的，是否进行森林资源资产评估，由本集体经济组织成员的村民会议或者村民代表会议讨论决定；集体森林、林木、林地使用权采取拍卖、招标、协议或者其他方式流转的，可以参照国有森林资源资产评估程序进行评估。评估价作为森林、林木、林地使用权流转的保留价。

③采取拍卖、招标、协议或者其他方式流转并订立流转合同或协议。采用拍卖、招标的方式的，依照《拍卖法》《招标投标法》的规定程序公开进行。集体所有的森林、林木、林地采取协议方式流转的，应当接受村务监督小组的监督，其流转价款不得低于森林资源资产评估价。集体林地经营权流转应当签订书面合同。林地经营权流转合同一般包括流转双方的权利义务、流转期限、流转价款及支付方式、流转期限届满林地上的林木和固定生产设施的处置、违约责任等内容。

④办理林权变更登记。森林资源流转后，流转双方应向森林资源所在地不动产登记部门申请办理林权变更登记的，应当提交原不动产权证书（或林权证）、流转双方依法签订的流转合同和法律、法规规定的其他材料。

受让方违反法律规定或者合同约定造成森林、林木、林地严重毁坏的，发包方或者承包方有权收回林地经营权。

3.2.2.3.3 农村村民承包林地使用权

《宪法》《民典法》《土地管理法》《农村土地承包法》等法律规定，农民集体所有和国家所有由农民集体使用的耕地、林地、草地以及其他用于农业的土地，依法实行土地承包经营制度。《农村土地承包法》规定，通过家庭承包取得的土地承包经营权可以依法采取转包、出租、互换、转让或者其他方式流转。《森林法》第十七条规定，承包方可以依法采取出租（转包）、入股、转让等方式流转林地经营权、林木所有权和使用权。

(1) 流转方式

①出租。是指承包方将部分或全部林地经营权、林木在一定期限内租赁给本集体经济组织以外的组织或个人从事林业生产经营。

②转包。是指承包方将部分或全部林地经营权、林木使用权以一定期限转给同一集体经济组织的其他农户从事林业生产经营。

③入股。是指承包方将部分或全部林地经营权、林木所有权和使用权作价折股加入企业、农民合作社、家庭农场等，并以入股的林地经营权、林木所有权和使用权获得分红。

④转让。是指承包方将部分或全部林地经营权、林木所有权和使用权依法转让给本集体经济组织的其他农户。

⑤互换。是指承包方之间为方便耕种或者各自需要，可以对属于同一集体经济组织的

土地的土地承包经营权进行互换。

(2) 流转程序

农村村民承包林地使用权流转的程序规定：

①已经承包到户的山林，农民依法享有经营自主权和处置权，禁止任何组织或个人采取强迫、欺诈等不正当手段迫使农民流转林权，更不得迫使农民低价流转山林。

②采取转包、出租、互换、转让或者其他方式流转的，当事人双方应当签订书面合同。

③采取转让方式流转的，应当经发包方同意；采取转包、出租、互换或者其他方式流转的，应当报发包方备案。

④采取互换、转让方式流转且当事人要求流转登记的，应当向县级以上地方人民政府申请登记。未经登记，不得对抗善意第三人。进行了林权流转登记并取得林权证的权利人，优先于未进行林权登记的受让人取得林地的使用权和林木的所有权。受让在先而未进行林权登记的林权流转合同为债权，而依法不能以债权去对抗受让在后且经林权登记的物权人，受让在先而未进行林权登记的林权流转合同的债权人，依法只能请求转让方承担违约责任，依法不能取得先受让的林权。

⑤承包方依法采取转包、出租、入股等方式将林地承包经营权部分或者全部流转的，承包方与发包方的承包关系不变，双方享有的权利和承担的义务不变。

⑥通过招标、拍卖和公开协商等方式承包荒山、荒沟、荒丘、荒滩等农村土地，经依法登记取得林权证的，可以采取转让、出租、入股、抵押或者其他方式流转。依法出租、转包、入股的，承包方与发包方的承包关系不变，林权权利人也不变，不能重新确权或重复发给林权证。

依照《农村土地承包法》，经承包方书面同意，并向本集体经济组织备案，受让方可以再流转土地经营权。

3.2.2　森林、林木、林地流转的管理

3.2.2.1　森林、林木、林地流转合同管理

森林、林木、林地使用权流转合同，是指森林、林木所有权人或者林地使用权人将其森林、林木的所有权或使用权和林地的使用权依法全部或部分转移给他人所订立的协议。这类协议通常包括以下主要条款：流转双方的姓名或名称和住所；流转的森林、林木和林地的状况（流转林地的名称、坐落、面积、质量等级；森林和林木的林种、树种、林龄、地点、面积、四至、蓄积量或者株数等）、流转的期限和起止日期；流转价款、付款方式和付款时间；双方当事人的权利和义务；违约责任；纠纷的解决方式。

省级林业主管部门应当统一制定本辖区内林权流转合同示范文本。县级林业主管部门或乡镇林地承包经营管理部门应当及时向达成流转意向的双方提供统一文本格式的流转合同，认真指导流转双方签订流转合同，并对林权流转合同及有关文件、文本、资料等进行归档，妥善保管。

上述森林、林木、林地使用权流转的期限为 30~50 年，一般不超过 70 年，再流转的期限不得超过原流转的剩余期限。

国务院自然资源行政主管部门依照国务院规定的职责，负责全国农村林地承包及承包合同管理的指导。县级以上地方人民政府林业等行政主管部门分别依照各自职责，负责本行政区域内林地承包及承包合同管理。乡(镇)人民政府负责本行政区域内林地地承包及承包合同管理。国家机关及其工作人员不得利用职权干涉林地流转或者变更、解除流转合同。

3.2.2.2　林权变更登记管理

森林、林木、林地使用权流转后，流转双方向森林资源所在地县级以上不动产登记机构申请办理林权变更登记的，由县级以上不动产登记机构依法进行变更登记。

3.2.2.3　流转合同相关的林木采伐和迹地更新造林管理

受让林木的采伐按有关法律法规的规定管理，采伐量应当纳入所在地森林采伐限额。流转合同规定的更新造林责任方在林木采伐后，应当于当年或者次年内完成迹地更新造林，并通过所在地县级人民政府组织的造林质量验收。

3.2.2.4　林地使用权管理

依法确定给单位或者个人使用的国有林地，有下列情形之一的，应当由县级以上林业主管部门报本级人民政府批准后，收回林地使用权：连续两年闲置、荒芜的；擅自用于非林业生产的；造成林地严重破坏，且不采取补救措施的。

集体林区划界定为公益林的林地、林木，暂不能进行转让；但在不改变公益林性质的前提下，允许以转包、出租、入股等方式流转，用于发展林下种养业或森林旅游业。对未明晰产权、未勘界发证、权属不清或者存在争议的林权不得流转；集体林权不得流转给没有林业经营能力的单位和个人；流转后不得改变林地用途。

📷 案例解析

1. 村委会无权私自出租本村集体林地。《土地承包合同》第三条规定："国家实行农村土地承包经营制度。农村土地承包采取农村集体经济组织内部的家庭承包方式，不宜采家庭承包方式的荒山、荒沟、荒丘、荒滩等农村土地，可以采取招标、拍卖、公开协商等方式承包"，第三十二条规定："通过家庭承包取得的土地承包经营权可以依法采取转包、出租、互换、转让或其他方式流转"。依照上述规定可以看出，农村土地经营只能采取承包经营制，而不能采取租赁经营制。允许存在的土地租赁也只能是家庭承包后的承包方的对外出租，属于土地承包经营权流转的范畴，而不能由农村土地所有权人即发包方对外出租。亦即出租人只能承包土地后的承包人，而不能是土地所有权人的发包人。据此规定，本案例中，村委会作为集体林地所有权人的代表组织，显然无权与苏某签订林地租赁合同。

2.《土地承包法》对不同的土地的承包期限作出了明确的规定。第二十条规定"林地的承包期为三十年至七十年"。本案中,村委会与苏某签订的合同中亦约定苏某的开发经营权为七十年,而据《合同法》一般固定资产的租赁期限不得起二十年。此合同期限系明显依据《土地承包法》而约定的。从苏某所取的林权证所载明的内容看,"该林系某某村委会所有,苏某某在承包期内具有山林开发使用权……",由此亦可证明苏某某据合同所取得的权利实为农村土地承包经营权,其与某某村委会所签订的林土租赁合同实为土地承包合同。依照《土地承包法》第四十七条及第四十八条规定,"以其他方式承包农村土地,在同等条件下,本集体经济组织成员享有优先承包权","发包方将农村土地发包本集体经济组织以外的单位或者个人承包,应当事先经本集体经济组织成员的村民会议三分之二以上成员或三分之二以上的村民代表同意,并报乡(镇)人民政府批准……"。某某村委会在承包人不是其村民的情况下,既未召开村民大会亦未召开村民代表会议集体研究决定此发包林地事项,即擅自以3万元的明显低价将集体林地8500亩以70年的最长期限承包给本集体经济组织外的苏某某开发经营,显然违反《农村土地承包法》,侵害了本村全体村民的合法权益。合同书虽经公证,但并未涉及合同签订是否符合法定程序、是否侵害他人利益的问题。据《合同法》第五十二条(五)项规定,"违反法律、行政法规强制性规定的合同无效"。某某村委会与苏某某签订合同书违反了"民主议定程序"这一法律强制性规定,应为无效合同。尽管苏某某进行了合同公证且已据合同取得了林权证,也不能因此而认定合同合法有效。

3. 根据《土地承包合同》第三条规定,《森林法》第十八条规定,未实行承包经营的集体林地以及林地上的林木,由农村集体经济组织统一经营。经本集体经济组织成员的村民会议三分之二以上成员或者三分之二以上村民代表同意并公示,可以通过招标、拍卖、公开协商等方式依法流转林地经营权、林木所有权和使用权。集体林流转程序包括公示并经本集体经济组织成员同意、确定流转基准价、采取拍卖、招标、协议或者其他方式流转并订立流转合同或协议、办理林权变更登记。

林权纠纷处理

 案例

B村和C村对某林班林地权属争执不下,双方多次协商不成。B村于2015年3月直接向本县人民法院提起诉讼,要求县人民法院判决改林班的归属,但法院不予受理。该林班林地上没有林木,B村便于同年5月在该林班内开垦林地,种植经济作物,被林业执法人员发现。县林业局责令B村停止开垦,限期恢复植被。

1. 法院为什么不受理甲村的诉讼请求?B村应该如何正确维权?
2. B村在该林班内开垦林地的行为是否合法?为什么
3. 县林业局对B村的处理是否合法?其依据是什么?

3.3.1 林权纠纷概述

3.3.1.1 林权纠纷的概念

林权纠纷,也称林权争议,是森林、林木、林地的所有者或使用者就如何占有、使用、收益和处分森林、林木、林地问题所发生的争执或纠纷。

林权纠纷有广义和狭义之分。广义的林权纠纷不但包括林木所有权或使用权的纠纷,还包括林地所有权或使用权的纠纷。狭义的林权纠纷仅指林木所有权或使用权的纠纷。一般所说的林权纠纷,多是指广义的林权纠纷。

3.3.1.2 林权纠纷的性质

林权纠纷是人们就如何占有、使用、收益和处分森林、林木、林地而产生的纠纷,其性质属于财产权益争议的民事纠纷范畴,因此,解决林权纠纷应当用说服教育的方法和按照法律规定的程序。林权纠纷产生的原因是多方面的,有历史遗留的,也有经营管理过程中产生的,还有技术上的原因以及工作粗糙、协议书规定不明确等原因。

3.3.1.3 调处林权纠纷的原则

调处林权纠纷,必须以事实为依据,以法律为准绳,考虑历史和现实状况,积极疏导,充分协商,遵循有利于安定团结、生产生活和经营管理的原则。

3.3.2 调处林权纠纷的依据和凭证

3.3.2.1 调处林权纠纷的依据

林权纠纷的调处,以当事人提出的已经依法确定权属时的有效法律、法规、规章的规定为依据;当时的法律、法规、规章未作规定的,以当时的有关政策规定为依据;当时的法律、法规、规章和政策均未作规定的,以调处时有效的法律、法规、规章为依据。

3.3.2.2 权属凭证

(1) 不动产权证书或林权证

根据《森林法》《林木林地权属争议处理办法》等法律法规,依法取得的不动产权证书或林权证是处理林权争议的凭证。

(2) 尚未取得的不动产权证书的

根据相关法律法规,下列证据可以作为调处林权纠纷、确定权属的证据材料(简称权属凭证):土地改革时期,人民政府依法颁发的土地证;土地改革时期,《土地改革法》规定不发证的林木、林地的土地清册;当事人之间依法达成的林权争议处理协议、赠送凭证及附图；人民政府作出的林权争议处理决定；对同一起林权争议有数次处理协议或者决定的，以上一级人民政府作出的最终决定或者所在地人民政府作出的最后一次决定为依据；人民法院作出的裁定、判决；法律、法规、规章规定的可以作为调处林权纠纷、确定权属的凭证材料和其他证据，如各省、直辖市、自治区颁布的权属纠纷调解处理条例。

(3) 权属参考凭证

下列证据，可以作为调处林权纠纷、确定权属的参考凭证材料（简称权属参考凭证）：国有林业企业事业单位设立时，该单位的总体设计书所确定的经营管理范围及附图；土地改革、合作化时期有关林木、林地权属的其他凭证；能够准确反映林木、林地经营管理状况的有关凭证；依照法律、法规和有关政策规定，能够确定林木、林地权属的其他凭证。法律、法规、规章规定可以作为调处权属纠纷、确定权属参考的其他证据。

(4) 不能作为权属凭证或者权属参考凭证的文件、资料

下列文件、资料不能作为调处林权纠纷的权属凭证或者权属参考凭证：土地改革以前的权属凭证；依法划定行政区域界线前测绘行政主管部门绘制的各类地图和军用地图标明的行政区域界线；涂改、伪造的权属凭证；以欺诈、胁迫或者恶意串通等手段取得的文件、资料；法律、法规、规章规定不能作为调处林权纠纷、确定权属的权属凭证或者权属参考凭证的其他文件、资料。

(5) 关于凭证的有关规定

① 对同一起林权纠纷有数次处理决定的，以最后一次处理决定为准，但最后一次处理决定确有错误的除外。

② 对同一起林权纠纷有数次协议的，以经过公证的协议为准，没有公证的，以最后一次协议为准，但协议违反法律、法规、规章的除外。

③ 权属凭证记载东、西、南、北四至（简称四至）方位范围清楚的，以四至为准；四至记载不清楚，而该权属凭证记载的面积清楚的，以面积为准；权属凭证面积记载、四至方位不清又无附图的，根据权属参考凭证也不能确定具体位置的，由人民政府按照调处林权纠纷的原则确定权属。

④ 当事人对同一起林权纠纷都能够出具合法凭证的，应当协商解决；经协商不能解决的，由当事人共同的人民政府按照双方各半的原则，并结合实际情况确定其权属。双方当事人都出具有相应的权属凭证，但按照有关法律、法规、规章的规定，不能作为确定权属凭证的，由人民政府按照调处林权纠纷的原则确定权属。

⑤ 对森林、山岭、荒地、滩涂等所有权纠纷，依法不能证明属于农民集体所有的，属于国家所有，人民政府按照调处林权纠纷的原则确定使用权。

3.3.3 林权纠纷调处的管辖

根据《森林法》等法律、法规的规定，林权纠纷实行属地管辖、分级调处。

单位之间发生的林木、林地所有权和使用权争议，由县级以上人民政府依法处理。

个人之间、个人与单位之间发生的林木所有权和林地使用权争议，由乡镇人民政府或者县级以上人民政府依法处理。

当事人对有关人民政府的处理决定不服的,可以自接到处理决定通知之日起三十日内,向人民法院起诉。

在林木、林地权属争议解决前,除因森林防火、林业有害生物防治、国家重大基础设施建设等需要外,当事人任何一方不得砍伐有争议的林木或者改变林地现状。

3.3.4 调处林权纠纷的方法和程序

3.3.4.1 双方当事人协商解决

林权纠纷发生后,纠纷双方当事人应当按照平等互让的原则,积极进行协商决定。协商解决的方法既有利于纠纷的解决,又不影响当事人之间的团结,也便于执行,是解决纠纷最好的方法。

当事人之间协商解决林权纠纷,一般有以下几个工作步骤:当事人一方向对方提出解决纠纷的建议;当事人之间进行协商和实地调查;签订协议。

一般情况下,无论纠纷是否得到解决,都应签订有关协议,以便备案。如果纠纷的实质问题在协商中得到解决,依法达成协议的,当事人应当在协议书及附图上签字或者盖章,并报所在地林权纠纷处理机构备案,由县级以上不动产登记机构办理确认权属的登记手续;经协商不能达成协议的,当事人可以按照有关规定向林权纠纷处理机构申请处理。

3.3.4.2 行政解决

林权纠纷的行政解决,是指人民政府依法调处林权纠纷。人民政府调处林权纠纷的程序如下:

(1) 当事人申请

当事人经协商未达成协议或不愿协商解决的,任何一方都可以向有处理权的人民政府林权纠纷处理机构申请处理。

①递交申请书。当事人申请调处权属纠纷,应当递交申请书,并按照对方当事人的数量提交申请书副本。申请书应当包含下列事项:纠纷当事人的姓名、年龄、住所、单位名称、住所和法定代表人或者主要负责人的姓名、职务;权属纠纷区域的四至范围、面积;对林木、林地权属的请求和所根据的事实、理由;证据及其来源;证人姓名和住所。

当事人书写申请书确有困难的,可以口头申请,由受理申请的人民政府或者林业主管部门记入笔录。《林权纠纷调处申请书》由省、自治区、直辖市人民政府林权争议处理机构统一印制,样式见表3-1。

表 3-1　林权纠纷调处申请书

申请人：（单位全称、法定代表人或其他组织负责人姓名、职务、性别、单位地址；或公民姓名、性别、年龄、民族、职业、籍贯、住址）_____

被申请人：（同上）_____

案由：（林木所有权、林地所有权或林地使用权纠）_____

一、申请目的和要求事项：_____
_____

二、申请事实和理由：_____
_____

此致
_____人民政府(林业主管部门)

附：书证_____份
　　物证_____份
　　其他证据：

　　　　　　　　　　　　　　　　　　　　　　　　申请人（签名或盖章）
　　　　　　　　　　　　　　　　　　　　　　　　_____年____月____日

②提供有关资料。申请调处林权纠纷时应当提供下列资料：能够证明林木、林地所有权或者使用权归属的有关权属凭证；权属纠纷区域图和地上附着物分布情况；请求确定权属的林地界线范围图。

(2) 立案

①受理林权纠纷调处申请的条件。申请人与权属纠纷有直接利害关系；有具体的权属请求和事实根；有明确的对方当事人；纠纷的林木、林地的所有权或者使用权未经依法确定权属，或者虽经依法确定权属，但有证据证明已经确定的权属确有错误的。

②受理。乡(镇)人民政府或者县级以上林业主管部门在接到林权纠纷调处申请之日起7个工作日内(当事人对登记核发的林权证有异议，提出重新处理申请的，审查受理的期限为一个月)，经审查，对符合申请规定条件且属于本级人民政府调处权限范围的，应当受理，并书面通知申请的当事人；不符合申请规定条件的，应当书面通知申请的当事人不予受理并说明理由。符合申请规定条件但不属于本级人民政府调处权限范围的，应当自接到林权纠纷调处申请之日起3个工作日内，转送有权调处的人民政府林业主管部门受理，并告知申请的当事人。

乡(镇)人民政府或者县级以上林业主管部门应当自林权纠纷调处申请受理之日起5个工作日内，将申请书副本或者申请笔录复印件送达另一方当事人。另一方当事人应当自收到申请书副本或者申请笔录复印件之日起二十日内，向乡(镇)人民政府或者县级以上林业主管部门提出答辩意见，并提供有关林权纠纷的证据材料。

另一方当事人提出答辩意见的，乡(镇)人民政府或者县级以上林业主管部门应当将答辩意见告知申请的当事人。另一方当事人未提交答辩意见和有关权属纠纷证据材料的，不影响调处程序的进行。

当事人有权委托代理人代为参加林权纠纷调处活动，有权查阅对方当事人提出或者调处机关收集的证据材料，但涉及国家秘密、商业秘密或者个人隐私的除外。

申请的当事人可以放弃或者变更权属请求，对方当事人可以承认或者反驳权属请求，也可以提出自己的权属请求。当事人对自己提出的权属请求，应当在受理林权纠纷调处的人民政府或者县级以上林业主管部门规定的期限内，提供有关证据材料。

(3) 现场勘验和调查取证

乡(镇)人民政府或者县级以上林业主管部门受理权属纠纷调处申请后，应当到林权纠纷现场勘验，并邀请当地基层组织代表参加，通知当事人到场。勘验的情况和结果应当制作笔录，并绘制权属纠纷区域图，由勘验人、当事人和基层组织代表签名或者盖章。调处机构的工作人员与林权纠纷的标的或者当事人有利害关系的，应当依法回避。

乡(镇)人民政府或者县级以上林业主管部门应当向有关单位和个人调查取证。调查的情况应当制作调查笔录，由调查人和被调查单位、个人签名或者盖章。

乡(镇)人民政府或者县级以上林业主管部门对专门性问题认为需要鉴定的，应当交由法定的鉴定机构鉴定。鉴定机构和鉴定人员应当提出书面鉴定结论，并在鉴定书上签名或者盖章。

对当事人提供的证据材料，应当进行调查核实，方可作为认定事实的根据。省级人民政府、设区的市人民政府林业主管部门受理的林权纠纷调处申请，需要调查、勘验的，可以委托下级人民政府林业主管部门进行调查、勘验。

(4) 组织调解、协商

乡(镇)人民政府或者县级以上林业主管部门做好调查、取证和核实材料等工作，在事实清楚的基础上，应当根据当事人自愿的原则，依法组织双方当事人协商并进行调解，促使双方达成协议。

调解工作应当遵守以下原则和纪律：依据法律、法规、规章和政策进行调解；在双方当事人自愿平等的基础上进行调解；不得对当事人进行压制、打击报复；不得接受当事人吃请受礼；要公开、公正、不徇私情。

组织调解、协商必须有2名及以上办案人员参加，并制作调解笔录；达成协议的，应当及时制作调解协议书；调解协议书应当有双方当事人和调解人员的签名，并盖组织调解单位的印章。

省级人民政府、设区的市人民政府林业主管部门受理的林权纠纷调处申请，可以责成双方当事人所在地县级人民政府组织林业主管部门对林权纠纷进行调解；经调解达不成协议的，逐级报送上一级人民政府进行调解。

调解时，可以邀请村民委员会、居民委员会等基层组织协助。

调解协议，必须由双方当事人自愿达成，不得强迫。调解协议的内容不得违反有关法律、法规、规章和政策。

调解达成协议的，应当制作调解协议书和权属界线图。调解协议书和权属界线图由当事人和调解人员签名，并加盖主持调解的乡(镇)人民政府或者县级以上林业主管部门的印章。

(5) 人民政府作出处理决定

乡(镇)人民政府对本乡(镇)内发生的个人之间、个人与单位之间的林权纠纷，经调解达不成协议的，应当自受理纠纷调处申请之日起4个月内作出处理决定。因案件重大、案情复杂，不能在规定期限内作出处理决定的，经上一级人民政府批准，可以适当延长，但延长期限最多不得超过 2 个月。

除乡(镇)内个人之间、个人与单位之间的林权纠纷之外的其他林权纠纷，经调解达不成协议的，乡(镇)人民政府或者林业主管部门应当自受理纠纷调处申请之日起 6 个月内提出处理意见，报有管辖权的人民政府作出处理决定；因案件重大、案情复杂，不能在规定期限内提出处理意见的，经有管辖权的人民政府批准，可以适当延长，但延长期限最多不得超过 2 个月。

有管辖权的人民政府应当自接到处理意见之日起 1 个月内作出处理决定；因案件重大、案情复杂，不能在规定期限内作出处理决定的，经上一级人民政府批准，可以适当延长，但延长期限最多不得超过 1 个月。

有管辖权的人民政府对林权纠纷作出处理决定，应当制作处理决定书。处理决定书应当包含下列事项：当事人的姓名、性别、年龄、职业、工作单位和住所，单位的名称、住所和法定代表人或者主要负责人的姓名、职务；案由、当事人纠纷的事实、理由和权属请求；处理决定认定的事实、理由和适用的法律、法规、规章或者政策；处理结果；不服处理决定，申请行政复议的途径和期限；处理决定生效后，履行处理决定的限期；作出处理决定的人民政府的名称和作出处理决定的日期以及其他需要载明的事项。《林权纠纷处理决定书》样式见表 3-2。

原核发的林权证书或者作出的处理决定确有错误的，作出处理决定时应当决定予以撤销。处理决定书应当附确定的权属界线图。作出处理决定的人民政府应当在处理决定书和所附权属界线图上盖章。

表 3-2　林权纠纷处理决定书

_____林决字〔　　〕第_____号
申请人：(法人或者其他组织的名称、地址、法定代表人的姓名；公民姓名、性别、年龄、民族、文化程度、职业、地址)_____
被申请人：(同上)_____
申请人和被申请人之间的林权纠纷不能通过协商解决，申请人依法于_____(年月日)申请_____(人民政府)作出处理。现经本_____(人民政府)查明：_____

(续)

本_____(人民政府)认为(所认定的事实和理由)：_____
_____
_____

根据_____
_____本_____(人民政府)决定：_____。
申请人如不服本决定，可以在收到本决定书之日起一个月内，向人民法院起诉。逾期不起诉的，本决定自动生效。

(人民政府印章)
_____年___月___日

(6) 送达

人民政府作出处理决定后,应当制作送达书,处理决定书送达后,应有送达回证,受送达人应在送达回证上签名或者盖章并记明收到日期。受送达人在送达回证上签收的日期为送达日期。

受送达人拒绝接收处理决定书的,送达人应当邀请有关基层组织或者受送达人所在单位代表到场见证,说明情况,在送达回证上记明拒收理由和日期,由送达人、见证人签名或者盖章后,把处理决定书留在受送达人的住所,即视为送达。

(7) 颁发林权证书

县级以上人民政府应当根据生效的调解协议书、处理决定书,及时依法办理权属登记,核发林权证书。

(8) 执行处理决定

各级人民政府对林权纠纷案件作出的处理决定发生法律效力后,同级林业主管部门、下级人民政府及其林业主管部门必须执行,并及时对纠纷双方单位及法人代表,进行有关政策法律的宣传和耐心细致的思想工作,使双方都执行处理决定。

3.3.4.3 仲裁解决

根据《农村土地承包法》第五十一条、第五十二条的规定,因林地承包经营发生纠纷的,双方当事人可以通过协商解决,也可以请求村民委员会,乡(镇)人民政府等调解解决。根据《农村土地承包经营纠纷调解仲裁法》的规定,当事人不愿协商、调解或者协商、调解不成的,可以向农村土地承包仲裁委员会申请仲裁,也可以直接向人民法院起诉。

农村土地承包仲裁委员会,根据解决农村土地承包经营纠纷的实际需要设立。农村土地承包仲裁委员会可以在县和不设区的市设立,也可以在设区的市或者其市辖区设立。农村土地承包仲裁委员会在当地人民政府指导下设立。设立农村土地承包仲裁委员会的,其日常工作由当地农村土地承包管理部门承担。

农村土地承包经营纠纷申请仲裁的时效期间为两年,自当事人知道或者应当知道其权利被侵害之日起计算。

农村土地承包经营纠纷仲裁的申请人、被申请人为当事人。家庭承包的,可以由农户代表人参加仲裁。当事人一方人数众多的,可以推选代表人参加仲裁。与案件处理结果有利害关系的,可以申请作为第三人参加仲裁,或者由农村土地承包仲裁委员会通知其参加仲裁。当事人、第三人可以委托代理人参加仲裁。

当事人申请仲裁,应当向纠纷涉及的土地所在地的农村土地承包仲裁委员会递交仲裁申请书。仲裁申请书应当载明申请人和被申请人的基本情况,仲裁请求和所根据的事实、理由,并提供相应的证据和证据来源。书面申请确有困难的,可以口头申请,由农村土地承包仲裁委员会记入笔录,经申请人核实后由其签名、盖章或者按指印。

农村土地承包仲裁委员会决定受理的,应当自收到仲裁申请之日起 5 个工作日内,将受理通知书、仲裁规则和仲裁员名册送达申请人;决定不予受理或者终止仲裁程序的,应当自收到仲裁申请或者发现终止仲裁程序情形之日起 5 个工作日内书面通知申请人,并说明理由。农村土地承包仲裁委员会应当自受理仲裁申请之日起 5 个工作日内,将受理通知书、仲裁申请书副本、仲裁规则和仲裁员名册送达被申请人。

被申请人应当自收到仲裁申请书副本之日起十日内向农村土地承包仲裁委员会提交答辩书；书面答辩确有困难的，可以口头答辩，由农村土地承包仲裁委员会记入笔录，经被申请人核实后由其签名、盖章或者按指印。农村土地承包仲裁委员会应当自收到答辩书之日起5个工作日内将答辩书副本送达申请人。被申请人未答辩的，不影响仲裁程序的进行。

仲裁农村土地承包经营纠纷，应当自受理仲裁申请之日起六十日内结束；案情复杂需要延长的，经农村土地承包仲裁委员会主任批准可以延长，并书面通知当事人，但延长期限不得超过三十日。

当事人对农村土地承包仲裁机构的仲裁裁决不服的，可以在收到裁决书之日起三十日内向人民法院起诉。逾期不起诉的，裁决书即发生法律效力。

3.3.4.4 诉讼解决

根据《行政诉讼法》第四十四条规定，对人民政府作出林权纠纷处理决定不服的，公民、法人或者其他组织可以先向行政机关申请复议，对复议决定不服的，再向人民法院提起诉讼；也可以直接向人民法院提起诉讼。但法律、法规规定应当先向行政机关申请复议，对复议决定不服再向人民法院提起诉讼的，依照法律、法规的规定。

可见，先由有关人民政府对林权纠纷作出处理决定，是诉讼程序解决林权纠纷的法定必经程序。只有对人民政府作出的处理决定不服的，当事人才可以向有关人民法院提起诉讼。

林权纠纷当事人一方或者双方因不服人民政府作出的处理决定而向人民法院提起诉讼的，有关人民法院应当受理。人民法院把这类案件作为行政诉讼案件，适用《行政诉讼法》的规定进行审理和作出裁判。

林权纠纷经人民法院依法审理完毕，由县级以上人民政府根据人民法院的生效判决或者裁定登记造册，核发证书，确认权属，予以保护。

林权纠纷不论是采取当事人协商解决、人民政府处理或者诉讼程序解决，在解决以前，任何一方都不得砍伐有纠纷的林木。有纠纷的林木、林地在纠纷处理过程中，应当保持原状。此外，如果发生以林权纠纷为借口，实施侵权行为或者破坏森林资源行为的，必须依法予以处罚。

案例解析

1. 根据《森林法》第二十二条的规定，单位之间发生的林木、林地所有权和使用权争议，由县级以上人民政府依法处理。当事人对有关人民政府的处理决定不服的，可以自接到处理决定通知之日起三十日内，向人民法院起诉。所以，先由有关人民政府对林权纠纷作出处理决定，是诉讼程序解决林权纠纷的法定必经程序。只有对人民政府作出的处理决定不服的，当事人才可以向有关人民法院提起诉讼，当事人对林权纠纷不可以直接向人民法院提起诉讼。因此本案中法院依法不受理B村的诉讼请求，甲村应当先向当地县级人民政府申请处理该林权纠纷。

2. 《森林法》第三十九条规定，禁止毁林开垦、采石、采砂、采土以及其他毁坏林木和林地的行为。《森林法》第二十二条规定,在林木、林地权属争议解决前,当事人任何一方不得砍伐有争议的林木或者改变林地现状。因此,B村在该林班内开垦林地的行为是违法的。

3.《森林法实施条例》第四十一条第二款规定,擅自开垦林地,被开垦的林地上没有森林、林木的,由县级以上人民政府林业主管部门责令停止违法行为,限期恢复原状,可以处非法开垦林地每平方米10元以下的罚款。县林业局对B村的处理是合法的。

3.4 占用征用林地管理

2020年5月,某省高等公路建设工程公司(以下简称某公司)承建一段高等级公路,公路通过林区,根据勘测,需要使用林地38公顷,其中水源涵养林12公顷,集体经济林6公顷,国有林场用材林10公顷,其他林地10公顷。某公司向当地B县林业局提出使用林地的申请,县林业局工作人员看了公司提交的材料后,要求其补交与被占用征用林地单位签订的补偿协议。在公司补交材料后,县林业局受理了申请。县林业局经过审查,要求公司按规定标准预交森林植被恢复费,然后发给了《使用林地审核同意书》。公司为了赶工程进度,在未取得建设用地批准手续前,施工负责人组织工人先行采伐该林地上的林木。省林业厅接到当地村民报告后,指示市林业局进行调查处理。

1. 该公司向县林业局提出使用林地的申请应当提交哪些材料?
2. 县林业局受理公司的申请后,应当做哪些工作?
3. 林业局为什么要该公司预交森林植被恢复费?森林植被恢复费如何使用、管理?
4. 该建设用地申请依法应最后取得哪一级林业主管部门的审核和哪一级政府的批准?该公司有无违法行为?

3.4.1 占用征用林地概述

国家保护林地,严格控制林地转为非林地,实行占用林地总量控制,确保林地保有量不减少。为了生态保护、基础设施建设等公共利益确有必要的,国家各类建设项目占用林地不得超过本行政区域的占用林地总量控制指标。

为了避免非法侵占、破坏林地,法律对占用征用林地作了严格的规定,矿藏勘查、开采以及其他各类工程建设,应当不占或者少占林地;确需占用林地的,应当经县级以上人民政府林业主管部门审核同意,办理审批手续,并给予公平、合理的补偿。

占用林地,是指国有企业事业单位、机关、团体、部队等单位因建设项目的需要,依法使用国家所有的林地。林地被占用后,林地的所有权没有改变,仍归国家所有;林地的使用权发生改变,归依法占用林地的单位享有。

征用林地,是指国有企业事业单位、机关、团体、部队等单位因建设项目的需要,依法使用集体所有的林地。林地被征用后,林地的所有权发生改变;由集体所有改变为国家所有;同时,林地使用权也依法归征用林地的单位享有。征用林地和占用林地都产生林地用途被改变的法律后果。

3.4.2 建设项目占用征用林地的条件和范围

根据《森林法》《森林法实施条例》以及《建设项目使用林地审核审批管理办法》《占用征用林地审核审批管理规范》等,占用(含临时占用)林地的建设项目应当遵守林地分级管理的规定:

①各类建设项目不得使用Ⅰ级保护林地。

②国务院批准、同意的建设项目,国务院有关部门和省级人民政府及其有关部门批准的基础设施、公共事业、民生建设项目,可以使用Ⅱ级及其以下保护林地。

③国防、外交建设项目,可以使用Ⅱ级及其以下保护林地。

④县(市、区)和设区的市、自治州人民政府及其有关部门批准的基础设施、公共事业、民生建设项目,可以使用Ⅱ级及其以下保护林地。

⑤战略性新兴产业项目、勘查项目、大中型矿山、符合相关旅游规划的生态旅游开发项目,可以使用Ⅱ级及其以下保护林地。其他工矿、仓储建设项目和符合规划的经营性项目,可以使用Ⅲ级及其以下保护林地。

⑥符合城镇规划的建设项目和符合乡村规划的建设项目,可以使用Ⅱ级及其以下保护林地。

⑦符合自然保护区、森林公园、湿地公园、风景名胜区等规划的建设项目,可以使用自然保护区、森林公园、湿地公园、风景名胜区范围内Ⅱ级及其以下保护林地。

⑧公路、铁路、通讯、电力、油气管线等线性工程和水利水电、航道工程等建设项目配套的采石(沙)场、取土场使用林地按照主体建设项目使用林地范围执行,但不得使用Ⅱ级保护林地中的有林地。其中,在国务院确定的国家所有的重点林区(以下简称重点国有林区)内,不得使用Ⅲ级以上保护林地中的有林地。

⑨上述建设项目以外的其他建设项目可以使用Ⅳ级保护林地。

上述所称Ⅰ、Ⅱ、Ⅲ、Ⅳ级保护林地,是指依据县级以上人民政府批准的林地保护利用规划确定的林地。

另外,除第②项、第③项、第⑦项以外的建设项目使用林地,不得使用一级国家级公益林地。国家林业和草原局根据特殊情况对具体建设项目使用林地另有规定的,从其规定。

3.4.3 占用征用林地的审核审批程序

3.4.3.1 建设单位向县级以上林业主管部门提出申请

占用征用非国家重点林区林地的,建设单位向被占用征用林地所在地的县级林业主管部门申请;跨县级行政区的,分别向各县级林业主管部门申请。占用国家重点林区林地的,建设单位向被占用林地所在地的国有林业局申请;跨国有林业局经营区的,分别向各国有林业局申请。

申请用地的建设单位应当填写《使用林地申请表》，提交以下申请材料：

①用地单位的资质证明或者个人的身份证明。

②建设项目有关批准文件。包括：可行性研究报告批复、核准批复、备案确认文件、勘查许可证、采矿许可证、项目初步设计等批准文件；属于批次用地项目，提供经有关人民政府同意的批次用地说明书并附规划图。

③拟使用林地的有关材料。包括：林地权属证书、林地权属证书明细表或者林地证明；属于临时占用林地的，提供用地单位与被使用林地的单位、农村集体经济组织或者个人签订的使用林地补偿协议或者其他补偿证明材料；涉及使用国有林场等国有林业企事业单位经营的国有林地，提供其所属主管部门的意见材料及用地单位与其签订的使用林地补偿协议；属于符合自然保护区、森林公园、湿地公园、风景名胜区等规划的建设项目，提供相关规划或者相关管理部门出具的符合规划的证明材料，其中，涉及自然保护区和森林公园的林地，提供其主管部门或者机构的意见材料。

④建设项目使用林地可行性报告或者林地现状调查表。

《使用林地申请表》样式见表3-3。

表 3-3 使用林地申请样表

使用林地申请表

_____市(州、盟) ____县(市、区、旗)

申请单位或个人：_____（单位盖章）
通信地址：_____
邮政编码：_____
联系人：_____
联系电话：_____
填表时间：_____

使用林地申请表

项目名称			项目类型	
项目批准机关			批准文号	
使用林地性质		使用期限	应缴森林植被恢复费(元)	

（续）

项目名称						项目类型		
使用林地类型		总计	防护林林地	特用林林地	用材林林地	经济林林地	薪炭林林地	苗圃地	其他林地
面积（公顷）	计								
	国有								
	集体								
蓄积量（立方米）	计								
	国有								
	集体								

林地保护等级		国家级公益林地		自然保护区林地	
级别	面积（公顷）	级别	面积（公顷）	级别	面积（公顷）
Ⅰ		一		国家级	
Ⅱ		二		省级	
Ⅲ		三			
Ⅳ					

森林公园林地		湿地公园林地		风景名胜区林地	
级别	面积（公顷）	级别	面积（公顷）	级别	面积（公顷）
国家级		国家级		国家级	
省级		省级		省级	

重点保护野生动物栖息地	重点保护植物及生境	古树名木及保护范围	使用地方公益林地面积	
有/无	有/无	有/无	省级公益林	其他公益林

备注	

注：用材林林地、经济林林地、薪炭林林地均包含其采伐迹地。

声明：我单位承诺对本申请表所填写内容及所附文件和材料的真实性负责，并承担内容不实之后果。

填表说明：

1. 本表采用 A4 规格用纸，分别县(市、区、旗)由申请单位或个人填写。

2. 项目类型：按代码填写。1-基础设施项目；2-公共事业和民生项目；3-经营性项目；4-城镇、园区建设项目；5-其他。

3. 使用林地性质：分别填写"长期""临时""直接"对应勘查、开采矿藏和各项建设工程使用林地，勘查、开采矿藏和各项建设工程临时占用林地，森林经营单位在所经营的林地范围内修筑直接为林业生产服务的工程设施使用林地。临时占用林地填写使用期限，以月为单位。

4. 面积单位为公顷，保留4位小数，蓄积量单位为立方米，保留整数。

3.4.3.2 林业主管部门受理申请和提出审查意见

(1) 审核申请材料

建设单位向县级林业主管部门或重点林区国有林业局申请后,县级林业主管部门或重点林区国有林业局应当严格核对申请材料的复印件与原件,凡二者一致的,在复印件上加盖县级林业主管部门或重点林区国有林业局印章后退回原件;不一致的,将申请材料退回;申请材料不齐全的,告知建设单位重新申请。

(2) 制定恢复森林植被措施

县级林业主管部门或重点林区国有林业局确认申请材料齐全、合格的,应当组织制定在当年或次年内恢复不少于被占用征用林地面积的森林植被措施(包括造林地点、面积、树种、林种、作业设计、造林及管护经费预算,以及森林资源保护管理措施等)。被占用征用林地所在地的林业主管部门或重点林区国有林业局不能按时按量恢复森林植被的,必须将不能按时按量恢复森林植被的说明材料与申请材料一同上报上级林业主管部门,由上级林业主管部门组织落实。

国务院林业主管部门委托的单位和县级林业主管部门对建设项目类型、林地地类、面积、权属、树种、林种和补偿标准进行初步审查同意后,应当在 10 个工作日内制定植树造林、恢复森林植被的措施。

(3) 组织有资质的设计单位进行现场查验并提交《使用林地现场查验表》

占用征用非国家重点林区林地的,地方林业主管部门要组织力量对申请占用征用的林地进行现场查验,其中,①占用征用林地面积 2 公顷以下的,由县级林业主管部门组织不少于 2 名有资质的工作人员进行现场查验;②占用征用林地面积 2 公顷以上 70 公顷以下且未跨县级行政区的,由县级林业主管部门组织具有丙级以上资质的林业调查规划设计单位进行现场查验;占用征用林地跨行政区的,由所在地共同的林业主管部门组织乙级以上资质的林业调查规划设计单位进行现场查验。占用重点林区林地,在一个国有林业局经营区内的,由所在地国有林业局组织具有丙级以上资质的林业调查规划设计单位进行现场查验;在两个以上国有林业局经营区的,由所在地共同的林业(森工)主管部门组织具有乙级以上资质的林业调查规划设计单位到现场查验;③占用征用林地面积 70 公顷以上的,由省级林业主管部门组织乙级以上资质的林业调查规划设计单位到现场查验。

承担现场查验的人员或单位,查验后要按照规定向有关林业主管部门提交《使用林地现场查验表》,样式见表 3-4。现场查验意见中要说明占用征用林地的面积、位置、地貌等基本情况,地类、权属、林分起源、林种、林木蓄积量或竹林株数等森林资源现状,是否在保护区范围内,是否在实施森林生态效益补偿的防护林林地、特种用途林林地和实施天然林保护工程的范围内,是否有国家重点保护的野生动植物资源和古树名木,是否存在先占地后办手续或者擅自改变林地用途的行为。查验人员或单位必须对查验表的真实性负责。

表 3-4　使用林地现场查验表

使用林地现场查验表

项目名称	
查验时间	
查验地点	
现场查验意见	依据建设项目使用林地可行性报告或者林地现状调查表进行现地查验，查看建设项目拟使用林地的位置、范围与现地是否一致，是否存在未批先占林地情况等。
查验人	签字： ＿＿＿＿＿年＿＿月＿＿日
查验单位	负责人：　　　　　　　　　　　　（盖章） ＿＿＿＿＿年＿＿月＿＿日

（4）提出审查意见

林业主管部门应从受理占用征用林地的申请之日起 15 个工作日内在《使用林地申请表》上签署具体明确的审查意见，留存一套申请材料后，报上一级林业主管部门审核。需组织制定恢复森林植被措施或现场查验的，林业主管部门应在 25 个工作日内将具体明确的审查意见与恢复森林植被措施和现场查验报告一并报上一级林业主管部门。占用征用林地应由国家林业和草原局审核的，省级林业主管部门的审查意见要用正式文件上报，并附具一套申请材料和恢复森林植被措施、现场查验报告。

一个项目的全部占用征用林地，应当一次审核审批，不得分为若干段或若干个子项目进行。国务院批准或同意的建设项目，国家和省级重点建设项目，国务院有关部门、国家计划单列企业、省级人民政府及其有关部门批准的基础设施建设项目中控制工期的单体工程，如公路、铁路的桥梁、隧道、水利（电）枢纽的导流（渠）洞、进场道路和输电设施等，其占用征用林地申请材料齐全的，省级林业主管部门或国家林业和草原局依据规定权限可以先行审核单体工程。整体项目申请时，附单体工程的批件，一次办理审核手续。

占用征用实施森林生态效益补偿的防护林林地、特种用途林林地和实施天然林保护工程的天然林林地的，有审核权的林业主管部门应将审核同意书抄送相关部门。

县级以上人民政府林业主管部门对用地单位提出的申请，经审核不予同意或者不予批准的，应当在《使用林地申请表》中明确记载不同意的理由，并将申请材料退还申请用地单位。

3.4.3.3　森林植被恢复费

(1) 建设单位预交森林植被恢复费

根据《森林法》和《森林法实施条例》的规定，占用林地的单位应当缴纳森林植被恢复费。这个规定使得恢复植被的经费有了保障，还在一定程度上从经济角度控制林地的减少。

(2) 森林植被恢复费的使用有与监督

森林植被恢复费征收使用管理办法由国务院财政部门会同林业主管部门制定。

县级以上人民政府林业主管部门应当按照规定安排植树造林，恢复森林植被，植树造林面积不得少于因占用林地而减少的森林植被面积。上级林业主管部门应当定期督促下级林业主管部门组织植树造林、恢复森林植被，并进行检查。

3.4.3.4　核发《使用林地审核同意书》

(1) 各级林业主管部门对占用、征用林地的审核权限

①占用或者征用防护林林地或特种用途林林地面积10公顷以上的，用材林、经济林、薪炭林林地及其采伐迹地面积35公顷以上的，其他林地面积70公顷以上的，由国务院林业主管部门审核。

②占用或者征用林地面积低于上述数量的，由省级人民政府林业主管部门审核。

③占用或者征用国家重点林区的林地的，由国务院林业主管部门审核。

(2) 核发《使用林地审核同意书》

县级以上人民政府林业主管部门按照规定审核同意占用征用林地申请，并按照规定预收森林植被恢复费后，向用地申请单位发放《使用林地审核同意书》，同时将签署意见的《使用林地申请表》等材料移交被占用征用林地所在地的林业主管部门或者国务院自然资源主管部门委托的单位存档。《使用林地审核同意书》样式见表3-5。

表 3-5　使用林地审核同意书

国家林业和草原局

准予行政许可决定书

使用林地审核同意书　　　　　　　林资许准[　]

_____：

根据《森林法》和《森林法实施条例》的规定,经审核,同意

建设项目,
你单位要按照有关规定办理建设用地审批手续,依法缴纳有关占用征用林地的补偿费用。建设用地批准后,需要采伐林木的,要依法办理林木采伐许可手续。

审 核 机 关(印)
年　　月　　日

(此证一式五联,第一联存根;第二联用地单位;第三联省级林业主管部门;第四联森林资源监督机构;第五联(原)国家林业局行政许可办公室)。

注：各省、自治区、直辖市使用的《使用林地审核同意书》由各林业厅(局)参照(原)国家林业局版本自行制定和印刷。

3.4.3.5　用地单位凭《使用林地审核同意书》依法办理建设用地审批手续

(1) 林地转为建设用地的批准权限

根据《土地管理法》的规定,林地转为建设用地的批准权限如下：

①省、自治区、直辖市人民政府批准的道路、管线工程和大型基础设施建设项目、国务院批准的建设项目,占用征用林地的,由国务院批准。

②在土地利用总体规划确定的城市和村庄、集镇建设用地规模范围内,为实施该规划需要占用征用林地的,按土地利用年度计划分批次由原批准土地利用总体规划的机关批准,在已批准的林地转用范围内,具体建设项目用地可以由市、县人民政府批准。

③其他的建设项目占用征用林地,由省、自治区、直辖市人民政府批准。

(2) 建设用地审批

用地单位取得有关林业主管部门核发的《使用林地审核同意书》后,依照国家土地管理的有关法律、行政法规办理建设用地审批手续。

(3) 其他有关规定

①如果占用征用林地未被法定的人民政府批准,有关林业主管部门应当自接到不予批准通知之日起七日内将收取的森林植被恢复费如数退还。

②用地单位依照有关规定取得建设用地的批准并兑现补偿、补助费后,林业主管部门才能依法办理林地移交和变更林权登记手续。

③需要采伐林木的，应当依法办理林木采伐许可手续。

3.4.3.6 占用征用林地的补偿制度

占用或者征用林地的用地单位应当按规定支付林地补偿费、林木补偿费和安置补助费。林地补偿费、林木补偿费和安置补助费的具体征收办法和标准按照各省、自治区、直辖市的具体规定执行。所收取的各项补偿费用，除按规定付给个人的部分以外，应纳入森林经营单位的造林营林资金，用于造林营林。

3.4.4 临时使用林地

需要临时使用林地的，应当经县级以上人民政府林业主管部门批准；临时使用林地的期限一般不超过二年，并不得在临时使用的林地上修建永久性建筑物。

临时使用林地期满后一年内，用地单位或者个人应当恢复植被和林业生产条件。

3.4.4.1 临时使用林地的申请

根据《森林法实施条例》和《占用征用林地审核审批管理办法》的规定，用地单位需要临时使用林地的，应当向县级人民政府林业主管部门提出申请，填写《使用林地申请表》，同时提供下列材料：项目批准文件；临时使用林地的权属证明材料；由有资质的设计单位作出的项目使用林地可行性报告；与被临时使用林地的单位签订的林地、林木补偿费协议。

3.4.4.2 临时使用林地的审批

需要临时使用林地的，应当经县级以上人民政府林业主管部门批准。各级林业主管部门对临时使用林地的审批权限是：①临时使用防护林或者特种用途林地面积5公顷以上，其他林地面积20公顷以上的，由国务院林业主管部门审批；②临时使用防护林或者特种用途林林地面积5公顷以下，其他林地面积10公顷以上20公顷以下的，由省、自治区、直辖市人民政府林业主管部门审批；③临时使用除防护林和特种用途林以外的其他林地面积2公顷以上10公顷以下的，由设区的市和自治州人民政府林业主管部门审批；④临时使用除防护林和特种用途林以外的其他林地面积2公顷以下的，由县级人民政府林业主管部门审批。

3.4.4.3 预收森林植被恢复费

临时使用国家重点林区林地的，由国务院林业主管部门或其委托的单位负责预收森林植被恢复费。临时使用国家重点林区以外林地的，由县、地(州、市)、省(自治区、直辖市)林业主管部门按照国家林业局《占用征用林地审核审批管理办法》规定的审批权限负责预收森林植被恢复费，其中属于国家林业和草原局审批的，由省、自治区、直辖市林业主管部门负责预收。

3.4.5 森林经营单位在所经营的范围内修筑工程设施占用林地

3.4.5.1 森林经营单位在所经营范围内修筑直接为林业生产服务的工程设施占用林地

①直接为林业生产服务的工程设施的具体范围。森林经营单位占用林地修筑直接为林业生产服务的工程设施,是指森林经营单位在所经营的林地范围内占用林地,修筑以下工程设施:培育、生产种子、苗木的设施;贮存种子、苗木、木材的设施;集材道、运材道;林业科研、试验、示范基地;野生动植物保护、护林、森林病虫害防治、森林防火、木材检疫的设施;供水、供电、供热、供气、通讯基础设施。

②森林经营单位修筑直接为林业生产服务的工程设施占用林地的申请。森林经营单位在所经营的林地范围内修筑直接为林业生产服务的工程设施占用林地的,应当向有关林业主管部门提出申请,并提供下列材料:项目批准文件;被占用或者征用林地的权属证明材料。

③森林经营单位修筑直接为林业生产服务的工程设施占用林地审批。国有森林经营单位需要占用林地的,由省、自治区、直辖市人民政府林业主管部门批准,其中国家重点林区内国有森林经营单位需要占用林地的,由国务院林业主管部门或其委托的单位批准;其他森林经营单位需要占用林地的,由县级人民政府林业主管部门批准。

国务院林业主管部门委托的单位和县级以上地方人民政府林业主管部门对用地单位提出的申请,应当在收到申请或上报材料后,在15个工作日内提出审核或者审批意见。县级以上人民政府林业主管部门按照规定予以批准的,应当用文件形式批准。

森林经营单位经县级以上林业主管部门批准,在所经营的林地范围内修筑直接为林业生产服务的工程设施的,可不缴纳林地补偿费、林木补偿费、林地安置补助费和森林植被恢复费。

3.4.5.2 森林经营单位在所经营的林地范围内修筑其他工程设施占用林地

森林经营单位在所经营的林地范围内修筑不是直接为林业生产服务的其他工程设施,必须依法办理建设用地的审批手续。

3.4.6 农村居民占用林地建住宅

农村居民按照规定标准修建自用住宅需要占用林地的,应当以行政村为单位编制规划,落实地块,按照年度向县级人民政府林业主管部门提出申请,经县级人民政府林业主管部门依法审查,在逐级上报省(自治区、直辖市)人民政府林业主管部门审核同意后,由行政村依照有关土地管理的法律、法规办理用地审批手续。

> **案例解析**
>
> 1. 该公司应提交用地单位的资质证明或者个人的身份证明、建设项目有关批准文件、

拟使用林地的有关材料、建设项目使用林地可行性报告或者林地现状调查表等。

2. 县林业局受理后，要审核申请材料、制定恢复森林植被措施、组织有资质的设计单位进行现场查验并提交《使用林地现场查验表》、提出审查意见。县级以上人民政府林业主管部门按照规定审核同意占用征用林地申请，并按照规定预收森林植被恢复费后，向用地申请单位发放《使用林地审核同意书》，同时将签署意见的《使用林地申请表》等材料移交被占用征用林地所在地的林业主管部门或者国务院自然资源主管部门委托的单位存档。

3. 该项目需要使用林地38公顷，其中水源涵养林12公顷，集体经济林6公顷，国有林场用材林10公顷，其他林地10公顷。根据《森林法实施条例》第十六条第二款规定，占用或者征用防护林林地或特种用途林林地面积十公顷以上的，用材林、经济林、薪炭林林地及其采伐迹地面积三十五公顷以上的，其他林地面积七十公顷以上的，由国务院林业主管部门审核。根据《土地管理法》等有关法律法规的规定，省、自治区、直辖市人民政府批准的道路、管线工程和大型基础设施建设项目、国务院批准的建设项目，占用征用林地的，由国务院批准。因此，该建设用地申请依法应最后取得国务院林业主管部门审核和国务院土地行政主管部门的批准。

3.5 违反林权管理法规的法律责任

案例

2012年11月，村民陈某与B村签订了一份承包山林的协议，其中约定：承包山林面积10亩，期限为20年。协议签订后，陈某在荒山上造了一些林，并开展食用菌生产。2015年8月，陈某准备在承包林地上兴建食用菌厂，取得B村村委会同意，并请某设计单位设计后，报当地乡经委立项批准。陈某于2016年9月动工建起了食用菌厂。2017年5月，县林业局接群众报告，派人调查，认为陈某未经批准，擅自改变林地用途，占用林地222立方米搭建生产用房，作出行政处罚决定，责令陈某限期拆除在林地上搭建的建筑物和其他设施，并处以罚款2500元。陈某不服，欲向法院提起诉讼。

1. 陈某在承包林地上建食用菌厂的行为是否合法？为什么？
2. 你认为县林业局的行政处罚决定是否合法？为什么？

3.5.1 非法占用林地数量较大、造成林地大量毁坏的法律责任

非法占用林地，是指未经法定程序审核、批准、核发证书、确认土地使用权，而占用林地的行为。通常表现为：未经林业主管部门、土地管理机关审核并报经有关人民政府批准，擅自占用林地的；超过批准的数量多占林地的；以提供虚假文件、谎报用途或借用、盗用他人的名义申请等欺骗手段取得批准手续而占用林地的。

违反《土地管理法》《森林法》等土地管理法规，非法占用林地改作他用，数量较大，造成林地大量毁坏的，根据《刑法》第342条和《刑法修正案(二)》的规定，构成非法占用

农用地罪,由司法机关依法追究刑事责任。

根据最高人民法院《关于审理破坏林地资源刑事案件具体应用法律若干问题的解释》,违反土地管理法规,非法占用林地,改变被占用林地用途,在非法占用的林地上实施建窑、建坟、建房、挖沙、采石、采矿、取土、种植农作物、堆放或排泄废弃物等行为或者进行其他非林业生产、建设,造成林地的原有植被或林业种植条件严重毁坏或者严重污染,并具有下列情形之一的,属于《刑法修正案(二)》规定的"数量较大,造成林地大量毁坏",应当判处五年以下有期徒刑或者拘役,并处或者单处罚金:①非法占用并毁坏防护林地、特种用途林地数量分别或者合计达到 5 亩以上;②非法占用并毁坏其他林地数量达到 10 亩以上;③非法占用并毁坏前两项规定的林地,数量分别达到相应规定的数量标准的 50%以上;④非法占用并毁坏前述两项规定的林地,其中一项数量达到相应规定的数量标准的 50%以上,且两项数量合计达到该项规定的数量标准。

单位犯非法占用农用地罪的,依照《刑法》第三百四十六条的规定,对单位判处罚金,并对其直接负责的主管人员和其他直接责任人员,依照《刑法》第三百四十二条的规定处罚。

3.5.2 非法批准占用征用林地的法律责任

无权批准征用、使用土地的单位或者个人非法批准占用土地的,超越批准权限非法批准占用土地的,根据《土地管理法》第七十八条和《森林法》第四十六条的规定,其批准文件无效;对非法批准征用、使用土地的直接负责的主管人员和其他直接责任人员依法给予行政处分;构成犯罪的,依法追究刑事责任。非法批准征用、使用的土地应当收回,有关当事人拒不归还的,按非法占用土地论处。

根据《刑法》第四百一十条和全国人民代表大会常务委员会《关于〈中华人民共和国刑法〉第二百二十八条、第三百四十二条、第四百一十条的解释》,国家机关工作人员徇私舞弊,违反《土地管理法》《森林法》等土地管理法规,滥用职权,非法批准征用、占用土地,情节严重的,构成非法批准征用、占用土地罪,由司法机关依法追究刑事责任。

根据最高人民法院《关于审理破坏林地资源刑事案件具体应用法律若干问题的解释》,国家机关工作人员徇私舞弊,违反土地管理法规,滥用职权,非法批准征用、占用林地,具有下列情形之一的,属于《刑法》第四百一十条规定的"情节严重",应当判处三年以下有期徒刑或者拘役:①非法批准征用、占用防护林地、特种用途林地数量分别或者合计达到十亩以上;②非法批准征用、占用其他林地数量达到二十亩以上;③非法批准征用、占用林地造成直接经济损失数额达到三十万元以上,或者造成第①项规定的林地数量分别或者合计达到五亩以上或者第②项规定的林地数量达到十亩以上毁坏。

实施上述行为,具有下列情形之一的,属于《刑法》第四百一十条规定的"致使国家或者集体利益遭受特别重大损失",应当判处三年以上七年以下有期徒刑:①非法批准征用、占用防护林地、特种用途林地数量分别或者合计达到二十亩以上;②非法批准征用、占用其他林地数量达到四十亩以上;③非法批准征用、占用林地造成直接经济损失数额达到六十万元以上,或者造成本条第①项规定的林地数量分别或者合计达到十亩以上或者第②项规定的林地数量达到二十亩以上毁坏。

3.5.3 非法低价出让国有林地使用权的法律责任

国家机关工作人员徇私舞弊，违反《土地管理法》《森林法》等土地管理法规，滥用职权，非法低价出让国有土地使用权，情节严重的，根据《刑法》第四百一十条和全国人民代表大会常务委员会《关于〈中华人民共和国刑法〉第二百二十八条、第三百四十二条、第四百一十条的解释》的规定，构成非法低价出让国有土地使用权罪，由司法机关依法追究刑事责任。

根据最高人民法院《关于审理破坏林地资源刑事案件具体应用法律若干问题的解释》，国家机关工作人员徇私舞弊，违反土地管理法规，非法低价出让国有林地使用权，具有下列情形之一的，属于《刑法》第四百一十条规定的"情节严重"，应当判处三年以下有期徒刑或者拘役：林地数量合计达到三十亩以上，并且出让价额低于国家规定的最低价额标准的60%；造成国有资产流失价额达到三十万元以上。

实施上述行为，造成国有资产流失价额达到六十万元以上的，属于《刑法》第四百一十条规定的"致使国家和集体利益遭受特别重大损失"，应当判处三年以上七年以下有期徒刑。

3.5.4 买卖或者以其他形式非法转让林地的法律责任

买卖或者以其他形式非法转让林地的，根据《土地管理法》第七十三条规定，由县级以上人民政府土地行政主管部门没收违法所得；擅自将林地改为建设用地的，限期拆除在非法转让的林地上新建的建筑物和其他设施，恢复土地原状，可以并处罚款；对直接负责的主管人员和其他直接责任人员，依法给予行政处分；情节严重的，构成非法转让、倒卖土地使用权罪，依法追究刑事责任。

根据《刑法》第二百二十八条和最高人民法院《关于审理破坏土地资源刑事案件具体应用法律若干问题的解释》，以牟利为目的，违反《土地管理法》《森林法》等土地管理法规，非法转让、倒卖林地使用权，具有下列情形之一的，属于非法转让、倒卖林地使用权"情节严重"，构成非法转让、倒卖土地使用权罪，处三年以下有期徒刑或者拘役，并处或者单处非法转让、倒卖林地使用权价额5%以上20%以下罚金：非法转让、倒卖林地二十亩以上的；非法获利五十万元以上的；非法转让、倒卖林地接近上述数量标准并具有其他恶劣情节的，如曾因非法转让、倒卖土地使用权受过行政处罚或者造成严重后果等。

实施上述行为，具有下列情形之一的，属于非法转让、倒卖林地使用权"情节特别严重"，处三年以上七年以下有期徒刑，并处非法转让、倒卖林地使用权价额5%以上20%以下的罚金：非法转让、倒卖其他土地四十亩以上的；非法获利一百万元以上的；非法转让、倒卖林地接近上述数量标准并具有其他恶劣情节，如造成严重后果等。

3.5.5 伪造、变造、买卖林权证书、占用征用林地审核同意书的法律责任

根据《刑法》第二百八十条第 1 款和最高人民法院《关于审理破坏森林资源刑事案件具体应用法律若干问题的解释》，伪造、变造、买卖林权权属证书，占用征用林地审核同意书的，以伪造、变造、买卖国家机关公文、证件罪定罪处罚。根据犯罪情节轻重，可实施两档处罚：一般情节的，处 3 年以下有期徒刑、拘役、管制或者剥夺政治权利；情节严重的，处三年以上十年以下有期徒刑。

3.5.6 利用职权干涉农村林地承包的法律责任

国家机关及其工作人员有利用职权干涉农村林地承包，变更、解除承包合同，干涉承包方依法享有的生产经营自主权，或者强迫、阻碍承包方进行林地承包经营权流转等侵害林地承包经营权的行为，给承包方造成损失的，根据《农村土地承包法》第六十一条规定，应当承担损害赔偿等责任；情节严重的，由上级机关或者所在单位给予直接责任人员行政处分；构成犯罪的，由司法机关依法追究刑事责任。

3.5.7 违法改变林地用途的法律责任

未经县级以上人民政府林业主管部门审核同意，擅自改变林地用途的，根据《森林法》第七十三条规定，由县级以上人民政府林业主管部门责令限期恢复植被和林业生产条件，可以处恢复植被和林业生产条件所需费用三倍以下的罚款。

"未经县级以上人民政府林业主管部门审核同意"包括两种情况：一是用地单位依照法定程序向县级以上林业主管部门提出占用或者征用林地申请，经审核，林业主管部门未予同意的；二是用地单位没有依照法定程序向县级以上林业主管部门提出用地申请而擅自改变林地用途的。"擅自改变林地用途"，是指未经林业主管部门批准，擅自把林业用地改变为建设用地、耕地或者其他非林业用地的行为。

如果行为人在擅自改变用途的林地上修筑永久性建筑物，在规定的期限内拒不拆除的，由作出责令限期恢复原状决定的林业主管部门依法申请人民法院强制执行。恢复原状所需费用，依法由擅自改变林地用途的人员或单位承担。

3.5.8 临时使用林地逾期不归还的法律责任

在临时使用的林地上修建永久性建筑物，或者临时使用林地期满后一年内未恢复植被或者林业生产条件的，根据《森林法》第七十三条规定，由县级以上人民政府林业主管部门责令限期恢复植被和林业生产条件，可以处恢复植被和林业生产条件所需

费用三倍以下的罚款。

3.5.9 违反森林植被恢复费管理法规的法律责任

占用或者临时占用林地的单位和个人不按照规定缴纳森林植被恢复费的，县级以上林业主管部门违反规定，多收、减收、免收、缓收，或者隐瞒、截留、挪用、坐收坐支森林植被恢复费的，根据《森林植被恢复费征收使用管理暂行办法》第十六条规定，由上级或同级财政部门会同有关部门责令改正，并按照《国务院关于违反财政法规处罚的暂行规定》等有关法律、行政法规的规定进行处罚。

对违反上述行为中涉及有关部门或单位直接负责的主管人员和其他直接责任人员，根据《森林植被恢复费征收使用管理暂行办法》第十七条规定，应当按照《违反行政事业性收费和罚没收入收支两条线管理规定行政处分暂行规定》，给予行政处分；构成犯罪的，移交司法机关依法追究刑事责任。

案例解析

1. 不合法。《森林法》第十五条第三款规定，森林、林木、林地的所有者和使用者应当依法保护和合理利用森林、林木、林地，不得非法改变林地用途和毁坏森林、林木、林地。陈某承包山林，取得林地经营权。他建食用菌厂，虽然取得 B 村村委会的同意，报当地乡经委立项批准，但未办理林地变更手续，其行为构成了违法。

2. 《森林法》第七十三条规定，未经县级以上人民政府林业主管部门审核同意，擅自改变林地用途的，由县级以上人民政府林业主管部门责令限期恢复植被和林业生产条件，可以处恢复植被和林业生产条件所需费用三倍以下的罚款。因此，县林业局的行政处罚决定符合规定。

复习思考题

一、名词解释

1. 林权；2. 林权流转；3. 林权纠纷；4. 占用林地；5. 征用林地。

二、填空题

1. 森林、林木、林地的所有权是指所有人依法对森林、林木、林地享有_____、_____、_____和_____的权利。
2. 农村村民承包林地使用权流转的，采取转让方式流转的，应当经发包方同意；采取_____、_____、_____或者_____的，应当报发包方备案。
3. 单位之间发生的林木、林地所有权和使用权争议，由县级以上人民政府依法处理。
4. 个人之间、个人与单位之间发生的林木所有权和林地使用权争议，由_____或者_____依法处理。
5. 调处林权纠纷的方法一般有：_____、_____、_____、_____。

6. 临时使用林地的期限一般不超过_____年,并不得在临时使用的林地上修建_____建筑物。

三、简答题

1. 林权流转的方式有哪些?
2. 森林经营单位占用林地直接为林业生产服务的工程设施的具体范围有哪些?

四、案例分析题

1. 2018年11月,某村委会未经村民同意,与某公司签订了一份租赁土地合同,合同约定该村村委会将本村集体所属的30余亩荒地租赁给上述公司用于花苗种植。该村村民得知这一情况后,认为村委会与某公司的行为侵犯了其合法权益,于是王某等20余户村民自发组织,于2019年4月向该县县法院提起诉讼,要求确认村委会与公司签订的合同无效。

该合同是否有效?

2. 2018年,村民田某与村委会签订一份果园承包合同,田某承包经营本村330亩桃园,承包期为30年。但从2019年起,田某对桃园疏于管理,导致部分桃树发生病虫。2020年2月,田某砍掉部分桃树,并在桃园里种植经济作物。村委会在劝告无效后决定收回果园,起诉到法院,请求提前解除与田某的果园承包经营合同,并要求田某赔偿经济损失。法院审理判定村委会可以解除与田某的果园承包合同,并由田某赔偿砍伐桃树造成的损失。

①法院为何判定村委会可以与田某解除果园承包经营合同?
②法院为何判罚田某赔偿砍伐桃树造成的损失?

3. 2017年,某村村委陶某与村委会签订了为期30年的林地承包合同。但近两年陶某在县城忙于做生意,很少有时间管理林地。2018年春,陶某与邻居李某协商后,签订了林地转包协议,陶某将承包林地转包给李某经营。村委会得知后,以此事没有经村委会同意为由,认定转包协议无效,并说陶某若不继续承包,村委会就要提前收回其承包的林地。双方争执不下,陶某起诉到法院,请求法院保护其承包林地的转包权。

村民陶某与李某签订的林地转包协议是否有效?

4. 某省隶属于甲市的某国有林场(以下简称A林场)的25.3公顷疏林地与隶属于乙市的某村(以下简称B村)的耕地相交接。B村村民以土地改革时领取的土地证和多年一直缴纳农业税为由,认为该林地应归B村所有。A林场认为,从1952年根据省政府的批文建林场至今,该林地一直由林场使用和经营,应归林场使用。该省林业主管部门根据省人民政府的有关规定,派人到现场调查,多次召开争议双方及有关部门的协调会议,了解到:1952年A林场建场时,确实在该25.3公顷地上造了林木,但国家一直未免B村的农业税;土改时政府曾给B村村民发了土地证。

①如果A林场或者B村提出处理林权纠纷申请,依法应当由哪个机关进行调处和作出处理决定?
②你认为本案应当如何处理?

单元 4　森林培育法律制度

> **学习目标**
>
> 1. 掌握林木种子生产经营许可证制度。
> 2. 掌握退耕还林法律制度的主要内容。
> 3. 掌握违反造林绿化法规、林木种苗法规、植物新品种保护法规和退耕还林法规的法律责任。

4.1　造林绿化法律制度

某村村委会为响应政府号召,发动本村村民承包荒山造林,该村 8 户村民与村里签订了山林承包合同,各自承包荒山造林,承包期限为 50 年。自承包林地之后,8 户村民便在山场内实施经营管理,承包山场内的林木已培育成中幼林,长势喜人,但山林中的楠竹长势不理想。当年下半年,该村委会主任和村支部书记召集 8 户承包户开会,以 8 户承包户种楠竹不成功为由,要求承包户向村里交钱,否则村里就要单方解除合同,收回承包户承包的山场。承包户认为是自己向村里承包的山林,而不同意向村委会交款。几天之后,该村委会擅自将承包户承包的 108 亩林地以 1.5 万元转包给第三人。承包户遂将村委会告上法院,要求继续履行山林承包合同。

1. 法律对个人承包荒山造林法律有何规定?
2. 如何保护森林经营者的合法权益?
3. 法院会支持 8 户村民的要求吗?

4.1.1　造林绿化概述

《森林法》设"造林绿化"一章,造林绿化包括国土绿化、四旁绿化和道路绿化等,方式上包括人工造林、飞播造林、封山育林等。目前我国森林面积、森林覆盖率、活立木总蓄积量、森林蓄积量、林产品供应量、生态效益等指标与林业发达国家相比还比较低,我国生态环境破坏的趋势还没有完全得到遏制,人民群众对环境友好型社会的期望值比较高,造林绿化的任务还非常艰巨。

为了充分发挥森林在陆地生态系统中的主体作用,从20世纪70年代末起,我国开始实施以改善生态环境和发展森林资源为主要目标的林业生态工程。自1998年特大洪涝灾害发生以来,全国大力实施天然林保护、重点防护林建设、退耕还林、集体林权制度改革、国有林场改革等重点工作,在各项工程实施过程中,由于强化管理,严格检查监督,提高了工程质量,工程建设和各项改革取得了很大成就。党的十八届三中全会,提出要加快生态文明制度建设,制定了具体的实施途径;党的十九大报告提出"把我国建成富强民主文明和谐美丽的社会主义现代化强国",美丽中国建设是习近平新时代中国特色社会主义现代化强国的重要建设目标。截至2019年底,全国森林覆盖率为22.96%,森林面积2.2亿公顷,与林业发达国家相比还有很大的差距。今后一个时期的造林绿化任务依然繁重、使命艰巨。

造林绿化行政执法是指各级林业主管部门根据国家的法律、法规和规章,对造林、绿化的各个方面进行规划、管理、检查和监督的活动。实践证明强化行政执法工作和加强行政管理是推动造林绿化成效的重要保证。

4.1.2 造林绿化法律制度的主要内容

4.1.2.1 全民义务植树

为了加速实现绿化祖国的宏伟目标,1981年12月13日第五届全国人民代表大会第四次会议通过了《关于开展全民义务植树运动的决议》,规定:凡是条件具备的地方,年满11周岁的中华人民共和国公民,除老弱病残者外,因地制宜,每人每年义务植树3~5株,或者完成相应劳动量的育苗、管理和其他绿化任务。1982年2月27日国务院根据第五届全国人民代表大会第四次会议的决议,制定了《关于开展全民义务植树运动的实施办法》,对全国开展义务植树运动的组织领导、规划设计、苗木准备、栽后管理、林木权属、奖罚措施等作了具体的规定。《森林法》第十条规定"植树造林、保护森林,是公民应尽的义务。各级人民政府应当组织开展全民义务植树活动。每年三月十二日为植树节。"《全民义务植树尽责形式管理办法(试行)》对创新义务植树尽责形式做出了明确的规定。

全民义务植树是指中华人民共和国公民,男十一岁至六十岁,女十一岁至五十五岁,除丧失劳动能力者外,按照有关规划、标准和技术要求,无报酬地以直接或者间接方式履行植树义务的行为,主要包括造林绿化、抚育管护等8种形式。

(1)建立机构,明确职责

为保证全民义务植树运动长期扎实开展,必须建立管理机构。国务院在《关于开展全民义务植树运动的实施办法》中规定:县级以上人民政府应成立绿化委员会,统一领导本地区的义务植树运动和整个造林绿化工作。并且规定各级绿化委员会的组成人员,由同级人民政府的主要负责人以及有关部门和人民团体的负责人组成。从我国目前的实际执行情况来看，绿化委员会一般都是设在各级林业主管部门，负责人一般由各级地方党委、政府主要负责人或者负责农林工作的行政负责人担任。各级绿化委员会的职责是：统一领导义务植树运动和造林绿化工作，组织和协调各有关单位，办理关于义务植树的宣传动员、调查研究、规划安排、苗木培育、技术培训、检查管护和奖惩等各项事务。

（2）搞好规划，落实任务

各级绿化委员会要因地制宜，统筹安排，制定切实可行的城镇和农村的义务植树规划，规划要有长期的和近期分年度的实施计划。城镇义务植树规划，要纳入城镇总体规划，并同市容绿化、美化、环境保护、经济效益和社会效益紧密结合；农村义务植树规划，要同农牧业的发展规划相结合，同山、水、田、林、湖、草、路综合治理和水土保持规划相结合。

义务植树是每个公民为国家和社会应尽的义务，各单位要将实际人数上报当地绿化委员会，作为分配具体任务的依据。凡年满11周岁的公民，男至60周岁、女至55周岁，除丧失劳动能力者外，均应承担每年义务植树3~5株的任务。对11~17周岁的青少年，要根据他们的实际情况，就近安排力所能及的造林绿化方面的劳动。可以按单位划分责任地段，承担整地、育苗、栽植和抚育管护任务，也可以按相应劳动量，分配承担造林绿化的某一单项和几个单项的任务，还可以从事与林业有关的认种认养、设施修建、绿化捐资捐物、志愿服务等形式。

《关于开展全民义务植树运动的实施办法》要求各地要经过周密的调查研究，进行统一规划安排，营造国有林和集体林。城市要优先搞好风景游览区、名胜古迹和主要街道等公共场所的绿化；农村要尽快搞好"四旁"绿化和农田防护林建设；机关、团体、企业、学校等单位和居民区都要大力植树、种草、栽花，美化环境。

（3）全民义务植树尽责形式

《全民义务植树尽责形式管理办法（试行）》第四条规定：义务植树尽责形式分为造林绿化、抚育管护、自然保护、认种认养、设施修建、捐资捐物、志愿服务、其他形式等8类。每类均有不同的尽责形式及折算标准，如对"造林绿化类"尽责形式为：直接参加乔、灌、草植被育苗、栽植全部或者部分过程的劳动。折算标准：栽植乔木1株，栽植灌木1丛，培育苗木10株，栽植容器苗10株，栽植绿篱3平方米，种植或者铺设草坪3平方米，对屋顶、墙体、阳台等进行绿化1平方米，在单位、街道等公共场所节日摆花10株（盆），完成其中一项折算1株植树任务。参加整地、挖穴等造林绿化劳动半个工作日，折算完成3株植树任务。又如对"志愿服务类"尽责形式为：自愿参加国土绿化公益宣传活动，或者按有关要求提供与国土绿化相关的普及推广、培训指导、公益活动组织管理等志愿服务。具体折算标准为：自愿参加宣传报道、信息化建设、科学或者法规普及、技术推广、教育培训、专业指导、国土绿化公益活动组织管理等半个工作日，折算完成3株植树任务。主动报告违反国土绿化法律法规行为或者初发林业灾情，折算完成3株植树任务。

各级绿化委员会负责公民义务植树的组织协调、指导督促、宣传发动、调度统计等工作。按照谁组织、谁证明的原则，具备条件的，可对完成当年植树义务的公民颁发全民义务植树尽责电子证书。

(4) 明确权属,落实政策

《关于开展全民义务植树运动的实施办法》规定,使用义务劳动,在国有土地上栽植的树木,林权归现在经营管理这些土地的单位所有;没有明确经营管理单位的,由当地政府指定的部门单位所有。在集体土地上义务栽植的树木,林权归集体所有。如果情况特殊,另有协议或合同,按协议或合同的规定办理。对林权所有单位,县级以上人民政府应当发给证书,切实保障其合法权益。

(5) 义务植树的树苗保障

在育苗工作中,国有苗圃是主力军,要实行科学育苗,选用良种,培育壮苗。为确保义务植树所需苗木,各地应当努力办好现有的国有苗圃和集体苗圃,并安排必需数量的土地和专业人员,扩建苗木基地,培育良种壮苗,凡是有条件的单位,都要积极自办苗圃。提倡城镇家庭和农村社员开展营养钵育苗。义务植树所需的苗木费和管护费,应当根据自力更生、勤俭节约的原则,一般由林权所有单位负责解决。因绿化任务大,资金困难,确实无力承担全部费用的单位,按单位隶属关系,由各级财政酌情解决。

(6) 加强过程管理

全民义务植树和造林绿化工作,要讲求实效,防止"一阵风",不搞形式主义和表面文章。义务植树要讲究科学,注重实效。要培训技术骨干,加强技术指导,普及植树绿化的技术知识,严格按照技术规程办事,保证质量。对义务栽植的树木和现有的林木,必须大力加强培育管护,确保成活,不受破坏。林木所有的单位或承担管护义务的单位,应当根据情况组织林场、专业队或专人负责管护。要严肃法制和纪律,建立爱林护林的乡规民约。城市绿地要严加保护,不得侵占破坏,违者要给予经济处罚或法律制裁。

(7) 明确责任

对义务植树各单位每年都要进行检查,并将完成情况据实上报。绿化委员会应当定期组织评比,成绩优异的,要给予表扬和奖励。要不断丰富和完善义务植树的形式,提高适龄公民履行义务的覆盖面,提高义务植树的实际成效。义务植树要实行属地管理,以乡镇或街道为单位,建立健全义务植树登记制度和考核制度。进一步明确部门和单位绿化的责任范围,落实分工负责制,并加强监督检查。绿色通道工程要与道路建设和河渠整治统筹规划,合理布局,加快建设。城市绿化要把美化环境与增强生态功能结合起来,逐步提高建设水平。

开展全民义务植树运动是促进整个造林绿化的一个重大措施,各地在开展此项运动时,必须同加快整个造林绿化工作结合起来,在苗木、经费、技术力量的使用和林木管护等方面进行统筹安排,既要搞好义务植树,又要完成年度造林绿化任务。

4.1.2.2 造林绿化

《森林法》对造林绿化作了重要的规定,其主要内容有:

(1) 制定造林绿化规划

《森林法》第四十二条规定:"国家统筹城乡造林绿化,开展大规模国土绿化行动,绿化美化城乡,推动森林城市建设,促进乡村振兴,建设美丽家园。"造林绿化不仅包括传统意义上的在林地、荒山、沟坡、四旁等造林,还要扩大到城镇乡村,做到城乡统筹规划,打造好生态环境和生活环境，建设人居环境，提高生活质量。

县级以上人民政府应当将森林资源保护和林业发展纳入国民经济和社会发展规划，应当落实国土空间开发保护要求，合理规划森林资源保护利用结构和布局，制定森林资源保护发展目标，提高森林覆盖率、森林蓄积量，提升森林生态系统质量和稳定性。

县级以上人民政府林业主管部门应当根据森林资源保护发展目标，编制林业发展规划。下级林业发展规划依据上级林业发展规划编制。可以结合本地实际，编制林地保护利用、造林绿化、森林经营、天然林保护、森林城市、森林小镇等相关专项规划。

（2）造林绿化的技术规程要求

中华人民共和国国家质量监督检验检疫总局、中国国家标准化管理委员会于2016年6月14日发布新版《造林技术规程》（GB/T 15776—2016），2017年1月1日实施。该规程对于进一步规范、指导全国造林工作，科学推进国土绿化，提高科技兴林水平，提升造林质量和成效，推动生态文明和美丽中国建设具有十分重要的意义。

本规程规定了造林设计、造林分区、造林树种、种子和苗木、造林密度、造林作业、未成林抚育管护、四旁植树、林冠下造林、造林地生境保护、造林成效评价和造林技术档案等方面的技术要求，适用于全国范围适宜造林地段的人工造林、更新以及四旁植树。

造林要遵循以下原则：

①坚持生态优先。造林活动不应对自然生态系统形成不可逆的不利影响，充分保护造林地上已有的天然林、珍稀植物、古树和野生动植物栖息地。

②明确造林目标。造林活动应确定主导功能、生长、产出和生态经济效果。

③坚持因地制宜、分区施策。分别造林区、造林地的地形、土壤、植被等立地因子，划分立地类型，进行立地质量评价，以此作为适地适树的基础，提高造林效果。

④遵循森林植被生长的自然规律。根据造林目标和树种的生物学特性，选择造林方式、造林方法，设计造林模式。

⑤营造健康森林。发挥森林的多种功能，促进森林的健康稳定，优先选择乡土树种，实行多树种、乔灌搭配造林，避免大面积集中连片营造纯林。

⑥积极采用良种、壮苗。采用优质种子或优质种子培育的优质苗木，实现人工林的遗传控制，保证人工林的生产力，提高抗逆性。

⑦积极采用先进技术。引进和推广成熟的新技术、新成果、新材料，使用节水节地造林技术，合理利用水资源。

（3）造林绿化实行部门和单位责任制

植树造林是全社会的共同任务，需要动员全国各行各业全体人民的力量，为实现国土绿化做长期不懈努力。部门开展造林绿化是全社会办林业和全民搞绿化的重要内容之一，对加快我国造林绿化步伐具有重要的作用。

各级人民政府应当组织各行各业和城乡居民造林绿化。其中宜林荒山荒地荒滩，属于国家所有的，由县级以上人民政府林业主管部门和其他有关主管部门组织开展造林绿化；属于集体所有的，由集体经济组织组织开展造林绿化。城市规划区内、铁路公路两侧、江河两侧、湖泊水库周围，由各有关主管部门按照有关规定因地制宜组织开展造林绿化；工矿区、工业园区、机关、学校用地，部队营区以及农场、牧场、渔场经营地区，由各该单位负责造林绿化。国家所有和集体所有的宜林荒山荒地荒滩可以由单位或者个人承包造林绿化。

部门绿化任务可以分为两大类。一类是各部门都应完成的共性任务：组织好本部门本单位的义务植树工作；抓好所属各单位的环境绿化；完成所属单位的荒山、荒地、荒滩、荒沙的绿化。另一类是根据各部门和行业不同特点规定的特定绿化任务：煤炭、轻工、造纸等部门，有专用林基地建设的任务，应按规定提取专用林基地的建设资金，进行植树造林；冶金、有色金属、煤炭等部门，有矿区复垦绿化任务；铁道、交通、水利部门，分别有铁路、公路、江湖堤岸、渠道两旁及水库周围绿化的任务；农民、解放军以及石油等有较多农田面积的部门，应当完成农田防护林建设任务。

（4）保护森林经营者合法权益

20世纪80年代初，《关于保护森林发展林业若干问题的决定》就确定了稳定山林权属、划定自留山和确定林业生产责任制的政策。1984年3月中共中央、国务院在《关于深入扎实地开展绿化祖国运动的指示》中规定，划定自留山后，其余的荒山荒滩，要统一规划，采取多种形式，放手承包给农民作为责任山、滩，由承包者长期经营，承包期限和收益分配由双方商定。承包期可以三十年或五十年，承包权可以继承或转让。

1996年6月1日，国务院办公厅发布《关于治理开发农村四荒资源进一步加强水土保持工作的通知》，规定"谁治理、谁管护、谁受益"的四荒治理开发政策。2003年6月25日发布的《关于加快林业发展的决定》中也规定：要依法严格保护林权所有者的财产权，维护其合法权益。对权属明确并已核发林权证的，要切实维护林权证的法律效力；对权属明确尚未核发林权证的，要尽快核发；对权属不清或有争议的，要抓紧明晰或调处，并尽快核发权属证明。退耕土地还林后，要依法及时办理相关手续。已经划定的自留山，由农户长期无偿使用，不得强行收回。自留山上的林木，一律归农户所有。对目前仍未造林绿化的，要采取措施限期绿化。分包到户的责任山，要保持承包关系稳定。上一轮承包到期后，原承包做法基本合理的，可直接续包；原承包做法经依法认定明显不合理的，可在完善有关做法的基础上继续承包。新一轮的承包，都要签订书面承包合同，承包期限按有关法律规定执行。对已经续签承包合同，但不到法定承包期限的，经履行有关手续，可延长至法定期限。农户不愿意继续承包的，可交回集体经济组织另行处置。2008年6月8日发布的《关于全面推进集体林权制度改革的意见》规定：在坚持集体林地所有权不变的前提下，依法将林地承包经营权和林木所有权，通过家庭承包方式落实到本集体经济组织的农户，确立农民作为林地承包经营权人的主体地位；林地的承包期为70年。承包期届满，可以按照国家有关规定继续承包；农户承包经营林地的收益，归农户所有。

《森林法》第二十条规定：国有企业事业单位、机关、团体、部队营造的林木，由营造单位管护并按照国家规定支配林木收益；农村居民在房前屋后、自留地、自留山种植的林木，归个人所有。城镇居民在自有房屋的庭院内种植的林木，归个人所有；集体或者个人承包国家所有和集体所有的宜林荒山荒地荒滩营造的林木，归承包的集体或者个人所有；合同另有约定的从其约定；其他组织或者个人营造的林木，依法由营造者所有并享有林木收益；合同另有约定的从其约定。

《森林法》第二十一条规定：为了生态保护、基础设施建设等公共利益的需要，确需征

单元4 森林培育法律制度

收、征用林地、林木的，应当依照《土地管理法》等法律、行政法规的规定办理审批手续，并给予公平、合理的补偿。

4.1.2.3 封山育林

《森林法》第四十六条规定：各级人民政府应当采取以自然恢复为主、自然恢复和人工修复相结合的措施，科学保护修复森林生态系统。新造幼林地和其他应当封山育林的地方，由当地人民政府组织封山育林。封山育林是指利用森林的更新能力，在自然条件适宜的山区，实行定期封山，禁止垦荒、放牧、砍柴等人为的破坏活动，经过封禁和管理，以恢复森林植被的一种育林方式。封山育林（包括封沙育林、封滩育林）适合于天然更新能力强的疏林地、造林不易成活需要改善土地条件的荒山荒地、幼林地以及其他有天然恢复植被可能的荒山和荒地。封山育林采取全封、半封、轮封等多种方式，形成"以封为主，封育结合"的封山育林技术措施。采取封山育林的方式，用工少、成本低、效益高，既是加快林业发展的有效措施，也有利于改善野生动植物的生存环境，有利于生态环境的保护。因此，应当在积极开展人工造林的同时，因地制宜地大力发展封山育林。

4.1.3 违反造林绿化法规的法律责任

（1）不履行全民植树义务的法律责任

年满18岁的成年公民无故不履行植树义务的，根据国务院《关于开展全民义务植树运动的实施办法》第九条规定，由所在单位进行批评教育，责令限期补栽，或者给予经济处罚。整个单位没有完成任务的，要追究领导责任，并由当地绿化委员会收缴一定数额的绿化费。

（2）未按照要求按时完成造林任务的法律责任

《森林法》第六十一条规定：采伐林木的组织和个人应当按照有关规定完成更新造林。更新造林的面积不得少于采伐的面积，更新造林应当达到相关技术规程规定的标准。《森林法》第七十九条规定：未完成更新造林任务的，由县级以上人民政府林业主管部门责令限期完成；逾期未完成的，可以处未完成造林任务所需费用二倍以下的罚款；对直接负责的主管人员和其他直接责任人员，依法给予处分。

 案例解析

1.《森林法》第二十条规定：集体或者个人承包国家所有和集体所有的宜林荒山荒地荒滩营造的林木，归承包的集体或者个人所有；合同另有约定的从其约定。其他组织或者个人营造的林木，依法由营造者所有并享有林木收益；合同另有约定的从其约定。

2.《森林法》对森林经营者的合法权益保护有明确的规定，具体为第十五条：森林、林木、林地的所有者和使用者的合法权益受法律保护，任何组织和个人不得侵犯；第十六条：国家所有的林地和林地上的森林、林木可以依法确定给林业经营者使用。林业经营者依法取得的国有林地和林地上的森林、林木的使用权，经批准可以转让、出租、作价出资等；第十七条：集体所有和国家所有依法由农民集体使用的林地（以下简称集体林地）实行承包经营的,承包方享有林地承包经营权和承包林地上的林木所有权,合同另有约定的从其约定。承包方可以依法采取出租(转包)、入股、转让等方式流转林地经营权、林木所有权和使用权。

3. 法院会支持8户村民的要求。主要法律依据为《森林法》第十五、十六、十七条。

4.2 林木种苗管理法律制度

案例

2011年1月,A省B市林木种苗管理中心收到举报,在C市执该中心出具的良种油茶穗条销售凭证申请办理油茶良种苗木质量合格证件。而在2010年B市唯一一个由A省林业厅授牌的油茶采穗圃穗条销售档案中,没有C市客户。经查实C市某公司聘请陈某为油茶育苗技术指导,为了使公司所购买的油茶种子和穗条披上合法外衣,公司委托陈某代办有关良种证明。陈某在管理部门不可能办到合法手续的情况下,便从网上联络办假证的不法分子,花费5000元伪造了油茶良种穗条销售凭证和林木良种质量合格证,并伪造了种苗管理机构公章和负责人签名.

1. 从事种子经营是否需要得到林业主管部门的审批?
2. 陈某的行为如何定性?应当承担什么法律责任?

4.2.1 林木种苗管理概述

种子居于农业、林业生产链条的最上源,是农、林业生产中最基本、最重要的生产资料,也是人类生存和发展的基础。2000年7月8日第九届全国人民代表大会常务委员会第十六次会议通过了《种子法》,于2000年12月1日起施行。2004年8月28全国人民代表大会常务委员会做出了关于修改《种子法》的决定,对部分内容进行修改。2013年6月29日第十二届全国人民代表大会常务委员会第三次会议再次对《种子法》的内容做出部分修改。2015年11月4日第十二届全国人民代表大会常务委员会第十七次会议修订通过了《种子法》,自2016年1月1日起施行。《种子法》的立法目的是为了保护和合理利用种质资源,规范品种选育和种子生产经营和管理行为,维护种子生产经营者、使用者的合法权益,提高种子质量水平,推动种子产业化,发展现代种业,保证国家粮食安全,推动促进农业和林业的发展。

《种子法》里所称的"种子",是指农作物和林木的种植材料或者繁殖材料,包括籽粒、果实、根、茎、苗、芽、叶、花等。本节所讲的林木种子,也称林木种苗。

林木种苗管理涉及保护和利用种质资源、林木种苗的生产经营和使用管理以及维护广大林农的合法权益等。由于林木种苗管理工作的复杂性,加之林业行业内部和社会对林木种苗管理和行政执法的认识不足,一些地方组织机构不健全、执法人员缺乏,致使林木种苗市场假冒伪劣现象比较严重,给林业生产建设造成了一定的危害,同时也损害了广大林农的利益。因此，切实加强林木种苗的管理和行政执法工作意义重大。

4.2.2 林木种苗管理法律制度主要内容

(1) 林木种质资源保护

种质又称基因，是连续的遗传物质，是指生物亲代传递给子代的遗传物质，它往往存在于特定品种之中。如古老的地方品种、新培育的推广品种、重要的遗传材料以及野生近缘植物，都属于种质资源的范围。种质资源，又称遗传资源，是指选育新品种的基础材料，包括各种植物的栽培种、野生种的繁殖材料以及利用上述繁殖材料人工创造的各种植物的遗传材料。

国家依法保护林木种质资源，任何单位和个人不得侵占和破坏种质资源。禁止采集或采伐国家重点保护的天然种质资源；因科研等特殊情况需要采集或者采伐的，应当经国务院或者省、自治区、直辖市人民政府的林业主管部门批准。

国家有计划地普查、收集、整理、鉴定、保存、交流和利用林木种质资源，定期公布可利用的种质资源目录；国务院林业行政主管部门应当建立国家种质资源库，省级人民政府林业行政主管部门可以根据需要建立种质资源库、种质资源保护区、种质资源保护地。

种质资源库、种质资源保护区、种质资源保护地的种质资源属公共资源，依法开放利用。国家对种质资源享有主权，任何单位和个人向境外提供种质资源，或者与境外机构、个人开展合作研究利用种质资源的，应当向省、自治区、直辖市人民政府林业主管部门提出申请，并提交国家共享惠益的方案；受理申请的林业主管部门经审核，报国务院林业主管部门批准。

(2) 品种选育与审定

品种是指经过人工选育或者发现并经过改良，形态特征和生物学特性一致，遗传性状相对稳定的植物群体。

国家大力扶持林木品种选育工作。国家支持科研院所及高等院校重点开展育种的基础性、前沿性和应用技术研究，以及常规作物、主要造林树种育种和无性繁殖材料选等公益性研究。国家鼓励种子企业充分利用公益性研究成果，培育具有自主知识产权的优良品种；鼓励种子企业与科研院所及高等院校构建技术研发平台，建立以市场为导向、资本为纽带、利益共享、风险共担的产学研相结合的种业技术创新体系。国家加强种业科技创新能力建设，促进种业科技成果转化，维护种业科技人员的合法权益。由财政资金支持形成的育种发明专利权和植物新品种权，除涉及国家安全、国家利益和重大社会公共利益的外，授权项目承担者依法取得。单位和个人因林业主管部门为选育林木良种建立测定林、试验林、优树收集区、基因库等而减少经济收入的，批准建立的林业主管部门应当按照国家有关规定给予经济补偿。

国家对主要林木实行品种审定制度。主要林木品种在推广前应当通过国家级或者省级审定。由省、自治区、直辖市人民政府林业主管部门确定的主要林木品种实行省级审定。申请审定的品种应当符合特异性、一致性、稳定性要求。特异性是指一个植物品种有一个以上性状明显区别于已知品种；一致性是指一个植物品种的特性除可预期的自然变异外，群体内个体间相关的特征或者特性表现一致;稳定性是指一个植物品种经过反复繁殖后或者在特定繁殖周期结束时,其主要性状保持不变。

通过国家级审定的林木良种由国务院林业主管部门公告,可以在全国适宜的生态区域推广。通过省级审定的林木良种由省、自治区、直辖市人民政府林业主管部门公告,可以在本行政区域内适宜的生态区域推广;其他省、自治区、直辖市属于同一适宜生态区的地域引种林木良种的,引种者应当将引种的品种和区域报所在省、自治区、直辖市人民政府林业主管部门备案。引种本地区没有自然分布的林木品种,应当按照国家引种标准通过试验。

(3) 林木良种的使用

推广使用的林木良种,应当具有《林木良种合格证》。《林木良种合格证》由省级以上林木种苗管理机构或者委托持有《林木种苗生产许可证》的林木良种生产单位,根据相应的《林木种苗质量检验合格证》核发。推广使用林木良种培育的苗木,由县级以上林木种苗管理机构或者其委托单位根据《林木良种合格证》核发相应的《良种壮苗合格证》,并存入单位的造林档案。种子使用者因种子质量问题遭受损失的,出售种子的经营者应当予以赔偿,赔偿额包括购种价款、有关费用和可得利益损失。经营者赔偿后,属于种子生产者或者其他经营者责任的,经营者有权向生产者或者其他经营者追偿。因使用种子发生民事纠纷的,当事人可以通过协商或者调解解决。当事人不愿通过协商、调解解决或者协商、调解不成的,可以根据当事人之间的协议向仲裁机构申请仲裁。当事人也可以直接向人民法院起诉。

(4) 林木种苗质量

国务院林业行政主管部门制定林木种苗质量管理办法和行业标准。各级林业行政主管部门负责监督林木种苗质量。林业行政主管部门可以委托林木种苗质量检验机构对种苗质量进行检验。承担林木种苗检验的机构应具备相应的条件,并经省级以上林业主管部门考核合格。

(5) 进出口林木种苗的管理

进出口林木种苗必须经过检疫,防止危险性病、虫、杂草及其他有害生物传播。从事林木种苗商品进出口业务的法人和其他组织,除持有《林木种苗经营许可证》外,还应当依照有关对外贸易法律、行政法规的规定,取得从事林木种苗进出口贸易的许可。禁止进出口假劣林木种苗和国家规定不得进出口的林木种苗。进口林木种苗的,应当达到国家或行业标准。

(6) 林业行政主管部门及其工作人员须知

林业行政主管部门及其工作人员不得参与和从事林木种苗生产经营活动;林木种苗生产和经营机构不得参与和从事林木种苗的行政管理工作;林木种苗的行政主管部门与生产经营机构在人员和财务上必须分开。林业行政主管部门是林木种苗执法机关,执法人员在执行公务时,应当出示行政执法证件。

(7) 保障措施

国务院和省级人民政府设立林木种苗专项资金,用于扶持林木良种的选育与推广。国家扶持种质资源保护工作和选育、生产、更新、推广使用林木良种,鼓励品种选育和种苗生产、经营相结合,奖励在种质资源保护、良种选育、推广等工作中成绩显著的单位和个人。县级以上人民政府应根据科教兴林方针和林业发展需要,制定林木种苗发展规划,并按有关规定,在财政、信贷、税收等方面采取措施,保证规划的实施。

4.2.3 林木种子生产经营许可制度

造林绿化的成功与否、质量的高低,林木种子质量是关键要素之一。《种子法》规定了主要林木种子生产经营实行许可制度

4.2.3.1 主要林木种子生产许可制度

(1)种子生产许可证的核发范围

《林木种子生产经营许可证管理办法》自2016年6月1日起施行。

从事种子进出口业务的种子生产经营许可证,由省、自治区、直辖市人民政府林业主管部门审核,国务院林业主管部门核发。从事主要林木良种种子的生产经营以及实行选育生产经营相结合,符合国务院林业主管部门规定条件的种子企业的种子生产经营许可证,由生产经营者所在地县级人民政府林业主管部门审核,省、自治区、直辖市人民政府林业主管部门核发;除经营进出口业务和主要林木良种以外的其他种子的生产经营许可证,由生产经营者所在地县级以上地方人民政府林业主管部门核发。只从事非主要林木种子生产的,不需要办理种子生产经营许可证。农民个人自繁自用的常规种子有剩余的,可以在当地集贸市场上出售、串换,不需要办理种子生产经营许可证。不需要办理许可证但要到当地林业主管部门备案的3种情形:①林木种子生产经营者在种子生产经营许可证载明的有效区域设立分支机构的;②专门经营不再分装的包装种子的;③或者受具有种子生产经营许可证的种子生产经营者以书面委托生产、代销其种子的。

(2)申领种子生产经营许可证应具备的条件

《种子法》第三十二条规定,申请取得种子生产经营许可证的,应当具有与种子生产经营相适应的生产经营设施、设备及专业技术人员,以及法规和国务院农业、林业主管部门规定的其他条件。从事种子生产的,还应当同时具有繁殖种子的隔离和培育条件,具有无检疫性有害生物的种子生产地点或者县级以上人民政府林业主管部门确定的采种林。申请领取具有植物新品种权的种子生产经营许可证的,应当征得植物新品种权所有人的书面同意。

(3)种子生产经营许可证载明事项

种子生产经营许可证应当载明生产经营者名称、地址、法定代表人、生产种子的品种、地点和种子经营的范围、有效期限、有效区域等事项,以上事项发生变更的,应当自变更之日起三十日内,向原核发许可证机关申请变更登记。种子生产经营许可证的有效区域由发证机关在其管辖范围内确定。种子生产经营者在种子生产经营许可证载明的有效区域设立分支机构的,专门经营不再分装的包装种子的,或者受具有种子生产经营许可证的种子生产经营者以书面委托生产、代销其种子的,不需要办理种子生产经营许可证,但应当向当地林业主管部门备案。实行选育生产经营相结合,符合国务院林业主管部门规定条件的种子企业的生产经营许可证的有效区域为全国。

禁止任何单位和个人无种子生产经营许可证或者违反种子生产经营许可证的规定生产、经营种子。禁止伪造、变造、买卖、租借种子生产经营许可证。

(4) 对种子生产者的具体要求

种子生产应当执行种子生产技术规程和种子检验、检疫规程。在林木种子生产基地内采集种子的，由种子生产基地的经营者组织进行，采集种子应当按照国家有关标准进行。

禁止抢采掠青、损坏母树，禁止在劣质林内、劣质母树上采集种子。

(5) 对种子经营者的具体要求

种子生产经营者应当建立和保存包括种子来源、产地、数量、质量、销售去向、销售日期和有关责任人员等内容的生产经营档案，保证可追溯。国家林业局发布了的《林木种子生产经营档案管理办法》，自2016年7月1日起实施，对林木种子生产经营档案做了具体的要求。林木种子生产经营档案应当保存如下资料：①生产经营记录。生产记录，包括采种林或采穗圃的施肥、灌溉、中耕除草、病虫害防治、种子或穗条采集、调制、储藏、种子产量等；苗木整地、播种（扦插、嫁接等）、间苗、定苗、移植、施肥、灌溉、中耕除草、病虫害防治等。经营记录，包括种子出入库记录表、树种（品种）、数量、销售去向、销售日期等；②证明种子来源、产地、销售去向的合同、票据、账簿、标签等；③自检原始记录、种子质量检验证书、检疫证明等；④林木种子生产经营许可证；⑤与林木种子生产经营活动相关的技术标准；⑥其他需要保存的文件资料等。

林木种子生产经营档案记载的信息应当连续、完整、真实，不得用圆珠笔或者铅笔填写，不得随意涂改，签字、印章、日期等具有法律效用的标识要完备，并逐步实行电子化管理。林木种子生产经营档案应当至少保存10年，林木良种、转基因林木种子生产经营档案应当永久保存

销售的种子应当加工、分级、包装。但是不能加工、包装的除外。大包装或者进口种子可以分装；实行分装的，应当标注分装单位，并对种子质量负责。

销售的种子应当符合国家或者行业标准，附有标签和使用说明。标签和使用说明标注的内容应当与销售的种子相符。种子生产经营者对标注内容的真实性和种子质量负责。标签应当标注种子类别、品种名称、品种审定或者登记编号、品种适宜种植区域及季节、生产经营者及注册地、质量指标、检疫证明编号、种子生产经营许可证编号和信息代码，以及国务院林业主管部门规定的其他事项。销售授权品种种子的，应当标注品种权号；销售进口种子的，应当附有进口审批文号和中文标签；销售转基因植物品种种子的，必须用明显的文字标注，并应当提示使用时的安全控制措

(6) 对种子使用者的权益保护

种子使用者有权按照自己的意愿购买种子，任何单位和个人不得非法干预。种子使用者因种子质量问题或者因种子的标签和使用说明标注的内容不真实，遭受损失的，种子使用者可以向出售种子的经营者要求赔偿，也可以向种子生产者或者其他经营者要求赔偿。赔偿额包括购种价款、可得利益损失和其他损失。属于种子生产者或者其他经营者责任的，出售种子的经营者赔偿后，有权向种子生产者或者其他经营者追偿；属于出售种子的经营者责任的，种子生产者或者其他经营者赔偿后，有权向出售种子的经营者追偿施。

(7) 种子执法机构及权力

林业主管部门是种子行政执法机关，林业主管部门所属的综合执法机构或者受其委托的种子管理机构，可以开展种子执法相关工作。种子执法人员依法执行公务时应当出示行政执法证件。林业主管部门依法履行种子监督检查职责时，有权采取下列措施：①进入生产经营场所进行现场检查；②对种子进行取样测试、试验或者检验；③查阅、复制有关合同、票据、账簿、生产经营档案及其他有关资料；④查封、扣押有证据证明违法生产经营的种子，以及用于违法生产经营的工具、设备及运输工具等；⑤查封违法从事种子生产经营活动的场所。林业主管部门依照本法规定行使上述职权，当事人应当协助、配合，不得拒绝、阻挠。

4.2.4 违反林木种苗法规的法律责任

(1) 生产经营假、劣林木种子的法律责任

假种子是指以非种子冒充种子或者以此种品种种子冒充其他种品种种子的；以及种子种类、品种与标签标注的内容不符或者没有标签的林木种子。

劣种子是指质量低于国家规定的种子标准的；或者质量低于标签标注指标的；带有国家规定的检疫性有害生物的林木种子。

生产经营假种子的，由县级以上人民政府林业主管部门责令停止生产经营，没收违法所得和种子，吊销种子生产经营许可证；违法生产经营的货值金额不足一万元的，并处一万元以上十万元以下罚款；货值金额一万元以上的，并处货值金额十倍以上二十倍以下罚款。因生产经营假种子犯罪被判处有期徒刑以上刑罚的，种子企业或者其他单位的法定代表人、直接负责的主管人员自刑罚执行完毕之日起五年内不得担任种子企业的法定代表人、高级管理人员。

生产经营劣种子的，由县级以上人民政府林业主管部门责令停止生产经营，没收违法所得和种子；违法生产经营的货值金额不足一万元的，并处五千元以上五万元以下罚款；货值金额一万元以上的，并处货值金额五倍以上十倍以下罚款；情节严重的，吊销种子生产经营许可证。因生产经营劣种子犯罪被判处有期徒刑以上刑罚的，种子企业或者其他单位的法定代表人、直接负责的主管人员自刑罚执行完毕之日起五年内不得担任种子企业的法定代表人、高级管理人员。

(2) 违反林木种子生产经营许可制度的法律责任

《种子法》第七十七条规定有下列行为之一的，由县级以上人民政府林业主管部门责令改正，没收违法所得和种子；违法生产经营的货值金额不足一万元的，并处三千元以上三万元以下罚款；货值金额一万元以上的，并处货值金额三倍以上五倍以下罚款；可以吊销种子生产经营许可证：①未取得种子生产经营许可证生产经营种子的；②以欺骗、贿赂等不正当手段取得种子生产经营许可证的；③未按照种子生产经营许可证的规定生产经营种子的；④伪造、变造、买卖、租借种子生产经营许可证的。

被吊销种子生产经营许可证的单位，其法定代表人、直接负责的主管人员自处罚决定作出之日起五年内不得担任种子企业的法定代表人、高级管理人员。

有上述行为情节严重的,构成非法经营罪,由司法机关依照《刑法》第二百二十五条的规定追究刑事责任。

(3) 在国内销售为境外制种的种子和在国内作商品种子销售从境外引进的农作物种子引种试验的收获物的法律责任

《种子法》第七十九条规定,有下列行为之一的,由县级以上人民政府林业主管部门责令改正,没收违法所得和种子;违法生产经营的货值金额不足一万元的,并处三千元以上三万元以下罚款;货值金额一万元以上的,并处货值金额三倍以上五倍以下罚款;情节严重的,吊销种子生产经营许可证:①未经许可进出口种子的;②为境外制种的种子在境内销售的;③从境外引进农作物或者林木种子进行引种试验的收获物作为种子在境内销售的;④进出口假、劣种子或者属于国家规定不得进出口的种子的

情节严重的,构成非法经营罪,由司法机关依照《刑法》第二百二十五条的规定追究刑事责任。

(4) 未经批准私自采集或者采伐国家重点保护的天然种质资源的法律责任

侵占、破坏种质资源,私自采集或者采伐国家重点保护的天然种质资源的,由县级以上人民政府林业主管部门责令停止违法行为,没收种质资源和违法所得,并处五千元以上五万元以下罚款;造成损失的,依法承担赔偿责任;情节严重的,构成非法采伐、毁坏国家重点保护植物罪,由司法机关依照《刑法》第三百四十四条和《刑法修正案(四)》的规定追究刑事责任。

(5) 违反林木种子生产经营包装和标签要求的法律责任

国家林业局发布的《林木种子包装和标签管理办法》规定:有性繁殖的林木籽粒、果实应当包装后销售,销售的林木种子应当附有标签。标签是指林木种子经营者在销售种子时提供的特定图案及文字说明,标签内容应当与实际相符,标签内容包括:林木种子类别、树种或品种名称、产地、质量指标、植物检疫证书编号、净含量(数量)、种子生产许可证或经营许可证编号、生产日期、生产者或经营者名称、地址。下列林木种子可以不经包装进行销售:①苗木;②无性繁殖的器官和组织,包括根、茎、枝、叶、芽等;③其他不宜包装的林木种子。可以不经包装进行销售的林木种子,标签应当制成印刷品在销售时提供给林木种子购买者。

《种子法》第八十条规定,有下列行为之一的,由县级以上人民政府林业主管部门责令改正,处二千元以上二万元以下罚款:①销售的种子应当包装而没有包装的;②销售的种子没有使用说明或者标签内容不符合规定的;③涂改标签的;④未按规定建立、保存种子生产经营档案的;⑤种子生产经营者在异地设立分支机构、专门经营不再分装的包装种子或者受委托生产、代销种子,未按规定备案的。

(6) 违法向境外提供或者从境外引进种质资源的法律责任

《种子法》第八十二条规定,向境外提供或者从境外引进种质资源,或者与境外机构、个人开展合作研究利用种质资源的,由国务院或者省、自治区、直辖市人民政府的林业主管部门没收种质资源和违法所得,并处二万元以上二十万元以下罚款。

未取得林业主管部门的批准文件携带、运输种质资源出境的,海关应当将该种质资源扣留,并移送省、自治区、直辖市人民政府林业主管部门处理。

(7) 经营、推广须经审定而未经审定通过的林木种子的法律责任

《种子法》第七十八条规定，有下列行为之一的，由县级以上人民政府农业、林业主管部门责令停止违法行为，没收违法所得和种子，并处二万元以上二十万元以下罚款：①对应当审定未经审定的农作物品种进行推广、销售的；②作为良种推广、销售应当审定未审定的林木品种的；③推广、销售应当停止推广、销售的农作物品种或者林木良种的；④对应当登记未经登记的农作物品种进行推广，或者以登记品种的名义进行销售的；⑤对已撤销登记的农作物品种进行推广，或者以登记品种的名义进行销售的。

对于违反规定，对应当审定未经审定或者应当登记未经登记的农作物品种发布广告，或者广告中有关品种的主要性状描述的内容与审定、登记公告不一致的，依照《广告法》的有关规定追究法律责任。

(8) 违法抢采掠青、损坏母树或者在劣质林内和劣质母树上采种的法律责任

《种子法》规定，抢采掠青、损坏母树或者在劣质林内、劣质母树上采种的，由县级以上人民政府林业主管部门责令停止采种行为，没收所采种子，并处所采种子货值金额二倍以上五倍以下罚款。

(9) 违法收购林木种子的法律责任

违反规定，收购珍贵树木种子或者限制收购的林木种子的，由县级以上人民政府林业主管部门没收所收购的种子，并处收购种子货值金额二倍以上五倍以下罚款。

(10) 违法在种子生产基地进行病虫害接种试验的法律责任

违反规定，在种子生产基地进行检疫性有害生物接种试验的，由县级以上人民政府林业主管部门责令停止试验，处五千元以上五万元以下罚款。

(11) 出具虚假种子检验证明的法律责任

《种子法》第七十二条规定，品种测试、试验和种子质量检验机构伪造测试、试验、检验数据或者出具虚假证明的，由县级以上人民政府林业主管部门责令改正，对单位处五万元以上十万元以下罚款，对直接负责的主管人员和其他直接责任人员处一万元以上五万元以下罚款；有违法所得的，并处没收违法所得；给种子使用者和其他种子生产经营者造成损失的，与种子生产经营者承担连带责任；情节严重的，由省级以上人民政府有关主管部门取消种子质量检验资格。情节严重达到犯罪行为构成玩忽职守罪或者滥用职权罪，由司法机关依照《刑法》第三百九十七条的规定追究刑事责任。

(12) 强迫种子使用者购买、使用种子，给使用者造成损失的法律责任

种子生产经营者依法自愿成立种子行业协会，加强行业自律管理，维护成员合法权益，为成员和行业发展提供信息交流、技术培训、信用建设、市场营销和咨询等服务。

对于强迫种子使用者违背自己的意愿购买、使用种子，给使用者造成损失的，根据《种子法》第九十条规定，依法承担赔偿责任。

(13) 拒绝、阻挠林业行政执法机构的法律责任

林业行政执法部门依法对本辖区内的林木种子经营单位或个人的经营行为进行检查监督的义务和权力，如拒绝、阻挠林业主管部门依法实施监督检查的，处二千元以上五万元以下罚款，可以责令停产停业整顿；构成违反治安管理行为的，由公安机关依法给予治安管理处罚。

(14) 国家工作人员在林木种子行政执法工作中渎职的法律责任

林业主管部门应当加强对种子质量的监督检查。林业主管部门不依法作出行政许可决定，发现违法行为或者接到对违法行为的举报不予查处，或者有其他未依照本法规定履行职责的行为的，由本级人民政府或者上级人民政府有关部门责令改正，对负有责任的主管人员和其他直接责任人员依法给予处分。

林业主管部门及其工作人员，不得参与和从事种子生产经营活动，林业主管部门工作人员从事种子生产经营活动的，依法给予处分。

林业行政主管部门工作人员在林木种子行政执法工作中徇私舞弊、滥用职权、玩忽职守的，或者违反规定从事种子生产、经营活动的，根据《种子法》第七十条规定，应当依法给予行政处分。情节严重的，构成玩忽职守罪或者滥用职权罪，由司法机关依照《刑法》第三百九十七条的规定追究刑事责任。

案例解析

1. 从事种子进口业务经营和主要农作物以及林木良种经营的，需要得到林业主管部门的审批。《种子法》第三十一条规定：从事种子进出口业务的种子生产经营许可证，由省、自治区、直辖市人民政府农业、林业主管部门审核，国务院农业、林业主管部门核发。从事主要农作物杂交种子及其亲本种子、林木良种种子的生产经营以及实行选育生产经营相结合，符合国务院农业、林业主管部门规定条件的种子企业的种子生产经营许可证，由生产经营者所在地县级人民政府农业、林业主管部门审核，省、自治区、直辖市人民政府农业、林业主管部门核发。前两款规定以外的其他种子的生产经营许可证，由生产经营者所在地县级以上地方人民政府农业、林业主管部门核发。只从事非主要农作物种子和非主要林木种子生产的，不需要办理种子生产经营许可证。

2. 陈某的行为属于违反种子生产经营许可证制度的违法行为。《种子法》第七十七条规定：有下列行为之一的，由县级以上人民政府林业主管部门责令改正，没收违法所得和种子；违法生产经营的货值金额不足一万元的，并处三千元以上三万元以下罚款；货值金额一万元以上的，并处货值金额三倍以上五倍以下罚款；可以吊销种子生产经营许可证：①未取得种子生产经营许可证生产经营种子的；②以欺骗、贿赂等不正当手段取得种子生产经营许可证的；③未按照种子生产经营许可证的规定生产经营种子的；④伪造、变造、买卖、租借种子生产经营许可证的。根据法律规定和陈某的违法事实，种子执法部门应给予3000~30 000元的罚款、没收违法所得和种条，并吊销种子生产经营许可证。

4.3 植物新品种保护法律制度

案例

某省林业科学研究院研究员张某经过长期研制，培育出某经济林树种新品种，并向国家林业主管部门提出了植物新品种授权申请。国家林业局植物新品种保护办公室于2010年9月1日发布了初步审查合格公告,2012年7月1日,向原告颁发了植物新品种授权证书。2012年4月,贾某未经张某许可,以商业为目的的繁育了上述授权品种100亩,侵犯了品种权人张某的合法权益。为此,张某诉至法院,请求法院判令被告贾某停止侵害,消除影响,赔偿原告的经济损失。后经法院查证,该侵权行为事实清楚,证据确凿。

1. 植物新品种的特点有哪些?如何申请植物新品种权?
2. 被告贾某违反了哪些法律规定,应承担什么法律责任?

4.3.1 植物新品种保护法律制度概述

为了保护植物新品种,鼓励培育和使用植物新品种,促进农林业的发展,我国于1997年10月1日起施行《植物新品种保护条例》。1998年8月10日,国家林业局发布《植物新品种保护条例实施细则》(林业部分)。2013年1月16日国务院第231次常务会议通过了《关于修改〈中华人民共和国植物新品种保护条例〉的决定》,自2013年3月1日起施行;根据《关于修改部分行政法规的决定》做了第二次修正。

《种子法》专设了"新品种保护"专章。植物新品种,是指经过人工培育的或者对发现的野生植物加以开发,具备新颖性、特异性、一致性和稳定性,并有适当命名的植物品种。林业植物品种保护名录由国务院林业主管部门确定和公布。

国务院林业主管部门依照有关规定受理、审查植物新品种权的申请并授予植物新品种权(以下简称品种权)。国务院林业主管部门植物新品种保护办公室(以下简称新品种保护办公室),负责受理审查植物新品种的品种权申请,组织与植物新品种保护有关的测试、保藏等业务。

4.3.2 植物新品种保护法律制度主要内容

(1)品种权的授予与管理

完成育种的单位和个人对其授权品种,享有排他的独占性。任何单位和个人未经品种权所有人许可,不得为商业目的生产或者销售该授权品种的繁殖材料,不得为商业目的将该授权品种的繁殖材料重复使用于另一品种的繁殖材料。以下4种情况下植物新品种的申请权属于该单位:一是执行本单位的任务或者主要是利用本单位的物质条件所完成的职务育种,这包括在本职工作中完成的育种;二是履行本单位交付的本职工作之外的任务所完成的育种;三是离开原单位三年内完成的与其在原单位承担的工作或者分配的任务有关的育种;四是利用本单位的资金、仪器设备、试验场地、育种资源和其他繁殖材料及不对外公开的技术资料等所完成的育种。非职务育种,植物新品种的申请权属于完成育种的个人。申请被批准后,品种权属于申请人。委托育种或者合作育种,品种权的归属由当事人在合同中约定;没有合同约定的,品种权属于受委托完成或者共同完成育种的单位或者个人。

一个植物新品种只能授予一项品种权,两个以上的申请人就同一个植物新品种申请品种权的，品种权授予最先申请的人；同时申请的，品种权授予最先完成该植物新品种育种的人。完成植物新品种育种的人、品种权申请人、品种权人，均包括单位和个人。两个以上申请人就同一个植物新品种在同一日分别提出品种权申请的，新品种保护办公室可要求申请人自行协商确定申请权的归属；协商达不成一致的，新品种保护办公室可以要求申请人在规定的期限内提供证明自己是最先完成该植物新品种育种的证据，逾期不提供证据的，视为放弃申请。

植物新品种的申请权和品种权可以依法转让。单位或个人就其在国内培育的植物新品种向外国人转让申请权或品种权的，应当报国家林业主管部门批准；国有单位在国内转让植物品种申请权或者品种权的，由其上级行政主管部门批准；转让申请权或品种权的，当事人应当订立书面合同，向国务院林业主管部门登记，并由国务院林业主管部门公告。转让申请权或品种权的，自登记之日起生效。

利用授权品种进行育种及其他科研活动或者农民自繁自用授权品种的繁殖材料的，可以不经品种权人许可，不向品种权人支付使用费，但是不得侵犯品种权人依照有关规定享有的其他权利。

为满足国家利益或者公共利益等特殊需要，品种权人无正当理由自己不实施或实施不完全，又不许他人以合法条件实施的，国务院林业主管部门可以作出或者依当事人的请求作出实施植物新品种强制许可的决定。请求植物新品种强制许可的单位或个人，应当向国务院林业主管部门提出强制许可的请求书。审批机关可以作出实施植物品种强制许可的决定，并予以登记和公告。取得实施强制许可的单位或个人应当付给品种权人合理的使用费，其数额由双方商定；双方达不成协议的，可请求国务院林业主管部门裁决。请求裁决时当事人应当提交裁决请求书，并附具不能达成协议的有关材料。国务院林业主管部门自收到裁决请求书之日起3个月内作出裁决并通知当事人。

(2) 授予品种权的条件

①特殊性。属于国家植物品种保护名录中列举的植物的属或种植物品种保护名录由审批机关确定和公布。

②新颖性。是指申请植物新品种权的品种在申请日前，经申请权人自行或者同意销售、推广其种子，在中国境内未超过一年；在境外，木本或者藤本植物未超过六年，其他植物未超过四年。

《种子法》施行后新列入国家植物品种保护名录的植物的属或者种，从名录公布之日起一年内提出植物新品种权申请的，在境内销售、推广该品种种子未超过四年的，具备新颖性。以下两种情况视为失去新颖性：品种经省、自治区、直辖市人民政府农业、林业主管部门依据播种面积确认已经形成事实扩散的；农作物品种已审定或者登记两年以上未申请植物新品种权的。

③特异性。一个植物品种有一个以上性状明显区别于已知品种。

④一致性。一个植物品种的特性除可预期的自然变异外，群体内个体间相关的特征或者特性表现一致。

⑤稳定性。是指一个植物品种经过反复繁殖后或者在特定繁殖周期结束时，其主要性状保持不变。

⑥适当的名称。授予品种权的植物新品种有适当的名称，并与相同或相近的植物属或种中已知品种的名称相区别，该名称经注册登记后即为该植物新品种的通用名称。但下列名称不得用于品种命名：仅以数字组成的；违反社会公德的；对植物新品种的特征、特性或者育种者的身份等容易引起误解的；违反国家法律、行政法规规定或者带有民族歧视性的；以国家名称命名的；以县级以上行政区划的地名或者公众知晓的外国地名命名的；同政府间国际组织或者其他国际知名组织的标识名称相同或者近似的；属于相同或者相近植物属或者种的已知名称的。

（3）品种权的申请和受理

中国的单位和个人申请品种权的，可以直接或者委托国务院林业主管部门指定的代理机构向国务院林业主管部门提出申请；外国人、外国企业或其他外国组织向国务院林业主管部门提出品种权申请和办理其他品种权事务的，应当委托国务院林业主管部门指定的代理机构办理；申请人委托代理机构向国家林业主管部门申请品种权或者办理其他有关事务的，应当提交委托书，写明委托权限；申请人为两个以上而未委托代理机构代理的，应当书面确定一方为代表人。

申请人申请品种权时，应当向新品种保护办公室提交国务院林业主管部门规定格式的请求书、说明书以及以下规定的照片各一式两份：有别于该申请品种权的植物品种的特异性、一致性状的对比应在同一张照片上；照片应是8.5厘米×12.5厘米或者10厘米×15厘米的彩色照片，并附有简要文字说明；必要时，新品种保护办公室可以要求申请人提供黑白照片并附有简要的文字说明。

品种权的申请文件必须内容完整、符合规定格式、字迹清晰、使用中文和无涂改痕迹。

申请人自收到新品种保护办公室要求送交申请品种权的植物新品种和对照品种的繁殖材料通知之日起3个月内送交繁殖材料，逾期不送交者视为放弃申请。送交的繁殖材料应符合下列要求：依照有关规定进行检疫，且检疫合格；满足测试或者检测需要；与品种权申请文件中所描述的该植物品种的繁殖材料相一致；最新收获或采集的、无病虫害和未进行药物处理的，如送交的繁殖材料已经药物处理，应注明药物名称、使用方法和目的。

审批机关收到品种权申请文件之日为申请日；申请文件是邮寄的，以寄出的邮戳日为申请日，并自收到申请之日起1个月内通知申请人缴纳申请费。申请人缴纳申请费后，审批机关才对品种权进行审查。

（4）品种权的审查批准

①初步审查。国务院林业主管部门对品种权申请进行初步审查。初步审查应包括以下内容：是否属于植物品种保护名录列举的植物属或者种的范围；若是外国人、外国企业或者外国其他组织在中国申请品种权的，应当按其所属国和中华人民共和国签订的协议或者共同参加的国际条约办理，或者根据互惠原则办理；是否符合新颖性的规定；植物新品种的命名是否适当。经初步审查符合有关规定条件的，品种权申请由国务院林业主管部门予以公告，并通知申请人在3个月内缴纳审查费。申请人未按照规定缴纳审查费的，品种权申请视为撤回。自公告之日起直到授予品种权之日前，任何人均可以对不符合规定的品种权申请向国务院林业主管部门提出异议。对经初步审查不合格的品种权申请，审批机关应当通知申请人在3个月内陈述意见或予以修正；逾期未答复或者修正后仍然不合格的，

驳回申请。审批机关应当自受理品种权申请之日起 6 个月内完成初步审查。

②实质审查。申请人按照规定缴纳审查费后，国务院林业行政主管部门对品种权申请的特异性、一致性和稳定性进行实质审查。审批机关认为必要时，可以委托指定的测试机构进行测试，或者考察业已完成的种植或者其他试验的结果。需要测试的，申请人应当缴纳测试费。申请人应当根据审批机构的要求提供必要的资料和该植物新品种的繁殖材料。

③品种权的授予。经实质审查后，对符合规定的品种权申请由国务院林业行政主管部门作出授予品种权的决定，向品种权申请人颁发品种权证书并予以登记和公告。品种权人应当自收到领取品种权证书通知之日 3 个月内领取品种权证书，并按国家有关规定缴纳第一年年费，逾期则视为放弃品种权(有正当理由的除外)。品种权自作出授予品种权的决定之日起生效。

对不符合规定的品种权申请，审批机关予以驳回，并通知申请人。申请人对审批机关驳回品种权申请的决定不服的，可以自收到通知之日起 3 个月内，向国务院林业行政主管部门植物新品种复审委员会请求复审。复审委员会应当自收到复审请求书之日起 6 个月内作出决定，并通知申请人。申请人对复审委员会的决定不服的，可以自接到通知之日起 15 日内向人民法院提起诉讼。

(5) 品种权的终止和无效

品种权的保护期限，自授权之日起，藤本植物、林木、果树和观赏树木为二十年，其他植物为十五年。品种权人应当自被授予品种权的当年开始缴纳年费，并且按照审批机关的要求提供用于检测的该授权品种的繁殖材料。

品种权在其保护期限届满前终止的，其终止日期为：品种权人以书面声明放弃品种权的，自声明之日起终止；品种权人未按有关规定缴纳年费的，自补缴年费期限届满之日起终止；品种权人未按要求提供检测所需的该授权品种的繁殖材料，或者送交的繁殖材料不符合要求的，国务院林业主管部门予以登记，自登记之日起终止其品种权；经检测该授权品种不再符合被授予品种权时的特征和特性的，自国务院林业主管部门登记之日起终止其品种权。

任何单位和个人请求宣告品种权无效的，应当向复审委员会提交国家规定格式的品种权无效宣告请求书和有关材料各一式两份，并说明所依据的事实和理由。

已授予的品种权不符合有关条件的，由复审委员会依据职权或者单位、个人的书面请求宣告品种权无效的。宣告品种权无效的，由国务院林业主管部门登记公告，并由新品种保护办公室通知当事人。复审委员会应当自收到无效宣告请求书之日起十五日内将品种权无效宣告请求书副本和有关材料送达品种权人，品种权人应在收到通知后 3 个月内提出陈述意见；逾期未提出的，不影响复审委员会审理。复审委员会对授权品种更名的，由国务院林业主管部门登记和公告，并由新品种保护办公室通知品种权人，并更换品种权证书。

4.3.3 违反植物新品种保护法规的法律责任

(1) 侵犯品种权的法律责任

侵犯植物新品种权行为的，由当事人协商解决，不愿协商或者协商不成的，植物新品种权所有人或者利害关系人可以请求县级以上人民政府林业主管部门进行处理，也可以直接向人民法院提起诉讼。县级以上人民政府林业主管部门，根据当事人自愿的原则，对侵犯植物新品种权所造成的损害赔偿可以进行调解。调解达成协议的，当事人应当履行；当事人不履行协议或者调解未达成协议的，植物新品种权所有人或者利害关系人可以依法向人民法院提起诉讼。侵犯植物新品种权的赔偿数额按照权利人因被侵权所受到的实际损失确定；实际损失难以确定的，可以按照侵权人因侵权所获得的利益确定。权利人的损失或者侵权人获得的利益难以确定的，可以参照该植物新品种权许可使用费的倍数合理确定。赔偿数额应当包括权利人为制止侵权行为所支付的合理开支。侵犯植物新品种权，情节严重的，可以在按照上述方法确定数额的一倍以上三倍以下确定赔偿数额。

权利人的损失、侵权人获得的利益和植物新品种权许可使用费均难以确定的，人民法院可以根据植物新品种权的类型、侵权行为的性质和情节等因素，确定给予三百万元以下的赔偿。县级以上人民政府农林业主管部门处理侵犯植物新品种权案件时，为了维护社会公共利益，责令侵权人停止侵权行为，没收违法所得和种子；货值金额不足五万元的，并处一万元以上二十五万元以下罚款；货值金额五万元以上的，并处货值金额五倍以上十倍以下罚款。假冒授权品种的，由县级以上人民政府林业主管部门责令停止假冒行为，没收违法所得和种子；货值金额不足五万元的，并处一万元以上二十五万元以下罚款；货值金额五万元以上的，并处货值金额五倍以上十倍以下罚款。

(2) 假冒授权品种的法律责任

假冒授权品种行为，是指使用伪造的品种权证书、品种权号的，使用已被停止或被宣告无效品种权证书、品种权号的，以非授权品种冒充授权品种的，以此种授权品种冒充他种授权品种的以及其他足以使他人将非授权品种误认为授权品种的行为。

假冒授权品种的，由县级以上人民政府林业行政主管部门依据职权责令停止假冒行为，没收违法所得和植物品种繁殖材料；货值金额五万元以上的，处货值金额一倍以上五倍以下的罚款；没有货值金额或者货值金额五万元以下的，根据情节轻重，处二十五万元以下的罚款；情节严重，构成犯罪的，依法追究刑事责任。

(3) 销售授权品种未使用其注册登记名称的法律责任

销售授权品种，但不使用该授权品种注册登记的名称而使用其他名称的，根据《植物新品种保护条例》第四十二条规定，由县级以上林业行政主管部门依据职权责令限期改正，可以处一千元以下的罚款。

(4) 工作人员在植物新品种保护管理工作中渎职的法律责任

根据《植物新品种保护条例》第四十四条规定，县级以上人民政府林业行政主管部门和有关部门的工作人员，在植物新品种保护管理工作中滥用职权、玩忽职守、徇私舞弊、索贿受贿，构成犯罪的，由司法机关依法追究刑事责任，尚不构成犯罪的，依法给予行政处分。

案例解析

1. 植物新品种有以下4个特点：①新颖性。指申请植物新品种权的品种在申请日前，经申请权人自行或者同意销售、推广其种子，在中国境内未超过1年；在境外，木本或者藤本植物未超过6年，其他植物未超过4年。②特异性。一个植物品种有一个以上性状明显区别于已知品种。③一致性。一个植物品种的特性除可预期的自然变异外，群体内个体间相关的特征或者特性表现一致。④稳定性。指一个植物品种经过反复繁殖后或者在特定繁殖周期结束时,其主要性状保持不变。

申请植物新品种权应按照以下程序办理相应手续:①中国的单位和个人申请品种权的,可以直接或者委托国务院林业主管部门指定的代理机构向国务院林业主管部门提出申请;外国人、外国企业或其他外国组织向国务院林业主管部门提出品种权申请和办理其他品种权事务的,应当委托国务院林业主管部门指定的代理机构办理;②申请人申请品种权时,应当向新品种保护办公室提交国务院林业主管部门规定格式的请求书、说明书以及以下规定的照片各一式两份;③申请人自收到新品种保护办公室要求送交申请品种权的植物新品种和对照品种的繁殖材料通知之日起3个月内送交繁殖材料;④审批机关收到品种权申请文件之日起1个月内通知申请人缴纳申请费。申请人缴纳申请费后,审批机关才对品种权进行审查。

2. 被告贾某违反了植物新品种保护相关的法律制度。具体表现为:完成育种的单位和个人对其授权品种,享有排他的独占性。任何单位和个人未经品种权所有人许可,不得为商业目的生产或者销售该授权品种的繁殖材料,不得为商业目的将该授权品种的繁殖材料重复使用于另一品种的繁殖材料。该案中,贾某未经张某的授权而私自以商业为目的繁育了授权品种,严重侵犯了张某的合法权益。《种子法》第七十三条第一款:违反本法第二十八条规定,有侵犯植物新品种权行为的,由当事人协商解决,不愿协商或者协商不成的,植物新品种权所有人或者利害关系人可以请求县级以上人民政府农业、林业主管部门进行处理,也可以直接向人民法院提起诉讼。第五款规定:县级以上人民政府农业、林业主管部门处理侵犯植物新品种权案件时,为了维护社会公共利益,责令侵权人停止侵权行为,没收违法所得和种子;货值金额不足五万元的,并处一万元以上二十五万元以下罚款;货值金额五万元以上的,并处货值金额五倍以上十倍以下罚款。本案例中,林业主管部门或种子执法部门可以要求贾某承担以下法律责任:责令贾某立即停止侵权行为,没收违法繁育的材料,并处一定数额的罚款。

4.4 退耕还林还草法律制度

 案例

2005年,村民李某承包了一块80亩集体所有山林,并多年获得国家退耕还林补助资金。2013年,按照国家政策规定,承包人不再享受退耕还林延长期补助资金,集体所有的山林需明晰到户后,方可由取得经营权的农户享受。眼瞅着这笔补助资金即将流向农户,时任该村5名村干部心有不甘,于是一起商量,打起了这笔钱的"主意"。后经与承包人李某协商,决定由李某分其中20亩山林退耕还林补助资金,5名村干部均分余下60亩。2013年至2016年期间,5名村干部共虚报冒领国家退耕还林补助资金35 128元,并私分。

1. 何为退耕还林?退耕还林的主要补助有哪些?
2. 本案中李某和5名村干部行为是否符合退耕还林的有关规定?为什么?

3. 本案中李某和 5 名村干部的行为如何定性？如何处理？

4.4.1 退耕还林还草概述

退耕还林还草是指从保护和改善生态环境出发，将易造成水土流失的坡耕地和易造成土地沙化的耕地，有计划、有步骤地停止继续耕种，因地制宜地造林种草，恢复林草植被。退耕还林的目的是为了恢复植被，减少水土流失，防沙治沙，改善日益恶化的生态环境，以及调整农村产业结构，增加农民收入（以下所称退耕还林包括退耕还林还草）。

长期以来，由于盲目毁林开垦和进行陡坡地、沙化地耕种，造成了我国严重的水土流失和风沙危害，洪涝、干旱、沙尘暴等自然灾害频频发生，人民群众的生产、生活受到严重影响，国家的生态安全受到严重威胁。特别是 1998 年，长江、松花江、嫩江流域发生历史罕见的特大洪涝灾害，受灾面积 21.2 万平方千米，受灾人口 2.33 亿人，因灾死亡 3004 人，各地直接经济损失 2551 亿元。1999 年，四川、陕西、甘肃 3 省率先开展了退耕还林试点，由此揭开了我国退耕还林的序幕，2002 年在全国范围内全面启动退耕还林还草工程。国家林业和草原局发布《中国退耕还林还草二十年（1999—2019）》白皮书指出，退耕还林还草工程涉及全国 25 个省区和新疆生产建设兵团的 2435 个县（含县级单位）。二十多年来，中央财政累计投入 5174 亿元，实施退耕还林还草 5.15 亿亩，完成造林面积占同期全国林业重点生态工程造林总面积的 40.5%，工程区森林覆盖率平均提高 4 个多百分点，生态环境得到显著改善。退耕还林还草对于生态环境保护、防止水土流失、切实解决贫困地区群众生活都具有重大意义。

随着《国务院关于进一步做好退耕还林还草试点工作的若干意见》《国务院关于进一步完善退耕还林政策措施的若干意见》等文件的出台，成为退耕还林还草政策性依据；2002 年 12 月 14 日国务院发布《退耕还林条例》，自 2003 年 1 月 20 日起施行，成为退耕还林行政执法的主要法律依据。根据 2016 年 2 月 6 日《国务院关于修改部分行政法规的决定》对该条例做了个别条款的修订。

国家发展改革委、财政部会同林业局、农业部、国土资源部，于 2014 年提出了《新一轮退耕还林还草总体方案》，提出到 2020 年将全国具备条件的坡耕地和严重沙化耕地约 4240 万亩退耕还林还草。

退耕还林还草行政执法，是指各级林业主管部门及相关管理部门，根据国家的法律、法规和林业主管部门及相关管理部门的规章，对退耕还林还草工作的各个方面和环节进行规划、管理、检查和监督。

4.4.2 退耕还林还草法律制度主要内容

《退耕还林条例》对全国退耕还林的基本原则、组织领导、规划和计划、造林及造林管护与验收、资金和粮食补助、林木权属、法律责任等作了具体规定。其主要内容如下：

4.4.2.1 退耕还林还草应当遵循原则

退耕还林还草是个复杂的系统工程，涉及范围广、时间周期长、部门利益多，因此在实施中必须坚持以下原则：①统筹规划、分步实施、突出重点、注重实效；②政策引导和农民自愿退耕相结合，谁退耕、谁造林、谁经营、谁受益；③遵循自然规律，因地制宜，宜林则林，宜草则草，综合治理；④建设与保护并重，防止边治理边破坏；⑤逐步改善退耕还林者的生活条件。

4.4.2.2 确定领导管理机构，明确相应职责

退耕还林还草工作涉及面广，为了保证退耕还林工作的顺利进行，必须确定领导管理机构，明确相应职责。国务院西部开发工作机构负责退耕还林工作的综合协调，组织有关部门研究制定退耕还林有关政策和办法，组织和协调退耕还林总体规划的落实；国务院林业行政主管部门负责编制退耕还林总体规划和年度计划，主管全国退耕还林的实施工作，负责退耕还林工作的指导和监督检查；国务院发展计划部门会同有关部门负责退耕还林总体规划的审核、计划的汇总、基建年度计划的编制和综合平衡；国务院财政主管部门负责退耕还林中央财政补助资金的安排和监督管理；国务院农业行政主管部门负责已垦草场的退耕还草以及天然草场的恢复和建设有关规划和计划的编制，以及技术指导和监督检查；国务院水行政主管部门负责退耕还林还草地区小流域治理、水土保持等相关工作的技术指导和监督检查；国务院粮食行政管理部门负责粮源的协调和调剂工作。县级以上地方人民政府林业、计划、财政、农业、水利、粮食等部门在本级人民政府的统一领导下，按照本条例和规定的职责分工，负责退耕还林的有关工作。

国家对退耕还林实行省、自治区、直辖市人民政府负责制。省、自治区、直辖市人民政府应当组织有关部门采取措施，保证退耕还林中央补助资金的专款专用，组织落实补助粮食的调运和供应，加强退耕还林的复查工作，按期完成国家下达的退耕还林任务，并逐级落实目标责任，签订责任书，实现退耕还林目标。县级以上地方各级人民政府有关部门应当与退耕还林工程项目负责人和技术负责人签订责任书，明确其应当承担的责任。

4.4.2.3 制定退耕还林规划和计划

退耕还林是一项庞大而复杂的系统工程，为了避免和克服在制定和实施规划中的盲目性和随意性，使退耕还林任务落到实处，既要做好总体规划，又要做好年度计划和年度实施方案。

(1) 退耕还林总体规划

退耕还林总体规划是指在一定时期和一定地域范围内，根据我国生态环境现状以及国民经济和社会发展计划，对通过退耕还林恢复植被、改善生态环境各项任务所作的统筹安排和合理布局。退耕还林规划是改善生态环境，防治水土流失，减轻干旱、洪涝、风沙等自然灾害，调整农村产业结构，改善农民生活水平的重要规划，也是退耕还林工程建设的基本依据。

①退耕还林总体规划的编制。《退耕还林条例》规定，退耕还林总体规划由国务院林业行政主管部门编制，经国务院西部开发工作机构协调、国务院发展计划部门审核后，报国务院批准实施。省、自治区、直辖市人民政府林业行政主管部门根据退耕还林总体规划会同有关部门编制本行政区域的退耕还林规划，经本级人民政府批准，报国务院有关部门备

案。为了确保退耕还林规划的严格执行，《退耕还林条例》还规定，退耕还林必须依照经批准的规划进行，未经原批准机关同意，不得擅自调整退耕还林规划。

②退耕还林规划编制原则及主要内容。编制退耕还林规划的原则是：退耕还林规划应当与国民经济和社会发展规划、农村经济发展总体规划、土地利用总体规划相衔接，与环境保护、水土保持、防沙治沙等规划相协调。退耕还林规划应包括以下内容：范围、布局和重点；年限、目标和任务；投资测算和资金来源；效益分析和评价；保障措施等。

③退耕还林规划范围。《退耕还林条例》规定，对于水土流失严重的耕地，沙化、盐碱化、石漠化严重的耕地和生态地位重要、粮食产量低且不稳的耕地，应当纳入退耕还林规划。江河源头及其两侧、湖库周围的陡坡耕地以及水土流失和风沙危害严重等生态地位重要区域的耕地，应当在退耕还林规划中优先安排。对需要退耕还林的地方，只要条件具备，应扩大退耕还林规模，能退多少退多少。对生产条件较好，粮食产量较高，又不会造成水土流失的耕地，农民不愿退耕的，不得强迫退耕。

基本农田保护范围内的耕地和生产条件较好、实际粮食产量超过国家退耕还林补助粮食标准并且不会造成水土流失的耕地，不得纳入退耕还林规划；但是，因生态建设特殊需要，经国务院批准并依照有关法律、行政法规规定的程序调整基本农田保护范围后，可以纳入退耕还林规划。

(2) 退耕还林年度计划

《退耕还林条例》规定，省、自治区、直辖市人民政府林业行政主管部门根据退耕还林规划，会同有关部门编制本行政区域下一年度退耕还林计划建议，由本级人民政府发展计划部门审核，并经本级人民政府批准后，于每年8月31日前报国务院西部开发工作机构、林业、发展计划等有关部门。国务院林业行政主管部门汇总编制全国退耕还林年度计划建议，经国务院西部开发工作机构协调，国务院发展计划部门审核和综合平衡，报国务院批准后，由国务院发展计划部门会同有关部门于每年10月31日前联合下达。

省、自治区、直辖市人民政府发展计划部门会同有关部门根据全国退耕还林年度计划，于每年11月30日前将本行政区域下一年度退耕还林计划分解下达到有关县(市)人民政府，并将分解下达情况报国务院有关部门备案。

(3) 退耕还林实施方案

县级人民政府林业行政主管部门可以根据批准后的省级退耕还林年度实施方案，编制本行政区域内的退耕还林年度实施方案，报本级人民政府批准后实施，并报省、自治区、直辖市人民政府林业行政主管部门备案。年度实施方案是对年度计划的落实，是科学地退耕还林、进行作业设计的指导性文件。

年度退耕还林实施方案应包括以下主要内容：退耕还林的具体范围；生态林与经济林比例；树种选择和植被配置方式；造林模式；种苗供应方式；植被管护和配套保障措施；项目和技术负责人。

(4) 退耕还林作业设计

县级人民政府林业行政主管部门应当根据年度退耕还林实施方案组织专业人员或者有资质的设计单位编制乡镇作业设计，把实施方案确定的内容落实到具体地块和土地承包经营权人。在编制作业设计时，干旱、半干旱地区应当以种植耐旱灌木(草)、恢复原有植被为主；以间作方式植树种草的，应当间作多年生植物，主要林木的初植密度应当符合国家规定的标准。退耕土地还林营造的生态林面积，以县为单位核算，不得低于退耕土地还林面积的80%。退耕还林营造的生态林，由县级以上地方人民政府林业行政主管部门根据国务院林业行政主管部门制定的标准认定。

4.4.2.4 苗木准备

苗木质量的优劣是退耕还林工作成败的关键。为了确保苗木的质量，一方面要加强苗木基地建设工作；另一方面要做好良种壮苗的检验工作。

退耕还林所用种苗应当就地培育、就近调剂，优先选用乡土树种和抗逆性强树种的良种壮苗。省、自治区、直辖市人民政府应当根据本行政区域的退耕还林规划，加强种苗生产与采种基地的建设。鼓励企业和个人采取多种形式培育种苗，开展产业化经营。林业行政主管部门应当加强种苗培育的技术指导和服务的管理工作，保证种苗质量。

销售、供应的退耕还林种苗应当经县级人民政府林业行政主管部门检验合格，并附有标签和质量检验合格证；跨县调运的，还应当依法取得检疫合格证。

各地根据退耕还林的需要，可以由县级人民政府根据本地区实际情况组织集中采购，也可以由退耕还林者自行采购。集中采购的，应当征求退耕还林者的意见，并采用公开竞价方式，签订书面合同，超过国家种苗造林补助费标准的，不得向退耕还林者强行收取超出部分的费用。任何单位和个人不得为退耕还林者指定种苗供应商，禁止垄断经营种苗和哄抬种苗价格。

4.4.2.5 退耕还林任务落实及检查验收

（1）退耕还林任务的落实

县级人民政府或者其委托的乡级人民政府应当与有退耕还林任务的土地承包经营权人签订退耕还林合同。退耕还林合同包括的主要内容有：退耕土地还林范围、面积和宜林荒山荒地造林范围、面积；按照作业设计确定的退耕还林方式；造林成活率及其保存率；管护责任；资金和粮食的补助标准、期限和给付方式；技术指导、技术服务的方式和内容；种苗来源和供应方式；违约责任；合同履行期限。合同签订后，退耕还林者应该按照作业设计和合同的要求在退耕还林地及宜林荒山荒地上植树种草，并履行管护义务。禁止林粮间作和破坏原有林草植被的行为，禁止在退耕还林项目实施范围内复耕和从事滥采、乱挖等破坏地表植被的活动。

地方各级人民政府及其有关部门应当组织技术推广单位或者技术人员，为退耕还林提供技术指导和技术服务，以解决退耕还林者的技术问题。

（2）退耕还林检查验收

退耕还林项目的检查验收分为县级自查、省级复查和国家核查三个层次。其中，县级退耕还林的检查验收是基础性、全面性的检查。县级人民政府林业行政主管部门应当按照国务院林业行政主管部门制定的检查验收标准和办法，以退耕还林合同为标准，对退耕还林建设项目进行检查验收。经验收合格的，方可发给验收合格证明，这是退耕农户直接领取粮款补助的直接依据。省、自治区、直辖市人民政府应当对县级退耕还林检查验收结果进行复查,并根据复查结果对县级人民政府和有关责任人员进行奖惩。国务院林业行政主管部门应当对省级复查结果进行核查,并将核查结果上报国务院。

4.4.2.6 退耕还林的补助政策

随着退耕还林还草政策的不断完善,国家对退耕还的补助形式也不断改变。

(1) 退耕还林的补助政策

国家发展改革委、财政部会同国家林业局、农业部、国土资源部,于2014年提出《新一轮退耕还林还草总体方案》,其中补助政策有具体规定。

①中央根据退耕还林还草面积将补助资金拨付给省级人民政府。退耕还林每亩补助1500元,其中,财政部通过专项资金安排现金补助1200元、国家发展改革委通过中央预算内投资安排种苗造林费300元。

②中央安排的退耕还林补助资金分三次下达给省级人民政府,每亩第一年800元(其中,种苗造林费300元)、第三年300元、第五年400元;退耕还草补助资金分两次下达,每亩第一年500元(其中,种苗种草费120元)、第三年300元。

③省级人民政府可在不低于中央补助标准的基础上自主确定兑现给退耕农民的具体补助标准和分次数额。地方提高标准超出中央补助规模部分,由地方财政自行负担。

2020年4月财政部、国家林业和草原局印发了《林业草原生态保护恢复资金管理办法》的通知,对退耕还林补助又做了调整,第十一条规定:新一轮退耕还林还草补助用于对实施新一轮退耕还林还草农户发放现金补助。第二十一条规定:新一轮退耕还林还草补助按照国务院有关部门下达的年度任务和补助标准确定补助规模。退耕还林每亩退耕地补助1200元,五年内分三次下达,第一年500元,第三年300元,第五年400元;退耕还草每亩退耕地补助850元,三年内分两次下达,第一年450元,第三年400元。

(2) 退耕还林资金的管理

《退耕还林条例》规定,退耕还林资金实行专户存储、专款专用,任何单位和个人不得挤占、截留、挪用和克扣。任何单位和个人不得弄虚作假、虚报冒领补助资金和粮食。实施退耕还林的乡(镇)、村应当建立退耕还林公示制度,将退耕还林者的退耕还林面积、造林树种、成活率以及资金和粮食补助发放等情况进行公示。

4.4.2.7 退耕还林林木权属的确认

关于退耕还林的林木权属,《退耕还林条例》规定,自行退耕还林的,土地承包经营权人享有退耕土地上的林木(草)所有权;委托他人还林或者与他人合作还林的,退耕土地上的林木(草)所有权由合同约定;国家保护退耕还林者享有退耕土地上的林木(草)所有权。

退耕土地还林后,由县级以上人民政府依照《森林法》《草原法》的有关规定发放林(草)权属证书,确认所有权和使用权。承包经营权期限可以延长到七十年。承包经营权到期后,土地承包经营权人可以依照有关法律、法规的规定继续承包。退耕还林土地和荒山荒地造林后的承包经营权可以依法继承、转让。

资金和粮食补助期满后,在不破坏整体生态功能的前提下,经有关主管部门批准,退耕还林者可以依法对其所有的林木进行采伐。退耕还林者采伐其在退耕土地上的林木,应当具备以下前提条件：一是不对整体生态功能造成破坏；二是在资金和粮食补助期满之后，在国家给予资金和粮食补助期间，不能采伐退耕土地上的林木以取得经济收益；三是采伐林木应当经过有关主管部门批准，如采伐林木必须申请采伐许可证，按照许可证的规定进行采伐。

赋予退耕还林者享有在退耕土地上的林木(草)所有权，是保障和巩固退耕还林(草)成果的一个法律措施，确保"退得下，还得上，不反弹"目标的实现，有利于调动农民退耕还林的积极性，确保广大农民从退耕还林过程中得到实惠，同时这也是保障退耕还林者合法权益的具体表现形式。

4.4.3 违反退耕还林法规的法律责任

(1) 国家机关工作人员违反退耕还林法规的法律责任

国家工作人员在退耕还林活动中有挤占、截留、挪用退耕还林资金或者克扣补助粮食的，弄虚作假、虚报冒领补助资金和粮食的，利用职务上的便利收受他人财物或者其他好处的，根据《退耕还林条例》第五十七条规定，应当依照《刑法》关于贪污罪、受贿罪、挪用公款罪或者其他罪的规定，由司法机关依法追究刑事责任；尚不够刑事处罚的，依法给予行政处分。

国家机关工作人员在退耕还林活动中，有以下行为之一的，根据《退耕还林条例》第五十八条规定，由其所在单位或者上一级主管部门责令限期改正，退还分摊的和多收取的费用，对直接负责的主管人员和其他直接责任人员，依照《刑法》关于滥用职权罪、玩忽职守罪或者其他罪的规定，由司法机关依法追究刑事责任；尚不够刑事处罚的，依法给予行政处分：①未及时处理有关破坏退耕还林活动的检举、控告的；②向供应补助粮食的企业和退耕还林者分摊粮食调运费用的；③不及时向持有验收合格证明的退耕还林者发放补助粮食和生活补助费的；④在退耕还林合同生效时，对自行采购种苗的退耕还林者未一次付清种苗造林补助费的；⑤集中采购种苗的，在退耕还林验收合格后，未与退耕还林者结算种苗造林补助费的；⑥集中采购的种苗不合格的；⑦集中采购种苗的，向退耕还林者强行收取超出国家规定种苗造林补助费标准的种苗费的；⑧为退耕还林者指定种苗供应商的；⑨批准粮食企业向退耕还林者供应不符合国家质量标准的补助粮食或者将补助粮食折算成现金、代金券支付的。

(2) 退耕还林者违反退耕还林法规的法律责任

退耕还林者擅自复耕、林粮间作或者在退耕还林项目实施范围内从事滥采、乱挖等破坏地表植被的活动的，根据《退耕还林条例》第六十二条规定，应当依照《刑法》关于非法占用农用地罪、滥伐林木罪或者其他罪的规定，由司法机关依法追究刑事责任；尚不够刑事处罚的，由县级以上人民政府林业、农业、水利行政主管部门依照《森林法》《草原法》《水土保持法》的规定处罚。

(3) 有关企业和人员违反退耕还林法规的法律责任

①采用不正当手段垄断种苗市场、哄抬种苗价格的法律责任。有关企业和人员采用不正当手段垄断种苗市场，或者哄抬种苗价格的，根据《退耕还林条例》第五十九条规定，应

当依照《刑法》关于非法经营罪、强迫交易罪或者其他罪的规定,由司法机关依法追究刑事责任;尚不够刑事处罚的,由工商行政管理机关依照《反不正当竞争法》的规定处理;《反不正当竞争法》未作规定的,由工商行政管理机关处以非法经营额二倍以上五倍以下的罚款。

②销售、供应未经检验合格的种苗的法律责任。有关企业和人员销售、供应未经检验合格的种苗或者未附具标签、质量检验合格证、检疫合格证的种苗的,根据《退耕还林条例》第六十条规定,应当依照《刑法》关于生产、销售伪劣种子罪或者其他罪的规定,由司法机关依法追究刑事责任;尚不够刑事处罚的,由县级以上人民政府林业、农业行政主管部门或者工商行政管理机关依照《种子法》的规定处理;《种子法》未作规定的,由县级以上人民政府林业、农业行政主管部门依据职权处以非法经营额二倍以上五倍以下的罚款。

③供应不符合国家质量标准的补助粮食的法律责任。供应补助粮食的企业向退耕还林者供应不符合国家质量标准的补助粮食的,根据《退耕还林条例》第六十一条规定,由县级以上人民政府粮食行政管理部门责令限期改正,可以处非法供应的补助粮食数量乘以标准口粮单价一倍以下的罚款。

④国家工作人员以外的其他人员弄虚作假、虚报冒领补助资金和粮食的行为的法律责任。依照刑法关于诈骗罪或者其他罪的规定,依法追究刑事责任;尚不够刑事处罚的,由县级以上人民政府林业行政主管部门责令退回所冒领的补助资金和粮食,并处以冒领资金额二倍以上五倍以下的罚款。

案例解析

1. 退耕还林是指从保护和改善生态环境出发,将易造成水土流失的坡耕地和易造成土地沙化的耕地,有计划、有步骤地停止继续耕种,因地制宜地造林恢复植被。《退耕还林条例》第三十五条规定:国家按照核定的退耕还林实际面积,向土地承包经营权人提供补助粮食、种苗造林补助费和生活补助费。具体补助标准和补助年限按照国务院有关规定执行。目前,国家对退耕还林的补助政策主要依据是两个:《新一轮退耕还林还草总体方案》,①退耕还林每亩补助1500元;②每亩第一年800元(其中,种苗造林费300元)、第三年300元、第五年400元。③省级人民政府可在不低于中央补助标准的基础上自主确定兑现给退耕农民的具体补助标准和分次数额。《林业草原生态保护恢复资金管理办法》的规定:新一轮退耕还林还草补助按照国务院有关部门下达的年度任务和补助标准确定补助规模。退耕还林每亩退耕地补助1200元,五年内分三次下达,第一年500元,第三年300元,第五年400元。

2. 李某和5名村干部行为不符合退耕还林的有关规定。《退耕还林条例》第四十四条规定:退耕还林资金实行专户存储、专款专用,任何单位和个人不得挤占、截留、挪用和克扣。任何单位和个人不得弄虚作假、虚报冒领补助资金和粮食。第四十六条规定:实施退耕还林的乡(镇)、村应当建立退耕还林公示制度,将退耕还林者的退耕还林面积、造林树种、成活率以及资金和粮食补助发放等情况进行公示。

3. 李某和5名村干部的行为属于违反《退耕还林条例》有关退耕还林资金的管理规定。第四十四条规定:退耕还林资金实行专户存储、专款专用,任何单位和个人不得挤占、截留、挪用和克扣。任何单位和个人不得弄虚作假、虚报冒领补助资金和粮食。第四十六条规定：实施退耕还林的乡（镇）、村应当建立退耕还林公示制度，将退耕还林者的退耕还林面积、造林树种、成活率以及资金和粮食补助发放等情况进行公示。5名村干部的行为已经构成了贪污罪。应按根据第五十七条规定处理：国家工作人员在退耕还林活动中违反本条例的规定，有下列行为之一的，依照刑法关于贪污罪、受贿罪、挪用公款罪或者其他罪的规定，依法追究刑事责任；尚不够刑事处罚的，依法给予行政处分：弄虚作假、虚报冒领补助资金和粮食的。对待李某的行为应予以进行资金追缴。

4.5 防沙治沙法律制度

案例

B旗D村有沙漠面积12 040亩。1981年，村党支部、村委会决定由村民郑某负责组成专业治沙队，进行常年看护治理。1981年4月至1984年年底，治沙队通过采取封山轮牧、植树造林等措施使植被覆盖率提高到37%。1985年1月，村党支部、村委会与郑某签订了治沙承包合同书。1987年4月，正式签订了《承包治理沙漠合同》，合同约定承包期限为30年（自1985年1月5日至2015年1月4日），并在B旗公证处进行了公证。合同履行期间，郑某带领全家及部分村民开展植树造林种草工作。到1999年年底，使植被覆盖率达到90%以上，其中乔木覆盖率达到37%，提前实现了市政府确定的森林覆盖率达到35%的生态建设奋斗目标。2000年1月，郑某家人开始向村委会提出协议解除合同问题，但双方未达成协议。2001年3月，时任村委会主任樊某突然单方面宣布该《承包治理沙漠合同》终止，收回了郑某家人在沙漠内的生产经营权等一切权利，并在沙漠内毁林开荒1000多亩，将49头牛单方面低价出售，同时将700多亩已经植树、种草治理完毕的沙地拱手送给邻村E村，单方获取承包沙漠收益。对此，郑某家人明确向D村村委会提出抗议，并要求村委会就此赔偿损失，但村委会一直置之不理。2001年8月，村委会向B旗人民法院起诉郑某配偶戴某（郑某已故）正式解除合同。10月，B旗法院一审判决合同继续履行，村委会不服判决上诉至市中级人民法院。2002年5月，A市中院经开庭审理认为，原审法院认定事实清楚，适用法律正确，判决：驳回上诉，维持原判。2002年6月，郑某家人继续履行合同后，在该沙漠上继续植树、种草，尤其是在村委会2001年毁林开荒的1000多亩沙地上种植了优质牧草，并严格管护现有治理成果。这之后村委会一直拒绝履行合同约定的一年一度的"验山"义务，致使双方的收益分配问题一直无法核算。2009年3月，村委会又把郑某的次子郑甲起诉至B旗人民法院，请求解除村委会与郑某生前签订的《承包治理沙漠合同》。B旗人民法院于11月5日作出判决：于解除合同，郑甲归还土地经营权。郑甲对一审判决不服，于11月20日上诉至A市中级人民法院。2010年2月3日，市中级人民法院裁定：此案事实不清，证据不足，违反法定程序，撤销B旗人民法院判决，发回重审。2010年11月，经过B旗人民法院调解，双方达成调解意见：郑甲继续履行《承包治理沙漠合同》至合同期满，并于2010年11月18日前付给D村村委会2010

年前(包括2010年)的承包费7万元，2011年以后双方按合同约定进行分成。

1. 防沙治沙过程中经营者有哪些权利？
2. D村村委会的做法违反了哪些法律规定？

4.5.1 防沙治沙概述

(1) 土地沙化和沙化土地的概念

土地沙化是指因气候变化和人类活动所导致的天然沙漠扩张和沙质土壤上植被破坏、沙土裸露的过程。本法所称土地沙化，是指主要因人类不合理活动所导致的天然沙漠扩张和沙质土壤上植被及覆盖物被破坏，形成流沙及沙土裸露的过程。

本法所称沙化土地，包括已经沙化的土地和具有明显沙化趋势的土地。

(2) 我国防沙治沙的现状

我国是世界上土地沙化危害最严重的国家之一。依据监测结果编写的《中国荒漠化和沙化状况公报》(截至2014年)中显示，全国沙化土地总面积172.12万平方千米，占国土总面积的17.93%，分布在除上海、台湾及香港和澳门特别行政区外的30个省(自治区、直辖市)的920个县(旗、区)，主要分布在新疆、内蒙古、西藏、青海、甘肃5省(自治区)，5省(自治区)沙化土地面积占全国沙化土地总面积的93.95%；其他25省(自治区、直辖市)占6.05%。与2009年相比，5年间沙化土地面积净减少9902平方千米，年均减少1980平方千米。监测结果表明，自2004年以来，我国沙化状况连续3个监测期在缩减，呈现整体遏制、持续缩减、功能增强、成效明显的良好态势，但防沙治沙形势依然严峻。

2001年8月31日第九届全国人民代表大会常务委员会第二十三次会议通过《防沙治沙法》，自2002年1月1日起施行。2005年9月8日国务院发布《关于进一步加强防沙治沙工作的决定》，对防沙治沙工作进行具体部署。根据2018年10月26日第十三届全国人民代表大会常务委员会第六次会议《关于修改〈中华人民共和国野生动物保护法〉等十五部法律的决定》对《防沙治沙法》进行了部分修改。

(3) 开展防沙治沙工作遵循的原则

①统一规划，因地制宜，分步实施，突出重点，坚持区域防治与重点防治相结合。防沙治沙首先必须有一个积极可行的防沙治沙规划，明确任务，突出重点，分步实施。全国的防沙治沙工作必须实行统一规划，地方的防沙治沙规划要根据全国防沙治沙规划编制。防沙治沙规划要因地制宜，量力而行，分步实施，分清轻重缓急，先易后难，也要突出重点，对区域社会经济影响大的要进行重点治理。

②预防为主，防治结合，综合治理。预防为主，就是保护优先，将保护现有植被置于优先位置，植被一旦被破坏，将很难再恢复，预防为主、保护植被是防沙治沙工作的首要任务。防治结合指预防与治理相结合，通过多种治理措施的实施，有助于对土地沙化的预防，对现有植被也是一种保护。防沙治沙必须要综合治理，采取生物措施、工程措施与农艺措施相结合，林、草、水的措施相结合，各种治理措施科学配置，发挥治理的综合效益。

③保护和恢复植被与合理利用自然资源相结合。这一原则要求要处理好生态效益与经

济效益的关系。防沙治沙是一项以生态效益为主,生态效益与社会效益、经济效益紧密结合的工作,有了生态效益,才会有经济效益。

④遵循生态规律,依靠科技进步。土地沙化严重实际就是对人类破坏生态环境规律的一种惩罚,防沙治沙工作一方面要遵循自然生态规律;另一方面也要依靠科技进步,进行科学防沙治沙,两者是统一的。

⑤改善生态环境与帮助农牧民脱贫致富相结合。我国的土地沙化区主要集中在西北地区,西北地区经济欠发达,经济活动主要是传统的畜牧业和种植业,严重依赖草原草场、森林土地等资源。因此防沙治沙要将生态环境建设与帮助农牧民脱贫致富结合起来,结合当地经济、社会发展,调整产业结构和改进生产方式,提高农牧民的收入。

⑥国家支持与地方自力更生相结合,政府组织与社会各界参与相结合。鼓励单位、个人承包防治坚持依靠全社会的力量,最大限度地调动各界群众防沙治沙的积极性。

⑦保障防沙治沙者的合法权益。就是防沙治沙者按照符合防沙治沙规划的治理方案进行治理,所取得的收益受国家法律保护,任何单位和个人不得侵犯。

(4)防沙治沙工作的领导管理体制

在国务院领导下,国务院林业和草原行政主管部门负责组织、协调、指导全国防沙治沙工作。国务院林业草原、农业、水利、土地、生态环境等行政主管部门和气象主管机构,按照有关法律规定的职责和国务院确定的职责分工,各负其责,密切配合,共同做好防沙治沙工作。县级以上地方人民政府组织、领导所属有关部门,按照职责分工,各负其责,密切配合,共同做好本行政区域的防沙治沙工作。

国务院和沙化土地所在地区的县级以上地方人民政府,应当将防沙治沙纳入国民经济和社会发展计划,保障和支持防沙治沙工作的开展。国家在沙化土地所在地区,建立政府行政领导防沙治沙任期目标责任考核奖惩制度。沙化土地所在地区的县级以上地方人民政府,应当向同级人民代表大会及其常务委员会报告防沙治沙工作情况。

(5)防沙治沙规划

从事防沙治沙活动以及在沙化土地范围内从事开发利用活动,必须遵循防沙治沙规划。防沙治沙规划应当对遏制土地沙化扩展趋势,逐步减少沙化土地的时限、步骤、措施等作出明确规定,并将具体实施方案纳入国民经济和社会发展五年规划和年度计划。

防沙治沙规划由全国防沙治沙规划,省级防沙治沙规划和沙化土地所在地区的市、县级防沙治沙规划三级组成。国务院林业和草原行政主管部门会同国务院农业、水利、土地、生态环境等有关部门编制全国防沙治沙规划,报国务院批准后实施。省、自治区、直辖市人民政府依据全国防沙治沙规划,编制本行政区域的防沙治沙规划,报国务院或者国务院指定的有关部门批准后实施。沙化土地所在地区的市、县人民政府,应当依据上一级人民政府的防沙治沙规划,组织编制本行政区域的防沙治沙规划,报上一级人民政府批准后实施。编制防沙治沙规划应当根据沙化土地所处的地理位置、土地类型、植被状况、气候和水资源状况、土地沙化程度等自然条件及其所发挥的生态、经济功能,对沙化土地实行分类保护、综合治理和合理利用。

4.5.2 预防土地沙化和治理沙化土地

4.5.2.1 预防土地沙化

(1) 对沙化土地进行监测

对于土地沙化进行监测是预防土地沙化的最主要的制度措施之一，县级以上地方人民政府林业草原或者其他有关行政主管部门，应当按照土地沙化监测技术规程，对沙化土地进行监测，并将监测结果向本级人民政府及上一级林业草原或者其他有关行政主管部门报告。收到报告的人民政府应当责成有关行政主管部门制止导致土地沙化的行为，并采取有效措施进行治理。

各级气象主管机构应当组织对气象干旱和沙尘暴天气进行监测、预报，发现气象干旱或者沙尘暴天气征兆时，应当及时报告当地人民政府。收到报告的人民政府应当采取预防措施，必要时公布灾情预报，并组织林业草原、农(牧)业等有关部门采取应急措施，避免或者减轻风沙危害。

(2) 营造防风固沙林网、林带

沙化土地所在地区的县级以上地方人民政府应当按照防沙治沙规划，划出一定比例的土地，因地制宜地营造防风固沙林网、林带，种植多年生灌木和草本植物，由林业草原主管部门负责确定植树造林的成活率、保存率的标准和具体任务，并逐片组织实施，明确责任，确保完成。

除了抚育更新性质的采伐外，不得批准对防风固沙林网、林带进行采伐；在对防风固沙林网、林带进行抚育更新性质的采伐之前，必须在其附近预先形成接替林网和林带；对林木更新困难地区已有的防风固沙林网、林带，不得批准采伐；禁止在沙化土地上砍挖灌木、药材及其他固沙植物。

(3) 预防土地沙化应当强化的措施

①采取强有力的植被保护措施，保护好沙区现有植被。沙区地方各级人民政府应当杜绝滥垦、滥牧、滥采、滥挖、滥砍等破坏行为；禁止在沙漠边缘地带和林地、草原开垦耕地；禁止采集发菜，取缔发菜及其制品的收购、加工和销售；禁止滥挖甘草、麻黄草等药材，在甘草和麻黄草资源分布区逐级制定保护和建设规划，在生态脆弱地区划定禁挖区和封育区，禁止一切采挖活动，严格按照有关规定规范中药材收购行为。

②采取种树种草的措施，迅速恢复沙区林草植被。

③采取退耕还林措施，对粮食产量低而不稳、林业经济不适宜耕种的坡耕地、沙化耕地退耕还林，对不适宜放牧的草场、退牧还林还草。

④采取改进牧业方式、改善牧业结构、改良草场等措施，恢复和提高草原的生产、生态功能。

⑤采取严格的水资源管理措施，提高水资源的利用率，实现生活、生产、生态用水的合理分配和协调利用。沙化土地所在地区的县级以上地方人民政府水行政主管部门，应当加强流域和区域水资源的统一调配和管理，在编制流域和区域水资源开发利用规划和供水

计划时,必须考虑整个流域和区域植被保护的用水需求,防止因地下水和上游水资源的过度开发利用,导致植被破坏和土地沙化。

4.5.2.2 治理沙化土地

(1) 造林种草,增加植被

防沙治沙要由地方人民政府负总责,组织有关部门、单位和个人因地制宜采取各项措施进行综合治理。沙化土地所在地区的地方各级人民政府,应当按照防沙治沙规划,组织有关部门、单位和个人,集中力量,因地制宜地复和增加植被,治理已经沙化的土地。

(2) 公益性治沙的法律制度

国家鼓励单位和个人在自愿的前提下,捐资或者以其他形式开展公益性的治沙活动。

从事公益性治沙的单位和个人,应当按照县级以上地方人民政府林业草原或者其他有关行政主管部门的技术要求进行治理,并可以将所种植的林、草委托他人管护或者交由当地人民政府有关行政主管部门管护。县级以上地方人民政府林业草原或者其他有关行政主管部门,应当为公益性治沙活动提供治理地点和无偿技术指导。

使用已经沙化的国有土地的使用权人和农民集体所有土地的承包经营权人,必须采取治理措施,改善土地质量;确实无能力完成治理任务的,可以委托他人治理或者与他人合作治理。委托或者合作治理的,应当签订协议,明确各方的权利和义务。

采取退耕还林还草、植树种草或者封育措施治沙的土地使用权人和承包经营权人,按照国家有关规定,享受人民政府提供的政策优惠。

(3) 营利性治沙的法律制度

营利性治沙活动是指不具有沙化土地所有权或者使用权的单位和个人,在依法取得土地使用权后,以获取一定经济收益为目的,采取各种措施对沙化土地进行治理的治沙活动。2004年7月1日国家林业局颁布并实施了《营利性治沙管理办法》,规定从事营利性治理国家所有的沙化土地的单位和个人,应当与法律授权管理该沙化土地的主管部门或者该沙化土地的使用权人签订治理协议,依法取得该沙化土地的土地使用权。在治理活动开始之前,从事营利性治沙活动的单位和个人应当向治理项目所在地的县级以上人民政府林业草原行政主管部门或者县级以上人民政府指定的其他行政主管部门提出治理申请。申请书应包括:被治理土地权属的合法证明文件和治理协议;符合防沙治沙规划的治理方案;治理所需的资金证明。其中治理方案包括:治理范围界限;分阶段治理目标和治理期限;主要治理措施;经当地水行政主管部门同意的用水来源和用水量指标;治理后的土地用途和植被管护措施;其他需要载明的事项。治理方案是一个法定的方案,它既是一个治理的技术方案,也是行政主管部门进行行政管理的依据和标准。治理者完成治理任务后,应当向县级以上地方人民政府受理治理申请的行政主管部门提出验收申请。经验收合格的,受理治理申请的行政主管部门应当发给治理合格证明文件;经验收不合格的,治理者应当继续治理。在治理者取得合法土地权属的治理范围内,未经治理者同意,其他任何单位和个人不得从事治理或者开发利用活动。

(4) 单位治沙法律制度

已经沙化的土地范围内的铁路、公路、河流和水渠两侧,城镇、村庄、厂矿和水库周围，实行单位治理责任制，由县级以上地方人民政府下达治理责任书，由责任单位负责组织造林种草或者采取其他治理措施。

(5) 集体经济组织治沙法律制度

农村是开展防沙治沙活动的主战场，农村集体经济组织是开展防沙治沙活动的主力军。动员和组织广大农民，依靠农村集体经济组织的力量，有计划地集中开展大规模的防沙治沙活动是十分有效的方法，同时要保障和提高农民治沙的积极性和权益。《防沙治沙法》第三十一条规定："沙化土地所在地区的地方各级人民政府，可以组织当地农村集体经济组织及其成员在自愿的前提下，对已经沙化的土地进行集中治理；农村集体经济组织及其成员投入的资金和劳力，可以折算为治理项目的股份、资本金，也可以采取其他形式给予补偿。"

4.5.3 防沙治沙的保障措施

①资金保障。国务院和沙化土地所在地区的地方各级人民政府应当在本级财政预算中按照防沙治沙规划通过项目预算安排资金，用于本级人民政府确定的防沙治沙工程。在安排扶贫、农业、水利、道路、矿产、能源、农业综合开发等项目时，应当根据具体情况，设立若干防沙治沙子项目。

②优惠政策。防沙治沙需要的投资非常大，单靠中央和地方政府财政投入是不够的，必须制定防沙治沙的优惠政策，调动各方面的积极性，设法扩宽投资渠道，采取多种形式，吸引广大农牧民、企事业单位、组织、外商投入到防沙治沙中去。国务院和省、自治区、直辖市人民政府应当制定优惠政策，鼓励和支持单位和个人防沙治沙；县级以上地方人民政府应当按照国家有关规定，根据防沙治沙的面积和难易程度，给予从事防沙治沙活动的单位和个人资金补助、财政贴息以及税费减免等政策优惠；单位和个人投资进行防沙治沙的，在投资阶段免征各种税收，取得一定收益后，可以免征或者减征有关税收。

③保护沙化土地治理者的土地使用权。使用已经沙化的国有土地从事治沙活动的，经县级以上人民政府依法批准，可以享有不超过七十年的土地使用权。使用已经沙化的集体所有土地从事治沙活动的，治理者应当与土地所有人签订土地承包合同。具体承包期限和当事人的其他权利、义务由承包合同双方依法在土地承包合同中约定。县级人民政府依法根据土地承包合同向治理者颁发土地使用权证书，保护集体所有沙化土地治理者的土地使用权。

④保障治理者的合法权益。沙化土地可以通过承包、租赁等多种形式落实经营主体，按照签订的合同，限期进行治理。治理后的沙化土地，如涉及权属或地类变更，要及时依法办理土地变更登记手续，保障治理者和土地权利人的合法权益。使用国有沙化土地从事防沙治沙活动的，其土地使用权的期限最高可至七十年，治理后的沙化土地承包经营权可以依法继承和流转。因保护生态的特殊要求，将治理后的土地批准划为自然保护区或者沙化土地封禁保护区的，批准机关应当给予治理者合理的经济补偿。

4.5.4 违反防沙治沙法规的法律责任

(1) 在沙化土地封禁保护区范围内从事破坏植被活动的法律责任

在沙化土地封禁保护区范围内从事破坏植被活动的,包括采伐、毁坏树木,砍挖灌木、药材及其他固沙植物,在沙化土地封禁保护区范围内放牧以及其他对植被造成破坏的,根据《防沙治沙法》第三十八条规定,由县级以上地方人民政府林业草原主管部门按照各自的职责,责令停止违法行为;有违法所得的,没收其违法所得;构成犯罪的,由司法机关依法追究刑事责任。

(2) 未采取防沙治沙措施造成土地严重沙化的法律责任

使用已经沙化的国有土地的使用权人和农民集体所有土地的承包经营权人,必须采取治理措施,改善土地质量;确实无能力完成治理任务的,可以委托他人治理或者与他人合作治理。国有土地使用权人和农民集体所有土地承包经营权人违反规定,未采取防沙治沙措施,造成土地严重沙化的,根据《防沙治沙法》第三十九条规定,由县级以上地方人民政府林业草原行政主管部门按照各自的职责,责令限期治理;造成国有土地严重沙化的,县级以上人民政府可以收回国有土地使用权。

(3) 进行营利性治沙活动造成土地沙化加重的法律责任

违反规定,进行营利性治沙活动,造成土地沙化加重的,根据《防沙治沙法》第四十条规定,由县级以上地方人民政府负责受理营利性治沙申请的行政主管部门责令停止违法行为,可以并处每公顷五千元以上五万元以下的罚款。

(4) 不按照治理方案进行治理的法律责任

从事营利性治沙活动的单位和个人,不按照治理方案进行治理的,或者经验收不合格又不按要求继续治理的,根据《防沙治沙法》第四十一条规定,由县级以上地方人民政府负责受理营利性治沙申请的行政主管部门责令停止违法行为,限期改正,可以并处相当于治理费用一倍以上三倍以下的罚款。

(5) 擅自在他人的治理范围内从事治理或者开发利用活动的法律责任

违反规定,未经治理者同意,擅自在他人的治理范围内从事治理或者开发利用活动的,根据《防沙治沙法》第四十二条规定,由县级以上地方人民政府负责受理营利性治沙申请的行政主管部门责令停止违法行为;给治理者造成损失的,应当赔偿损失。

(6) 有关行政主管部门在土地沙化监测过程中失职的法律责任

防沙治沙的相关行政管理单位的直接负责的主管人员和其他直接责任人员,根据《防沙治沙法》第四十三条规定,有下列情形之一的,由所在单位、监察机关或者上级行政主管部门依法给予行政处分:

①发现土地发生沙化或者沙化程度加重不及时报告的,或者收到报告后不责成有关行政主管部门采取措施的。

②批准采伐防风固沙林网、林带的。

③批准在沙漠边缘地带和林地、草原开垦耕地的。

④在沙化土地封禁保护区范围内安置移民的。

⑤未经批准在沙化土地封禁保护区范围内进行修建铁路、公路等建设活动的。

(7) 截留、挪用防沙治沙资金的法律责任

违反规定，截留、挪用防沙治沙资金的，根据《防沙治沙法》第四十四条规定，对直接负责的主管人员和其他直接责任人员，由监察机关或者上级行政主管部门依法给予行政处分；构成犯罪的，依法追究刑事责任。

(8) 防沙治沙监督管理人员的法律责任

在防沙治沙管理工作中存在滥用职权、玩忽职守、徇私舞弊构成犯罪的，造成防沙治沙工程无法顺利完成，土地沙化趋势加重等，给国家、人民造成重大损失的，根据《防沙治沙法》第四十五条规定，由司法机关依法追究刑事责任，分别按滥用职权罪、玩忽职守罪、徇私舞弊罪定罪。

案例解析

1. 享受优惠政策。①县级以上地方人民政府应当根据防沙治沙的面积和难易程度，给予从事防沙治沙活动的单位和个人资金补助、财政贴息以及税费减免等政策优惠。②保护沙化土地治理者的土地使用权。使用已经沙化的国有土地从事治沙活动的，经县级以上人民政府依法批准，可以享有不超过70年的土地使用权。使用已经沙化的集体所有土地从事治沙活动的，治理者应当与土地所有人签订土地承包合同。③保障治理者的合法权益。治理后的沙化土地，如涉及权属或地类变更，要及时依法办理土地变更登记手续，保障治理者和土地权利人的合法权益。使用国有沙化土地从事防沙治沙活动的，其土地使用权的期限最高可至70年，治理后的沙化土地承包经营权可以依法继承和流转。因保护生态的特殊要求，将治理后的土地批准划为自然保护区或者沙化土地封禁保护区的，批准机关应当给予治理者合理的经济补偿。

2. D村村委会的做法违反了《防沙治沙法》的规定，其中第二十八条规定，从事营利性治沙活动的单位和个人，必须按照治理方案进行治理。国家保护沙化土地治理者的合法权益。在治理者取得合法土地权属的治理范围内，未经治理者同意，其他任何单位和个人不得从事治理或者开发利用活动。第三十四条第二款规定：使用已经沙化的集体所有土地从事治沙活动的，治理者应当与土地所有人签订土地承包合同。具体承包期限和当事人的其他权利、义务由承包合同双方依法在土地承包合同中约定。县级人民政府依法根据土地承包合同向治理者颁发土地使用权证书，保护集体所有沙化土地治理者的土地使用权。按照第四十二条规定：违反本法第二十八条第二款规定，未经治理者同意，擅自在他人的治理范围内从事治理或者开发利用活动的，由县级以上地方人民政府负责受理营利性治沙申请的行政主管部门责令停止违法行为；给治理者造成损失的，应当赔偿损失。村委会应该继续维护《承包治理沙漠合同》至合同期满。

复习思考题

一、技能训练

1. 试撰写一份《义务植树节活动方案》。
2. 试拟一份《承包治理沙漠合同》。

二、名词解释

1. 造林绿化行政执法；2. 全民义务植树；3. 封山育林；4. 种子；5. 假种子；6. 劣种子；7. 退耕还林还草；8. 土地沙化和沙化土地。

三、简答题

1. 全民义务植树尽责形式有哪些？
2. 造林绿化要遵循哪些原则？
3. 申领种子生产经营许可证应具备的哪些条件？
4. 种子执法机构有哪些权力？
5. 授予植物品种权的条件是什么？
6. 退耕还林还草应当遵循什么原则？
7. 防沙治沙工作应遵循哪些原则？

四、案例分析题

1. 2002年，某县实施退耕还林工程，对林木种苗的需求量加大。陶某见经营林木种苗有利可图，在没有取得林木种苗生产许可证的情况下，在承包的土地上培育油松和侧柏苗木共计30亩。由于陶某缺乏育苗技术，培育的苗木粗细不一，高低参差不齐，不符合造林的要求。2004年陶某通过私人关系将其苗木供给县林业局，由县林业局统一将苗木调拨给该县的退耕还林户。陶某从中获利11.5万元。回答下列问题：
①陶某的行为是否违法？违反了哪些法律规定？
②县林业局的行为是否违法？违反了哪些法律规定？为什么？
③你认为陶某应承担什么法律责任？县林业局应承担什么法律责任？

2. 2001年3月，为了发展经济、帮助农民致富，决定无偿向农民提供经济林苗木。某乡政府与某果树研究所签订果树销售协议，双方约定，乡政府购买果树研究所15 200株纯度在90%以上的某品种苗木。协议达成当晚，乡政府便将苗木拉回，无偿分给5位果农种植。2003年6月，5位果农发现种植的果树所挂果并非上述品种，遂以乡政府及果树研究所为被告，向法院提起诉讼。回答下列问题：
①乡政府免费提供给果农的果树苗的行为是否该承担法律责任？
②该案中果农的损失该由谁来承担责任？可以得到哪些赔偿？

3. 某县林业局干部韦某、曾某、杨某3人在实施退耕还林工程中，利用职务之便，决定将退耕还林的桉树苗由曾某、杨某与个体经营户罗某3人合伙经营的苗圃供应，在市场销售价格桉树苗每株0.22元的情况下，抬高到每株0.25元，并通过县林业局出售给退耕还林农户，非法获利28 000元，韦某、曾某、杨某3人私分。回答下列问题：
①韦某、曾某、杨某3人应承担什么法律责任？
②你认为本案应如何处理？

单元 5　森林保护法律制度

> **学习目标**

1. 了解森林草原防火、林业有害生物防治、林业植物检疫的立法概况。
2. 熟悉森林保护、林业有害生物预防与除治、林业植物检疫的主要法律规定。
3. 掌握森林保护的主要法律制度；掌握森林草原火灾预防、扑救和处置的法律法规；掌握林业有害生物预防、除治的法律措施；掌握林业植物检疫审批和监管的改进措施。
4. 掌握在森林防火期森林防火区内野外用火许可证的办理；掌握植物检疫证书（新版）的填写要求。
5. 掌握违反森林保护法律法规、违反森林草原防火法律法规、违反林业有害生物防治法律法规、违反林业植物检疫法律法规应承担的法律责任。

5.1　森林保护法律制度概述

案例

2020年5月底，B县公安局森林警察大队对发生在D村的一起砍伐、毁坏林木案立案侦查。经查明，2014年9月，陶某承包何某在D村的林地，何某将该地交给陶某和王某管理种植茶树。2014年11月以来，因林木遮阴，影响茶苗生长，陶某、王某在未告知何某，以及未到林业主管部门办理相关采伐手续的情况下，擅自砍伐树木、围剥树皮、投放有毒药物，导致大量林木死亡。经鉴定，陶某和王某围剥树皮林木504株，围剥宽度均在10厘米以上，剥口处韧皮部缺失，木质部裸露，林木失去原有生长的生理条件，最终导致植株死亡；砍伐林木56株；投放有毒药物致林木死亡3株；砍伐、毁坏林木活立木蓄积量共132.898立方米（图5-1）。

1. 此案例中陶某、王某实施了哪些违反森林资源保护、破坏生态环境的违法犯罪行为？
2. 陶某、王某违反了哪些法律规定？依法应当如何追究陶某和王某的法律责任？

图 5-1　案例分析参照

1979 年，第五届全国人大常委会通过《森林法（试行）》，在当时起到了保护森林资源，提高森林效益的作用。但因所处的历史条件，明显注重对森林经济效益的保护和开发。1984 年，我国正式公布的《森林法》是为了保护、培育和合理利用森林资源，加快国土绿化，发挥森林蓄水保土、调节气候、改善环境和提供林产品的作用，适应社会主义建设和人民生活的需要。1998 年，首次修改《森林法》，人们对林业的性质和定位发生了变化，可持续发展的思想在全球蔓延。尽管修改后的《森林法》在立法目的条款中强调了国土绿化，发挥森林蓄水保土，调节气候，改善环境的生态功能，并引入了森林生态效益补偿和森林资源有偿使用等新制度，但从整体上看仍然建立在传统林业理论基础之上，体现出以木材和其他林产品的生产为中心，法律条款中未出现"生物多样性"这个名词。森林作为生物多样性的载体和最重要组成部分之一，发挥着巨大的生态服务功能和价值。森林维护生物多样性的功能理应得到全社会的充分认识，纳入森林法律规范之中。

2019 年 12 月 28 日，《森林法》按照"尊重自然、顺应自然，坚持生态优先、保护优先、保育结合、可持续发展的原则"作了修订，将"践行绿水青山就是金山银山理念，保护、培育和合理利用森林资源，加快国土绿化，保障森林生态安全，建设生态文明，实现人与自然和谐共生"作为《森林法》的立法目的。关于森林保护具体内容包含了森林资源保护发展目标责任制和考核评价制、建立林长制、公益林补偿、重点林区转型发展、天然林保护、护林组织和护林员、森林防火、林业有害生物防治、林地保护、古树名木和珍贵树木保护、林业基础设施建设等方面，明确了政府、林业主管部门以及林业经营者各自承担的森林资源保护职责。

5.1.1 森林资源保护发展目标责任制和考核评价制度

《森林法》规定国家实行森林资源保护发展目标责任制和考核评价制度。上级人民政府对下级人民政府完成森林资源保护发展目标和森林防火、重大林业有害生物防治工作的情况进行考核，并公开考核结果。县级以上人民政府应当落实国土空间开发保护要求，合理规划森林资源保护利用结构和布局，制定森林资源保护发展目标，提高森林覆盖率、森林蓄积量，提升森林生态系统质量和稳定性。省级以上人民政府林业主管部门对森林资源保护发展工作不力、问题突出、群众反映强烈的地区，可以约谈所在地区县级以上地方人民政府及其有关部门主要负责人，要求其采取措施及时整改。约谈整改的情况应当向社会公开。

5.1.2 林长制

森林和草原是重要的自然生态系统，对于维护国家生态安全、推进生态文明建设具有基础性、战略性作用。《森林法》第四条第二款规定："地方人民政府可以根据本行政区域森林资源保护发展的需要，建立林长制。"林长制是按照"分级负责"的原则，构建省、市、县、乡、村五级林长制体系，由省级党委或政府主要负责同志担任省级总林长，由省级负责同志担任副总林长，市、县、乡、村等各级党政主要领导担任各级林长，负责督促指导本责任区内森林资源保护发展工作，协调解决森林资源保护发展重大问题，依法查处各类破坏森林资源的违法犯罪行为。

林长制是加强森林资源保护管理的一项制度设计，是我国生态文明领域的又一重大制度创新。林长制首先由安徽省安庆市 2017 年实行，2020 年在全国推广，将对我国森林资源的保护和可持续利用发挥重要作用。2021 年 1 月，中共中央办公厅、国务院办公厅印发了《关于全面推行林长制的意见》，决定全面推行林长制，确保到 2022 年 6 月全面建立林长制。推行林长制最为核心的是，进一步压实地方各级党委和政府保护发展森林资源的主体责任和主导作用，通过抓住"关键少数"形成"头雁效应"，构建党政同责、属地负责、部门协同、源头治理、全域覆盖的森林资源保护发展长效机制，确保山有人管、林有人造、树有人护、责有人担，以"林长制"促进"林长治"，加快推进生态文明和美丽中国建设。

5.1.3 森林生态效益补偿制度

《森林法》第七条规定："国家建立森林生态效益补偿制度，加大公益林保护支持力度，完善重点生态功能区转移支付政策，指导受益地区和森林生态保护地区人民政府通过协商等方式进行生态效益补偿。"从本条内容看森林生态效益补偿既包括国家对公益林的补贴，也包括重点生态功能区转移支付，还包括地区间的横向生态效益补偿。《森林法》进一步健全了森林生态效益补偿制度，一是明确中央和地方财政分别安排资金用于公益林的营造、抚育、保护、管理和非国有公益林权利人的经济补偿等，实行专款专用；同时要求国务院财政部门会同林业主管部门制定具体办法；二是明确公益林划定涉及非国有林地的，应当与权利人签订书面协议并给予合理补偿；三是明确重点林区按照规定享受国家重点生态功能区转移支付政策。

5.1.4 天然林全面保护制度

《森林法》第三十二条规定，国家实行天然林全面保护制度，严格限制天然林采伐，加强天然林管护能力建设，保护和修复天然林资源，逐步提高天然林生态功能。1998年，党中央、国务院决定在长江上游、黄河上中游地区及东北、内蒙古等重点国有林区实施天然林资源保护工程。二期工程一直持续到2020年。党的十八大以来，我国进一步加大了天然林保护力度，全面停止天然林商业性采伐。2015年的"十三五"规划和2016年的中央一号文件明确提出了"全面停止天然林商业性采伐"的要求。党的十九大明确要求"完善天然林保护制度"。2019年，中共中央办公厅、国务院办公厅印发的《天然林保护修复制度方案》，对天然林保护进行了系统全面的部署。

5.1.5 森林防灭火制度

根据党和国家机构改革的有关精神，我国的森林防灭火体制机制进行了重大改革，应急管理、林业、公安等部门在森林火灾预防和扑救工作中都具有职责。森林公安划归公安部门统一领导后，原有职能保持不变，业务上接受林业和草原部门指导，继续承担森林和草原防火的有关工作。2019年修订的《森林法》充分体现了机构改革精神，在继续明确地方各级人民政府对森林防火工作总体负责的基础上，规定县级以上人民政府组织领导应急管理、林业、公安等部门按照职责分工做好森林火灾的科学预防、扑救和处置工作。同时明确国家综合性消防救援队伍承担国家规定的森林火灾扑救任务和预防相关工作。

5.1.6 林业有害生物防治制度

由于"森林病虫害"一词已不能涵盖所有给林业造成危害的生物，2019年修订的《森林法》中不再使用"森林病虫害"一词，而统称为"林业有害生物"。同时，对原《森林法》中关于确定检疫对象和划定疫区、保护区的规定进行修改完善。按照《国务院办公厅关于进一步加强林业有害生物防治工作的意见》中关于全面落实防治责任的要求，结合《突发事件应对法》《植物检疫条例》《森林病虫害防治条例》的有关规定，新修订的《森林法》在规定林业主管部门负责本行政区域的林业有害生物的监测、检疫和防治的基础上，明确了重大林业有害生物防治实行地方人民政府负责制，以及当地人民政府在发生暴发性、危险性等重大林业有害生物灾害时的除治责任，强调了林业经营者在其经营管理范围内的林业有害生物防治职责。

单元5 森林保护法律制度

5.1.7 林地保护制度

林地是林业最重要的生产要素，是森林资源的重要载体。为加强林地保护、确保林地保有量不减少，新修订的《森林法》形成了包括占用林地总量控制、建设项目占用林地审核、临时占用林地审批、修筑直接为林业生产经营服务的工程设施占用林地审批的林地用途管制制度体系。其中，占用林地总量控制是新增的法律制度。《国务院关于全国林地保护利用规划纲要（2010—2020年）的批复》明确规定"严格控制建设项目使用林地的规模，国家每五年编制或修订一次征占用林地总额。"对于临时占用林地审批、修筑直接为林业生产经营服务的工程设施占用林地审批，一是根据实践需求，将防火巡护道、森林步道、科普教育设施纳入审批范围，并增加"其他直接为林业生产服务的工程设施"作为兜底项；二是明确国家有关部门应当制定标准，在标准范围内的，按照直接为林业生产经营服务的工程设施占用林地审批；超出标准的，应当按照建设项目占用林地，依法办理建设用地审批手续。此外，新修订的《森林法》还与首次颁布的《土壤污染防治法》相衔接，对向林地排放重金属或者其他有毒有害物质含量超标的污水、污泥等行为作出了禁止性规定。

5.1.8 支持保障制度

《森林法》加大对森林资源保护的投入力度，采取多种措施支持森林资源的保护发展。具体表现：一是在"总则"中规定支持保障的总原则，即"国家采取财政、税收、金融等方面的措施，支持森林资源保护发展。各级人民政府应当保障森林生态保护修复的投入，促进林业发展"；二是加大财政投入，明确中央和地方财政分别安排资金，用于公益林的营造、抚育、保护、管理和非国有公益林权利人的经济补偿等，实行专款专用。明确国家支持重点林区的转型发展和森林资源保护修复，改善生产生活条件，促进所在地区经济社会发展。重点林区按照规定享受国家重点生态功能区转移支付等政策；三是加大对金融、保险和林权收储的支持力度，明确国家通过贴息、林权收储担保补助、提供保险费补贴等措施，鼓励和引导金融机构开展涉林抵押贷款、林农信用贷款等符合林业特点的信贷业务，支持发展森林保险，扶持林权收储机构进行市场化收储担保；四是对林业科学研究、技术推广、森林资源保护宣传教育和知识普及进行鼓励和支持，对成绩显著的组织或者个人按照国家有关规定给予表彰、奖励。此外，还规定了对民族自治地方的森林保护和林业发展实行更加优惠的政策。

5.1.9 古树名木和珍贵树木保护制度

古树名木是中华民族悠久历史和文化的象征，是大自然中优良的种质资源，独特的自然景观，重要的科研标本，是自然界赐予我们最宝贵的财富。2000年9月1日，建设部颁布《城市古树名木保护管理办法》。由于是部门规章，法的效力低，不足以引起人们的重视，古树名木被破坏、被盗挖时有发生。新的《森林法》加大了对古树名木的保护，规定由国家保护古树名木和珍贵树木，禁止破坏古树名木和珍贵树木及其生存的自然环境，从法律层面给予古树名木和珍贵树木强有力的保护。加强古树名木和珍贵树木的保护，对于弘扬先进生态文化，推进生态文明和美丽中国建设都具有十分重要的意义。

5.1.10　加强林业基础设施建设制度

《森林法》规定各级人民政府应当加强林业基础设施建设，应用先进适用的科技手段，提高森林防火、林业有害生物防治等森林管护能力。各有关单位应当加强森林管护。国有林业企业事业单位应当加大投入，加强森林防火、林业有害生物防治，预防和制止破坏森林资源的行为。县级以上人民政府组织领导应急管理、林业、公安等部门按照职责分工密切配合做好森林火灾的科学预防、扑救和处置工作，如设置防火设施，配备防灭火装备和物资，修筑集材道、运材道、防火巡护道、森林步道等。

5.1.11　以国家公园为主体的自然保护地体系制度

国家在不同自然地带的典型森林生态地区、珍贵动物和植物生长繁殖的林区、天然热带雨林区和具有特殊保护价值的其他天然林区，建立以国家公园为主体的自然保护地体系，加强保护管理。国家支持生态脆弱地区森林资源的保护修复。县级以上人民政府应当采取措施对具有特殊价值的野生植物资源予以保护。

5.1.12　建立护林组织，配备专职或者兼职护林员制度

地方各级人民政府应当组织有关部门建立护林组织，负责护林工作；根据实际需要建设护林设施，加强森林资源保护；督促相关组织订立护林公约、组织群众护林、划定护林责任区、配备专职或者兼职护林员。县级或者乡镇人民政府可以聘用护林员，负责巡护森林，发现火情、林业有害生物以及破坏森林资源的行为，应当及时处理并向当地林业等有关部门报告。

5.1.13　违反森林保护法律法规的法律责任

(1)擅自开垦、采石、采砂、采土或者其他活动的法律责任

违反森林保护法律规定，擅自开垦、采石、采砂、采土或者其他活动，造成林木毁坏的，根据《森林法》第七十四条第一款规定，由县级以上人民政府林业主管部门责令停止违法行为，限期在原地或者异地补种毁坏株数一倍以上三倍以下的树木，可以处毁坏林木价值五倍以下的罚款。拒不补种树木，或者补种不符合国家有关规定（省级以上人民政府林业主管部门制定标准），根据《森林法》第八十一条第一款第二项规定，由县级以上人民政府林业主管部门依法组织代为履行，代为履行所需费用由违法者承担。

造成林地毁坏的，由县级以上人民政府林业主管部门责令停止违法行为，限期恢复植

被和林业生产条件,可以处恢复植被和林业生产条件所需费用三倍以下的罚款。拒不恢复植被和林业生产条件,或者恢复植被和林业生产条件不符合国家有关规定(省级以上人民政府林业主管部门制定),根据《森林法》第八十一条第一款第一项规定,由县级以上人民政府林业主管部门依法组织代为履行,代为履行所需费用由违法者承担。

违法开垦林地情节严重的,构成非法占用农用地罪,由司法机关依照《刑法》第三百四十二条的规定追究刑事责任。为依法惩治破坏林地资源犯罪活动,依照最高人民法院审判委员会第1374次会议审议通过《最高人民法院关于审理破坏林地资源刑事案件具体应用法律若干问题的解释》。

(2)在幼林地砍柴、毁苗、放牧造成林木毁坏的法律责任

违反森林保护法律规定,在幼林地砍柴、毁苗、放牧造成林木毁坏的,根据《森林法》第七十四条第二款规定,由县级以上人民政府林业主管部门责令停止违法行为,限期在原地或者异地补种毁坏株数一倍以上三倍以下的树木。拒不补种树木,或者补种不符合国家有关规定(省级以上人民政府林业主管部门制定标准),根据《森林法》第八十一条第一款第二项规定处理。

(3)向林地排放重金属或者其他有毒有害物质含量超标的污水、污泥的法律责任

为了保护生态环境,对污染林地的违法行为必须给予法律严惩。向林地排放污染物的行为既违反了《森林法》第三十九条的规定,也违反了《土壤污染防治法》第二十八条的规定。对于违反森林保护的法律规定,向林地排放重金属或者其他有毒有害物质含量超标的污水、污泥,以及可能造成林地污染的清淤底泥、尾矿、矿渣等的,根据《森林法》第七十四条第三款的规定,依照《土壤污染防治法》的有关规定处罚。

(4)擅自移动或者毁坏森林保护标志的法律责任

违反森林保护的法律规定,擅自移动或者毁坏森林保护标志的,根据《森林法》第七十五条的规定,由县级以上人民政府林业主管部门恢复森林保护标志,所需费用由违法者承担。

(5)擅自毁林采种或者违反操作技术规程采脂、挖笋、掘根、剥树皮及过度修枝的法律责任

违反森林保护法规规定,未经林业主管部门批准,擅自毁林采种(指为了采集种子而破坏正在生长的林木的行为),或者违反操作技术规程采脂、挖笋、掘根、剥树皮及过度修枝,致使森林、林木受到毁坏的,根据《森林法实施条例》第四十一条第一款规定,依法赔偿损失;由县级以上人民政府林业主管部门责令停止违法行为,补种毁坏株数一倍至三倍的树木,可以处毁坏林木价值一倍至五倍的罚款;拒不补种树木或者补种不符合国家有关规定的,由县级以上人民政府林业主管部门组织代为补种,所需费用由违法者支付。

根据最高人民法院《关于审理破坏森林资源刑事案件具体应用法律若干问题的解释》第十五条的规定,非法实施采种、采脂、挖笋、掘根、剥树皮等行为,牟取经济利益数额较大的,依照《刑法》第二百六十四条的规定,以盗窃罪定罪处罚。同时构成其他犯罪的,依照处罚较重的规定定罪处罚。

(6)擅自将防护林和特种用途林改变为其他林种的法律责任

违反森林保护法规规定,未经依法批准或者违反批准的内容,擅自将防护林和特种用途林改变为其他林种的,根据《森林法实施条例》第四十六条规定,由县级以上林业主管部门收回经营者所获取的森林生态效益补偿,并处所获取森林生态效益补偿三倍以下的罚款。

 案例解析

1. 从本案例违法事实来看,陶某、王某于2014年11月以来,因林木遮阴,影响茶苗生长,在未告知何某以及未到林业主管部门办理相关采伐手续的情况下,擅自砍伐林木56株,构成滥伐林木行为。围剥树皮林木504株,围剥宽度均在10厘米以上,剥口处韧皮部缺失,木质部裸露,林木生长所需的生理条件被严重破坏,导致大量林木死亡;而且投放有毒药物致林木死亡3株;毁坏林木活立木蓄积量共132.898立方米,构成故意毁坏林木行为。

2. 本节案例中,陶某、王某在未到林业主管部门办理相关采伐手续的情况下,擅自砍伐树木属于滥伐林木行为。二人违反了《森林法》第五十六条规定,采伐林地上的林木应当申请采伐许可证,并按照采伐许可证的规定进行采伐。依照《森林法》第七十六条第二款规定,滥伐林木的,由县级以上人民政府林业主管部门责令限期在原地或者异地补种滥伐株数一倍以上三倍以下的树木,可以处滥伐林木价值三倍以上五倍以下的罚款。

根据《最高人民法院关于审理破坏森林资源刑事案件具体应用法律若干问题的解释》第六条规定,违反森林法未经林业行政主管部门及法律规定的其他主管部门批准并核发林木采伐许可证,任意采伐本单位所有或者本人所有的森林或者其他林木数量较大的,依照刑法第三百四十五条第二款的规定,以滥伐林木罪定罪处罚。

滥伐林木罪的刑事立案标准是根据本《司法解释》的第五条规定,滥伐林木"数量较大"的起点是立木蓄积量以十至二十立方米或者幼树五百至一千株为起点;滥伐林木"数量巨大"的起点是立木蓄积量以五十至一百立方米或者幼树二千五百至五千株为起点。

故意毁坏林木属于故意毁坏财物的特殊形式。毁坏林木的犯罪,主观方面是故意。行为人一般以毁林开垦、采石、采砂、采土及违反操作技术规程采种、剥树皮、掘根等活动,为谋取某种非法利益为目的,明知自己的行为会导致林木死亡,而放任这种结果发生,且数量较大。犯罪目的不是非法获取财物而是将财物毁坏。这是故意毁坏财物罪(毁坏林木罪)与其他贪利型犯罪的根本区别。二人围剥树皮、投放有毒药物,导致大量林木死亡的行为属于故意毁坏林木。

《刑法》第二百七十五条规定:故意毁坏公私财物,数额较大或者有其他严重情节的,处三年以下有期徒刑、拘役或者罚金;数额巨大或者有其他特别严重情节的,处三年以上七年以下有期徒刑。《最高人民检察院、公安部关于公安机关管辖的刑事案件立案追诉标准的规定(一)》第三十三条规定:故意毁坏公私财物,涉嫌下列情形之一的,应予立案追诉:①造成公私财物损失五千元以上的;②毁坏公私财物三次以上的;③纠集三人以上公然毁坏公私财物的;④其他情节严重的情形。

由于我国刑法对构成故意毁坏财物罪中的数额未作出明确界定,因此,各地在实施中的审判标准也不太相同,例如,福建省对故意毁坏公私财物罪的认定是"数额较大"一般为一万元以上不满五万元;"数额巨大"为五万元以上。

单元5 森林保护法律制度

本节案例中，陶某、王某滥伐林木与毁坏林木的后果如何，要经当地物价部门与林业专家出具林木损失评估报告与鉴定意见，来确定是追究行政责任还是刑事责任。若陶某、王某同时构成滥伐林木罪与毁坏财物罪(毁坏林木罪)，则依照处罚较重的规定定罪处罚。

5.2 森林草原防火法律制度

 案例

森林火灾的发生多是人为因素造成，会给森林资源和人民群众生命财产安全造成严重危害。2021年1月20日15时许，A区公安分局B派出所民警巡逻至C镇一带时，发现前方烟雾缭绕，当前正值森林防火期，天气持续干燥，火灾隐患突显，防火形势尤为严峻，恐发生火灾，民警迅速赶往浓烟处，发现李老伯正在焚烧玉米秸秆，民警当场帮助李老伯扑灭正在燃烧的秸秆，及时排除了火灾安全隐患。1月21日上午11时许，A区公安分局D派出所民警在巡逻途中也发现了一例违规野外用火行为。经查，系E镇村民赵婆婆为烧灰积肥在自家耕地内燃烧秸秆。在民警的帮助下，赵婆婆扑灭了正在燃烧的秸秆。公安机关根据《F省森林防火条例》的规定，对二人分别作出行政处罚。老人对此无异议，并表示今后会小心谨慎用火，避免造成火灾危害。《G市人民政府2021年森林防火命令》中明确"四个一律"：对森林防火期内在森林防火区野外烧纸和吸烟者，一律依法给予警告、罚款或者拘留等行政处罚；公职人员一律依规依纪依法给予党纪政务处分直至开除公职；对在场不予制止或制止不力的领导干部一律依规依纪依法给予党纪政务处分；对引起火灾构成犯罪的，一律依法追究刑事责任。

1. 本案例中，李老伯与赵婆婆违规野外用火焚烧秸秆的行为触犯了哪些法律法规？
2. 对违规野外用火焚烧秸秆的行为如何追究法律责任？
3. 通过本案例，你认为在预防森林火灾发生方面，应当做好哪些工作来应对森林火灾，维护好森林生态安全？

5.2.1 森林草原防火概述

森林草原火灾是目前公认的世界上最为严重的自然灾害和突发公共事件之一。在全球气候变化下，重大森林草原火灾已成为制约森林草原资源可持续发展的限制因素之一。如何快速有效地防止和控制森林草原火灾，减少其造成的损失，是我国乃至世界各国政府共同关注的问题。

(1) 森林草原防灭火法律法规概述

近年来，在全球气候变暖背景下，我国南方地区连续干旱、北方地区暖冬现象明显，森林草原火灾呈现多发态势，森林草原防火形势非常严峻。但是随着经济社会的发展，森林草原防火工作出现了一些新情况、新问题。为适应新形势，国务院对1988年1月16日、1993年10月5日先后发布的《森林防火条例》与《草原防火条例》进行了必要的修订。

— 151 —

修订后的《森林防火条例》与《草原防火条例》自2009年1月1日起施行。《森林防火条例》与《草原防火条例》分别强化了各级政府职责,加强了森林、林木、林地经营单位、草原生产经营单位和个人的责任,在处置森林草原火灾,惩处违法行为等方面进行了修改完善,顺应了当时我国经济社会发展需要和政府行政管理体制、林业、草原经营管理体制改革的要求。2021年4月29日第三次修正的《草原法》规定了由县级以上人民政府有计划地进行草原防火设施的建设,如火情监测、防火物资储备、防火隔离带等,确保防火需要。尤其是2019年12月28日新修订的《森林法》充分体现了国家机构改革的精神,在森林防灭火体制机制上作出了新规定。

(2) 立法目的、防火方针及适用范围

积极有效预防和扑救森林草原火灾,保障人民生命财产安全,保护森林草原资源,维护生态安全作为《森林防火条例》与《草原防火条例》的立法目的。两部条例均提到了保障人民生命财产安全,而《森林防火条例》更是把保障人民生命财产安全放在了首位,从资源为重到安全第一,凸显了以人为本的时代特色,森林资源固然重要,但人民生命安全更加重要,这是科学发展观的具体落实与实践。森林防火工作实行"预防为主、积极消灭"的方针。草原防火工作实行"预防为主、防消结合"的方针。两部条例适用于中华人民共和国境内森林、草原火灾的预防和扑救,城市市区的除外。

(3) 森林草原火灾应对实行地方各级人民政府行政首长负责制

森林草原火灾应对工作坚持统一领导、协调联动,分级负责、属地为主,以人为本、科学扑救,快速反应、安全高效的原则,实行地方各级人民政府行政首长负责制。森林草原火灾发生后,地方各级人民政府及其有关部门(交通、电信、气象、民政、公安、商务、卫生健康等)立即按照任务分工和相关预案开展处置工作。省级人民政府是应对本行政区域重大、特别重大森林草原火灾的主体,国家根据森林草原火灾应对工作需要,及时启动应急响应、组织应急救援。

(4) 明确森林草原防灭火指挥机构、应急管理、林业、公安等部门在森林草原防灭火工作中的职责

国家森林草原防灭火指挥部负责组织、协调和指导全国森林草原防灭火工作。县级以上地方人民政府按照"上下基本对应"的要求,设立森林(草原)防(灭)火指挥机构,负责组织、协调和指导本行政区域(辖区)森林草原防灭火工作。县级以上人民政府组织领导应急管理、林业、公安等部门按照职责分工密切配合做好森林草原火灾的科学预防、扑救和处置工作。国家森林草原防灭火指挥部办公室设在应急管理部,由应急管理部、公安部、国家林草局共同派员组成,承担指挥部的日常工作。

(5) 国家综合性消防救援队伍的组建及领导指挥体系

根据2018年3月中共中央《深化党和国家机构改革方案》的规定,公安消防部队(武警消防部队)、武警森林部队退出现役,成建制划归应急管理部,组建国家综合性消防救援队伍,承担国家规定的森林火灾扑救任务和预防相关工作。2018年10月,中共中央办公厅、国务院办公厅印发《组建国家综合性消防救援队伍框架方案》,就推进公安消防部队和武警森林部队转制、建设中国特色应急救援主力军和国家队作出了部署。国家综合性消防救援队伍建立统一高效的领导指挥体系。应急管理部设立消防救援局和森林消防局,分别作为消防救援队伍、森林消防队伍的领导指挥机关。省、市、县级分别设消防救援总队、支队、大队,城市和乡镇根据需要按标准设立消防救援站;森林消防总队以下单位保持原建制。

(6)《消防救援衔条例》的颁布及消防救援衔的设置

为了加强国家综合性消防救援队伍正规化、专业化、职业化建设,增强消防救援人员的责任感、荣誉感和组织纪律性,有利于国家综合性消防救援队伍的指挥、管理和依法履行职责,2018年10月26日,第十三届全国人民代表大会常务委员会第六次会议通过《消防救援衔条例》。《消防救援衔条例》共七章二十八条,对消防救援衔的称谓、等级、授予、晋升等作出了专门规定。消防救援衔是继军衔、警衔、关衔、外交衔之后,我国设立的一种新衔级,是专门为国家综合性消防救援队伍设立,是表明消防救援人员身份、区分消防救援人员等级的称号和标志,是国家给予消防救援人员的荣誉和相应待遇的依据。

设置消防救援衔实行一职对一衔,将衔级与职级合并设置。在衔级称谓上,管理指挥人员、专业技术人员主要突出"指挥"特点,称为总监、指挥长、指挥员;消防员主要体现"消防"特点,称为消防长、消防士、预备消防士。消防救援衔级职级序列具体分为:管理指挥人员设总监、副总监、助理总监,高级、一级、二级、三级指挥长,一级、二级、三级、四级指挥员,共三等十一级;专业技术人员设置专业技术高级指挥长和一级、二级、三级指挥长,专业技术一级、二级、三级、四级指挥员,共二等八级;消防员设一级、二级、三级消防长,一级、二级、三级、四级消防士,预备消防士,共三等八级。

(7)完善森林草原防灭火联防制度,确保火灾得到及时扑救

对于森林草原防灭火工作涉及两个以上行政区域的,有关地方人民政府及有关部门应当建立森林草原防灭火联防机制,确定联防区域,制定联防措施,建立联防制度,加强信息沟通和监督检查,实行信息共享。

针对我国目前还有一大半的省区没有部署国家森林消防力量的情况,应急管理部制定了《国家综合性消防救援队伍相关跨区域调用方案》。根据全国森林草原资源分布情况进行分区划片,明确力量编成。目前,国家森林消防队伍有9个总队、2个航空救援支队和1个机动支队,主要驻防在10个省(自治区、直辖市),还同时担负8个省份的跨省机动靠前驻防任务。还在边境线组建了6支跨国(境)森林草原灭火队。在黑龙江和云南分别建设了南方北方空中救援基地。

对于没有国家森林消防队伍驻防的省份,主要采取4种方式积极主动应对。一是立足本省当地扑救力量实施救援。需要国家森林消防队伍和航空救援飞机增援时,按照临近原则,依令实施跨省增援;二是每年根据全国森林草原火险形势,统筹安排国家森林消防队伍向火险等级相对较高的省区实施跨省区集中驻防;三是指导各地统筹组织国家队、地方队和应急航空救援力量,广泛开展联防联训联演,强化国家队机动能力的同时提高地方专业队的实战能力;四是充分发挥消防救援力量各地都有的部署优势,增加森林草原防灭火专业技能训练和装备配备,作为先期处置力量和攻坚配属力量遂行任务。

5.2.2 预防森林草原火灾制度

森林草原火灾对森林草原资源危害极大,我国是世界上森林火灾多发的国家之一。森林火灾能在短时间内破坏大面积的森林,造成严重的财产损失和人身伤亡,而发生的森林火灾有95%以上是人为因素造成的,因此森林草原防火要从各级领导重视,做好防火宣传与发动群众工作方面入手,采取有效措施,强化对生产用火、生活用火以及其他非生产用火活动的管理,尽可能减少火灾发生,做好森林火灾的科学预防工作,对维护森林草原资源意义重大。

(1)组织开展森林草原防火宣传活动,普及森林草原防火知识

各级政府及相关部门应当组织经常性的森林草原防火宣传活动,普及森林草原防火知识,做好森林草原火灾预防工作。通过宣传,增强全民森林草原防火意识,提高全民参与森林草原防火的积极性和主动性。宣传人员可以走进社区、深入林区,走村入户,通过摆放展板、播放宣传片、发放宣传资料、讲解森林草原防火知识、展示森林草原防火装备等方式,提醒广大群众谨慎用火,一定要管住手里的火种,无论生产用火、生活用火、祭祀用火、农事用火,在防火期尤其是在野外,严格遵守执行法律法规,严防火灾事故发生。

(2)划定森林草原防火区,规定森林草原防火期

县级以上地方人民政府应当根据本行政区域内森林草原资源分布状况和森林草原火灾发生规律,划定森林草原防火区,规定森林草原防火期,并向社会公布。森林草原防火区,是森林草原火灾防控措施实施的地域范围,是确定森林草原防火期内野外用火、森林草原防火检查、火灾隐患消除等行为法律责任的依据。各地划分森林草原防火区应以森林植被、新植林地及与森林相邻的草甸、灌丛地、疏林地、荒地等可燃性地被物区域防火安全为标准,将可能引发森林草原火灾的野外火源、生活火源地域一并划入森林防火区。森林草原防火期内,各级人民政府森林草原防火指挥机构、森林、林木、林地的经营单位和个人、草原经营者应当根据森林草原火险预报,采取相应的预防和应急准备措施。

森林防火期内,禁止在森林防火区野外用火。因防治病虫鼠害、冻害等特殊情况确需野外用火的,应当经县级人民政府批准,并按照要求采取防火措施,严防失火;需要进入森林防火区进行实弹演习、爆破等活动的,应当经省级林业主管部门批准,并采取必要的防火措施;中国人民解放军和中国人民武装警察部队因处置突发事件和执行其他紧急任务需要进入森林防火区的,应当经其上级主管部门批准,并采取必要的防火措施。

(3)设置防火设施,配备防灭火装备和物资

森林草原防火设施、防灭火装备和物资的状况是森林草原火灾预防和控制能力的标志之一。没有足够数量和较高质量的防灭火设施、装备和物资,一旦发生火灾,就不可能及时发现和组织扑救。准备森林草原防火设施、装备和物资的工作主要包括:设置火情瞭望台,开设防火隔离带或者营造防火林带,配备防火交通运输工具、探火灭火器械和通信器械等,在重点林区修筑防火道路,建立防火物资储备仓库,建立森林火险监测和预报站(点)。森林防火基础设施建设,要同林区开发建设总体设计和大面积造林设计结合起来作为一项系统工程，统一规划、统一施工、统筹安排。《森林法》第五十二条第一款第三项、第五项规定，在林地上修筑直接为林业生产经营服务的工程设施，如防火巡护道及森林防火设施，需要使用林地符合国家有关部门规定标准的，由县级以上人民政府林业主管部门批准。超出标准需要占用林地的，应当依法办理建设用地审批手续。

（4）建立森林火灾监测预警体系，及时消除隐患

森林火灾监测，是为了及时发现森林火灾并实现"打早、打小、打了"，减少森林火灾的损失。监测方法包括：森林防火巡护、卫星林火监测和瞭望监测等。国务院办公厅于2020年公布的《国家森林草原火灾应急预案》指出：根据森林草原火险指标、火行为特征和可能造成的危害程度，将森林草原火险预警级别划分为四个等级，由高到低依次用红色、橙色、黄色和蓝色表示。

由应急管理部门组织，各级林草、公安和气象主管部门加强会商，联合制作森林草原火险预警信息，并通过预警信息发布平台和广播、电视、报刊、网络、微信公众号以及应急广播等方式向涉险区域相关部门和社会公众发布。国家森林草原防灭火指挥部办公室适时向省级森林（草原）防（灭）火指挥机构发送预警信息，提出工作要求。

（5）保障预防和扑救森林火灾所需费用

预防和扑救森林火灾所需费用，应由国家财政予以承担。其主要包括森林防火物资设备购置和储备费用、森林火灾扑救费用、防火基础设施的建设与维护支出等，以及参加扑救森林火灾人员的补贴、医疗和抚恤。《森林法》规定，国家支持发展森林保险。县级以上人民政府依法对森林保险提供保险费补贴。通过保险形式转移森林火灾风险，提高林业防灾减灾能力和灾后自我救助能力。

（6）确定从国家到地方的森林火险区划等级，编制国家及地方的森林草原防火规划

国务院林业主管部门应当根据全国森林火险区划等级和实际工作需要，编制全国森林防火规划，报国务院或者国务院授权的部门批准后组织实施。省级林业主管部门应当按照国务院林业主管部门制定的森林火险区划等级标准，以县为单位确定本行政区域的森林火险区划等级，向社会公布，并报国务院林业主管部门备案。县级以上林业主管部门根据全国森林防火规划，结合本地实际，编制本行政区域的森林防火规划，报本级人民政府批准后组织实施。

（7）加强森林草原防火基础设施建设，保障航空护林所需经费

国务院有关部门和县级以上地方人民政府应当按照森林防火规划，加强森林防火基础设施建设，储备必要的森林防火物资，根据实际需要整合、完善森林防火指挥信息系统。县级以上人民政府应当将森林防火基础设施建设纳入国民经济和社会发展规划，将森林防火经费纳入本级财政预算。国家支持森林防火科学研究，推广和应用先进的科学技术，提高森林防火科技水平。国务院和省级人民政府根据森林防火实际需要，充分利用卫星遥感技术和现有军用、民用航空基础设施，建立相关单位参与的航空护林协作机制，完善航空护林基础设施，并保障航空护林所需经费。

（8）《国家森林草原火灾应急预案》编制的背景及过程

森林草原火灾应急预案是国家应急预案体系的重要组成部分，是安全高效处置森林草原火灾的基本遵循和行动指南。随着党和国家机构改革的深入推进，《国家森林火灾应急预案》和《全国草原火灾应急预案》已经不能适应新形势、新体制、新机制和有效防范化解重大风险的客观要求。2019年8月初，由应急管理部牵头，会同公安部、国家林草局和军委联合参谋部并邀请有关专家组成起草组，按照专题调研论证、集中组织起草、广泛征求意见、组织专项评审、严格审核报批的步骤稳步推进。经三次征求各地区各有关部门意见，反复修改完善达成一致，通过合法性审核与风险评估。经国家森防指全体会议审议，国务院办公厅严格审核，报国务院同意，于2020年10月26日由国务院办公厅印发施行。

(9)《国家森林草原火灾应急预案》编制的指导思想及其意义

国务院办公厅依据《森林法》《草原法》《突发事件应对法》《森林防火条例》《草原防火条例》和《国家突发公共事件总体应急预案》等编制印发了《国家森林草原火灾应急预案》。是以习近平新时代中国特色社会主义思想为指导，深入贯彻落实习近平总书记关于防灾减灾救灾的重要论述和关于全面做好森林草原防灭火工作的重要指示精神，按照党中央、国务院决策部署，坚持人民至上、生命至上，进一步完善体制机制，依法有力有序有效处置森林草原火灾，最大程度减少人员伤亡和财产损失，保护森林草原资源，维护生态安全。

《国家森林草原火灾应急预案》是各省（自治区、直辖市）编修本级预案的重要依据，是各省（自治区、直辖市）编修本级预案的有力指导。按照国家森防指的要求，在2021年年底前，全国县级以上森林草原火灾应急预案完成编修工作，构建起上下贯通、横向配套的省、市、县三级预案体系。县级以上地方人民政府应急管理部门结合当地实际编制森林草原火灾应急预案，报本级人民政府批准，并报上一级人民政府应急管理部门备案，形成上下衔接、横向协同的预案体系。

(10)《国家森林草原火灾应急预案》的主要内容

①总则。明确《预案》编制的指导思想、编制依据、适用范围、工作原则、灾害分级等内容。

②主要任务。明确应对森林草原火灾中组织灭火行动、解救疏散人员、保护重要目标、转移重要物资、维护社会稳定。

③组织指挥体系。规范森林草原防灭火指挥机构、任务分工、扑救指挥和专家组职能。

④处置力量。明确火灾扑救力量编成，规范力量调动程序。

⑤预警和信息报告。对预警等级和信息报告要求进行了明确。

⑥应急响应。对分级响应、响应措施和国家层面应对工作进行细化。

⑦综合保障。明确输送保障、物资保障、经费保障的方式、程序和制度机制。

⑧后期处置。设置火灾评估、火因火案查处、约谈整改、责任追究、工作总结、表彰奖励等。

⑨附则。明确预案演练、管理与更新。

⑩附件。三个附件分别为《应急航空救援飞机调用说明》《国家综合性消防救援队伍相关跨区域调用方案》《国家森林草原防灭火指挥部火场前线指挥部组成及任务分工》。

(11) 实现林业建设和森林防火"四同步"

《森林防火条例》第十八条规定，在林区依法开办工矿企业、设立旅游区或者新建开发区的，其森林防火设施应当与该建设项目同步规划、同步设计、同步施工、同步验收；在林区成片造林的，应当同时配套建设森林防火设施。

（12）森林、林木、林地的经营单位和个人在森林草原防火工作中负有重要责任

①建立森林草原防火责任制。规定森林、林木、林地的经营单位和个人，在其经营范围内承担森林防火责任，并应当按照规定划定森林防火责任区，确定森林防火责任人，配备森林防火设施和设备。

②完善护林员制度。规定森林、林木、林地的经营单位配备的兼职或者专职护林员负责巡护森林，管理野外用火，及时报告火情，协助有关机关调查森林火灾案件。

③履行森林防火宣传教育义务。规定森林防火期内，森林、林木、林地的经营单位应当设置森林防火警示宣传标志，并对进入其经营范围的人员进行森林防火安全宣传。

④规范林区其他单位、个人的森林防火义务。规定铁路的经营单位应当负责本单位所属林地的防火工作，并配合县级以上地方人民政府做好铁路沿线森林火灾危险地段的防火工作；电力、电信线路和石油天然气管道的森林防火责任单位，应当在森林火灾危险地段开设防火隔离带，并组织人员进行巡护。

（13）加强森林草原火灾扑救应急队伍的定期培训和演练

地方各级人民政府和国有林业企事业单位应当根据实际需要，成立森林火灾专业扑救队伍；县级以上地方人民政府应当指导森林经营单位和林区的居民委员会、村民委员会、企业、事业单位建立森林火灾群众扑救队伍。专业的和群众的火灾扑救队伍应当定期进行培训和演练。

（14）划定森林高火险区，规定森林高火险期

森林防火期内，预报有高温、干旱、大风等高火险天气的，县级以上地方人民政府应当划定森林高火险区，规定森林高火险期。必要时，县级以上地方人民政府可以根据需要发布命令，严禁一切野外用火；对可能引起森林火灾的居民生活用火应当严格管理。森林高火险期内，进入森林高火险区的，应当经县级以上地方人民政府批准，严格按照批准的时间、地点、范围活动，并接受县级以上地方人民政府林业主管部门的监督管理。

（15）下达森林火灾隐患整改通知书

县级以上人民政府森林防火指挥机构，应当组织有关部门对森林防火区内有关单位的森林防火组织建设、森林防火责任制落实、森林防火设施建设等情况进行检查；对检查中发现的森林火灾隐患，县级以上林业主管部门应当及时向有关单位下达森林火灾隐患整改通知书，责令限期整改，消除隐患。被检查单位应当积极配合，不得阻挠、妨碍检查活动。

（16）设立临时性的森林防火检查站

森林防火期内，经省级人民政府批准，林业主管部门、国务院确定的重点国有林区的管理机构可以设立临时性的森林防火检查站，对进入森林防火区的车辆和人员进行森林防火检查。

（17）做好森林火险天气的监测预报

县级以上林业主管部门和气象主管机构应当根据森林防火需要，建设森林火险监测和预报台站，建立联合会商机制，及时制作发布森林火险预警预报信息。气象主管机构应当无偿提供森林火险天气预报服务。广播、电视、报纸、互联网等媒体应当及时播发或者刊登森林火险天气预报。

5.2.3 森林草原火灾扑救

森林草原火灾发生后,要先研判气象、地形、环境等情况及是否威胁人员密集居住地和重要危险设施,科学组织施救。牢固树立"人民至上、生命至上"的理念,牢牢守住扑火安全底线,全力保护人民群众生命财产和扑火人员安全。

(1)森林草原火灾信息报告程序

县级以上地方人民政府应当公布森林火警电话,建立森林防火值班制度。任何单位和个人发现森林火灾,应当立即报告。接到报告的当地人民政府或者森林草原防火指挥机构应当立即派人赶赴现场,调查核实,采取相应的扑救措施,并按照有关规定逐级报上级人民政府和森林(草原)防(灭)火指挥机构。

地方各级森林(草原)防(灭)火指挥机构按照"有火必报"原则,及时、准确、逐级、规范报告森林草原火灾信息。以下森林草原火灾信息由国家森林草原防灭火指挥部办公室向国务院报告:①重大、特别重大森林草原火灾;②造成3人以上死亡或者10人以上重伤的森林草原火灾;③威胁居民区或者重要设施的森林草原火灾;④火场距国界或者实际控制线5公里以内,并对我国或者邻国森林草原资源构成威胁的森林草原火灾;⑤经研判需要报告的其他重要森林草原火灾。

(2)启动森林草原火灾应急预案

发生森林草原火灾,县级以上地方人民政府森林(草原)防(灭)火指挥机构应当按照规定立即启动森林草原火灾应急预案;发生重大、特别重大森林草原火灾,国家森林草原防灭火指挥机构应当立即启动重大、特别重大森林草原火灾应急预案。森林草原火灾应急预案启动后,有关森林草原防火指挥机构应当在核实火灾准确位置、范围以及风力、风向、火势的基础上,根据火灾现场天气、地理条件,合理确定扑救方案,划分扑救地段,确定扑救责任人,并指定负责人及时到达森林草原火灾现场具体指挥森林草原火灾的扑救。

(3)扑救森林草原火灾以受过专业培训的扑火力量为主

扑救森林草原火灾由当地森林(草原)防(灭)火指挥机构按照森林草原火灾应急预案统一组织和指挥。同时发生3起以上或者同一火场跨两个行政区域的森林草原火灾,由上一级森林(草原)防(灭)火指挥机构指挥。扑救森林草原火灾,应当坚持以人为本、科学扑救,及时疏散、撤离受火灾威胁的群众,并做好火灾扑救人员的安全防护,尽最大可能避免人员伤亡。

扑救森林草原火灾以地方专业防扑火队伍、应急航空救援队伍、国家综合性消防救援队伍等受过专业培训的扑火力量为主,解放军和武警部队支援力量为辅,社会救援力量为补充。必要时可动员当地林区职工、机关干部及当地群众等力量协助做好扑救工作。不得动员未经专业训练以及残疾人、孕妇、未成年人等其他不适宜参加森林草原火灾扑救的人员参加扑救工作。

(4)气象、交通、民政、公安、商务、卫生等部门在森林草原防灭火工作中的职责

发生森林火灾,有关部门应当按照森林草原火灾应急预案和森林(草原)防(灭)火指挥机构的统一指挥,做好扑救森林草原火灾的有关工作。气象主管机构应当及时提供火灾地区天气预报和相关信息,并根据天气条件适时开展人工增雨作业;交通运输主管部门应当优先组织运送森林草原火灾扑救人员和扑救物资;通信主管部门应当组织提供应急通信保障;民政部门应当及时设置避难场所和救灾物资供应点,紧急转移并妥善安置灾民,开展受灾群众救助工作;公安机关应当维护治安秩序,加强治安管理;商务、卫生等主管部门应当做好物资供应、医疗救护和卫生防疫等工作。

(5)赋予县级以上森林草原防火指挥机构在扑救森林火灾中采取紧急措施的权力

因扑救森林草原火灾的需要,县级以上森林(草原)防(灭)火指挥机构可以决定采取开设防火隔离带、清除障碍物、应急取水、局部交通管制等应急措施。因扑救森林火灾需要征用物资、设备、交通运输工具的,由县级以上人民政府决定。扑火工作结束后,应当及时返还被征用的物资、设备和交通工具,并依照有关法律规定给予补偿。

森林草原火灾扑灭后,火灾扑救队伍应当对火灾现场进行全面检查,清理余火,并留有足够人员看守火场,经当地人民政府森林(草原)防(灭)火指挥机构检查验收合格,方可撤出看守人员。

5.2.4 后期处置

(1)火灾评估

县级以上地方人民政府组织有关部门对森林草原火灾发生原因、肇事者及受害森林草原面积和蓄积量、人员伤亡、其他经济损失等情况进行调查和评估。必要时,上一级森林(草原)防(灭)火指挥机构可发督办函督导落实或者提级开展调查和评估。

(2)火因火案查处

地方各级人民政府组织有关部门对森林草原火灾发生原因及时取证、深入调查,依法查处涉火案件,打击涉火违法犯罪行为,严惩火灾肇事者。

(3)约谈整改

对森林草原防灭火工作不力导致人为火灾多发频发的地区,省级人民政府及其有关部门应及时约谈县级以上地方人民政府及其有关部门主要负责人,要求其采取措施及时整改。必要时,国家森林草原防灭火指挥部及其成员单位按任务分工直接组织约谈。

(4)责任追究

为严明工作纪律,切实压实压紧各级各方面责任,对森林草原火灾预防和扑救工作中责任不落实、发现隐患不作为、发生事故隐瞒不报、处置不得力等失职渎职行为,依据有关法律法规追究属地责任、部门监管责任、经营主体责任、火源管理责任和组织扑救责任。有关责任追究按照《监察法》等法律法规规定的权限、程序实施。

(5)对负伤、致残、牺牲扑火人员的医疗抚恤、烈士评定

《森林防火条例》第四十四条与《草原防火条例》第四十一条均规定,对因扑救森林(草原)火灾负伤(受伤)、致残或者死亡的人员,按照国家有关规定给予医疗、抚恤。对扑火工作中牺牲人员符合评定烈士条件的,按有关规定办理。

(6) 森林草原火灾调查统计

依照《国家森林草原防灭火指挥部火场前线指挥部组成及任务分工》的规定,国家森林草原防灭火指挥部根据需要设立火场前线指挥部,下设相应的工作组。由国家卫生健康委牵头,中央军委后勤保障部等部门和单位组成的医疗救治组,做好火灾伤亡统计;指导灾区、安置点防范和控制各种传染病等疫情暴发流行。由专家组成员组成的专家支持组,组织现场灾情会商研判,提供技术支持;指导现场监测预警和隐患排查工作;指导地方开展灾情调查和灾损评估;参与制定抢险救援方案。由国家林草局牵头,应急部等部门和单位组成的灾情评估组,指导开展灾情调查和灾时跟踪评估,为抢险救灾决策提供信息支持;参与制定救援救灾方案。

(7) 森林草原火灾灾害分级

《森林防火条例》第四十条规定:按照受害森林面积和伤亡人数,森林火灾分为一般森林火灾、较大森林火灾、重大森林火灾和特别重大森林火灾。《草原火灾级别划分规定》第三条、第四条规定:根据受害草原面积、伤亡人数和经济损失,将草原火灾划分为特别重大(Ⅰ级)、重大(Ⅱ级)、较大(Ⅲ级)、一般(Ⅳ级)草原火灾四个等级(表 5-1)。

表 5-1 森林草原火灾灾害分级

	特别重大森林火灾	重大森林火灾	较大森林火灾	一般森林火灾
森林火灾分级	受害森林面积在 1000 公顷以上的,或者死亡 30 人以上,或者重伤 100 人以上的森林火灾	受害森林面积在 100 公顷以上 1000 公顷以下的,或者死亡 10 人以上 30 人以下,或者重伤 50 人以上 100 人以下的森林火灾	受害森林面积在 1 公顷以上 100 公顷以下的,或者死亡 3 人以上 10 人以下,或者重伤 10 人以上 50 人以下的森林火灾	受害森林面积在 1 公顷以下或者其他林地起火的,或者死亡 1 人以上 3 人以下的,或者重伤 1 人以上 10 人以下的森林火灾
	特别重大草原火灾	重大草原火灾	较大草原火灾	一般草原火灾
草原火灾分级	受害草原面积 8000 公顷以上的;或者造成死亡 10 人以上,或者造成死亡和重伤合计 20 人以上的;或者直接经济损失 500 万元以上的草原火灾	受害草原面积 5000 公顷以上 8000 公顷以下的;或者造成死亡 3 人以上 10 人以下,或者造成死亡和重伤合计 10 人以上 20 人以下的;或者直接经济损失 300 万元以上 500 万元以下的草原火灾	受害草原面积 1000 公顷以上 5000 公顷以下的;或者造成死亡 3 人以下,或者造成重伤 3 人以上 10 人以下的;或者直接经济损失 50 万元以上 300 万元以下的草原火灾	受害草原面积 10 公顷以上 1000 公顷以下的;或者造成重伤 1 人以上 3 人以下的;或者直接经济损失 5000 元以上 50 万元以下的草原火灾

注:"以上"含本数,"以下"不含本数。

(8) 报送火灾扑救工作总结

各级森林(草原)防(灭)火指挥机构及时总结、分析火灾发生的原因和应吸取的经验教训，提出改进措施。党中央、国务院领导同志有重要指示批示的森林草原火灾和特别重大森林草原火灾，以及引起社会广泛关注和产生严重影响的重大森林草原火灾，扑救工作结束后，国家森林草原防灭火指挥部向国务院报送火灾扑救工作总结。

（9）对森林草原防灭火工作先进单位和个人的奖励制度

对在森林草原防灭火工作中作出突出成绩的单位和个人，按照国家有关规定，给予表彰和奖励。对在扑救重大、特别重大森林草原火灾中表现突出的单位和个人，可以由森林（草原）防（灭）火指挥机构给予表彰和奖励。根据国家有关规定，对在扑火工作中贡献突出的单位、个人给予表彰奖励。

5.2.5　森林防火行政许可操作规范

以广西壮族自治区森林防火行政许可操作规范为例说明。

5.2.5.1　森林防火期内在森林防火区内野外用火的批准操作规范

广西壮族自治区林业局2012年发布森林防火期内在森林防火区内野外用火的批准操作规范，以下节选介绍。

(1) 行政审批项目名称、性质

①名称。森林防火期内在森林防火区内野外用火的批准。

②性质。行政许可。

(2) 设定依据

《森林防火条例》第二十五条规定，森林防火期内，禁止在森林防火区野外用火。因防治病虫鼠害、冻害等特殊情况确需野外用火的，应当经县级人民政府批准，并按照要求采取防火措施，严防失火。

(3) 实施权限和实施主体

根据《森林防火条例》第二十五条，因防治病虫鼠害、冻害等特殊情况确需野外用火的，应当经县级人民政府批准。具体由县级林业主管部门承办。

(4) 行政审批条件

根据《森林防火条例》第二十五条，因防治病虫鼠害、冻害等特殊情况确需野外用火的，应当符合下列条件。

①森林防火期内，在森林防火区野外用火。

②属于防治病虫鼠害、冻害等特殊情况确需野外用火。

③在三级风天气、森林火险等级三级以下，有安全防范措施，开设好防火线，扑救人员、指挥员到位，有组织地实施。

(5) 实施对象和范围

因防治病虫鼠害、冻害等特殊情况确需野外用火的相对人。

(6) 申请材料

①野外用火许可证申请表，一式三联，第一联存根，第二联申请人，第三联林地权

属人。

②林地权属证明材料一式四份(原件一份,验证后退回,复印件三份)。

③森林火灾安全防范方案及措施等材料(包括扑火人员到位情况,森林火灾的预防、报告和应急处理措施,资金、物资和技术保障措施等内容)一式三份。

(7) 办结时限

①法定办结时限。20个工作日。

②承诺办结时限。7个工作日。

(8) 行政审批数量

无数量限制。

(9) 收费标准

不收费。

(10) 咨询、投诉电话

各县咨询、投诉电话由各县自行公布。

附某自治区野外用火许可证申请表(表5-2)。

表5-2 广西壮族自治区野外用火许可证申请表

用火证编号:

申请人填写	申请人(法人)姓名(公章):	
	负责人:	
	负责人电话:	
	联系人:	
	联系人电话:	
	用火目的:	
	用火地点: 乡镇(林场) 村(分场) 自然村(林班) 山	
申请人填写	面积 公顷(万分之一地形图,勾图附后,标明防火隔离带)	
	扑火人数: 人	
	风力灭火机: 台	
	二号工具: 把	
	现场指挥人:	
	现场指挥人联系电话:	
	毗邻单位: 乡(镇) 村	
	毗邻地区森林、植被情况:	
	防火隔离带宽度: 米	
	计划用火时间:从 年 月 日 时至 日 时止	
	承诺:生产用火、计划火烧面积在1公顷以上的,本人(本单位)将把经主管机关批准的用火时间、地点、目的和规模,至迟在用火前三天通报毗邻地区乡(镇)、村 承诺人(签字): 申请日期: 年 月 日	

（续）

受理人填写	本表一式三份填写是否齐全（　　）		
	是否有勾图一式三份（　　）		
	林地权属证明材料一式四份(原件一份，复印件三份)是否齐全（　　）		
	是否同意受理：		
	受理人：	年　月　日	
现场核查人员填写	用火地块是否被完全隔离(勾图附后，标明防火隔离带)（　　）		
	防火隔离带宽度　　米，是否合格（　　）		
	落实的扑火人数和机具情况是否属实，是否满足用火安全需要（　　）		
	申请人所写其他内容是否属实（　　）		
	中心点经纬度：		
	拟批准炼山面积　　公顷(绘图附后)		
	现场核查人签字：	年　月　日	
县(市、区)防火办或林业站初审意见			
审批单位审批意见	据天气预报将来三天风力及火险等级是否三级以下(炼山前三日填写)：		
	是否同意将来第三日内(即：　　年　月　日)用火：		
	审批单位领导签字：	年　月　日(公章)	

5.2.5.2 森林高火险期内进入森林高火险区的活动审批操作规范

以广西壮族自治区林业局网站 2018 年 6 月 12 日发布的森林高火险期内进入森林高火险区的活动审批为例说明。申请人可以登录全国一体化在线政务服务平台广西数字政务一体化平台进行网上办理，也可以在政务大厅的窗口办理或者邮政快递申请。

(1) 行政审批项目名称、性质

①名称。森林高火险期内进入森林高火险区的活动审批。

②性质。行政许可。

(2) 设定依据

根据《森林防火条例》第二十九条规定，森林高火险期内，进入森林高火险区的，应当经县级以上地方人民政府批准，严格按照批准的时间、地点、范围活动，并接受县级以上地方人民政府林业主管部门的监督管理。

(3) 实施权限和实施主体

根据《森林防火条例》第二十九条规定，森林高火险期内进入森林高火险区活动的，应当经县级以上地方人民政府批准，并接受县级以上地方人民政府林业主管部门的监督管理。

根据《广西壮族自治区人民政府关于取消和下放一批行政审批项目的决定》附件2第二项"森林高火险期内进入森林高火险区的批准"的处理决定，"自治区和设区市的管理权限直接下放县（县级市）人民政府"。因此，按属地管理原则由县级人民政府办理。

（4）受理条件

根据《森林防火条例》第二十九条规定，森林高火险期内，进入森林高火险区的，应当符合下列条件：

①申请人提出的活动行为和生活用火方式有安全防范方案且扑救措施可行。

②取得森林、林地所有者或使用者同意。

③无生产用火行为（生产用火许可，按森林防火区野外用火许可，另行办理）。

（5）实施对象和范围

根据《森林防火条例》第二十八条、第二十九条的规定，森林高火险期内进入森林高火险区审批项目的实施对象和范围如下：

①实施对象。除森林高火险区内的森林防火工作人员和在森林高火险区常住单位或居民进出不需要办理审批外，进入森林高火险区的自然人、法人或者其他组织（在高火险期内进入森林高火险区旅游的，如属旅行社组织的旅游活动，由旅行社组织申请；个人或其他团体单位组织开展旅游活动的，由个人或其他团体申请）。

②实施范围。在当地县级以上人民政府规定、划定的森林高火险期、森林高火险区内。

（6）办理材料

①森林高火险期内进入森林高火险区的活动审批申请表一式三联，第一联存根，第二联申请人，第三联森林、林地所有者或使用者。

②申请人是自然人的提交居民身份证，是法人或者其他组织的提交加载统一社会信用代码的营业执照。

③森林、林地所有者或使用者同意其进入森林高火险区的相关证明一式三份。

④森林、林地所有者或使用者与其达成的《在森林高火险区活动和生活用火安全防范方案》（包括活动时段、地点、行程、参加人数、活动方式、用火方式、所携带的火种、易燃易爆品的安全保管及使用方式、森林火灾安全防范和扑救措施）一式三份。

⑤活动地点地形图一式三份。

（7）办结时限

①法定办结时限。20个工作日。

②承诺办结时限。7个工作日。

（8）行政审批数量

无数量限制。

（9）收费标准

不收费。

（10）公示地址

森林高火险期内进入森林高火险区的活动审批办理结果，在广西壮族自治区林业局网站进行网上公示。

(11) 咨询、监督投诉电话

由当地县政府公布咨询与监督投诉电话。

附广西壮族自治区森林高火险期内进入森林高火险区的活动审批申请表(表 5-3)

附广西壮族自治区森林高火险期内进入森林高火险区的活动审批流程图(图 5-2)

表 5-3　广西壮族自治区森林高火险期内进入森林高火险区的活动审批申请表

申请人填写	申请人、单位(章)	
	负责人	
	负责人电话	
	联系人	
	联系人电话	
	住址	县　　乡(镇)　　村　　屯　　号
	申请日期	从　　年　　月　　日　　时至　　年　　月　　日　　时止
	进入森林高火险区域	进入　　市　　县　　乡　　村　　林班森林高火险区域
	是否有活动地点地形图	
	活动人数	进入森林高火险区域　　　人
	活动内容	拟申请　　森林高火险区域　　(如炼山等)
	防火措施	附森林火灾安全防范方案及措施等证明材料
	灭火准备	1. 开设防火隔离带　　米；2. 风力灭火机　　台，以水灭火机具　　台，二号工具　　把(其他机具一并列出)；3. 活动人员　　人参加安全培训
	申请人签名：　　　　　　申请日期：　　　年　　月　　日	
受理人员填写	1. 森林高火险期内进入森林高火险区的活动审批申请表	份数(　　)
	2. 拟同意进入森林高火险区域人数：	份数(　　)
	3. 拟同意进入森林高火险区域时段：	份数(　　)
	4. 森林火灾安全防范方案及措施等材料	份数(　　)
	5. 活动地点地形图	份数(　　)
	是否同意受理(　　　　)	受理人(签名)： 　　　年　　月　　日
林业部门意见	单位(章)　　　负责人签名：　　　　　年　　月　　日	
同级人民政府审批意见	批准单位(章)　　　批准人签名：　　　　　年　　月　　日	

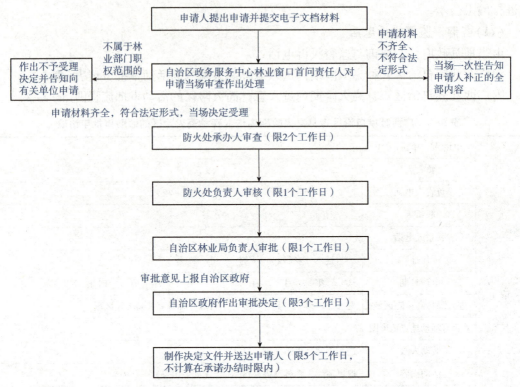

图 5-2　广西壮族自治区森林高火险期内进入森林高火险区的活动审批流程图

5.2.6　违反森林草原防火法律法规应承担的法律责任

5.2.6.1　违反森林草原防火法律法规应承担的行政法律责任

(1) 在森林草原防火工作中渎职的法律责任

县级以上地方人民政府及其森林草原防火指挥机构、县级以上人民政府林业和草原主管部门或者其他有关部门及其工作人员，有下列行为之一的，依照《森林防火条例》第四十七条、《草原防火条例》第四十二条的规定，由其上级行政机关或者监察机关责令改正；情节严重尚未构成犯罪的，对直接负责的主管人员和其他直接责任人员依法给予处分：①未按照有关规定编制森林草原火灾应急预案的；②发现森林火灾隐患未及时下达森林火灾隐患整改通知书的；③对不符合森林草原防火要求的野外用火或者实弹演习、爆破、勘察和施工等活动予以批准的；④瞒报、谎报或者故意拖延报告(或者授意他人瞒报、谎报)森林(草原)火灾的；⑤未及时采取森林草原火灾扑救措施的；⑥对不符合条件的车辆发放草原防火通行证的；⑦不依法履行职责的其他行为。

(2) 森林、林木、林地的经营者不履行森林防火责任的法律责任

森林、林木、林地的经营单位或者个人未履行森林防火责任的，依照《森林防火条例》第四十八条的规定，由县级以上地方人民政府林业主管部门责令改正，对个人处五百元以上五千元以下罚款,对单位处一万元以上五万元以下罚款。

(3)单位或者个人拒绝接受森林防火检查或者接到森林火灾隐患整改通知书逾期不消除火灾隐患的法律责任

森林防火区内的有关单位或者个人拒绝接受森林防火检查或者接到森林火灾隐患整改通知书逾期不消除火灾隐患的,依照《森林防火条例》第四十九条规定,由县级以上地方人民政府林业主管部门责令改正,给予警告,对个人并处二百元以上二千元以下罚款,对单位并处五千元以上一万元以下罚款。

(4)未经批准擅自在森林防火区内野外用火的法律责任

森林防火期内未经批准擅自在森林防火区内野外用火的,依照《森林防火条例》第五十条的规定,由县级以上地方人民政府林业主管部门责令停止违法行为,给予警告,对个人并处二百元以上三千元以下罚款,对单位并处一万元以上五万元以下罚款。

(5)未经批准在森林防火区内进行实弹演习、爆破等活动的法律责任

森林防火期内未经批准在森林防火区内进行实弹演习、爆破等活动的,依照《森林防火条例》第五十一条的规定,由县级以上地方人民政府林业主管部门责令停止违法行为,给予警告,并处五万元以上十万元以下罚款。

(6)违反森林防火条例规定的其他行为的法律责任

违反森林防火条例,有下列行为之一的:①森林防火期内,森林、林木、林地的经营单位未设置森林防火警示宣传标志的;②森林防火期内,进入森林防火区的机动车辆未安装森林防火装置的;③森林高火险期内,未经批准擅自进入森林高火险区活动的;依照《森林防火条例》第五十二条的规定,由县级以上地方人民政府林业主管部门责令改正,给予警告,对个人并处二百元以上二千元以下罚款,对单位并处二千元以上五千元以下罚款。

(7)违反森林防火条例规定,造成森林火灾的法律责任

根据《森林防火条例》第五十三条的规定,对违反森林防火条例规定造成森林火灾,尚不构成犯罪的,除依照本条例第四十八条、第四十九条、第五十条、第五十一条、第五十二条的规定追究法律责任外,县级以上地方人民政府林业主管部门可以责令责任人补种树木。违反森林防火条例规定造成森林火灾,情节严重,构成犯罪的,依法追究刑事责任。

(8)未经批准在草原上野外用火或者进行爆破、勘察和施工等活动的法律责任

违反草原防火条例,未经批准在草原上野外用火或者进行爆破、勘察和施工等活动,依照《草原防火条例》第四十四条第一项规定,由县级以上地方人民政府草原防火主管部门责令停止违法行为,采取防火措施,并限期补办有关手续,对有关责任人员处二千元以上五千元以下罚款,对有关责任单位处五千元以上二万元以下罚款。

(9)未取得草原防火通行证进入草原防火管制区的法律责任

违反草原防火条例,未取得草原防火通行证进入草原防火管制区的,依照《草原防火条例》第四十四条第二项规定,由县级以上地方人民政府草原防火主管部门责令停止违法行为,采取防火措施,并限期补办有关手续,对有关责任人员处二千元以上五千元以下罚款,对有关责任单位处五千元以上二万元以下罚款。

(10) 违反草原防火条例规定的其他行为的法律责任

有下列行为之一的,依照《草原防火条例》第四十五条规定,由县级以上地方人民政府草原防火主管部门责令停止违法行为,采取防火措施,消除火灾隐患,并对有关责任人员处二百元以上二千元以下罚款,对有关责任单位处二千元以上二万元以下罚款;拒不采取防火措施、消除火灾隐患的,由县级以上地方人民政府草原防火主管部门代为采取防火措施、消除火灾隐患,所需费用由违法单位或者个人承担:①在草原防火期内,经批准的野外用火未采取防火措施的;②在草原上作业和行驶的机动车辆未安装防火装置或者存在火灾隐患的;③在草原上行驶的公共交通工具上的司机、乘务人员或者旅客丢弃火种的;④在草原上从事野外作业的机械设备作业人员不遵守防火安全操作规程或者对野外作业的机械设备未采取防火措施的;⑤在草原防火管制区内未按照规定用火的。

(11) 草原生产经营者未履行草原防火责任的法律责任

违反草原防火条例,草原上的生产经营等单位未建立或者未落实草原防火责任制的,依据《草原防火条例》第四十六条规定,由县级以上地方人民政府草原防火主管部门责令改正,对有关责任单位处五千元以上二万元以下罚款。

5.2.6.2 违反森林草原防火法律法规应承担的刑事法律责任

(1) 滥用职权罪、玩忽职守罪、徇私舞弊罪

县级以上地方人民政府及其森林草原防火指挥机构、县级以上人民政府林业和草原主管部门或者其他有关部门及其工作人员,有下列行为之一,情节严重构成犯罪的,对直接负责的主管人员和其他直接责任人员依《刑法》第三百九十七条规定追究刑事责任:①未按照有关规定编制森林草原火灾应急预案的;②发现森林火灾隐患未及时下达森林火灾隐患整改通知书的;③对不符合森林草原防火要求的野外用火或者实弹演习、爆破、勘察和施工等活动予以批准的;④瞒报、谎报或者故意拖延报告(或者授意他人瞒报、谎报)森林(草原)火灾的;⑤未及时采取森林草原火灾扑救措施的;⑥对不符合条件的车辆发放草原防火通行证的;⑦不依法履行职责的其他行为。

《刑法》第三百九十七条规定,国家机关工作人员滥用职权或者玩忽职守,致使公共财产、国家和人民利益遭受重大损失的,处三年以下有期徒刑或者拘役;情节特别严重的,处三年以上七年以下有期徒刑。本法另有规定的,依照规定。国家机关工作人员徇私舞弊,犯前款罪的,处五年以下有期徒刑或者拘役;情节特别严重的,处三年以下有期徒刑或者拘役;情节特别严重的,处五年以上十年以下有期徒刑。本法另有规定的,依照规定。

(2) 放火罪与失火罪

违反《森林防火条例》第五十三条或者《草原防火条例》第四十七条规定,故意或者过失造成(引发)森林(草原)火灾构成犯罪的,依法追究刑事责任。依据2001年5月9日国家林业局、公安部联合发布的《森林和陆生野生动物刑事案件管辖及立案标准》,放火案是指故意放火烧毁森林或者其他林木情节严重的案件。凡故意放火造成森林或者其他林木火灾的都应当立案;过火有林地面积2公顷以上为重大案件;过火有林地面积10公顷以上,或者致人重伤、死亡的,为特别重大案件。失火案是指过失烧毁森林或者其他林木情节严

重的案件。失火造成森林火灾，过火有林地面积 2 公顷以上，或者致人重伤、死亡的应当立案；过火有林地面积为 10 公顷以上，或者致人死亡、重伤 5 人以上的为重大案件；过火有林地面积为 50 公顷以上，或者死亡 2 人以上的，为特别重大案件。

《刑法》第一百一十四条规定，放火、决水、爆炸以及投放毒害性、放射性、传染病病原体等物质或者以其他危险方法危害公共安全，尚未造成严重后果的，处三年以上十年以下有期徒刑。

《刑法》第一百一十五条规定，放火、决水、爆炸以及投放毒害性、放射性、传染病病原体等物质或者以其他危险方法致人重伤、死亡或者使公私财产遭受重大损失的，处十年以上有期徒刑、无期徒刑或者死刑。

过失犯《刑法》第一百一十五条第一款罪刑的，处三年以上七年以下有期徒刑；情节较轻的，处三年以下有期徒刑或者拘役。

 案例解析

1. 李老伯与赵婆婆违规野外用火焚烧秸秆，触犯了《治安管理处罚法》《森林防火条例》《F 省森林防火条例》及《G 市人民政府 2021 年森林防火命令》。

2. 《森林防火条例》第五十条规定，对于违反森林防火条例，在森林防火期内未经批准擅自在森林防火区内野外用火的，由县级以上地方人民政府林业主管部门责令停止违法行为，给予警告，对个人并处 200 元以上 3000 元以下罚款。因李老伯与赵婆婆违规野外用火发生在 F 省，因此依照《F 省森林防火条例》的规定，对于违反 F 省森林防火条例，在森林防火期内，在森林防火区有其他野外违规用火行为的，未引起森林火灾的，由县级以上地方人民政府林业行政主管部门责令停止违法行为，给予警告，对个人处 200 元以上 2000 元以下罚款的规定，对二人分别给予行政处罚。

3. 结合以下措施，做好预防森林火灾，维护森林生态安全工作。

①管住火源。我国发生的森林火灾，90% 以上是由于人为野外非法用火导致的。野外非法用火包括农事、祭祀、生产、生活、野外露营等方面。因此，要管住进入林区每个人手中的火，不把火源带入林区，严禁在林缘、林内，燃烧田埂、杂草、秸秆及烧荒开垦等农事非法用火行为；严禁在林缘、林内，焚烧纸钱等祭祀用火行为；严禁在林区采石采矿、架电作业、修路施工等生产经营活动中违规用火行为；严禁在林区、保护区、旅游景区，吸烟、野炊和燃放花炮等野外生活用火行为；严禁故意纵火行为。

②地方政府组织开展森林防火宣传，普及森林防火知识。设立举报电话，发挥群防群治。《消防法》第三十一条规定，在农业收获季节、森林和草原防火期间、重大节假日期间以及火灾多发季节，地方各级人民政府应当组织开展有针对性的消防宣传教育，采取防火措施，进行消防安全检查。《森林法》第三十四条规定，地方各级人民政府负责本行政区域的森林防火工作，发挥群防作用；县级以上人民政府组织领导应急管理、林业、公安等部门按照职责分工密切配合做好森林火灾的科学预防、扑救和处置工作。

③地方各级人民政府划定森林草原防火区，规定森林草原防火期；设置防火设施，配备防灭火装备和物资；建立森林草原火灾监测预警体系，及时消除隐患；制定森林草原火灾应急预案，发生森林草原火灾，立即组织扑救；保障预防和扑救森林草原火灾所需

费用。

④健全森林防火法律法规，加大法律责任追究力度，坚决杜绝野外非法用火。为遏制森林草原火灾高发频发态势，森林公安机关可依据《治安管理处罚法》《消防法》《森林防火条例》及各省级人大颁布的地方防火条例，各级人民政府颁布的《封山禁火令》等法律法规，从重给予处罚。如本案例中提到的《G市人民政府2021年森林防火命令》中明确"四个一律"的处罚措施。

5.3 林业有害生物防治法律制度

2019年7月25日上午9点，四架无人机在A省C区D镇梅湾街道和曲河街道6000亩的松林上空盘旋穿梭，这些勤劳的"小蜜蜂"在某农林技术服务有限公司技术人员的操作下，通过高空喷洒药粉药杀松材线虫病传播媒介——松褐天牛，以有效控制松材线虫病的蔓延。松材线虫病俗称"松树癌症"，是一种松树毁灭性的疫情灾害。疫情主要传播媒介是松褐天牛，染病的松褐天牛在松树上取食刻槽、蛀孔产卵时，把松材线虫带到健康的松树体内，通过堵塞输导组织，造成树体器官病变而迅速死亡。采用无人机在松树集中连片区药杀松褐天牛时效快，效果好，较人工成本低。这是C区首次启用无人机防治林业有害生物。与人工防治相比，既可大大提高防治的效率，又可降低防治成本。2019年初以来，C区积极开展松材线虫病防控工作，做好松材线虫病疫情监测，对松材线虫病疫木进行除治，上半年共除治枯死松木14 577株，涉及林班72个，面积4693亩，有效防止了松材线虫病疫情的传播和蔓延，确保了全区生态安全。

1.《关于进一步加强林业有害生物防治工作的意见》（以下简称《国办意见》）作为指导林业有害生物防治工作的纲领性文件，文件核心内容是什么？

2. A省C区启用无人机防治松材线虫病，你认为该区的防控做法如何？是否贯彻了《国办意见》的精神？具体说明。

5.3.1 林业有害生物防治政策、法律、法规概述

我国政府历来非常重视对森林资源的保护，在1979年的《森林法（试行）》中，1983年的《植物检疫条例》与1989年的《森林病虫害防治条例》中都有对森林保护的条款规定。此时的法律法规已经包含了要建立森林病虫害防治机构，积极防治森林病虫害，确定林木种苗检疫对象，划定疫区和保护区，对林木种苗进行检疫，防止危险性的病虫害传播和蔓延等内容。受经济全球化和贸易自由化、人流物流日趋扩大及气候变化等因素的影响，外来林业有害生物入侵我国种类频次增多、传播危害加剧，本土林业有害生物适生范围不断扩大，发生期提前、世代数增加、发生周期缩短。为了应对突发林业有害生物灾害事件和外来林业有害生物的入侵，国家林业局在2005年发布了《突发林业有害生物事件处置办法》

单元5 森林保护法律制度

与《重大外来林业有害生物灾害应急预案》。随着国家经济的不断发展，综合国力的不断提升，人民对美好生活的向往，生态保护意识的增强，法律法规也在不断跟进。在我国进入新发展阶段后，以习近平生态文明思想为指导，将践行绿水青山就是金山银山理念写入到新修订的《森林法》第一条中作为立法宗旨。新修订的《森林法》突出了加强森林资源保护，保障森林生态安全。

近年来，由于我国林业有害生物灾害多发频发，对林业健康可持续发展和生态文明建设等构成严重威胁。为进一步加强林业有害生物防治工作，经国务院同意，2014年5月26日，国务院办公厅发布《关于进一步加强林业有害生物防治工作的意见》（以下简称《国办意见》），这是我国首次从国家层面作出的关于林业有害生物防治工作的重大决策部署，是全面指导当前和今后一个时期林业有害生物防治工作的纲领性文件。《国办意见》的印发，充分体现了党中央、国务院对林业特别是林业有害生物防治工作的高度重视，凸显了林业有害生物防治工作在促进生态文明建设中的重要地位和作用。

2019年修订《森林法》时贯彻《国办意见》精神，修订后的《森林法》对林业有害生物防治作了重要规定。截至目前，相继有湖南、江西、湖北、安徽、宁夏、甘肃、山东、福建、陕西9个省（自治区），颁布了林业有害生物防治的省级地方性法规或者省级政府规章。

5.3.2 我国林业有害生物的发生和造成的危害

目前，我国林业有害生物发生危机四伏，造成的损失触目惊心，并呈现出加重加剧的趋势，严重威胁着我国的森林资源安全、国土生态安全、经济贸易安全和食用林产品安全，成为影响林业可持续发展、生态文明建设的心腹大患。国家林业和草原局组织的调研发现，受经济全球化和贸易自由化、人流物流日趋扩大及气候变化等因素的影响，外来林业有害生物入侵我国种类频次增多、传播危害加剧，本土林业有害生物适生范围不断扩大，发生期提前、世代数增加、发生周期缩短。特别是经济林有害生物侵害日趋严重，呈现出"发生种类多、范围广，发生面积和造成损失居高不下，防治难度加大"的趋势。林业有害生物的危害远不止威胁森林、湿地、荒漠三大生态系统安全，还直接影响着我国的经济贸易安全和食用林产品安全。自2007年以来，我国林业有害生物的发生和造成的危害让人触目惊心。每年发生面积在1.75亿亩以上，是森林火灾面积的数十倍；年均造成损失超过1100亿元。

5.3.3 林业有害生物及其防治的概念

(1) 林业有害生物的概念

2005年《突发林业有害生物事件处置办法》第二条规定："林业有害生物是指危害森林、林木和林木种子正常生长并造成经济损失的病、虫、杂草等有害生物。"

2014年国家林业局启动第三次全国林业有害生物普查，重点普查对象即林业有害生物是"可对林木、种苗等林业植物及其产品造成危害的所有病原微生物、有害昆虫、有害植物及鼠、兔、螨类等。"

2019年1月1日起施行的《福建省林业有害生物防治条例》第五十五条第三款规定："本条例所称的林业有害生物，是指对林业植物及其产品、森林生态系统等构成危害或威胁的动物、植物和病原微生物。"

2020年12月1日起施行的《陕西省林业有害生物防治检疫条例》第五十九条第二款规定："林业有害生物是指对林业植物及其产品、森林生态系统造成危害或者威胁的动物、植物和病原微生物。"

2020年国家林草局防治总站举办首届林业有害生物防治员职业技能大赛，理论考试知识点中对林业有害生物的表述是："能够对林业植物及其产品造成危害，影响其生长、生存、使用、观赏价值及生物多样性与生态系统稳定性的生物，包括昆虫、病原微生物、线虫、螨类、鼠（兔）类及植物等。"

2021年4月15日起施行的《生物安全法》第八十五条第七项对"植物有害生物"的含义注解是"能够对林木造成危害的真菌、细菌、病毒、昆虫、线虫、杂草、害鼠、软体动物等生物。"

从上述法律、法规、规章及政府发布的政策文件对林业有害生物的定义可以看出，国家越来越强化对林业有害生物的严格管理。尤其是《生物安全法》对植物有害生物的种类做了细化，扩大了范围，管理更加全面。在行政管理、行政执法，法律责任定性以及林业植物及其产品流通管理上，能更好地保护林木资源及其产品。

（2）林业有害生物防治的概念

在《森林病虫害防治条例》中，林业有害生物防治可理解为对森林、林木、林木种苗及木材、竹材的病害和虫害的预防和除治。林业有害生物防治的概念有广义和狭义之分。

广义的林业有害生物防治是指通过检疫，测报和防治等手段，减少森林病、虫、鼠（兔）、杂草等有害生物对森林的危害，保护森林生态系统的稳定性和生物多样性，提高林分质量，促进森林健康的生产经营活动的总称。

狭义的林业有害生物防治是专指应用营林、物理、化学和生物等措施防治林业有害生物的行为，包括林业有害生物预防和治理。这一含义可见于2019年1月1日起施行的《福建省林业有害生物防治条例》中。

5.3.4　林业有害生物防治的方针和机制

林业有害生物防治贯彻"预防为主、科学治理、依法监管、强化责任"的16字方针。"预防为主"，就是加强监测预警、对林业有害生物实施国家与地方分级管理、抓好营造林治本措施及林业植物检疫等关键性预防措施，最大限度地减轻灾害损失。"科学治理"，要求优先采用无公害生物防治、物理防治、营林措施防治，科学合理选用高效、低毒低残留的化学药剂防治，并对化学药剂包装废弃物进行无害化处理。"依法监管"，即优化检疫审批程序，加强事中事后监管，提高审批管理效能和公共服务质量，严格风险评估、产地检疫等。"强化责任"，即强化政府、部门、林业经营主体在林业有害生物预防、检疫、除治及监督管理方面的责任。实行"政府负责、部门协同、社会参与、联防联控"的林业有害生物防治机制。

5.3.5 林业有害生物防治工作的责任制度

林业有害生物防治实行"谁经营、谁防治"的责任制度。《国办意见》第十一条要求全面落实防治责任。《森林法》第三十五条规定，县级以上人民政府林业主管部门负责本行政区域的林业有害生物的监测、检疫和防治。重大林业有害生物防治实行地方人民政府负责制。发生暴发性、危险性等重大林业有害生物灾害时，当地人民政府应当及时组织除治。《森林法》第四条规定，国家实行森林资源保护发展目标责任制和考核评价制度。上级人民政府对下级人民政府完成重大林业有害生物防治工作的情况进行考核，并公开考核结果。地方各级人民政府要进一步健全重大林业有害生物防治目标责任制，将林业有害生物成灾率、重大林业有害生物防治目标完成情况列入政府考核评价指标体系。

林业经营者在政府支持引导下，对其经营管理范围内的林业有害生物进行防治。林业主管部门应当依法履行职责，指导林业经营者和其他有关生产经营者做好其所属或者经营管理、使用的森林、林木、林业植物及其产品的有害生物防治工作，减少有害生物造成的损失。实践证明，只要认真坚持政府主导、属地管理的原则，全面落实地方政府和林业部门"双线"责任制，林业有害生物防治工作就能取得实效。

5.3.6 林业有害生物预防法律措施

《国办意见》第三条突出强化了林业有害生物灾害预防措施。预防就是针对灾害形成前预先实施的防范措施。结合当前我国林业有害生物防治工作实际，《国办意见》着重强调了监测预警、有害生物分级管理、营造林等治本措施，以及林业植物检疫等关键性预防措施。《生物安全法》加强对外来物种入侵的防范和应对，并且国家要建立生物安全名录和清单制度。

(1) 组织编制林业有害生物防治发展规划

《国办意见》要求林业主管部门要加强对林业有害生物防治的技术指导、生产服务和监督管理，组织编制林业有害生物防治发展规划。省级林业有害生物防治规划和重大林业有害生物防治年度计划，由省级林业行政主管部门编制并组织实施。设区的市、县（市、区）林业行政主管部门依据省级林业有害生物防治规划和重大林业有害生物防治年度计划，编制本级林业有害生物防治规划和重大林业有害生物防治年度实施方案，报本级人民政府批准后组织实施。

(2) 建设监测网络平台、开展灾情评估

县级以上林业行政主管部门应当建立健全监测网络，科学布局监测站（点），配备专（兼）职测报员，组织开展林业有害生物动态监测调查。重点加强对国家公园、湿地公园、自然保护区、风景名胜区、森林公园、国有林场、重点文物保护单位等重点区域的林业有害生物的监测预警、灾情评估。加快监测网络平台建设，设立林业有害生物灾情公众报告平台，拓宽疫情灾情发现途径。提高灾害监测和预测预报准确性，及时发布预报预警信息。完善监测预警机制，重点坚持预防为主方针，落实普查制度，为预测预警、科学防治、确保"防早防小"提供决策依据。认真落实监测预报制度，加快建立人工、诱引等为主的地面监测与航天、航空遥感等为主的空中监测相结合的立体监测平台，做好林业有害生物预测预报工作。各级林业主管部门或者其所属的林业有害生物防治机构，应当综合分析测报数据，发布当地林业有害生物预报，并提出防治方案。

(3) 定期组织林业有害生物普查工作

林业有害生物普查是一项重大的林情调查，也是一项基础性和公益性的国情调查。通过组织全国林业有害生物普查，全面查清我国林业有害生物种类、分布、危害、寄主等方面的基本情况，及时更新全国林业有害生物数据库，可为科学制定防治规划，有效开展预防和治理，维护林木资源和国土生态安全，促进生态文明建设提供全面、准确、客观的林业有害生物信息。为全面掌握我国林业有害生物状况，满足科学防治和生态保护的需要，《国办意见》强调要求"每五年组织开展一次普查"。

我国分别于1979年至1983年、2003年至2007年、2015年至2019年开展过3次全国林业有害生物普查工作。2015年4月，第三次全国林业有害生物普查全面实施，各地采取踏查和详查相结合的方式，全面调查林业有害生物种类、分布、危害等基本情况，及时更新全国林业有害生物数据库，为科学制定防治规划，有效开展预防和治理，维护林木资源和国土生态安全，提供了全面、准确、客观的林业有害生物信息。

(4) 截止 2019 年底，我国林业有害生物种类 6179 种

2019年12月12日，国家林业和草原局发布了第三次《全国林业有害生物普查情况公告》。据统计，本次普查共发现可对林木、种苗等林业植物及其产品造成危害的林业有害生物种类6179种。其中，昆虫类5030种，真菌类726种，细菌类21种，病毒类18种，线虫类6种，植原体类11种，鼠(兔)类52种，螨类76种，植物类239种。在我国发生的外来林业有害生物有45种。发生面积超过100万亩的林业有害生物种类有58种。

通过构建林业有害生物危害性评价体系，对99种林业有害生物进行危害性评价，并划分为4个危害等级。松材线虫属于一级危害性林业有害生物。美国白蛾、光肩星天牛、苹果蠹蛾、桑天牛、红脂大小蠹、椰心叶甲、薇甘菊、松褐天牛等31种属于二级危害性林业有害生物。

(5) 确定林业检疫性、危害性有害生物名单

在有害生物分级管理方面，主要是科学确定林业检疫性和危险性有害生物名单，实行国家和地方分级管理。《森林法》第三十四条第二款规定："省级以上人民政府林业主管部门负责确定林业植物及其产品的检疫性有害生物，划定疫区和保护区。"当前，国家重点组织实施松材线虫病、美国白蛾、林业鼠(兔)害、薇甘菊以及钻蛀性和新入侵的高风险有害生物防治，实施工程化治理，最大限度地压缩疫情。属于地方各级政府重点治理的林业有害生物，要严格按照属地管理的原则，纳入各级地方规划和重点治理范围，确保有虫不成灾。

2013年1月9日，国家林业局宣布"全国林业检疫性有害生物名单"有14种，"全国林业危险性有害生物名单"有190种。2004年7月29日发布的"林业检疫性有害生物名单"和2003年4月7日发布的"林业危险性有害生物名单"同时废止。

(6) 实施营造林等治本措施，预防林业有害生物发生

在森林经营活动中采取预防林业有害生物发生的措施，推进森林健康经营，控制林业有害生物的发生。重点是将林业有害生物防控措施纳入生态修复工程规划、造林绿化设计、森林经营方案，并将其列为主要审查指标。林业有害生物防控措施与造林绿化工程、园林绿化工程同步设计、同步实施、同步验收。禁止使用携带危险性林业有害生物的林木种苗和其他繁殖材料育苗或者进行造林绿化、园林绿化、经济林种植。鼓励支持林业生产经营者优化树种结构，优先选用乡土树种适地适树营造混交林，增强森林抗御有害生物侵害的能力。强化抗性种苗培育、森林经营、生物调控等治本措施的运用。优先安排林业有害生物危害林木采伐指标和更新改造任务，《森林法》第五十五条对此作出了规定。

（7）加强源头管理，建立无检疫对象的林木种苗基地

加强林业有害生物传播扩散源头管理，抓好产地检疫和监管，重点做好种苗产地检疫，推进应施检疫的林业植物及其产品全过程追溯监管平台建设。优化检疫审批程序，强化事中和事后监管，严格风险评估、产地检疫、隔离除害、种植地监管等制度。

建立无检疫对象的林木种苗基地。各级林业主管部门应当有计划地组织建立抗病虫品种繁育基地和无检疫对象苗圃，加强种苗生产基地的病虫害防治。

（8）加强市场监管，促进林业经营者自律和规范经营

从事森林、林木经营的单位和个人要积极开展有害生物防治。注重发挥市场机制和行业协会的作用，促进林业经营者自律和规范经营。民航部门要加强对从事航空防治作业企业的资质管理，规范市场秩序、确保作业安全。工业和信息化、住房城乡建设等有关部门要把好涉木产品采购关，要求供货商依法提供植物检疫证书。

（9）国家建立生物安全名录和清单制度

《生物安全法》第十八条规定，国家建立生物安全名录和清单制度。国务院及其有关部门根据生物安全工作需要，对涉及生物安全的材料、设备、技术、活动、重要生物资源数据、传染病、动植物疫病、外来入侵物种等制定、公布名录或者清单，并动态调整。

（10）未经批准不得擅自引进、释放或者丢弃外来物种

《生物安全法》第六十条规定，国家加强对外来物种入侵的防范和应对，保护生物多样性。国务院农业农村主管部门会同国务院其他有关部门制定外来入侵物种名录和管理办法。国务院有关部门根据职责分工，加强对外来入侵物种的调查、监测、预警、控制、评估、清除以及生态修复等工作。任何单位和个人未经批准，不得擅自引进、释放或者丢弃外来物种。

5.3.7 林业有害生物治理法律措施

（1）开展林业有害生物应急防治

①完善突发林业有害生物灾害应急预案。县级以上林业行政主管部门应当编制重大、突发林业有害生物事件应急预案，报本级人民政府和上一级林业行政主管部门备案。

②建立应急工作机制和制度。作为重要公共事件的突发林业有害生物灾害应急事件，其应急管理是国家公共安全的重要组成部分，构建反应灵敏、运转高效、结构完整、功能齐全、资源共享、保障有力的应急机制，全面提升灾害应急处置能力和水平尤为重要。

③开展应急组织、队伍、设施设备建设和药剂储备。建设应急防治指挥系统，组建专

群结合的应急防治队伍,加强必要的应急防治设备、药剂储备,提高应急响应和处置能力。

④开展防治技能培训和应急演练,推广运用先进技术手段。县级以上林业行政主管部门应当按照应急预案要求,组织开展防治技能培训和应急演练。突出现代化技术和手段的运用,提升应急防治的效能和处置水平。

(2) 开展林业有害生物社会化防治

①扶持和发展社会化防治组织。各地区、各有关部门要进一步加快职能转变,创新防治体制机制,通过政策引导、部门组织、市场拉动等途径,扶持和发展多形式、多层次、跨行业的社会化防治组织。

②引导实施无公害防治。鼓励林区农民建立防治互助联合体,支持开展专业化统防统治和区域化防治,引导采用无公害防治技术,优先选用生物、仿生物制剂或者高效、低毒、低残留的农药产品,科学合理用药。推广运用航空作业防治、地面远程施药、信息化防治等先进技术手段,增强林业有害生物防治效果。

③开展政府向社会化防治组织购买防治服务的试点工作。在林业有害生物防治工作中,推行政府向社会力量购买疫情除治、监测调查等服务,是创新防治公共服务提供方式、加快市场发展、引导有效需求的重要途径,对于深化林业有害生物防治工作改革,推动政府职能转变,整合利用社会资源,增强公众参与意识,激发经济社会活力,增加公共服务供给,都具有重要意义。政府向社会力量购买服务,就是通过发挥市场机制作用,把原本由政府直接向社会提供的林业有害生物防治的公共服务事项,按照一定的方式和程序,交由具备条件的社会力量承担,并由政府根据服务数量和质量向其支付费用。

④提供技术服务和政策支持。县级以上地方人民政府及其林业主管部门应当在防治技术、设备等方面加大对林业有害生物社会化防治组织的扶持力度。符合条件的社会化防治组织和林业有害生物防治药剂药械生产经营企业可以按照有关规定享受金融、财税等相关优惠政策。

⑤开展社会化防治组织和从业人员的管理与培训。加强对社会化防治组织和从业人员的管理与培训,完善防治作业设计、防治质量与成效的评定方法与标准。

⑥完善防治作业设计、防治质量与成效评定方法与标准。研究完善林业有害生物防治、植物检疫方面的法律法规。制定和完善防治作业设计、限期除治、防治成效检查考核等管理办法。

⑦支持防治行业协会、中介机构发展。充分发挥其技术咨询、信息服务、行业自律的作用。探索建立政府购买防治服务机制,支持符合条件的社会化防治组织和个人申请林业贴息贷款、小额担保贷款,落实相关税收支持政策,引导各类社会主体参与防治工作。

5.3.8 林业有害生物协同配合保障制度

(1) 资金投入保障

地方人民政府要将林业有害生物普查、监测预报、植物检疫、疫情除治和防治基础设施建设等资金纳入财政预算,加大资金投入;中央财政要继续加大支持力度,重点支持松材线虫病、美国白蛾等重大林业有害生物以及林业鼠(兔)害、有害植物防治;积极引导林木所有者和经营者投资投劳开展防治;进一步推进森林保险工作;风景名胜区、森林公园等经营者要根据国家有关规定,从经营收入中提取一定比例的资金用于林业有害生物防治。

(2) 扶持政策保障

防治需要的相关机具列入农机补贴范围;支持通用航空企业拓展航空防治作业;按照国家有关规定落实防治作业人员接触有毒有害物质的岗位津贴和相关福利待遇;探索建立政府购买防治服务机制;贷款、税收等金融支持政策。

(3) 法规制度保障

研究完善林业有害生物防治、植物检疫方面的法律法规;制订和完善防治作业设计、限期除治、防治成效检查考核等管理办法;推动地方防治检疫条例、办法的制(修)订,研究完善具体管理办法;国务院林业主管部门要制订和完善检查考核办法;加大执法力度,依法打击和惩处违法违规行为。

(4) 科技支撑保障

加大国家和地方相关科技计划(基金、专项)的支持力度;加快以企业为主体、产学研协同开展防治技术创新和推广工作;加强国际交流合作。

(5) 队伍建设保障

加强防治检疫组织建设,加强防治专业技术人员的配备;强化培训教育;支持森林保护、植物保护等相关专业学科建设;积极引进和培养高层次、高素质的专业人才。《森林法》第三十三条第二款规定,县级或者乡镇人民政府可以聘用护林员,其主要职责是巡护森林,发现林业有害生物,应当及时处理并向当地林业等有关部门报告。

(6) 组织领导保障

实行"谁经营、谁防治"的责任制度;地方各级人民政府要进一步健全重大林业有害生物防治目标责任制,将林业有害生物成灾率、重大林业有害生物防治目标完成情况列入政府考核评价指标体系;实行地方人民政府行政领导负责制,根据实际需要建立健全临时指挥机构。

(7) 基础设施保障

将林业有害生物灾害防治纳入国家防灾减灾体系;地方各级人民政府要将防治基础设施建设纳入林业和生态建设发展总体规划,重点加强航空和地面防治设施设备、区域性应急防控指挥系统、基层监测站(点)等建设;加强必要的应急防治设备、药剂储备。《森林法》第四十一条规定,各级人民政府应当加强林业基础设施建设,应用先进适用的科技手段,提高林业有害生物防治能力。各有关单位应当加强森林管护。国有林业企业事业单位应当加大投入,加强林业有害生物防治。《森林法》第五十二条第五项规定,在林地上修筑林业有害生物防治设施,符合国家有关部门规定标准的,由县级以上人民政府林业主管部门批准,不需要办理建设用地审批手续;超出标准需要占用林地的,应当依法办理建设用地审批手续。

(8) 部门协作保障

农业、林业、水利、住房城乡建设、环保等部门要加强所辖领域的林业有害生物防治工作；交通运输部门要对未依法取得植物检疫证书的禁止运输、邮寄；民航部门要加强对从事航空防治作业企业的资质管理，规范市场秩序；工业和信息化、住房城乡建设等有关部门要把好涉木产品采购关，要求供货商依法提供植物检疫证书；出入境检验检疫部门要加强和完善外来有害生物防控管理；农业、质检、林业、环保部门要按照职责分工和"谁审批、谁负责"的原则，严格植物检疫审批和监管工作，协同做好《国际植物保护公约》、《生物多样性公约》履约工作。

(9) 联防联治机制保障

相邻省(区、市)间要加强协作配合，建立林业有害生物联防联治机制，健全相关制度；联合开展防治作业和检查验收工作；加强疫区和疫木管理；国务院林业主管部门要加强对跨省(区、市)林业有害生物联防联治的组织协调。

做好林业有害生物防治检疫工作，事关森林资源安全、生态环境改善、可持续发展目标的实现。及时修正《森林病虫害防治条例》，颁布国家层面的《林业有害生物防治检疫条例》，对于用法治手段打击违法违规行为，防控林业有害生物疫情，依法开展林业有害生物防治检疫工作，保护我国森林资源和生态安全具有重要的现实意义。

5.3.9 违反林业有害生物防治法律法规的法律责任

(1) 使用带有危险性病虫害的林木种苗育苗或者造林的法律责任

经营单位或者个人违反森林病虫害防治法规，使用带有危险性病虫害的林木种苗进行育苗或者植树造林的，根据《森林病虫害防治条例》第二十二条第一项规定，由县级以上人民政府林业主管部门或其授权的单位决定，责令限期除治、赔偿损失，可以并处一百元至二千元的罚款；对责任人员，由其所在单位或者上级机关给予行政处分；构成犯罪的，由司法机关依法追究刑事责任。

(2) 发生森林病虫害不除治或者除治不力的法律责任

林业经营单位和个人违反森林病虫害防治法规，对已发生的森林病虫害不除治或者除治不力，造成森林病虫害蔓延成灾的，根据《森林病虫害防治条例》第二十二条第二项规定，由县级以上人民政府林业主管部门或其授权的单位决定，责令限期除治、赔偿损失，可以并处一百元至二千元的罚款；对责任人员，由其所在单位或者上级机关给予行政处分；构成犯罪的，由司法机关依法追究刑事责任。

被责令限期除治森林病虫害者不除治的，林业主管部门或者其授权的单位可以代为除治，由被责令限期除治者承担全部防治费用。代为除治森林病虫害的工作，不因被责令限期除治者申请复议或者起诉而停止执行。

(3) 隐瞒或者虚报森林病虫害实情的法律责任

林业经营单位或者个人违反森林病虫害防治法规，隐瞒或者虚报森林病虫害情况，造成森林病虫害蔓延成灾的，根据《森林病虫害防治条例》第二十二条第三项规定，追究其法律责任。

(4) 未按规定调运应施检疫的森林植物及其产品的法律责任

违反植物检疫法规，未按规定办理植物检疫证书或者不按植物检疫证书的规定调运应施检疫的森林植物及其产品，以及林木种子、苗木和其他繁殖材料的，根据《植物检疫条例》第十八条第一款第三项、《植物检疫条例实施细则（林业部分）》第三十条第一款第三项、《森林病虫害防治条例》第二十三条规定，作出相应处罚。

（5）林业有害生物防治工作人员渎职的法律责任

在林业有害生物防治工作中的国家工作人员，不依法履行职责，有失职行为的，根据《森林病虫害防治条例》第二十四条规定，由其所在单位或者上级机关给予行政处分；构成犯罪的，由司法机关依法追究刑事责任。

案例解析

1. 主体的事权，落实政府、部门、林业经营主体三者的责任。两大目标：即服务保障能力建设目标和灾害控制目标。前者设定的是定性目标，到2020年林业有害生物监测预警、检疫御灾、防治减灾体系全面建成，防治检疫队伍建设得到全面加强；后者设定的是定量目标，主要林业《国办意见》核心内容层次分明、重点突出，概括为"一二三八"。即"一条主线、两大目标、三大任务和八项保障措施"。一条主线：即明确事权和落实责任。明确中央与地方、政府与部门、政府与林业经营有害生物成灾率控制在4‰以下，无公害防治率超过85%，测报准确率超过90%，种苗产地检疫率达到100%。三大任务：即加强灾害预防、应急防治和社会化防治。八项保障措施：即资金投入、扶持政策、法规制度、科技支撑、人才队伍、部门协作、联防联治和政府责任。

2. 农林技术服务有限公司技术人员操作无人机，通过高空喷洒药粉药杀松材线虫病传播媒介——松褐天牛，以有效控制松材线虫病的蔓延。无人机防治林业有害生物。与人工防治相比，既可大大提高防治效率，又可降低防治成本。C区积极开展松材线虫病防控工作，做好松材线虫病疫情监测，对松材线虫病疫木进行除治，有效防止了松材线虫病疫情的传播和蔓延，确保了全区生态安全。C区的做法恰恰是贯彻落实了《国办意见》的精神，推进社会化防治松材线虫病，借助科学技术的应用来监测松材线虫病疫情，高效除治松材线虫病疫木。

5.4 林业植物检疫法律制度

案例

2013年10月30日17时，一份来自A省林业有害生物防治检疫局的协查通报称："A省某集团未办理《出省植物检疫证》，一批带有松材线虫活体的3241件摩托车木质包装板材流入B省"。B省政府接到通报后，于10月31日17时启动应急响应。11月1日，由B省防检局、B省工商局、B省公安厅和B省交通厅组成的联合调查组赶赴疫木流入区，全力追缴疫木。据通报该批疫木流入C市和D市。然而，当C市调查组到达目的地时，发现原经销商已经倒闭，好不容易找到现在的经销商，却又一次陷入困境。摩托车在C市只销售了一小部分，大部分批发给县市的二级经销商。至此，该批携带有松材线虫活体的木质包装板材已流入 B 省除 E 市外的 10 个市、27 个县,意味着疫木已经在全省扩散!建立信息收集中心,增加市县力量,各市批示全力协助疫木追缴。11 月 1 日 D 市 F 区发现松褐天牛虫道,所有疫木全部集中销毁。11 月 2 日流向 G 市的疫木全部追缴,还发现了来自南方疫区的其他木质板材。11 月 3 日 H 市 I 县 J 镇,疫木全部集中。11 月 4 日 K 市将疫木全部销毁。11 月 5 日 L 市、M 市、N 市将疫木全部销毁。11 月 6 日 O 市、P 市将疫木全部销毁。11 月 7 日 C 市剩余的 117 件疫木销毁。7 天 7 夜,带有松材线虫的涉案 3241 件摩托车木质包装板材全部销毁,疫情解除,确保了 B 省森林生态安全。

  B 省从 2020 年 8 月至 11 月,在全省范围内开展了松材线虫病疫情秋季普查工作。严格按照国家林草局发布的《松材线虫病防治技术方案》规定,对辖区所有松林认真实施普查,全面调查有无枯死、濒死松树和危害松树的天牛。经过全省森防人员共同努力,B 省共普查松林 3080 万亩,发现枯死松树 19 852 株,取样 7963 株,经检测均未发现松材线虫,圆满完成了 2020 年松材线虫病疫情普查任务。B 省到目前为止尚未发现松材线虫病疫情入侵。

  1. A 省某集团运输摩托车的木质包装材料是否应当办理《植物检疫证》,为什么?

  2. A 省某集团无《植物检疫证》运输摩托车木质包装材料违反了哪些法规?依法应承担什么法律责任?

  3. 开展林业有害生物普查工作有何意义?

5.4.1 林业植物检疫政策法规概述

  林业植物检疫是一项政策性、社会性较强的行政执法工作,是旨在防止、控制林业检疫性和危险性有害生物传入和扩散或确保其官方防治的一切活动。目前,国家对林业植物检疫的管理是通过制定发布政策、法律、法规、规章、行业标准来实现的。立法方面没有法律位阶的专门性法,而是分散于《森林法》《进出境动植物检疫法》《生物安全法》等法律的个别条款中以及 2014 年的《国办意见》中。

  (1)《植物检疫条例》及其《实施细则》(林业部分)的专属规定

  有关林业植物检疫的专属法是 1983 年 1 月由国务院发布的《植物检疫条例》(以下简称《条例》)。随后,国务院于 1992 年 5 月、2017 年 10 月两次修正了该条例。在 2017 年修正该《条例》时,将第十三条修改为农林院校和试验研究单位对植物检疫对象的研究,不得在检疫对象的非疫区进行。因教学、科研确需在非疫区进行时,应当遵守国务院农业主管部门、林业主管部门的规定。另一专属法是由原林业部于 1994 年 6 月 30 日通过的《植物检疫条例实施细则(林业部分)》(以下简称《实施细则》(林业部分))。2011 年 1 月 25 日,国家林业局对这部规章作了修改。

  (2)现行《森林法》对林业植物检疫的责任细化与效力提升

  1984 年颁布的《森林法》规定各级林业主管部门负责组织森林病虫害防治工作。林业主管部门负责规定林木种苗的检疫对象,划定疫区和保护区,对林木种苗进行检疫。2019 年 12 月 28 日修订的《森林法》规定县级以上人民政府林业主管部门负责本行政区域的林业有害生物的监测、检疫和防治。省级以上人民政府林业主管部门负责确定林业植物及其产品的检疫性有害生物,划定疫区和保护区。对于符合国家有关部门规定标准,在林地上修筑木材检疫设施,由县级以上人民政府林业主管部门批准,不需要办理建设用地审批手续,由《森林法实施条例》的规定上升为法律规定,提升了法律效力。

(3)《进出境动植物检疫法》防止国内外林业有害生物的传播与蔓延

为了防止动物传染病、寄生虫病和植物危险性病、虫、杂草以及其他有害生物传入、传出国境,保护农、林、牧、渔业生产和人体健康,促进对外经济贸易的发展,1991年10月30日全国人大常委会通过了《进出境动植物检疫法》,并于2009年8月27日修正该法。1996年12月国务院发布《进出境动植物检疫法实施条例》,各口岸动植物检疫机构依法对入境的林木种苗、木材等进行检疫。

(4)制定《全国检疫性林业有害生物疫区管理办法》

为进一步加强全国检疫性林业有害生物疫区管理,防止检疫性林业有害生物传播扩散,保障国家生态安全和经济贸易安全,2018年7月3日,国家林草局根据《条例》《实施细则》(林业部分)的有关规定,以及《国办意见》等国务院办公厅和国务院有关文件要求,结合《国际植物保护公约》,制定《全国检疫性林业有害生物疫区管理办法》(以下简称《疫区管理办法》),自2018年8月1日起执行。

(5)新版《林业植物产地检疫技术规程》行业标准发布实施

产地检疫是林业植物检疫工作的基础,是防止有害生物传播扩散的第一道关口。2020年8月,国家林草局森林和草原病虫害防治总站负责组织起草了新版《林业植物产地检疫技术规程》(LY/T 1829—2020)(以下简称《规程》)。该《规程》由全国植物检疫标准化技术委员会林业分技术委员会提出并归口,于2020年10月1日起正式实施。

新《规程》规定了林业植物产地检疫范围、涉检单位(个人)基本要求、检疫受理、调查、检验鉴定、除害处理、检疫签证、检疫追溯和档案管理的程序和方法。与《林业植物产地检疫技术规程》(LY/T 1829-2009)相比,修改了适用范围、规范性引用文件、术语和定义、检疫范围、检疫检验、疫情上报、检疫处理、产地检疫结果评定和签证条件,以及《产地检疫调查表》《检疫处理通知单》《产地检疫合格证》等内容,增加了《涉检单位(个人)备案登记表》、检疫受理程序和要求、贮木场及木材加工场(点)调查、检疫追溯、档案管理等内容,以及《产地检疫申请表》《采样凭证单》等规范性附录。

(6)《生物安全法》有力防控重大新发突发植物疫情

为维护国家安全,防范和应对生物安全风险,保障人民生命健康,保护生物资源和生态环境,促进生物技术健康发展,推动构建人类命运共同体,实现人与自然和谐共生,2020年10月17日,第十三届全国人大常委会第二十二次会议通过《生物安全法》,自2021年4月15日起施行。该法第二十七条规定国务院卫生健康、农业农村、林业草原、海关、生态环境主管部门应当建立新发突发传染病、动植物疫情、进出境检疫、生物技术环境安全监测网络,组织监测站点布局、建设,完善监测信息报告系统,开展主动监测和病原检测,并纳入国家生物安全风险监测预警体系。《生物安全法》对防控重大新发突发植物疫情,防范外来物种入侵,保护生物多样性,具有至关重要的作用。

除了上述国家层面的政策、法律、法规、规章、技术规程之外,有9个省(自治区)颁布了林业有害生物防治检疫的省级地方性法规或者省级政府规章。通过国家和地方不断修订完善林业植物检疫相关政策及法律制度，对依法实施林业植物检疫，有效防范检疫性和危险性林业有害生物的传播危害，有效防范外来有害生物入侵，降低经济损失，维护森林生态安全，具有重要的意义。

5.4.2 林业植物检疫法律法规的主要内容

(1) 规定林业植物检疫对象

《森林法》第三十五条第二款规定："省级以上人民政府林业主管部门负责确定林业植物及其产品的检疫性有害生物。"《条例》第四条规定："凡局部地区发生的危险性大、能随林业植物及其产品传播的病、虫、杂草，应定为林业植物检疫对象。林业植物检疫对象和应施检疫的植物、植物产品名单，由国务院林业主管部门制定。各省、自治区、直辖市林业主管部门可以根据本地区的需要，制定本省、自治区、直辖市的补充名单，并报国务院林业主管部门备案。"未列入上述两种名单的林业植物及其产品的检疫与否，由调入省的林业检疫机构决定。

2013年1月9日，国家林业局根据《条例》和《实施细则（林业部分）》的有关规定，组织制定了新的"全国林业检疫性有害生物名单"（包含松材线虫，美国白蛾，苹果蠹蛾、红脂大小蠹、薇甘菊等14种）和"全国林业危险性有害生物名单"（包含落叶松球蚜，苹果棉蚜，板栗大蚜、紫茎泽兰、加拿大一枝黄花等190种），自2013年1月9日起生效。2004年7月29日发布的"全国林业检疫性有害生物名单"与2003年4月7日发布的"全国林业危险性有害生物名单"同时废止。

2017年12月12日，山西省林业厅根据《条例》和《森林植物检疫对象确定管理办法》的规定，结合山西省近年来林业有害生物发生特点，经专家论证和审定，发布了"山西省补充林业检疫性有害生物名单"，分别是锈色粒肩天牛、松褐天牛、双条杉天牛、白杨透翅蛾、沙棘木蠹蛾，自2018年1月1日起生效。

(2) 应施检疫的林业植物及其产品

应施检疫的林业植物及其产品包括林木种子、苗木和其他繁殖材料；乔木、灌木、竹类、花卉和其他林业植物；木材、竹材、药材；果品、盆景和其他林产品。《陕西省林业有害生物防治检疫条例》规定应施检疫的林业植物及其产品包含了草种草皮。

据世界粮农组织统计，不光是农作物、水果和种子会感染虫害，甚至连盛装它们的容器和箱子也难以幸免。海外运输通常使用木质包装，因为相对便宜，并且容易生产。但也容易被各种各样隐藏在树皮和木材里的虫害所感染，以致成了一种传播虫害的媒介。木材和家具等木制品还为害虫提供了藏身之地。这意味着不仅粮食作物面临风险，森林和树木也同样不例外。近来，韩国因受松材线虫感染，被迫砍掉大约350万株树。为了应付这种致命性虫害，韩国在过去30年内，曾投入了近5亿美元的资金用在虫害的控制上。随着国际旅行与经济贸易的全球化，世界范围的商品流通与人员流动的频繁往来，对植物有风险的生物也随之传播。有害生物的传入使各国政府、林农和消费者每年花费数十亿美元。一旦有害生物定殖，想要根除通常是很难的。防控这些有害生物所支出的费用在农林业生产费用中占比巨大。

（3）疫情认定与公布

《疫区管理办法》规定，各地在林业有害生物监测和检疫工作中，发现疑似全国检疫性林业有害生物疫情的，应当立即取样并送至省级以上林业主管部门指定的专业机构进行检验鉴定。经鉴定机构鉴定确认为检疫性有害生物的，当地林业主管部门应当按照有关规定逐级上报疫情，并组织疫情普查，确定疫情发生范围和程度。"全国检疫性林业有害生物疫情"由省级以上林业主管部门公布。其中，松材线虫病和美国白蛾疫情由国家林草局公布，其他全国检疫性林业有害生物疫情由省级林业主管部门公布。

（4）划定疫区和保护区

《森林法》规定省级以上人民政府林业主管部门负责划定疫区和保护区。《条例》规定局部地区发生植物检疫对象的，应划为疫区，采取封锁、消灭措施，防止植物检疫对象传出；发生地区已比较普遍的，则应将未发生地区划为保护区，防止植物检疫对象传入。疫区应根据植物检疫对象的传播情况、当地的地理环境、交通状况以及采取封锁、消灭措施的需要来划定，其范围应严格控制。疫区和保护区的范围涉及两省、自治区、直辖市以上的，由有关省、自治区、直辖市林业主管部门提出，报国务院林业主管部门批准后划定。疫区、保护区的改变和撤销程序，与划定程序相同。《疫区管理办法》规定，全国检疫性林业有害生物疫情发生地应当划定为疫区。疫区一般以县级行政区为单位划定。

（5）疫区公布与撤销

《疫区管理办法》规定，划定后的疫区由省级以上林业主管部门公布，其中松材线虫病和美国白蛾的县级疫区由国家林草局负责公布，其他全国检疫性林业有害生物疫区由省级林业主管部门报请省级人民政府批准后公布，并报国家林草局备案。疫区每年至少公布一次。疫区划定公布后，各地要加强疫区疫情的监测、检疫和除治工作，及时根除疫情，撤销疫区。全国检疫性林业有害生物疫情经除治达到以下条件之一的，可撤销疫区：一是疫区内连续两年没有发现该种全国检疫性林业有害生物的；二是疫区内没有该种全国检疫性林业有害生物可危害的寄主植物的。疫区撤销应当由省级林业主管部门组织查定和评估后提出。疫区撤销程序与公布程序相同。

（6）国家建立重大新发突发植物疫情联防联控机制

依照《规程》对疫情的表述，疫情是指全国检疫性林业有害生物，各省（自治区、直辖市）补充检疫性林业有害生物和危险性林业有害生物的发生状况。依照《生物安全法》第八十五条第四项规定，重大新发突发植物疫情是指我国境内首次发生或者已经宣布消灭的严重危害植物的真菌、细菌、病毒、昆虫、线虫、杂草、害鼠、软体动物等再次引发病虫害，或者本地有害生物突然大范围发生并迅速传播，对农作物、林木等植物造成严重危害的情形。

《生物安全法》第三十条规定，国家建立重大新发突发植物疫情联防联控机制。发生重大新发突发植物疫情，应当依照有关法律法规和应急预案的规定及时采取控制措施；国务院卫生健康、农业农村、林业草原主管部门应当立即组织疫情会商研判，将会商研判结论向中央国家安全领导机构和国务院报告，并通报国家生物安全工作协调机制其他成员单位和国务院其他有关部门。发生重大新发突发植物疫情，地方各级人民政府统一履行本行政区域内疫情防控职责，加强组织领导，开展群防群控、医疗救治，动员和鼓励社会力量依法有序参与疫情防控工作。

(7) 进行林业植物及其产品的产地检疫

《条例》规定林木种子、苗木和其他繁殖材料的繁育单位，必须有计划的建立无植物检疫对象的种苗繁育基地、母树林基地。试验、推广的林木种子、苗木和其他繁殖材料，不得带有林业植物检疫对象，必须经林业植物检疫机构实施产地检疫。产地检疫是林业植物检疫工作的基础，是防止有害生物传播扩散的第一道关口。依照2020版新《规程》的定义，产地检疫是指对应施检疫的林业植物及其产品在其繁育、生产、贮存地（场所）进行的调查，检疫检验和除害处理等措施。

通过踏查、监测、标准地调查、贮木场及木材加工场（点）调查，将产地检疫调查情况记入《产地检疫调查表》。根据检验鉴定结果，未发现检疫性或危险性林业有害生物的，为产地检疫合格，由林业植物检疫员签发《产地检疫合格证》。《产地检疫合格证》的有效期为6个月。调出林业植物及其产品，可凭有效期内的《产地检疫合格证》直接换发《植物检疫证书》。根据检验鉴定结果，发现检疫性或危险性林业有害生物，经检疫处理后再次进行检疫，合格的签发《产地检疫合格证》。

(8) 进行林业植物及其产品的调运检疫

调运检疫是指林业植物及其产品在调出原产地之前，运输途中及到达新的种植或使用地点之后，根据检疫法规，由法定的专门机构，对应施检疫的林业植物及其产品所采取的一系列检疫检验和除害处理措施及核发检疫单证的过程。调运检疫包括调出检疫和调入检疫。调出检疫时，要对照《林业植物检疫报检单》和《检疫要求书》进行现场核查。在现场检查时，应检查林业植物及其产品的表层、包装物外部、填充物、堆放场所、运输工具和铺垫材料等是否带有检疫对象或其他危险性有害生物。对调入的植物和植物产品，调入单位所在地的植物检疫机构应当查验《植物检疫证书》，必要时可以复检。

调运森林植物及其产品，属以下情况的，必须经过检疫：列入应施检疫的林业植物及其产品名单的运出发生疫情的县级行政区域前必须检疫；凡种子、苗木和其他繁殖材料，不论是否列入应施检疫的林业植物及其产品名单和运往何地，在调运之前，都必须经过检疫。

按照规定必须检疫的林业植物及其产品，经检疫未发现林业植物检疫对象的，发给《林业植物检疫证书》。发现有林业植物检疫对象、但能彻底消毒处理的，托运人应按林业植物检疫机构的要求，在指定地点做消毒处理，经检查合格后发给《林业植物检疫证书》；无法消毒处理的，应停止调运。对可能被林业植物检疫对象污染的包装材料、运载工具、场地、仓库等，也应实施检疫。

(9) 进行林木种子、苗木和其他繁殖材料的国外引种检疫

从国外引进林木种子、苗木和其他繁殖材料，引进单位或者个人应当向所在地的省级林业植物检疫机构提出申请，办理引种检疫审批手续。从国外引进的林木种子、苗木和其他繁殖材料，可能潜伏有危险性林业有害生物的必须隔离试种。经省级林业植物检疫机构证明，确实不带危险性林业有害生物的，方可分散种植。

(10) 林业植物检疫员的职权及林业植物检疫员证的管理

林业植物检疫员在执行检疫任务时有权行使下列职权：①进入车站、机场、港口、仓库和森林植物及其产品的生产、经营、存放等场所，依照规定实施现场检疫或者复检、查验植物检疫证书和进行疫情监测调查；②依法监督有关单位或者个人进行消毒处理、除害处理、隔离试种或采取封锁、消灭等措施；③依法查阅、摘录或者复制与林检工作有关的资料，收集证据。

林业植物检疫员应当由具有林业专业、森保专业助理工程师以上技术职称的人员或者中等专业学校毕业、连续从事森保工作两年以上的技术员担任。林业植物检疫员应当经过省级以上林业主管部门举办的林业植物检疫培训班培训并取得成绩合格证书，由省级林业主管部门批准，发给《林业植物检疫员证》（以下简称检疫员证）。检疫员证是林业植物检疫从业人员从事行政执法的资格证明，是执行检疫任务的重要身份证件。检疫员证有效期限为六年，每两年审核一次。林业植物检疫员执行任务时，必须穿着林业植物检疫制服、佩带林业植物检疫标志和出示检疫员证。

（11）加强检疫监管，推广运用信息化手段

信息化管理是各个行业实现科学发展和现代化建设的重要工具和手段。当前需重点整合和优化林业有害生物防治、检疫、监测等信息化资源，逐步实现林业有害生物防治信息"一张图"。急需加强物联网技术与卫星导航定位等信息化手段在监测调查、检疫监管、防治作业等方面的推广运用，切实提高信息化手段在防治检疫行业的运用水平，全力推进防治工作的现代化。

（12）加强疫情源头监管，建立检疫责任追溯制度

《国办意见》要求切实加强林业有害生物传播扩散源头管理，推进应施检疫的林业植物及其产品全过程追溯监管平台建设。检疫责任追溯的实质是出现问题找源头、查责任，是林业有害生物防治工作的重要一环。2012年，国家林业局专门印发《关于开展植物检疫追溯工作的通知》，部署了在上海、浙江、广东、新疆、云南5省（自治区、市）进行林业植物检疫追溯试点工作，探索实施检疫追溯标识的方法和经验，建立以造林绿化苗木、木质包装材料、食用林产品为主的全过程检疫责任追溯监管体系，给检疫责任追溯制度的有效执行提供准确、快捷的信息查询手段和认定依据。

（13）对林业植物检疫工作先进单位和个人的奖励制度

有下列成绩之一的单位和个人，由人民政府或者林业主管部门给予奖励：与违反林业植物检疫法规行为作斗争事迹突出的；在封锁、消灭林业植物检疫对象工作中有显著成绩的；在林业植物检疫技术研究和推广工作中获得重大成果或者显著效益的；防止检疫性、危险性林业有害生物传播蔓延作出重要贡献的。

5.4.3 规范和改进林业植物检疫审批和监管

林业植物检疫行政审批，伴随着国家行政审批领域"放管服"改革的脚步逐步推进。

（1）优化检疫审批程序，强化事中和事后监管

2014年《国办意见》要求进一步优化检疫审批程序，强化事中和事后监管。落实《国办意见》既符合我国现代林业发展大局，也是推进生态文明建设的需要。国家林业局积极开展行政审批改革工作，相继取消和下放了4项林业有害生物防治检疫领域的行政审批事项，保留了3项，即普及型国外引种试种苗圃资格认定、松材线虫病疫木加工板材定点加工企业审批，以及国务院有关部门所属的在京单位从国外引进林木种子、苗木检疫审批。

（2）建立林业植物检疫审批服务平台

加强行政审批管理的关键在于进一步创新和改进管理方式，推行网上审批。林业植物检疫审批服务平台是国家林业局造林绿化管理司组织研发的集国内林业植物调运检疫审批、国外林木引种检疫审批、普及型国外引种试种苗圃资格认定、松材线虫病疫木加工板材定点加工企业审批事项为一体的综合网上办理平台，是各级防治检疫机构服务公众、面向全国的统一窗口。这个服务平台是林业系统内首个全网络化的审批服务平台，是国家林业局深化检疫审批改革、提升服务市场效率、打造服务型机关的重大成果之一，为后期高效快捷地服务市场主体、依法强化审批事中事后监管提供了强有力抓手。

（3）加强林业植物检疫员证书签发管理

地方各级林业植物检疫机构要强化检疫员证书签发管理，严格按照"谁检疫谁负责""谁签证谁负责"的原则，认真开展现场检疫和产地检疫，杜绝只开证不检疫的现象。证书填写内容要符合新版《植物检疫证书》的填写要求，严格执行专职检疫员手工签发制度，不得使用个人印章代替，不得由他人代签。要加强签发证书的事中事后监管，及时纠正证书签发中的不规范问题，严肃查处"只开证不检疫""先开证后检疫"等违规行为。

（4）全国一体化在线政务服务平台整体上线试运行

为贯彻落实党中央、国务院关于深入推进"放管服"改革的重大部署，加快推动实现政务服务在全国范围内"一网通办，异地可办"，全国一体化在线政务服务平台从2019年11月8日起整体上线试运行。企业和群众通过中国政府网（www.gov.cn）首页设置的入口，进入"全国一体化在线政务服务平台"即"国家政务服务平台"。进入平台后先进行注册，选择个人用户登录或者法人用户登录。全国一体化平台目前已联通31个省（自治区、市）及新疆生产建设兵团、40余个国务院部门政务服务平台，接入地方部门300余万项政务服务事项和一大批高频热点公共服务。依托全国一体化平台，企业和群众可直接通达全国各地区各部门政务服务。

（5）登录国家政务服务平台，搜索"林业植物检疫证书核发"

除了电脑端登录中国政府网（www.gov.cn）进入"国家政务服务平台"外，手机端扫全国一体化政务服务平台二维码，点击"国家政务服务平台"，也可以进入全国一体化在线政务服务平台页面。手机端或者电脑端点击"统一搜索服务"框，进入"国家政务服务平台检索"页面，在搜索查询矩形框内输入"林业植物检疫证书核发"，点击"搜索查询"按钮，进入办事指南，选择当地林业植物检疫机构进行在线办理。

（6）办理产地检疫合格证

产地检疫合格证的办理，各地有所不一。如上海市林业植物产地检疫实现"一网通办"，有些地方仍需要到当地的政务大厅窗口办理。近几年，上海市林业总站全面推行"互联网+政务服务"，逐步形成植物检疫便民服务"在线培训、网上办理、快递送达"的运行机制。2020年10月后，行政相对人只需登录上海"一网通办"，即可通过该平台进行林业植物产地检疫的申请，系统会自动调取法人及企业相关信息的证明材料，相对人只需补充苗木清单等资料，就可在家坐等林业植物检疫人员上门服务，自主打印产地检疫合格证，真正实现全程网办"零次跑"。

5.4.4　启用新版《植物检疫证书》

为进一步加强林业植物检疫工作,国家林草局决定启用新版《植物检疫证书》,规范和改进林业植物检疫审批和监管,研究制定了新版省内《植物检疫证书》和出省《植物检疫证书》,自2019年1月1日起正式启用。和旧版相比,在新版植物检疫证书的右上角多了一个二维码,用手机扫一扫,就可以看到证书所代表的相关信息。据了解,二维码功能的增加,便于市民通过手机直接获取植物检疫证的基本信息;也有利于林业植物检疫机构对证书进行真伪辨别,加强林业植物及产品调入调出检疫监管和经营动态管理,提高林业植物检疫执法的工作成效。

(1)新版《植物检疫证书》填写要求

①"调运单位(个人)"和"收货单位(个人)"中的"地址",填写单位或个人的具体地址,填写格式:省级行政区名称+县级行政区名称+乡(镇)名称+社区(村)名称+门牌号或村组。

②"运输工具"填写汽车、火车、轮船、飞机、邮寄等。

③"运输起讫"填写调运应施检疫植物或植物产品的起运地点和到达地点,具体到县级行政区,填写格式为省级行政区名称+县级行政区名称至省级行政区名称+县级行政区名称。

④"有效期限"填写时间不得多于双倍的单程运输时间,最长不得超过三十日。

⑤"植物名称"填写应施检疫植物的中文名称,如是植物产品,填写其原材料的植物名称。

⑥"品名(或材种)"填写种子、种球、块根、草籽、苗木、接穗、插条、盆景、盆花、原木、板材、竹材、胶合板、刨花板、纤维板、果品、中药材、木(竹)制品、包装箱、电缆盘等。

⑦"规格"填写应施检疫植物及其产品的尺寸大小。其中,苗木(树木)填写径级;人造板填写长宽;包装箱填写长宽高;电缆盘填写盘径;属于种子的可不填写该项。

⑧"单位"填写株、根、千克、立方米、个等。

⑨"包装"填写袋装、箱装、筐装、散装、捆装等,如是包装箱、电缆盘等包装材料,可不填写该项。

⑩"签发意见"填写签发植物检疫证书的具体依据,如"产地检疫""调运检疫""复检"或"除害处理后",除害处理的应在"除害处理后"字样后注明除害处理方法。

⑪数字填写统一使用阿拉伯数字。

5.4.5　违反林业植物检疫法律法规的责任

(1)未依法办理植物检疫证书的法律责任

违反植物检疫法规,在生产、经营或者调运应施检疫的森林植物及其产品之前,在应施检疫的森林植物及其产品运出发生疫情的县级行政区域之前，调运或者从国外引进林木种子、苗木和其他繁殖材料之前，未依法报请规定的森林植物检疫机构实施检疫、办理植物检疫证书的，根据《条例》第十八条第一款第一项规定，《实施细则（林业部分）》第三十条第一款第一项规定，森检机构应当责令纠正，可以处以五十元至二千元罚款；造成损失的，应当责令赔偿；尚不构成犯罪的，森检机构可以没收非法所得；构成犯罪的，由司法机关依法追究刑事责任。

（2）弄虚作假报检森林植物及其产品的法律责任

违反植物检疫法规，采用虚构事实或者隐瞒事实真相等弄虚作假的手段，对应施检疫的森林植物及其产品，以及林木种子、苗木和其他繁殖材料进行报检，骗取《植物检疫证书》的，依照《条例》第十八条第一款第一项规定，《实施细则（林业部分）》第三十条第一款第一项规定追究法律责任。

（3）伪造、涂改、买卖、转让森林植物检疫单证、印章、标志、封识的法律责任

违反植物检疫法规，伪造、涂改、买卖、转让森林植物检疫单证、印章、标志、封识，尚不够刑事处罚的，依照《条例》第十八条第一款第二项、《实施细则（林业部分）》第三十条第一款第二项规定追究法律责任。

（4）未按规定调运应施检疫的森林植物及其产品的法律责任

违反植物检疫法规，未按规定办理植物检疫证书或者不按植物检疫证书的规定调运应施检疫的森林植物及其产品，以及林木种子、苗木和其他繁殖材料的，依照《条例》第十八条第一款第三项规定，《实施细则（林业部分）》第三十条第一款第三项规定，森检机构应当责令纠正，可以处以五十元至二千元罚款；造成损失的，应当责令赔偿；尚不构成犯罪的，森检机构可以没收非法所得；构成犯罪的，由司法机关依法追究刑事责任。对违反规定调运的森林植物及其产品，森检机构有权予以封存、没收、销毁或者责令改变用途。销毁所需费用由责任人承担。

（5）未按规定隔离试种应施检疫的森林植物及其产品的法律责任

违反植物检疫法规，对国外引进的林木种子、苗木和其他繁殖材料，不按规定隔离试种的，依照《条例》第十八条第一款第三项规定，《实施细则（林业部分）》第三十条第一款第三项规定追究法律责任。

（6）未按规定生产应施检疫的森林植物及其产品的法律责任

违反植物检疫法规，从事应施检疫的森林植物及其产品的生产单位未按规定向当地森检机构备案，未按规定建立无植物检疫对象的种苗繁育基地、母树林基地，未按规定试验、推广的种子、苗木和其他繁殖材料带有植物检疫对象，未按规定生产应施检疫的林木种子、苗木及其产品，生产期间或者调运之前未向当地森检机构申请产地检疫的，依照《条例》第十八条第一款第三项规定，《实施细则（林业部分）》第三十条第一款第三项规定追究法律责任。

（7）擅自开拆森林植物及其产品包装的法律责任

违反植物检疫法规，擅自开拆已经检疫的待运或者调运过程中的森林植物及其产品包装的，依照《条例》第十八条第一款第四项规定，《实施细则（林业部分）》第三十条第一款第四项规定追究法律责任。

(8) 擅自调换森林植物及其产品的法律责任

违反植物检疫法规，擅自调换已经检疫的待运或者调运过程中的森林植物及其产品，以及引进森林植物及其产品的，依照《条例》第十八条第一款第四项规定，《实施细则（林业部分）》第三十条第一款第四项规定追究法律责任。

(9) 擅自改变森林植物及其产品规定用途的法律责任

违反植物检疫法规规定，擅自改变申报调运、引进森林植物及其产品时的规定用途，以及改变带有危险性森林病、虫、杂草及其他有害生物的森林植物及其产品规定用途的，依照《条例》第十八条第一款第四项、《实施细则（林业部分）》第三十条第一款第四项规定追究法律责任。

(10) 非法引起林业有害生物疫情扩散的法律责任

违反植物检疫法规，在检疫对象的非疫区开展森林植物检疫对象研究，或者不遵守国务院农业农村主管部门、林业和草原主管部门的规定在检疫对象的非疫区开展森林植物检疫对象研究，或者违反国外林木种子、苗木和其他繁殖材料引进，生产、经营和调运应施检疫的森林植物及其产品，以及有关疫区、保护区等的管理规定，引起森林植物疫情扩散，尚不够刑事处罚的，依照《条例》第十八条第一款第五项、《实施细则（林业部分）》第三十条第一款第五项规定追究法律责任。

(11) 逃避检疫引起重大森林植物疫情的法律责任

违反《进出境动植物检疫法》关于进出境动植物必须接受检疫的规定，输入、输出或过境运输森林植物及其产品，在进出口岸逃避检疫机关工作人员的检疫，引起重大森林植物疫情的，构成逃避动植物检疫罪，由司法机关依照《刑法》第三百三十七条的规定追究刑事责任。

(12) 森林植物检疫人员徇私舞弊、玩忽职守的法律责任

根据《进出境动植物检疫法》第四十五条规定，林业植物检疫人员违反植物检疫法规，徇私舞弊，伪造检疫结果，或者严重不负责任，对应当检疫的检疫物不检疫，或者延误检疫出证、错误出证，致使国家利益遭受重大损失的，构成动植物检疫失职罪，由司法机关依照《刑法》第四百一十三条的规定追究刑事责任。

(13) 林业植物检疫、运输、邮递等工作人员渎职的法律责任

林业植物检疫人员在植物检疫工作中，交通运输部门和邮政部门有关工作人员在林业植物及其产品的运输、邮寄工作中，徇私舞弊、玩忽职守的，依照《条例》第十九条规定，由其所在单位或者上级主管机关给予行政处分；构成犯罪的，由司法机关依法追究刑事责任。

(14) 非法引进、释放或者丢弃外来入侵物种的法律责任

违反生物安全法，未经批准，擅自引进外来物种的，依照《生物安全法》第八十一条第一款规定，由县级以上人民政府有关部门根据职责分工，没收引进的外来物种，并处五万元以上二十五万元以下的罚款。

违反生物安全法，未经批准，擅自释放或者丢弃外来物种的，依照《生物安全法》第八十一条第二款规定，由县级以上人民政府有关部门根据职责分工，责令限期捕回、找回释

放或者丢弃的外来物种，处一万元以上五万元以下的罚款。

违反国家规定，非法引进、释放或者丢弃外来入侵物种，情节严重构成非法引进、释放、丢弃外来入侵物种罪，依照《刑法》第三百四十四条之一，处三年以下有期徒刑或者拘役，并处或者单处罚金。

案例解析

1. 应当办理出省《植物检疫证》。依照《植物检疫条例》第七条第一项规定，调运列入应施检疫的植物、植物产品名单的植物和植物产品，运出发生疫情的县级行政区域之前，必须经过检疫。《植物检疫条例实施细则（林业部分）》第六条规定，应施检疫的森林植物及其产品包括其他林产品；第十四条规定，应施检疫的森林植物及其产品运出发生疫情的县级行政区域之前以及调运林木种子、苗木和其他繁殖材料必须经过检疫，取得《植物检疫证书》。《植物检疫条例实施细则（林业部分）》第十五条规定，省际间调运应施检疫的森林植物及其产品，调入单位必须事先征得所在地的省级森检机构同意并向调出单位提出检疫要求；调出单位必须根据该检疫要求向所在地的省级森检机构或其委托的单位申请检疫。对调入的应施检疫的森林植物及其产品，调入单位所在地的省级森检机构应当查验检疫证书，必要时可以复检。本案例中木质包装材料属于其他林产品，而A省已成为中国松材线虫病危害最严重的省份之一，疫区差不多占中国的四分之一。从A省运输摩托车木质包装材料到B省，属于省际间调运应施检疫的森林植物及其产品。因此，要办理《植物检疫证书》（出省）。

2. 违反了《植物检疫条例》第七条第一项规定和《植物检疫条例实施细则（林业部分）》第十四条规定。依照《植物检疫条例》第十八条第一款第三项规定，《植物检疫条例实施细则（林业部分）》第三十条第一款第三项规定，森检机构应当责令纠正，可以处五十元至二千元罚款；造成损失的，应当责令赔偿；尚不构成犯罪的，森检机构可以没收非法所得；构成犯罪的，由司法机关依法追究刑事责任。对违反规定调运的森林植物及其产品，森检机构有权予以封存、没收、销毁或者责令改变用途。销毁所需费用由责任人承担。

3. 定期普查为科学防治奠基。林业有害生物普查是一项重大的林情调查，也是一项基础性和公益性的国情调查。通过组织全国林业有害生物普查，全面查清我国林业有害生物种类、分布、危害、寄主等方面的基本情况，及时更新全国林业有害生物数据库，为科学制定防治规划，有效开展预防和治理，维护林木资源和国土生态安全，促进生态文明建设提供全面、准确、客观的林业有害生物信息。落实林业有害生物普查制度，为监测预警、科学防治，确保"防早防小"提供决策依据。定期普查除了满足补充完善全国林业有害生物本底数据库的需求外，更多是掌握重大林业有害生物的变化动态，关注可造成危害的林业有害生物种类，并适时采取有针对性的防控措施。为了保证普查工作的顺利开展，《国办意见》要求地方人民政府要将林业有害生物普查、监测预报、植物检疫、疫情除治和防治基础设施建设等资金纳入财政预算，加大资金投入。

复习思考题

一、技能训练

组织学生向当地林业和草原行政主管部门、森林消防救援队、林草有害生物防治检疫站、森林公安等机构,了解森林资源保护管理的状况。围绕林地保护、林木保护、森林草原防火、林业有害生物防治、林业植物检疫等方面展开调查,然后结合所学理论知识,试撰写一篇当地森林保护的调研分析报告或者某案例的调查分析报告。

二、名词解释

1. 森林;2. 林地;3. 能源林;4. 林长制;5. 产地检疫;6. 调运检疫;7. 应施检疫的林业植物及其产品;8. 重大新发突发植物疫情;9. 林业植物检疫员证;10. 重大森林火灾。

三、不定项选择题

1. 现行的《森林防火条例》自(　　)起施行。
 A. 1988 年 1 月 16 日　　　　　　B. 1988 年 11 月 16 日
 C. 2007 年 10 月 1 日　　　　　　D. 2009 年 1 月 1 日

2. 森林火灾信息由县级以上人民政府森林防火指挥机构或者林业主管部门向社会发布。重大、特别重大森林火灾信息由(　　)发布。
 A. 县级人民政府林业主管部门
 B. 地市级人民政府林业主管部门
 C. 省、自治区、直辖市人民政府林业主管部门
 D. 国务院林业主管部门

3. 新中国成立以来我国最大的一次森林火灾发生于(　　)年 5 月 6 日至 6 月 2 日在黑龙江省大兴安岭北部林区,给国家森林资源和人民生命财产带来了巨大的损失,也由此推动了《森林防火条例》的诞生。
 A. 1965　　　　B. 1987　　　　C. 1999　　　　D. 2001

4. 我国森林防火工作实行(　　)的方针。
 A. 扑救为主,综合治理　　　　B. 预防为主,积极消灭
 C. 预防为主,打早打了　　　　D. 综合治理,积极消灭

5. 《森林防火条例》规定森林防火工作实行地方各级(　　)行政首长负责制。
 A. 人民政府　　B. 林业部门　　C. 防火部门　　D. 森林公安机关

6. 森林火灾扑灭后,火灾扑救队伍应当对火灾现场进行全面检查,清理余火,并留有足够人员(　　),经当地人民政府森林防火指挥机构检查验收合格,方可撤出看守人员。
 A. 原地待命　　　　　　　　B. 清除枯死木
 C. 开辟隔离带　　　　　　　D. 看守火场

7. 县级以上人民政府应当将(　　)建设纳入国民经济和社会发展规划,将森林防火经费纳入本级财政预算。

A. 护林员 B. 森林消防队
C. 森林防火基础设施 D. 森林消防宣传教育

8. ( )级以上地方人民政府应当根据本行政区域内森林资源分布状况和森林火灾发生规律，划定森林防火区，规定森林防火期，并向社会公布。
A. 乡镇 B. 县
C. 地市 D. 省

9. "造成（ ）人以上死亡或者（ ）人以上重伤的森林火灾"，省、自治区、直辖市人民政府森林防火指挥机构应当立即报告国家森林防火指挥机构，由国家森林防火指挥机构按照规定报告国务院，并及时通报国务院有关部门。
A. 一/三 B. 二/四
C. 三/十 D. 四/八

10. 重大林业有害生物灾害防治实行( )负责制。
A. 地方人民政府 B. 林业主管部门
C. 林业经营者 D. 农业主管部门

11. 发生暴发性、危险性等重大林业有害生物灾害时，( )应当及时组织除治。
A. 当地人民政府 B. 林业经营者
C. 林业主管部门 D. 检疫部门

12. ( )负责确定林业植物及其产品的检疫性有害生物，划定疫区和保护区。
A. 县级以上人民政府林业主管部门 B. 市级以上人民政府林业主管部门
C. 省级以上人民政府林业主管部门 D. 国务院林业和草原行政主管部门

13. 下列选项中，( )负责本行政区域的林业有害生物的监测、检疫和防治。
A. 国务院林业与草原行政主管部门 B. 省级以上人民政府林业主管部门
C. 市级以上人民政府林业主管部门 D. 县级以上人民政府林业主管部门

14. 破坏森林资源造成生态环境损害的，县级以上人民政府( )可以依法向人民法院提起诉讼，对侵权人提出损害赔偿要求。
A. 自然资源主管部门 B. 林业主管部门
C. 农业和农村主管部门 D. 水利主管部门

15. 下列选项中，( )负责确定林业植物及其产品的检疫性有害生物，划定疫区和保护区。
A. 国务院林业主管部门 B. 省级人民政府林业主管部门
C. 市级人民政府林业主管部门 D. 县级人民政府林业主管部门

16. 县级以上人民政府林业主管部门履行森林资源保护监督检查职责，有权采取的措施有( )。
A. 进入生产经营场所进行现场检查
B. 查阅、复制有关文件、资料，对可能被转移、销毁、隐匿或者篡改的文件、资料予以封存
C. 查封、扣押有证据证明来源非法的林木以及从事破坏森林资源活动的工具、设备或者财物

D. 查封与破坏森林资源活动有关的场所

17. 扑救森林草原火灾以（　　）等受过专业培训的扑火力量为主。
   A. 地方专业防扑火队伍　　　　　　B. 应急航空救援队伍
   C. 国家综合性消防救援队伍　　　　D. 解放军和武警部队

18. 以下（　　）森林草原火灾信息由国家森林草原防灭火指挥部办公室向国务院报告。
   A. 重大、特别重大森林草原火灾；
   B. 造成3人以上死亡或者10人以上重伤的森林草原火灾；
   C. 威胁居民区或者重要设施的森林草原火灾；
   D. 火场距国界或者实际控制线6千米以内，并对我国或者邻国森林草原资源构成威胁的森林草原火灾；
   E. 经研判需要报告的其他重要森林草原火灾。

19. 应施检疫的林业植物及其产品包括（　　）。
   A. 林木种子、苗木和其他繁殖材料
   B. 乔木、灌木、竹类、花卉和其他森林植物
   C. 木材、竹材、药材
   D. 果品、盆景和其他林产品

四、判断题

1. 林业经营者在政府支持引导下，对其经营管理范围内的林业有害生物进行防治。
（　　）

2. 省级以上人民政府林业主管部门对森林资源保护发展工作不力、问题突出、群众反映强烈的地区，可以约谈所在地区县级以上地方人民政府及其有关部门主要负责人，要求其采取措施及时整改。（　　）

3. 森林防火期内，禁止在森林防火区野外用火。需要进入森林防火区进行实弹演习、爆破等活动的，应当经县级人民政府批准，并采取必要的防火措施。（　　）

4. 因扑救森林火灾的需要，县级以上人民政府森林防火指挥机构可以决定采取开设防火隔离带、清除障碍物、应急取水、局部交通管制等应急措施。（　　）

5. 森林、林木、林地的经营单位和个人应当按照林业主管部门的规定，建立森林防火责任制，划定森林防火责任区，确定森林防火责任人，并配备森林防火设施和设备。
（　　）

6. 《森林防火条例》规定，预防和扑救森林火灾，保护森林资源，是每个公民应尽的义务。（　　）

7. 火场自救过程中，当点火或其他条件不具备时，切忌顺风跑，要选择已经过火或杂草稀疏地势平坦的地段，用衣服蒙住头部，快速冲越火线，进入火烧迹地即可安全脱险。

8. 农林院校和试验研究单位对植物检疫对象的研究，可以在检疫对象的非疫区进行。
（　　）

9. 森林草原火灾扑救工作由当地森林（草原）防（灭）火指挥机构负责指挥。同时发生

2起以上或者同一火场跨两个行政区域的森林草原火灾,由上一级森林(草原)防(灭)火指挥机构指挥。（　　）

10. 根据不同种类林业有害生物的生物学特性和危害特点,在其发生期进行调查,每年不得少于两次。（　　）

五、填空题

1. 县级以上人民政府林业主管部门依照本法规定,对森林资源的保护、_____、利用、_____等进行监督检查,依法查处破坏森林资源等违法行为。

2. 乡镇人民政府可以确定相关机构或者设置专职、_____承担林业相关工作。

3. 拒不恢复植被和林业生产条件,或者恢复植被和林业生产条件不符合国家有关规定的,由县级以上人民政府林业主管部门依法组织_____,所需费用由_____承担。

4. 中央和地方财政分别安排资金,用于公益林的营造、抚育、保护、管理和_____的经济补偿等,实行专款专用。

5. 国家实行森林资源保护发展_____和_____制度。地方人民政府可以根据本行政区域森林资源保护发展的需要,建立_____。

6. 森林草原火灾应对工作坚持_____、协调联动,分级负责、_____,以人为本、_____,快速反应、_____的原则。

7. _____是应对本行政区域重大、特别重大森林草原火灾的主体,国家根据森林草原火灾应对工作需要,及时启动_____、组织_____。

8. 涉检单位(个人)可用植物_____系统(手机移动 APP 端和后台电脑管理端),登记林业植物及其产品基础信息、供应商信息以及日常检疫信息,涉苗涉木企业、监管单位和公众通过_____进行追溯,实现苗木信息有据可查,有源可循。

9. 火灾发生后,要先研判气象、地形、环境等情况及是否威胁_____和_____,科学组织施救。

10. 国家森林草原防灭火指挥部办公室设立在_____。

六、简答题

1.《国家森林草原火灾应急预案》确定的主要任务?
2.《国家森林草原火灾应急预案》中,公安部、应急管理部和国家林草局的任务分工?
3.《国家森林草原火灾应急预案》对扑救火灾的要求?

七、案例分析题

1. 2019年12月,赵某为了种植油茶,将本县一山场其本人荒废果园的杂灌、杂草割倒,并堆放在果园条带上晒干。之后,用随身携带的一次性气体打火机将已晒干的杂灌、杂草点燃,由于天干物燥,火势迅速蔓延至附近的山上,引发森林火灾,造成1055.1亩有林地被严重烧毁。县人民检察院对被告人赵某以失火罪向法院提起公诉,同时提起了刑事附带民事公益诉讼,法院判处被告人赵某有期徒刑2年6个月,支付修复毁林公益林生态所需造林费用计人民币731 206.16元。

①赵某未经允许擅自在本人荒废果园内烧杂灌、杂草,其行为违反了什么法律规定?
②什么是失火罪?对失火罪如何追究法律责任?

单元5　森林保护法律制度

③县人民检察院对赵某某提起了刑事附带民事公益诉讼，请你谈谈公益诉讼制度于环境资源保护有何重大意义？

2. 为保护我国生态环境，保护松木，防控松材线虫病，2019年5月，A省林业局、省经信厅、省公安厅等8部门联合下发了《关于开展A省松材线虫病疫木检疫执法专项行动的通知》，B市C区积极响应，迅速部署，成立了由区农业农村局、区经信局、区建设局等8部门联合组成的专项行动领导小组。6月上旬至7月下旬，专项行动小组开展大规模的前期宣传，全面排查全区范围内的木材加工企业和木材使用企业，对非除治性采伐情况进行了排查。制订《木材加工企业关于使用松木及其制品的告知书》及《木材使用企业关于使用松木包装材料的告知书》发放至各企业。至11月下旬，以区植物检疫站为主，联合区经信局、森林公安、各林业（农业）站、各镇街林业工作站等单位组成联合执法组，严查违法行为。区植物检疫站行政执法人员在检疫检查时，发现D村祝某在对松疫木进行加工（区范围内未经除害处理的松木、松木枝桠及其制品均为疫木），却不能提供利用疫木加工的许可证。根据《林业行政处罚程序规定》第二十四条第一款、第二款规定，区植物检疫站对祝某涉嫌未经许可利用疫木加工行为予以立案调查，依法追究其法律责任。通过开展集中执法活动，严厉打击了违法采伐、运输、加工、经营和使用松材线虫病疫木及其制品的行为，有力震慑了无证加工松疫木的行为，加强了流通领域松木及其制品的检疫监管，有效提升了相关企事业的检疫意识。回答下列问题：

①区植物检疫站对祝某追究法律责任的依据是什么？
②区植物检疫站对祝某予以立案调查，请结合本案分析立案的条件？
③如何加强疫木检疫监管，着力解决疫木违法调运屡禁不止的问题。

单元 6　森林经营管理法律制度

> **学习目标**

1. 了解公益林和商品林的意义和划定。
2. 理解公益林和商品林的经营与管理。
3. 理解木材限额采伐的意义、范围。
4. 掌握凭证采伐的范围、核发林木采伐许可证的部门和办理采伐许可的条件、程序、审核。
5. 掌握盗伐和滥伐林木的区别以及违反林木经营管理法规的法律责任。

　　森林资源是人类最宝贵的财富之一，在维持和改善人类赖以生存的自然生态环境、提供人类生活、生产所需等方面作出了巨大贡献。但随着人类社会的高速发展，对自然资源的需求日益增多，对森林资源的严格有效的保护、合理利用和及时更新尤显重要。对森林实施分类经营管理制度，充分发挥森林的不同功能，才能实现林业可持续发展的需要。

6.1　公益林和商品林的划定

　　1981 年，《中共中央、国务院关于保护森林发展林业若干问题的决定》要求各省、市、自治区要根据森林的不同效益，抓紧搞好主要林区的林种划分工作，确定不同林种的经营方针和经营措施。1995 年，《林业经济体制改革总体纲要》中提出："森林资源培育要按照森林的用途和生产经营目的划定公益林和商品林，实施分类经营，分类管理。"2003 年，《中共中央 国务院关于加快林业发展的决定》强调："确立以生态建设为主的林业可持续发展道路""在充分发挥森林多方面功能的前提下，按照主要用途的不同，将全国林业区分为公益林业和商品林业两大类，分别采取不同的管理体制、经营机制和政策措施。"可见，将森林资源划定公益林和商品林，实行分类经营、分类管理是林业可持续发展的必然措施。

　　因此，《森林法》第四十七条规定："国家根据生态保护的需要，将森林生态区位重要或者生态状况脆弱，以发挥生态效益为主要目的的林地和林地上的森林划定为公益林。未划定为公益林的林地和林地上的森林属于商品林。"

6.1.1 公益林和商品林的概念

公益林,也称生态公益林,是以保护和改善人类生存环境、保持生态平衡、保存物种资源、科学实验、森林旅游、国土保安等需要为主要经营目标的森林和灌木林。

商品林,是以生产木材、薪炭、干鲜果及其他工业原料为主要目标的森林和灌木林。

6.1.2 公益林的划定

公益林分为国家级公益林和地方级公益林,国家级公益林划定和管理的办法由国务院制定;地方级公益林划定和管理的办法由省、自治区、直辖市人民政府制定。依照《国家级公益林区划界定办法》,属于林地保护等级一级范围内的国家级公益林,划为一级国家级公益林;其余的划为二级国家级公益林。

公益林主要功能是发挥森林生态效益,根据《森林法》《国家级公益林区划界定办法》等规定,其划定的区域主要包括江河源头、江河两岸等森林生态区位重要地区、荒漠化和水土流失严重的生态脆弱地区等。具体而言,下列区域的林地和林地上的森林,应当划定为公益林:

①重要江河源头汇水区域。
②重要江河干流及支流两岸、饮用水水源地保护区。
③重要湿地和重要水库周围。
④森林和陆生野生动物类型的自然保护区。
⑤荒漠化和水土流失严重地区的防风固沙林基干林带。
⑥沿海防护林基干林带。
⑦未开发利用的原始林地区。
⑧需要划定的其他区域。

基于公益林的经营管理目标,其经济功能受到一定的限制,因此,在公益林划定时,也兼顾生态保护和林权权利人的利益。确有必要将非国有林地和林地上的森林划入公益林的,必须征得林权权利人的同意,并与林权权利人签订书面协议,给予合理补偿。若其生态区域极其重要,可以依法征收为国有后再划为公益林。当前,我国在深化集体林权制度改革中,也鼓励各地开展重点生态区位商品林赎买等改革。

公益林划定后,应当予以公布。一方面接受公众监督,实现全社会共同保护;另一方面保障林权权利人的知情权,避免地方矛盾的产生。

公益林经营过程中,由于各种原因需要进行调整的,应当经原划定机关同意,并予以公布。

6.1.3 公益林的管理和保护

《森林法》第四十九条规定:"国家对公益林实施严格保护。"

根据《国家级公益林管理办法》，国家级公益林管理遵循"生态优先、严格保护、分类管理、责权统一、科学经营、合理利用"的原则。地方级公益林管理办法由各省、自治区、直辖市制定。

县级以上人民政府林业主管部门应当有计划地组织公益林经营者对公益林中生态功能低下的疏林、残次林等低质低效林，采取林分改造、森林抚育等措施，提高公益林的质量和生态保护功能。

在符合公益林生态区位保护要求和不影响公益林生态功能的前提下，经科学论证，可以合理利用公益林林地资源和森林景观资源，适度开展林下经济、森林旅游等。利用公益林开展上述活动应当严格遵守国家有关规定。

6.1.4　商品林的经营管理

(1) 国家鼓励发展商品林

发展商品林是满足我国经济建设和人民群众生产生活的需要，也是减少对天然林资源采伐、保障生态环境安全的需要。根据《森林法》第四十八条规定，国家鼓励发展下列商品林：

①以生产木材为主要目的的森林。木材是建筑、交通、家居等各行各业发展建设必不可少的资源，木材供给已经成为保障国家经济建设的重要战略性资源。因此，发展以生产木材为主要目的的森林，提高木材供给能力，是林业可持续发展的首要任务。

②以生产果品、油料、饮料、调料、工业原料和药材等林产品为主要目的的森林。经济林为人们提供了丰富的林产品，也是许多农民生产收入的主要来源。发展各种经济林，满足人们多样化需要，同时为农民群众脱贫致富提供保障。

③以生产燃料和其他生物质能源为主要目的的森林。即能源林，是以生产生物质能源为主要培育目的的林木。包括以利用林木所含油脂为主，将其转化为生物柴油或其他化工替代产品的油料能源林；以利用林木木质为主，将其转化为固体、液体、气体燃料或直接发电的木质能源林。自全球发生"石油危机"以来，全球都在寻求新能源。生物质能源是石油能源的重要替代，如瑞士、匈牙利和德国等国家先后将刺槐确定为重要的能源战略树种之一。我国在多个能源林树种选育、良种繁育、集约栽培技术、收获技术等方面开展了大量研究工作，取得了一系列的卓有成效的研究成果，使能源林的产量大幅提高，使能源林的发展在有限林地上取得了更大的收益。

④其他以发挥经济效益为主要目的的森林。国家也鼓励其他各种商品林的发展，从而加快林业发展、增加林农收入、提高森林覆盖率。

在保障生态安全的前提下，国家鼓励建设速生丰产、珍贵树种和大径级用材林，增加林木储备，保障木材供给安全。

(2) 商品林的自主经营

商品林主要发挥经济功能，在满足社会需求的同时，获得最大的经济产出，关系着经营者的直接利益。因此，应该赋予经营者充分的自主权，根据市场经济规律开展经营管理。

《森林法》第五十一条规定,"商品林由林业经营主体依法自主经营,在不破坏生态的前提下,可以采取集约化经营措施,充分发挥林地生产经营潜力,实现商品林经营的最优价值。"经营者可以采用新技术、新工艺,集约化经营,以提高单位产量,增加经济收益。另外,商品林也要兼顾生态效益,采伐商品林应当依法办理采伐许可证,符合技术规程,控制皆伐面积,伐育同步规划实施等。

6.2 森林经营方案编制

6.2.1 森林经营方案含义

森林经营方案是森林经营主体为了科学、合理、有序地经营森林,充分发挥森林的生态、经济和社会效益,根据国民经济和社会发展要求、林业法律法规政策、森林资源状况及其社会、经济、自然条件编制的森林资源培育、保护和利用的中长期规划,以及对生产顺序和经营利用措施的规划设计。

6.2.2 森林经营方案编制原则

编制森林经营方案要遵循以下基本原则:
①坚持节约优先、保护优先、自然修复为主,严守生态红线。
②坚持所有者、经营者和管理者的责、权、利统一。
③坚持与分区施策、分类管理、全面停止天然林商业性采伐政策衔接。
④坚持资源、环境和经济社会发展协调。

6.2.3 森林经营方案编制主体

编制和实施森林经营方案是一项法定性工作。根据《森林法》《关于加快推进森林经营方案编制工作的通知》等,国有林业企业事业单位应当编制森林经营方案;国家支持、引导其他林业经营者编制森林经营方案。

国家所有的森林以国有林业局、国有林场(采育场)等为单位编案;新疆生产建设兵团以团为单位编制。

集体所有的森林以乡镇或行政村为单位编制;集体林场、林业合作组织、企事业单位及个人所有或者经营的森林、林木达到一定规模的,鼓励独立编案,并按属地管理原则实行采伐限额单编单列;林农个人或小规模森林经营主体可编制简明森林经营方案。

6.3 森林采伐制定

6.3.1 森林采伐限额

 案例

李某是A县C村村民,在办理有关林木采伐手续后,于2018年5月10日按规定采伐其自留山上的杉木100株,材积5立方米,销售至某木材加工厂。

张某采伐的林木5立方米是否应列入A县的年森林采伐限额内?

(1) 森林采伐限额的概念

森林采伐限额是指国家所有的森林和林木以国有林业企业事业单位、农场、厂矿等为编限单位,集体所有的森林和林木、个人所有的林木以县为编限单位,按照法定程序和方法,经科学测算编制,经各级地方人民政府审核,报经国务院批准的在一定时期内每年采伐消耗林地上胸径5厘米以上(含5厘米)林木蓄积量的最大限量。

依法实行采伐限额制度,严格控制森林资源消耗,提高森林资源的利用效益,推进森林经营方案的编制与实施,对于建设完善的林业生态体系、发达的林业产业体系和繁荣的生态文化体系和应对全球气候变化、促进经济社会可持续发展具有重要而深远的意义。

(2) 实行限额采伐的范围

国家严格控制森林年采伐量。凡采伐胸高直径5厘米以上的林木所消耗的立木蓄积量列入限额采伐的范围。但国家和地方有关法律法规禁止采伐的森林和林木,农村居民自留地、房前屋后个人所有的零星林木以及非林业用地上种植的林木不编制采伐限额,不列入采伐限额范围。

国务院批准的年森林采伐限额是具有法律约束力的森林采伐控制指标,非经法定程序批准,不得突破。《森林法实施条例》第二十八条规定,国务院批准的年森林采伐限额,每五年核定一次。

年度商品林采伐限额有节余的编限单位可以结转下一年度使用,具体办法按国家林业局制定的《商品林采伐限额结转管理办法》执行。

利用外资营造的用材林达到一定规模需要采伐的,应当在国务院批准的年森林采伐限额内,由所在地的省、自治区、直辖市人民政府林业主管部门批准,实行采伐限额单列。

(3) 编制森林采伐限额的基本原则

①坚持持续经营、采育结合的原则。合理利用森林资源,积极开展森林资源经营,根据森林资源的数量、结构、质量和生态区位,科学确定年采伐限额总量和分项限额。

②坚持分区施策、分类管理的原则。对不同森林类型、不同森林经营主体,实行不同的管理方式;对不同区域分别确定采伐方式、年龄和强度,合理测算年采伐量。

③坚持以森林经营方案为基础的原则。对依照有关规定编制森林经营方案的,原则上

按照森林经营方案核定森林采伐限额。

④坚持总量控制，分项管理的原则。在设置总量限额的同时，设置森林类别和采伐类型分项限额。

森林类别分项限额分为商品林限额和公益林限额。

商品林采伐类型分为主伐、抚育采伐和其他采伐限额；公益林采伐类型分为抚育采伐、更新采伐和其他采伐限额。其他采伐限额包括低产（效）林改造以及因特殊原因进行的采伐。

（4）编制森林采伐限额的程序

森林采伐限额的编制，按照自下而上、上下结合、综合平衡、地方各级人民政府审核、国务院批准的程序进行。《森林法》第五十四条规定，国家严格控制森林年采伐量。省、自治区、直辖市人民政府林业主管部门根据消耗量低于生长量和森林分类经营管理的原则，编制本行政区域的年采伐限额，经征求国务院林业主管部门意见，报本级人民政府批准后公布实施，并报国务院备案。重点林区的年采伐限额，由国务院林业主管部门编制，报国务院批准后公布实施。国务院确定的重点国有林区的年森林采伐限额，由国务院林业主管部门审核后，报国务院批准。经国务院批准的各省、自治区、直辖市的年森林采伐限额总量，省、自治区和直辖市人民政府将森林采伐限额总量分解下达到各单位。

对于集体林，改革森林采伐限额蓄积量、材积双项控制，推行按蓄积量单项管理；引导经营者编制森林经营方案，逐步实现依据森林经营方案确定森林采伐限额。

（5）"十三五"期间对执行年森林采伐限额作出的有关规定

国务院批准的"十三五"期间年森林采伐限额，是在采伐类型分项限额的基础上按照林分起源和采伐目的进行归类形成的，是贯彻落实党中央、国务院关于切实加强天然林保护、全面停止天然林商业性采伐要求的重要成果。各省级林业主管部门要尽快以省人民政府的文件分解落实到各编限单位，东北、内蒙古重点国有林区由省级森工（林业）主管部门直接将限额分解落实到各编限单位。省、市级均不得截留。

国务院批准的"十三五"期间年森林采伐限额，是每年采伐林地上胸径5厘米以上林木蓄积量的最大限量，各地区、各部门必须严格执行，不得突破。不同编限单位的采伐限额不得挪用，同一编限单位分别权属、起源、森林类别、采伐类型的各分项限额不得串换使用。因重大自然灾害等特殊情况需要采伐林木且在限额内无法解决的，由省级人民政府上报国务院批准。要切实加强天然林保护，严禁移植天然大树进城，严禁对天然林实施皆伐改造，严禁天然林商业性采伐，东北、内蒙古重点国有林区天然林抚育采伐严禁生产规格材。

各级林业主管部门要进一步解放思想，创新采伐管理方式，稳妥推进采伐管理改革。要进一步简化采伐许可证办理程序，加快推行网上审批和尽量委托乡镇政府或县级林业主管部门派出机构核发采伐许可证，确保采伐审批更加便捷高效，切实解决林农反映的"办证难"问题。采伐非林地上的林木和经依法批准占用征收林地上的林木，不纳入采伐限额管理。各地可根据本区域森林资源现状和林木采伐管理实际，开展采伐管理制度改革试点。实行采伐公示制度，公示的范围和内容由县级林业主管部门确定。

案例解析

根据《森林法》第五十四条规定，国家严格控制森林年采伐量。省、自治区、直辖市人民政府林业主管部门根据消耗量低于生长量和森林分类经营管理的原则，编制本行政区域的年采伐限额，经征求国务院林业主管部门意见，报本级人民政府批准后公布实施，并报国务院备案。国务院批准的"十三五"期间年森林采伐限额，是每年采伐林地上胸径5厘米以上林木蓄积量的最大限量，各地区、各部门必须严格执行，不得突破。但国家和地方有关法律法规禁止采伐的森林和林木，农村居民自留地、房前屋后个人所有的零星林木以及非林业用地上种植的林木不编制采伐限额，不列入采伐限额范围。据此可判断，张某采伐的林木5立方米是否应列入甲县的年森林采伐限额内。

6.3.2 林木凭证采伐法律制度

 案例

张某为某村二队村民，其自留山20公顷的杉木已达主伐年龄，现张某欲采伐，用于出售。

1. 张某采伐自留山的杉木是否需办理采伐许可证，如需要办理采伐许可证，审核发放采伐许可证的部门是哪个？
2. 张某申请办理采伐许可证需提供哪些材料？

6.3.2.1 林木凭证采伐制度的概念和凭证采伐的范围

(1) 林木凭证采伐制度的概念

《森林法》第五十六条规定，采伐林木必须申请采伐许可证，按许可证的规定进行采伐。林木凭证采伐制度是指任何采伐林木的单位和个人，必须依法向核发林木采伐许可证的部门申请林木采伐许可证，经批准取得林木采伐许可证后按照采伐许可证规定的地点、数量、树种、方式和期限等进行采伐，并按规定完成采伐迹地的更新。林木采伐许可证是采伐林木的单位或者个人依照法律规定办理的准许采伐林木的证明文件。采伐林木实行凭证采伐制度，是保证森林采伐限额和木材生产计划不被突破的重要措施，是《森林法》规定的一项重要法律制度。

林木采伐许可证的内容包括采伐地点、面积、蓄积量(或株数)、树种、采伐方式、期限和完成更新造林的时间等。

《森林法实施条例》第三十一条规定，林木采伐许可证的式样由国务院林业主管部门规定，由省、自治区、直辖市人民政府林业主管部门印制。其样式见表6-1。

(2) 凭证采伐的范围

根据《森林法》的规定，采伐林地上的林木应当申请采伐许可证，并按照采伐许可证的规定进行采伐；采伐自然保护区以外的竹林，不需要申请采伐许可证，但应当符合林木采伐技术规程。

农村居民采伐自留地和房前屋后个人所有的零星林木，不需要申请采伐许可证。

非林地上的农田防护林、防风固沙林、护路林、护岸护堤林和城镇林木等的更新采伐，由有关主管部门按照有关规定管理。

采挖移植林木按照采伐林木管理。具体办法由国务院林业主管部门制定。

表 6-1　林木采伐许可证

编号：

```
                                          采字[20]   第   号
根据_____提报的伐区调查设计(申请)，经审核，批准在_____林场(乡镇)_____林班
(村)_____作业区(组)_____小班(地块)采伐。
   采伐四至：东至_____     南至_____     西至_____
   北至GPS定位：_____
采伐林分起源：_____     林种：_____     树种：__权
属：_____林权证号(证明)：_____     采伐类型：_____
_____采伐方式：_____采伐强度：_____采伐面积：_____公顷(株数)：_____
     株)
采伐蓄积量：_____立方米(出材量：_____立方米)采伐
期限：自_____年_____月_____日至_____年_____月_____日更新期
限：_____年_____月_____日
更新面积：_____公顷(株数：_____株) □占限额 □不占限额
备注：


                              年   月   日   发证人(章)
管理机关(章)    发证机关(章)   领证人：  月   日
                                           发证日期：
```

第一联　存根

注：1. 此证一式二联。第一联为存根，第二联为采伐凭证。
　　2. 超过规定采伐期限，此证无效。
　　3. 采伐凭证联套印省级以上林业主管部门采伐许可证管理专用章。
　　4. 非国有林木采伐不填GPS定位。

凭证采伐的范围，就林木所有权而言，包括国有林业企事业单位、机关、团体、部队、学校和其他国有企事业单位的森林和林木，铁路、公路的护路林，集体所有制单位的森林、林木和联营性质的林木以及个人经营的自留山、责任山的林木和承包经营的林木；就林种而言，包括用材林、经济林、防护林、薪炭林以及特种用途林，也包括自然保护区的竹林；就采伐类型和采伐方式而言，包括主伐、抚育间伐、低产林改造、更新性质的采伐，包括皆伐、择伐、渐伐等；就采伐目的和用途而言，包括以生产商品材为目的的林木采伐和不以生产商品材为目的的林种结构调整、农民自用材、培植业用材和烧材等林木的采伐，也包括工程建设占用、征用林地的林木采伐以及因病虫害、火灾受害的林木采伐等；就林木生长地而言，包括了除农村居民在自留地、房前屋后等土地上种植的个人所有

的零星林木外的其他地方的林木；但是，对在农村居民房前屋后和自留地上的国家重点保护的树木和古树名木按有关规定执行。

因扑救森林火灾、防洪抢险等紧急情况需要采伐林木的，组织抢险的单位或者部门应当自紧急情况结束之日起 30 日内，将采伐林木的情况报告当地县级以上人民政府林业主管部门。

根据国家林业局《关于未申请林木采伐许可证采伐"火烧枯死木"行为定性的复函》，采伐"火烧枯死木"等自然灾害毁损的林木，也必须申请林木采伐许可证，并按照采伐证的规定采伐。

6.3.2.2 审核发放林木采伐许可证的部门及其权限

(1) 审核发放林木采伐许可证的部门

根据《森林法》第五十七条和《森林法实施条例》第三十二条的规定，采伐森林、林木和以生产竹材为主要目的的竹林，林木采伐许可证按不同情况分别由有关部门和单位核发。

①国有林业企事业单位、机关、团体、部队、学校和其他国有企业事业单位采伐林木。由所在地县级以上林业主管部门依照有关规定审核发放采伐许可证。其中，县属国有林场，由所在地的县级人民政府林业主管部门核发，省、自治区、直辖市和设区的市、自治州所属的国有林业企业事业单位、其他国有企业事业单位，由所在地的省、自治区、直辖市人民政府林业主管部门核发；重点林区的国有林业企业事业单位，由国务院林业主管部门核发。

②铁路、公路的护路林和城镇林木的更新采伐。由有关主管部门依照有关规定审核发放采伐许可证。

③农村集体经济组织采伐林木。由县级林业主管部门依照有关规定审核发放采伐许可证。

④农村居民采伐自留山和个人承包集体的林木。由县级林业主管部门或者其委托的乡、镇人民政府依照有关规定审核发放采伐许可证。

⑤采伐跨行政区域的森林和林木。由林权所有者所在的县(市、区)林业主管部门核发林木采伐许可证，并告知采伐地所在的县(市、区)林业主管部门。

(2) 不得核发林木采伐许可证的情形

根据《森林法》第五十九条规定，审核发放采伐许可证的部门，不得超过批准的年森林采伐限额发放采伐许可证。

根据有关《森林法》第六十条及有关法规的规定，有下列情形之一的，核发林木采伐许可证的部门，不得核发林木采伐许可证。

①采伐封山育林期、封山育林区内的林木。

②上年度采伐后未按照规定完成更新造林任务。

③上年度发生重大滥伐案件、森林火灾或者林业有害生物灾害，未采取预防和改进措施。

④林木权属不清或有争议的。

⑤属于禁止或控制采伐的重点保护的珍贵树木、特种用途林、自然保护区等森林、林木，未取得国家林业主管部门或省级林业主管部门批准的。

⑥因工程建设征占用林地需要采伐林木而没有取得国家林业和草原局或省级林业主管部门《使用林地审核同意书》的。

⑦申请采伐的单位没有伐区调查设计材料，或者所设计的采伐类型、采伐方式、皆伐面积、采伐林木的年龄、抚育采伐或择伐强度等不符合有关技术规定的。

(3) 林木采伐许可证的印制和管理

林木采伐许可证由省级林业主管部门统一印制和管理，各设区的市、自治州林业主管部门和铁路、公路、城市园林等有关行政主管部门向省级林业主管部门领取林木采伐许可证。林木采伐许可证由县级以上林业主管部门指定的森林资源管理人员保管和核发。

6.3.2.3 申请、核发林木采伐许可证程序

(1) 单位或个人向核发林木采伐许可证的机关提出申请并提交有关材料

由森林、林木的所有者或使用者向有权审核发放林木采伐许可证的机关提出申请。

《森林法》第五十八条规定，申请采伐许可证，应当提交有关采伐的地点、林种、树种、面积、蓄积量、方式、更新措施和林木权属等内容的材料。超过省级以上人民政府林业主管部门规定面积或者蓄积量的，还应当提交伐区调查设计材料。

《森林法实施条例》第三十条规定，申请林木采伐许可证，除应当提交申请采伐林木的所有权证书或者使用权证书外，还应当按照下列规定提交其他有关证明文件：

①国有林业企业事业单位还应当提交采伐区调查设计文件和上年度采伐更新验收证明。

②其他单位还应当提交包括采伐林木的目的、地点、林种、林况、面积、蓄积量、方式和更新措施等内容的文件。

③个人还应当提交包括采伐林木的地点、面积、树种、株数、蓄积量、更新时间等内容的文件。

(2) 核发采伐证的部门或单位对申请的受理

核发采伐证的部门或单位对申请人提出的林木采伐许可申请，应当根据下列情况分别作出处理：

①申请材料不齐全或者不符合法定形式的，应当当场或在5日内一次性告知申请人需要补正的全部材料。

②申请材料齐全、符合法定形式应当受理。

(3) 核发采伐证的部门或单位对申请材料的审核与发证

核发采伐证的部门或单位自受理申请后，对其材料进行审核，经审核后，对符合采伐条件的，自受理申请之日起20日内作出准予林木采伐许可决定；对不符合采伐条件的，不予核发林木采伐许可证，并告知申请人享有依法申请行政复议或者提起行政诉讼的权利。

核发林木采伐许可证，实行一小班（地块）一证制。国有林木的采伐，以伐区调查设计的小班为单位，不得跨小班发证；集体或个人林木的采伐，采伐地点必须落实到山头地

块,注明四至,不允许多地一证或一证多户。

6.3.2.4 树木采挖管理

随着社会经济发展和人民生活水平的提高,人们对绿化、美化的要求越来越高,有些地方为了加快绿化美化的进程,直接采挖多年生树木进行异地移植和经营。由于受经济利益驱动,一些地方乱采乱挖树木,毁林毁地,对森林资源和生态环境造成了破坏。根据《森林法》第五十六条第四款规定,采挖移植林木按照采伐林木管理。具体办法由国务院林业主管部门制定。为了规范树木移植、制止乱采乱挖,国家林业局2003年2月发布《关于规范树木采挖管理有关问题的通知》,对树木采挖管理作出以下规定:

(1)采挖树木按照国家有关林木采伐的规定进行管理

采挖树木(包括活立木、树兜、树桩,下同)应以有利于森林资源保护,不破坏森林、林木和林地为前提,由县级以上林业主管部门按照国家有关林木采伐的规定进行管理。

采挖树木由林权单位或个人向县级以上林业主管部门提出申请,并提交采挖作业设计文件和林地植被恢复措施,办理林木采伐许可证后才可采挖。

林业主管部门核发林木采伐许可证时要注明"树木采挖"项目,同时应当对批准的采挖作业进行监督管理,并提供有关技术服务,以提高采挖树木的成活率,巩固绿化成果。

未经批准擅自采挖树木,或者因采挖树木造成林地、植被破坏的,依照法律法规关于林木采伐、林地管理的规定进行处罚。

采挖国家重点保护野生植物和珍贵树木的,严格按照《野生植物保护条例》《国家林业局关于实行国家重点保护野生植物采集证有关问题的通知》有关规定办理。

(2)严禁采挖树木的区域

下列区域的树木严禁采挖:自然保护区、名胜古迹、革命纪念地;国家规定的重点防护林和古树名木;生态地位极端重要、生态环境极端脆弱的特殊保护区和重点保护区,包括25°以上的山坡和县级以上林业主管部门确定的水土易流失的其他山坡,有关主管部门划定的铁路公路两旁、江河两侧、湖泊水库周围一定区域,石山区和全封的封山育林区等。

(3)采挖树木的单位和个人的责任

申请采挖树木的单位和个人,必须采取林地、植被保护措施,并依法缴纳林业规费。采挖时不得破坏周边的林地和植被,采挖后限期恢复林业生产条件,并补植所采挖树木株数一倍以上的树木。

(4)其他规定

各省、自治区、直辖市地方性法规对采挖树木有具体规定的,按其规定执行。

案例解析

①根据《森林法》第五十六条规定,采伐林木必须申请采伐许可证,按许可证的规定进行采伐。农村居民采伐自留地和房前屋后个人所有的零星林木,不需要申请采伐许可证。张某采伐的林木非自留地和房前屋后个人所有的零星林木,因此,需要办理采伐许可证。根据《森林法》第五十七条的规定,采伐许可证由县级以上人民政府林业主管部门核发。农

单元6 森林经营管理法律制度

村居民采伐自留山和个人承包集体林地上的林木，由县级人民政府林业主管部门或者其委托的乡镇人民政府核发采伐许可证。由此可知，张某的采伐许可证由林木所在地县级人民政府林业主管部门或者其委托的乡镇人民政府核发。

②根据《森林法》第五十八条规定，申请采伐许可证，应当提交有关采伐的地点、林种、树种、面积、蓄积量、方式、更新措施和林木权属等内容的材料。根据《森林法实施条例》第三十条的规定，张某申请采伐许可证应提交包括采伐林木的地点、面积、树种、株数、蓄积量、更新时间等内容的文件。

6.4 其他相关制度

6.4.1 林业信贷

林业是国民经济的基础产业，存在投入大，周期长的特点。资金短缺是制约林业快速发展的重要因素。银行等金融机构的信贷资金是解决问题的关键。因此，国家通过贴息、林权收储担保补助等措施，鼓励和引导金融机构开展涉林抵押贷款、林农信用贷款等符合林业特点的信贷业务，扶持林权收储机构进行市场化收储担保。当前，许多省份出台了相应政策，如江西省仅2018年度，通过"财政惠农信贷通"共计发放涉林贷款23.67亿元，有力地促进了全省林企、林农生产发展。

6.4.2 森林保险

林业是个充满风险的"露天"产业，受自然气候条件影响很大，很容易因自然灾害遭受巨大损失。2008年中国雪灾，森林受损面积近2.79亿亩，林业经营者损失惨重。森林保险作为增强林业风险抵御能力的重要机制，不仅有利于林业生产经营者在灾后迅速恢复生产，促进林业稳定发展，而且可减少林业投融资的风险，有利于改善林业投融资环境，促进林业持续经营。同时，通过开拓森林保险市场，有利于保险业拓宽服务领域，优化区域和业务结构，有利于培育新的业务增长点，做大做强保险业。因此，开展森林保险对实现林业、保险业与银行业互惠共赢、共促发展有着重要的意义。

国家支持发展森林保险。县级以上人民政府依法对森林保险提供保险费补贴。通过保险费补贴，提高林业经营者参保的积极性，提高林业经营的抗风险性。

6.4.3 森林认证

森林经营认证是根据所制定的一系列原则、标准和指标，按照规定的和公认的程序对森林经营业绩进行认证，而产销监管链认证是对木材加工企业的各个生产环节，即从原木运输、加工、流通直至最终消费者的整个链进行认证。森林认证由独立的第三方进行，保证了森林认证的公正性和透明性。

通过森林认证，对生产者而言，可以提高森林经营单位的森林经营水平，促进森林的可持续经营；稳定企业现有产品市场份额，并为进入新市场创造市场准入条件；提高林业企业形象，扩大知名度，提高产品价格，增加收入等。另外，还会产生良好的环境效益和社会效益。

《森林法》第六十四条规定，"林业经营者可以自愿申请森林认证，促进森林经营水平提高和可持续经营。"以市场为导向，由林业经营在完全自愿的基础上，向认证机构提出申请。任何部门、单位和个人不得强迫林业经营者进行森林认证。

6.5 木材流通监管

案例

2020年12月24日A县B镇政府工作人员来到辖区一木材加工厂，敦促企业主签署《自觉维护木材经营加工秩序遵守松材线虫病防治有关规定承诺书》。由于A县已被列入国家林业和草原局公告中的松材线虫病疫区县，全县未经除害处理的松科植物及其产品均为疫木，除疫木加工企业外，任何单位和个人不得存放、使用染疫松科植物及其制品。

2017年9月22日国务院取消了"在林区经营（含加工）木材审批"的事项。各地木材经营加工产业管理出现不断松懈的现象，加上近年来市场经济转型，多地木材加工经营企业（个体户）数量锐减，并有加工经营越来越粗放的迹象，不利于产业规范化发展和森林资源保护，更不利于松材线虫病防疫。

A县自然资源和规划局（林业局）向各地印发了《关于继续加强木材经营加工产业管理的通知》，加强对松科植物及其产品的检疫监管，对疫木加工企业外存放、经营、加工、使用松材线虫病疫木的，执法监督措施如下：①拍照取证，对实物做证据保全；②初步审核疫木的来源、数量及用途；③由县自然资源和规划局（林业局）立案调查；④根据林业植物检疫法律法规严肃查处，涉嫌妨害动植物防疫、检疫罪的，移送司法机关追究刑事责任。

1. 本案例中，A县自然资源和规划局（林业局）在国家取消"在林区经营（含加工）木材审批"事项后，是如何规范和加强木材经营加工产业管理，推进产业经济建设和森林资源保护的？

2. 在国家放开木材经营加工审批之后，各级林草主管部门应采取什么措施，来加强木材运输的监管，防止疫木从疫区流出，请根据所学的法律法规知识谈一谈。

木材及木制品经过各种流通途径，从林业生产领域进入消费领域流动。加强对木材流通的监管，是控制森林采伐量、防止盗伐、滥伐、非法收购、加工和木材运输等行为的有效手段。

6.5.1 木材经营加工企业应当建立原料和产品出入库台账

《森林法》第六十五条规定，"木材经营加工企业应当建立原料和产品出入库台账。"这一规定对企业的原料和库存管理提出了系统的要求。通过要求建立台账管理制度帮助企业保存木材来源地、树种和数量等信息，实现木材采购、销售和流通环节的全链条监督和可溯源性，从而评估非法来源木材的风险，规范木材经营加工企业经营活动。

6.5.2　木材收购、加工、运输确保来源合法

《森林法》第六十五条还规定，"任何单位和个人不得收购、加工、运输明知是盗伐、滥伐等非法来源的林木。"没有合法来源证明的，就可能是盗伐、滥伐林木。合法来源证明包括（不局限）：①采伐许可证；②收购、加工、运输的合同、票据；③进口木材的海关报关单；④运输农民自留地及房前屋后生产的木材或旧房料，凭乡政府或村民委员会开具的有关证明；⑤个人搬迁按规定允许携带的木材，凭户口迁移证明或工作调动证明。

6.5.3　木材运输监督

（1）依法设立的木材检查站是木材运输的监督机构

《森林法实施条例》第三十七条规定，经省、自治区、直辖市人民政府批准，可以在林区设立木材检查站，负责检查木材运输。因此，木材检查站是在林区设立的专门负责木材运输检查的林业基层行政执法机构。

（2）木材检查站的设立

木材检查站必须依法设立。当地县级以上人民政府按照统一规划、合理设置的原则，提出设立木材检查站的申请，逐级上报省级人民政府审核批准。未经省级人民政府批准，任何部门和单位都不得设立木材检查站，也不得调整、撤销已经设立的木材检查站。

（3）木材检查站的职责

木材检查站的职责是负责检查木材运输，维护林区木材运输秩序，制止非法运输木材的行为。根据《森林法》《森林法实施条例》等有关规定，未持有合法来源证明运输木材的，木材检查站有权制止，可以暂扣非法来源的木材，并立即报请县级以上林业主管部门依法处理。

案例解析

1. A县自然资源和规划局（林业局）敦促企业主签署《自觉维护木材经营加工秩序遵守松材线虫病防治有关规定承诺书》，并向各地印发了《关于继续加强木材经营加工产业管理的通知》，加强对松科植物及其产品的检疫监管，对疫木加工企业外存放、经营、加工、使用松材线虫病疫木的，执法监督措施如下：①拍照取证，对实物做证据保全；②初步审核疫木的来源、数量及用途；③由县自然资源和规划局（林业局）立案调查；④根据林业植物检疫法律法规严肃查处，涉嫌妨害动植物防疫、检疫罪的，移送司法机关追究刑事责任。

2. 各级林草主管部门应制定木材运输的监管工作方案，严格执行相关法律法规和政策规定，做好森林资源源头监管，严格按照森林采伐限额核发林木采伐许可证。大力宣传

林业有害生物对森林资源造成的严重危害,加强对松材线虫等检疫性、危险性林业有害生物的防控力度,规范和加强松材线虫病疫木加工企业的审批许可。监督木材经营加工企业建立原料和产品出入库台账,禁止收购非法来源的木材。建立卫片执法工作制度,加大对违规经营木材行为的查处力度。加强与市监部门沟通协调,及时更新木材经营加工企业登记信息,对木材经营加工企业进行随机抽查,将抽查结果及时报送当地市监部门,由市监部门通过国家企业信用信息公示系统归集于企业名下。鼓励木材经营加工企业参加以企业自愿为原则的诚信公约,推进木材加工企业开展企业标准自我公开声明。各级林业主管部门受理的投诉、举报,属于职权范围的,应当受理并在法定期限内及时核实、处理并答复;不属于职权范围的,应当移交有权机关,并通知投诉、举报人。利用新闻媒体进行舆论监督,通过官方网站及时公开抽查结果,实现监管过程和结果的可查询、可监督,切实加强对取消的行政许可事项事中事后监管工作,防止出现监管真空。

6.6 伐区管理法律制度

案例

某国有林场2019年的采伐限额为2.3万立方米,列为伐区的第9林班第2经营班第3小班等共12个小班。其中用材林主伐有10个小班,用材林抚育间伐2个小班。

1. 该林场在采伐前是否需要进行伐区设计?
2. 伐区作业有何要求?

6.6.1 林木采伐年龄、类型及方式

(1) 林木采伐年龄

森林采伐的前提是森林成熟,森林成熟是确定采伐年龄的基础。正确确定林木采伐年龄,是林木采伐管理的重要内容。森林在生长发育过程中达到最符合经营目的的最佳状态时称为森林成熟,这个时期的年龄称为森林成熟龄。森林成熟龄是合理确定主伐年龄和轮伐期的重要依据之一。

森林成熟的种类主要有数量成熟、经济成熟、工艺成熟、防护成熟、自然成熟和更新成熟等。不同的森林或林种有着不同的森林成熟,即使是同一林种也应根据不同的经营目的来研究确定其森林成熟龄。用材林主要以数量成熟、经济成熟、工艺成熟确定其主伐年龄。

林木主伐年龄是测算一个地区或单位年森林合理采伐量,编制森林采伐限额和核发林木采伐证的主要依据。

《森林采伐更新管理办法》第七条规定,主要树种的主伐年龄,按《用材林主要树种主伐年龄表》的规定执行。定向培育的森林以及国家制订的《用材林主要树种主伐年龄表》内未列入树种的主伐年龄,由省、自治区、直辖市林业主管部门规定。

①公益林更新采伐年龄。按照大于《森林采伐更新管理办法》规定的用材林主伐年龄1~2个龄级执行。其中，农田防护林的更新采伐年龄，由省级林业主管部门根据有关规定确定。

②用材林各树种主伐年龄。编制森林经营方案的，根据森林经营方案确定的主伐年龄执行。未编制森林经营方案的，由各省、自治区、直辖市林业主管部门结合实际依据《用材林主要树种参考主伐年龄表》分别一般用材林、速生丰产用材林和工业原料林确定。

③防护林、特种用途林各树种的更新采伐年龄。可参照一般用材林主伐年龄，根据不同区位分别确定。对于复层混交林，如需对上层林木进行更新采伐的，可单独以上层林木确定更新采伐年龄。

④经济林、薪炭林的采伐年龄。按照各省、自治区、直辖市林业主管部门制定的相关采伐技术规程或规定执行。

⑤道路两旁的护路林、城市绿化林木以及部队林木的采伐、截干、修枝等。按照相应管理部门的规定执行。

⑥集体林、商品林的主伐年龄和农田防护林更新采伐年龄。由省级林业主管部门确定，并报国家林业主管部门备案。

（2）采伐类型

森林采伐包括商品林采伐和公益林采伐。其中，商品林系指用材林、薪炭林和经济林；公益林系指防护林和特种用途林。

根据《森林采伐更新管理办法》的规定，森林采伐包括主伐、抚育采伐、更新采伐和低产林改造4种采伐类型。

①主伐。是指为了获取木材而对成熟、过熟的林木或林分所进行的采伐作业。主伐适用于成、过熟的用材林采伐，包括定向培育的短轮伐期的工业原料林的采伐。对成熟的用材林，应当根据不同情况，分别采取择伐、皆伐和渐伐方式，并在采伐的当年或者次年内完成更新造林。

②抚育采伐。又称抚育间伐，是指在未成熟的林分中，为了给保留木创造良好的生长发育条件，而采伐部分林木的森林抚育措施。适用于用材林的中幼林和防护林、特种用途林。

③更新采伐。也称为经营性质的采伐，是指为了恢复和提高防护林和特种用途林的功能而进行的采伐，不以获取木材为主要目的。更新采伐一般用于过熟的或者生长衰退的防护林和特种用途林的采伐。采伐迹地应当在一年内更新。

④低产林改造。是指对无培育前途的残次林、生长量达不到规定标准的林分进行采伐，改种材质好、经济效益高的林木所采取的森林经营措施，适用于生长不良的中、幼林和近熟林的改造更新。

（3）用材林的主伐方式

根据《森林采伐更新管理办法》第八条规定，用材林的主伐方式有皆伐、择伐和渐伐。

①中幼龄树木多的复层异龄林，应当实行择伐。择伐强度不得大于伐前林木蓄积量的40%，伐后林分郁闭度应当保留在0.5以上，伐后容易引起林木风倒，自然枯死的林分，择伐强度应当适当降低。两次择伐的间隔期不得少于一个龄级期。

②成过熟单层林、中幼龄树木少的异龄林，应当实行皆伐。一般皆伐面积一次不得超过5公顷，坡度平缓、土壤肥沃、容易更新的林分，可以扩大到20公顷。一些省、自治区地方性法规规定，工业原料林的皆伐面积由经营者自主确定。在采伐带、采伐块之间，应当保留相当于皆伐面积的林带、林块。对保留的林带、林块，待采伐迹地上更新的幼树生长稳定后方可采伐。皆伐后依靠天然更新的，每公顷应当保留适当数量的单株或者群状母树。

③天然更新能力强的成过熟单层林，应当实行渐伐。全部采伐更新过程不得超过一个龄级期。上层林木郁闭度较小，林内幼苗、幼树株数已经达到更新标准的，可进行二次渐伐，第一次采伐林木蓄积量50%；上层林木郁闭度较大，林内幼苗、幼树株数达不到更新标准的，可进行三次渐伐，第一次采伐林木蓄积量的30%，第二次采伐保留林木蓄积量的50%，第三次采伐应当在林内更新起来的幼树接近或者达到郁闭状态时进行。

(4) 采伐林木应当遵守的规定

根据《森林法》第五十五条规定，采伐森林和林木必须遵守下列规定。

①公益林只能进行抚育、更新和低质低效林改造性质的采伐。但是，因科研或者实验、防治林业有害生物、建设护林防火设施、营造生物防火隔离带、遭受自然灾害等需要采伐的除外。

②商品林应当根据不同情况，采取不同采伐方式，严格控制皆伐面积，伐育同步规划实施。

③自然保护区的林木，禁止采伐。但是，因防治林业有害生物、森林防火、维护主要保护对象生存环境、遭受自然灾害等特殊情况必须采伐的和实验区的竹林除外。

省级以上人民政府林业主管部门应当根据前款规定，按照森林分类经营管理、保护优先、注重效率和效益等原则，制定相应的林木采伐技术规程。

另外，按照《财政部、国家林业局关于印发〈关于开展森林生态效益补助资金试点工作意见〉的通知》的规定，凡已区划为国家级公益林的，禁止一切商业性采伐；进行更新和抚育性质的采伐，应当经县级以上林业主管部门审核，报省级林业主管部门批准，而且采伐强度不能大于15%。

④特种用途林中的名胜古迹和革命纪念地的林木、自然保护区的森林，以及国家一级保护的珍贵树木，严禁采伐。

⑤采伐林木的单位或者个人，必须按照采伐许可证规定的面积、株数、树种、期限完成更新造林任务，更新造林的面积和株数不得少于采伐的面积和株数。

6.6.2 伐区管理

伐区管理是指林业主管部门或者其委托的林业行政执法单位，依照法律法规及相关技术规定，对公民、法人或者其他组织采伐森林、林木的行为及伐区作业质量进行监督和管理的过程。《森林法》规定，持有林木采伐许可证的单位和个人必须并按照采伐许可证的规定进行采伐，采伐应当符合林木采伐技术规程，发放采伐许可证的部门有权对持证单位的作业情况进行检查，对伐区作业不符合规定的单位，发放采伐许可证的部门有权收缴采伐许可证，中止其采伐，直到纠正为止。因此，加强伐区管理是林业主管部门的重要职责之一。

伐区管理的任务包括伐区调查设计、伐区拨交、木材生产、伐区清理、迹地更新、伐区采伐质量检查验收等全过程的管理与监督。林区内进行一切森林采伐活动，包括主伐、抚育采伐、更新采伐和低产林改造等，在采伐作业前必须进行伐区调查设计，实行伐区申请、拨交，履行采伐审批手续，经主管部门批准后，方可进入伐区作业。

根据《国务院批转林业局关于全国"十二五"期间年森林采伐限额审核意见的通知》规定，对于集体林，推行伐区简易设计，森林经营者对伐前、伐中和伐后自主管理，林业主管部门提供技术指导和服务；对于国有林，应编制并按照森林经营方案进行经营管理，执行伐前拨交、伐中检查、伐后验收等监管制度。

(1) 伐区调查设计

伐区调查设计是实施森林采伐之前，在森林资源规划调查(即二类调查)的基础上由林业调查设计单位，对计划采伐地段(即伐区)进行区划，并对伐区林分因子进行调查，根据调查获得的森林数量、质量和立地条件，进行森林采伐利用、更新、集材方式及伐区生产工艺设计，编制出调查设计文件，为木材生产及迹地更新提出实施方案。根据《森林法》和国务院的有关规定，凡是采伐林木，包括皆伐、抚育间伐和择伐，都要进行伐区调查设计或伐区简易调查设计。

伐区调查设计的主要内容包括：伐区区划、林分因子调查、森林蓄积量调查、伐前更新调查、采伐剩余物调查、伐区生产工艺设计、工程设计和编制调查设计成果等。伐区调查设计是林木采伐管理的重要环节之一，其成果是核发采伐许可证、监督检查伐区作业的技术依据。加强对伐区调查设计的管理，是控制林木采伐，防止乱砍滥伐的一项重要措施，有利于保护森林资源和提高森林资源利用率。

伐区调查设计是一项技术性强的业务工作，调查设计人员必须具备一定的业务技术水平。国家林业局规定伐区调查设计由具有林业调查规划设计资质的单位和持有调查规划设计证书的人员承担完成。省级林业主管部门对伐区调查设计一般实行"双证"管理制度，规定承担调查单位应当有丁级以上的林业调查规划设计资格证书，参加调查设计的人员应当持有省级林业主管部门核发的伐区调查设计资格证书。

(2) 伐区拨交

经伐区调查设计，核发林木采伐许可证后，应在施工前进行伐区拨交。国有林场伐区拨交由审批机关或其委托单位组织实施。伐区管理员、有关设计人员、施工人员应当到达伐区现场，由设计人员介绍伐区小班四至、面积和界线，以及林木采伐方式、采伐强度、采伐蓄积量、出材量、采伐期限等，要求采伐者严格按照采伐证要求进行采伐，并办理伐区拨交手续。

(3) 伐中检查

采伐者在对伐区的林木进行采伐的过程中，负责伐区管理的责任人应当经常到伐区进行检查监督，如发现有擅自改变采伐地点、采伐方式或者扩大采伐面积、增加采伐强度等情形的，应当依照《森林法》的规定，收回采伐许可证，中止其采伐行为，并及时报告林业主管部门依法查处，从源头上杜绝滥伐行为的发生。

(4) 伐后验收

根据《森林采伐更新管理办法》的规定，林木采伐后，核发林木采伐许可证的部门应当对采伐作业质量组织检查验收，签发采伐作业质量验收证明。验收证明格式由省、自治区、直辖市林业主管部门制定。伐区验收应当以采伐许可证和伐区调查设计文件为依据，按照《森林采伐更新管理办法》和本省（自治区、直辖市）的有关规定进行。县（市、区、旗）林政资源管理部门负责对所属国有林场、集体林业单位和个人生产伐区进行抽查；设区的市、自治州林政资源管理部门负责对所属国有林场伐区进行抽查，抽查作业小班个数不少于伐区小班总数的10%~15%，每个样地面积不小于0.06公顷。

根据《森林采伐更新管理办法》第十二条规定，采伐作业应当遵守以下规定：①按林木采伐许可证和伐区设计进行采伐，不得越界采伐或者遗弃应当采伐的林木；②择伐和渐伐作业实行采伐木挂号，先伐除病腐木、风折木、枯立木以及影响目的树种生长和无生长前途的树木，保留生长健壮，经济价值高的树木；③控制树倒方向，固定集材道，保护幼苗、幼树、母树和其他保留树木；依靠天然更新的，伐后林地幼苗、幼树株数保存率应当达到60%以上；④采伐的木材长度2米以上，小头直径不小于8厘米的，全部运出利用，伐根高度不得超过10厘米；⑤伐区内的采伐剩余物和藤条、灌木，在不影响森林更新的原则下，采取保留、利用、火烧、堆集或者截短散铺方法清理；⑥对容易引起水土冲刷的集材主道，应当采取防护措施。

核发林木采伐许可证的部门应当及时对采伐作业质量组织检查验收，凡合格的，签发伐区作业质量验收合格证，作为下一次申请采伐的证明；不合格的，应根据具体情况提出处理意见。

案例解析

1. 《森林法实施条例》第三十条规定，申请林木采伐许可证，除应当提交申请采伐林木的所有权证书或者使用权证书外，国有林业企业事业单位还应当提交采伐区调查设计文件和上年度采伐更新验收证明。核发林木采伐许可证，实行一小班（地块）一证制。国有林木的采伐，以伐区调查设计的小班为单位，不得跨小班发证。据此可知，某国有林场采伐前需要进行伐区设计。

2. 根据《森林采伐更新管理办法》第十二条规定，采伐作业应当遵守以下规定：①按林木采伐许可证和伐区设计进行采伐，不得越界采伐或者遗弃应当采伐的林木；②择伐和渐伐作业实行采伐木挂号，先伐除病腐木、风折木、枯立木以及影响目的树种生长和无生长前途的树木，保留生长健壮，经济价值高的树木；③控制树倒方向，固定集材道，保护幼苗、幼树、母树和其他保留树木；依靠天然更新的，伐后林地幼苗、幼树株数保存率应当达到60%以上；④采伐的木材长度2米以上，小头直径不小于8厘米的，全部运出利用，伐根高度不得超过10厘米；⑤伐区内的采伐剩余物和藤条、灌木，在不影响森林更新的原则下，采取保留、利用、火烧、堆集或者截短散铺方法清理；⑥对容易引起水土冲刷的集材主道，应当采取防护措施。

单元6 森林经营管理法律制度

6.7 违法森林经营管理的法律责任

 案例

2018年3月，村民李某在未办理采伐许可证的情况下，采伐其自留山上的杉木150株，立木蓄积量8.2立方米。在其运输木材经过某县林场的林地时，采伐了该林场林地上的杉木5株，立木蓄积量1.35立方米，并一起拉回家中。

1. 李某实施了哪些违法行为？是否构成犯罪？为什么？
2. 李某应承担哪些法律责任？林业主管部门应给予李某哪些行政处罚？
3. 盗伐林木罪与滥伐林木罪以及盗窃罪的区别是什么？

6.7.1 违反林木采伐管理法规的法律责任

6.7.1.1 盗伐森林或其他林木的法律责任

（1）盗伐森林或者其他林木概念

盗伐森林或者其他林木是指行为人以非法占有为目的，违反《森林法》和其他保护森林法规，未取得林木采伐许可证，擅自砍伐国家、集体、他人所有的或者他人承包经营管理的森林或者其他林木，或者擅自砍伐本单位或者本人承包经营管理的森林或者其他林木的行为。虽持有采伐许可证，但在采伐许可证规定的地点以外采伐国家、集体、他人所有或者他人承包经营管理的森林或者其他林木的行为，也属于盗伐林木行为。

（2）盗伐森林或其他林木的民事、行政法律责任

①根据有关民事法律的规定，盗伐林木的，依法赔偿损失。

②盗伐森林或者其他林木的行政责任。根据《森林法》第七十六条的规定，盗伐林木的，由县级以上人民政府林业主管部门责令限期在原地或者异地补种盗伐株数一倍以上五倍以下的树木，并处盗伐林木价值五倍以上十倍以下的罚款。

（3）盗伐森林或其他林木的刑事法律责任

①盗伐林木罪的概念。盗伐林木罪是指行为人以非法占有为目的，违反《森林法》和其他保护森林法规，未取得林木采伐许可证，擅自砍伐国家、集体、他人所有的或者他人承包经营管理的森林或者其他林木，或者擅自砍伐本单位或者本人承包经营管理的国家、集体所有的森林或者其他林木，数量较大的行为。

②盗伐林木罪的主要特征。主要从侵害的客体，客观方面，犯罪主体，主观方面进行阐述。

- 盗伐林木罪侵害的客体。盗伐林木罪侵害的客体是国家保护森林资源的管理制度和国家、集体或者他人的林木所有权。
- 盗伐林木罪的客观方面。盗伐林木罪在客观方面表现为以非法占有为目的，擅自砍

— 215 —

伐国家、集体或者他人所有的或者他人承包经营管理的森林或者其他林木，数量较大的行为。"数量较大"的标准，根据《国家林业局、公安部关于森林和陆生野生动物刑事案件管辖及立案标准》(以下简称《立案标准》)的规定，盗伐林木刑事案件的立案起点为2~5立方米或幼树100~200株。

- 盗伐林木罪的犯罪主体。盗伐林木罪的犯罪主体是一般主体，既可以是自然人，也可以是单位。
- 盗伐林木罪的主观方面。盗伐林木罪在主观方面表现为直接故意，并且具有非法占有林木或者为本单位谋取不正当利益的目的。

③盗伐森林或其他林木的刑事法律责任的规定。对犯盗伐林木罪的行为人，依照《刑法》第三百四十五条第一款的规定追究刑事责任。处罚按情节严重程度分为三档：①盗伐森林或者其他林木，数量较大的，处三年以下有期徒刑、拘役或者管制，并处或者单处罚金。根据《最高人民法院关于审理破坏森林资源刑事案件具体应用法律若干问题的解释》第四条规定，"数量较大"的起点，一般是指盗伐林木2~5立方米或幼树100~200株，各省、自治区、直辖市高级人民法院可以根据本地区的实际情况，在上述数量幅度内，确定本地区执行的具体数量标准(下同)。②盗伐森林或者其他林木，数量巨大的，处三年以上七年以下有期徒刑，并处罚金。"数量巨大"的起点，一般是指盗伐林木20~50立方米或幼树1000~2000株。③盗伐森林或者其他林木，数量特别巨大的，处七年以上有期徒刑，并处罚金。"数量特别巨大"的起点，一般是指盗伐林木100~200立方米以上或幼树5000~10 000株。

单位犯盗伐林木罪的，由司法机关依照《刑法》第三百四十六条的规定，对单位判处罚金，并对其直接负责的主管人员和其他直接责任人员，依照《刑法》第三百四十五条第一款的规定处罚。

《刑法》第三百四十五条规定，盗伐国家级自然保护区内的森林或者其他林木的，从重处罚。

6.7.1.2 滥伐森林或其他林木的法律责任

(1)滥伐森林或者其他林木概念

滥伐森林或者其他林木，是指行为人违反《森林法》及其他保护森林法规，未经林业主管部门或者法律规定的其他主管部门批准并核发林木采伐许可证，或者虽持有林木采伐许可证但违反林木采伐许可证规定的时间、数量、树种或者方式，任意采伐本单位所有或者本人所有的森林或者其他林木的行为。

(2)滥伐森林或者其他林木的行政法律责任

滥伐林木的，尚未构成犯罪的，由县级以上人民政府林业主管部门责令限期在原地或者异地补种滥伐株数一倍以上三倍以下的树木，可以处滥伐林木价值三倍以上五倍以下的罚款。

根据《森林法》第七十六条的规定，滥伐林木，尚未构成犯罪的，由县级以上人民政府林业主管部门责令限期在原地或者异地补种滥伐株数一倍以上三倍以下的树木，可以处滥伐林木价值三倍以上五倍以下的罚款。

(3) 滥伐森林或其他林木的刑事法律责任

①滥伐林木罪的概念。滥伐林木罪是指行为人违反《森林法》及其他保护森林法规,未经林业主管部门及法律规定的其他主管部门批准并核发林木采伐许可证,或者虽持有林木采伐许可证但违反林木采伐许可证规定的时间、数量、树种或者方式,任意采伐本单位所有或者本人所有的森林或者其他林木,数量较大的行为。

②滥伐林木罪的特征。主要从侵害的客体,客观方面,犯罪主体,主观方面进行阐述。

- 滥伐林木罪侵害的客体。滥伐林木罪侵害的客体是国家的林木采伐管理制度。
- 滥伐林木罪的客观方面。滥伐林木罪在客观方面表现为未经林业主管部门及法律规定的其他主管部门批准并核发林木采伐许可证,或者虽持有林木采伐许可证,但违反林木采伐许可证所规定的时间、数量、树种、方式而任意采伐本单位所有或者本人所有的森林、林木,数量较大的行为。所谓"数量较大",根据《立案标准》的规定,滥伐林木刑事案件的立案起点为10~20立方米或幼树500~1000株。
- 滥伐林木罪的犯罪主体。滥伐林木罪的犯罪主体是一般主体,既可以是自然人,也可以是单位。
- 滥伐林木罪的主观方面。滥伐林木罪在主观方面表现为故意,既可以是直接故意,也可以是间接故意。

③滥伐森林或其他林木的刑事法律责任规定。对犯滥伐林木罪的行为人,依照《刑法》第三百四十五条第二款的规定处罚。处罚按情节严重程度分为两档:①滥伐森林或者其他林木,数量较大的,处三年以下有期徒刑、拘役或者管制,并处或者单处罚金。根据《最高人民法院关于审理破坏森林资源刑事案件具体应用法律若干问题的解释》第五条规定,"数量较大"的起点,一般是指滥伐林木10~20立方米或幼树500~1000株。②滥伐森林或者其他林木,数量巨大的,处三年以上七年以下有期徒刑,并处罚金。滥伐林木"数量巨大",一般以50~100立方米或者幼树2500~5000株为起点。

单位犯滥伐林木罪的,由司法机关依照《刑法》第三百四十六条的规定,对单位判处罚金,并对其直接负责的主管人员和其他直接责任人员,依照《刑法》第三百四十五条第二款的规定追究刑事责任。

《刑法》第三百四十五条规定,滥伐国家级自然保护区内的森林或者其他林木的,从重处罚。

6.7.1.3 盗伐、滥伐森林或其他林木法律责任应注意的几个问题

①根据《最高人民法院关于审理破坏森林资源刑事案件具体应用法律若干问题的解释》第五条规定,林木权属争议一方在林木权属确权之前,擅自砍伐森林或者其他林木的,按滥伐林木处理。

②根据《最高人民法院关于审理破坏森林资源刑事案件具体应用法律若干问题的解释》第七条规定,对于一年内多次盗伐、滥伐少量林木未经处罚的,累计其盗伐、滥伐林木的数量,构成犯罪的,由司法机关依法追究刑事责任。

③根据《最高人民法院关于审理破坏森林资源刑事案件具体应用法律若干问题的解释》

第九条规定，将国家、集体、他人所有并已经伐倒的树木窃为己有，以及偷砍他人房前屋后、自留地种植的零星树木，属于盗窃行为，应当以侵犯他人财产所有权论处，数额较大的，构成盗窃罪，由司法机关依照《刑法》第二百六十四条的规定追究刑事责任。

④根据最高人民法院《关于审理破坏森林资源刑事案件具体应用法律若干问题的解释》第十四条规定，聚众哄抢林木5立方米以上的，属于聚众哄抢"数额较大"，构成对首要分子和积极参加的，依照《刑法》第二百六十八条的规定，以聚众哄抢罪定罪处罚。

⑤根据最高人民法院《关于审理破坏森林资源刑事案件具体应用法律若干问题的解释》第十五条规定，非法实施采种、采脂、挖笋、掘根、剥树皮等行为，牟取经济利益数额较大的，依照刑法第二百六十四条的规定，以盗窃罪定罪处罚。同时构成其他罪的，依照处罚较重的规定定罪处罚。

⑥根据《最高人民法院关于滥伐自己所有权的林木其林木应如何处理的问题的批复》，行为人滥伐属于自己所有权的林木，构成滥伐林木罪的，所滥伐的林木应当作为犯罪分子违法所得的财物，由司法机关依照《刑法》第六十条的规定予以追缴。

⑦根据《森林法》第三十九条第三规定，违法者拒不补种树木或者补种不符合国家有关规定的，由林业主管部门代为补种，所需费用由违法者支付。

⑧根据《最高人民法院关于审理破坏森林资源刑事案件具体应用法律若干问题的解释》第八条规定，盗伐、滥伐珍贵树林，同时触犯刑法第三百四十四条、第三百四十五条规定的，依照处罚较重的规定定罪处罚。

⑨根据《最高人民法院关于审理破坏森林资源刑事案件具体应用法律若干问题的解释》第十二条规定，盗伐、滥伐林木数量以立木蓄积量计算，计算方法为：原木材积除以该树种的出材率。"幼树"是指胸径5厘米以下的树木。

⑩根据《森林采伐更新管理办法》第二十条规定，盗伐、滥伐林木数量较大，不便计算补种株数的，可按盗伐、滥伐木材数量折算面积，并根据《森林法》第七十六条规定的处罚原则，责令限期营造相应面积的新林。

6.7.1.4 林业行政主管部门或其他有关国家机关未按规定履行职责的法律责任

(1) 行政法律责任

根据《森林法》第七十条规定，县级以上人民政府林业主管部门或者其他有关国家机关未依照本法规定履行职责的，对直接负责的主管人员和其他直接责任人员依法给予处分。

依照本法规定应当作出行政处罚决定而未作出的，上级主管部门有权责令下级主管部门作出行政处罚决定或者直接给予行政处罚。

(2) 刑事法律责任

①违法发放林木采伐许可证罪的概念。违法发放林木采伐许可证罪，是指林业主管部门的工作人员违反森林法的规定，超过批准的年采伐限额发放林木采伐许可证或者违反规定滥发林木采伐许可证，情节严重，致使森林遭受严重破坏的行为。

②违法发放林木采伐许可证罪的主要特征。主要从侵害的客体，客观方面，犯罪主体，主观方面进行阐述。

• 违法发放林木采伐许可证罪侵害的客体。违法发放林木采伐许可证罪侵害的是国家的森林采伐管理制度,具体是指国家审核发放林木采伐许可证部门对许可证的正常管理活动。

● 违法发放林木采伐许可证罪的客观方面。违法发放林木采伐许可证罪在客观方面表现为实施了超过批准的年采伐限额发放林木采伐许可证的行为,或者违反规定滥发林木采伐许可证情节严重,致使森林遭受严重破坏的行为。

超过批准的年采伐限额发放林木采伐许可证,是指所发放的林木采伐许可证允许采伐林木的总量超过了上级主管部门下达的本地区当年的森林采伐限额。

违反规定滥发林木采伐许可证,是指违反《森林法》及《森林法实施条例》的规定,随意发放林木采伐许可证的行为,主要包括3种情形:一是超越职权给本机关管辖区域以外的林木采伐申请者或不属于本机关签发采伐许可证的单位发放林木采伐许可证;二是擅自给不符合法律规定的采伐申请者发放林木采伐许可证,如给防护林和特种用途林进行非抚育或者非更新性质的采伐林木申请者发放林木采伐许可证等;三是擅自给手续不完备、材料不齐全的采伐申请者发放林木采伐许可证,如给没有按照规定提供伐区调查设计等文件的申请者发放林木采伐许可证。

根据最高人民法院《关于审理破坏森林资源刑事案件具体应用法律若干问题的解释》第十二条规定,"情节严重",是指具有下列情形之一的:第一,发放林木采伐许可证允许采伐数量累计超过批准的年采伐限额,导致林木被采伐数量在10立方米以上的;第二,滥发林木采伐许可证,导致林木被滥伐20立方米以上的;第三,滥发林木采伐许可证,导致珍贵树木被滥伐的;第四,批准采伐国家禁止采伐的林木,情节恶劣的;第五,其他情节严重的情形。

● 违法发放林木采伐许可证罪的犯罪主体。违法发放林木采伐许可证罪的主体是特殊主体,即林业主管部门的工作人员。

● 违法发放林木采伐许可证罪的主观方面。违法发放林木采伐许可证罪的主观方面表现为过失,行为人对于其行为所造成的重大损失结果,在主观上出于过失造成的。但并不排斥行为人对违反森林法规定或对超发、滥发林木采伐许可证可能是故意的情形。

③违法发放林木采伐许可证罪的刑事处罚规定。对犯违法发放林木采伐许可证罪的行为人,由司法机关依照《刑法》第四百零七条的规定,处三年以下有期徒刑或者拘役。

6.7.1.5 伪造、变造、买卖、租借林木采伐许可证的法律责任

(1)伪造、变造、买卖、租借林木采伐许可证的行政法律责任

①伪造、变造、买卖、租借林木采伐许可证的概念。伪造、变造、买卖、租借林木采伐许可证是指行为人以营利为目的,非法伪造、变造、买卖、租借林木采伐许可证的行为。

②对伪造、变造、买卖、租借林木采伐许可证的行政处罚规定。对伪造、变造、买卖、租借林木采伐许可证情节轻微的,根据《森林法》第七十七条规定,由县级以上人民政府林业主管部门没收证件和违法所得,并处违法所得一倍以上三倍以下的罚款;没有违法所得的,可以处二万元以下的罚款。

（2）伪造、变造、买卖林木采伐许可证的刑事法律责任

根据《最高人民法院关于审理破坏森林资源刑事案件具体应用法律若干问题的解释》第十三条规定，对于伪造、变造、买卖林木采伐许可证构成犯罪的，依照刑法第二百八十条第一款的规定，以伪造、变造、买卖国家机关公文、证件罪处罚。

①伪造、变造、买卖国家机关公文、证件罪的特征。主要从侵害的客体，客观方面，犯罪主体，主观方面进行阐述。

● 伪造、变造、买卖国家机关公文、证件罪侵害的客体。侵害的客体是国家林业行政管理制度。

● 伪造、变造、买卖国家机关公文、证件罪的客观方面。表现为违反国家林业行政管理的法律、法规，实施了伪造林木采伐许可证的行为，或者实施了买卖林木采伐许可证情节严重的行为。

伪造、变造林木采伐许可证，是指无制作权的人以冒用方式非法制作林木采伐许可证，或者采用涂改、擦消、拼接等方式对林木采伐许可证进行改制，变更其真实内容的行为。行为人一经实施上述行为，即构成本罪。

买卖林木采伐许可证的行为包括两种情况：一种是行为人为牟取非法利益而擅自出卖林木采伐许可证的行为；另一种是行为人为牟取非法利益，明知林木采伐许可证是禁止流通的，而故意购买林木采伐许可证的行为。买卖林木采伐许可证，情节严重的，构成本罪。所谓情节严重，一般是指多次买卖证件、数额较大、造成的损失较大或者社会影响恶劣等。

● 伪造、变造、买卖国家机关公文、证件罪的犯罪主体。主体是一般主体。

● 伪造、变造、买卖国家机关公文、证件罪的主观方面。表现为故意，并且具有牟利的目的。

②伪造、买卖国家机关公文、证件罪的刑事处罚规定。对犯伪造、买卖国家机关公文、证件罪的行为人，情节一般的，由司法机关依照《刑法》第二百八十条第一款的规定，处三年以下有期徒刑、拘役、管制或者剥夺政治权利；对情节严重的，处三年以上十年以下有期徒刑。

6.7.2　违反木材经营流通监管法规的法律责任

6.7.2.1　非法收购、加工、运输盗伐、滥伐林木的法律责任

（1）非法收购、加工、运输盗伐、滥伐林木的行政责任

《森林法》第七十八条规定，收购、加工、运输明知是盗伐、滥伐等非法来源的林木的，由县级以上人民政府林业主管部门责令停止违法行为，没收违法收购、加工、运输的林木或者变卖所得，可以处违法收购、加工、运输林木价款三倍以下的罚款。

（2）非法收购、加工、运输盗伐、滥伐林木的刑事责任

非法收购、加工、运输盗伐、滥伐林木罪是指行为人以牟利为目的，非法收购、加工、运输明知是盗伐、滥伐的林木，情节严重的行为。

构成非法收购、加工、运输盗伐、滥伐林木罪，处三年以下有期徒刑、拘役或者管制，并处或者单处罚金，情节特别严重的，处三年以上七年以下有期徒刑，并处罚金。

单位犯非法收购、加工、运输盗伐、滥伐林木罪的，对单位判处罚金，并对单位直接负责的主管人员和其他直接责任人员，依照《刑法》的相关规定处罚。

根据最高人民法院《关于审理破坏森林资源刑事案件具体应用法律若干问题的解释》，"明知""情节严重""情节特别严重"按以下标准界定：

①"明知"的界定。具有下列情形之一的，可以视为明知：没有采伐许可证或合法来源证明的；在非法的木材交易场所或者销售单位收购木材的；以明显低于市场的价格收购木材的；收购违反规定出售的木材的。

②"情节严重"的界定。具有下列情形之一的，视为情节严重：非法收购盗伐、滥伐的林木20立方米以上或者幼树1000株以上的；非法收购、加工、运输盗伐、滥伐的珍贵树木2立方米以上或者5株以上的；其他情节严重的情形。

③"情节特别严重"的界定。具有下列情形之一的，视为情节特别严重：非法收购盗伐、滥伐的林木100立方米以上或者幼树5000株以上的；非法收购、加工、运输盗伐、滥伐的珍贵树木5立方米以上或者10株以上的；其他情节特别严重的情形。

（3）拒绝、阻碍县级以上人民政府林业主管部门依法实施监督检查的法律责任

根据森林法第七十九条规定，拒绝、阻碍县级以上人民政府林业主管部门依法实施监督检查的，可以处五万元以下的罚款，情节严重的，可以责令停产停业整顿。

6.7.2.2　未编制森林经营方案或者未按照批准的森林经营方案开展森林经营活动的法律责任

根据《森林法》第七十二条的规定，国有林业企业事业单位未履行保护培育森林资源义务、未编制森林经营方案或者未按照批准的森林经营方案开展森林经营活动的，由县级以上人民政府林业主管部门责令限期改正，对直接负责的主管人员和其他直接责任人员依法给予处分。

6.7.3　违反伐区管理法规的法律责任

6.7.3.1　单位不按批准的采伐设计文件进行采伐作业的法律责任

根据《森林采伐更新管理办法》第十九条规定，国有企业事业单位不按批准的采伐设计文件进行采伐作业的面积占批准的作业面积5%以上的；集体所有制单位按照林木采伐许可证的规定进行采伐时，不符合采伐质量要求的作业面积占批准的作业面积5%以上的，依照《森林法实施条例》第三十九条的规定，以滥伐林木论处，由县级以上人民政府林业主管部门责令补种滥伐株数5倍的树木，并处滥伐林木价值2~5倍的罚款；对其主要负责人和直接责任人员，由所在单位或者上级主管机关给予行政处分。

6.7.3.2　单位违反伐区作业规定的法律责任

根据《森林采伐更新管理办法》第二十二条规定，国有企业事业单位和集体所有制单位有以下行为之一的,自检查之日起1个月内未纠正的,发放林木采伐许可证的部门有权收缴林木采伐许可证,中止其采伐,直到纠正为止,并对其主要负责人和直接责任人员,由所在单位或者上级主管机关给予行政处分:①未按规定清理伐区的;②在采伐迹地上遗弃木材,每公顷超过半立方米的;③对容易引起水土冲刷的集材主道,未采取防护措施的。

(3)违反伐区更新规定的法律责任

采伐迹地更新造林,有以下情形之一的,根据《森林法实施条例》第四十二条规定,由县级以上林业主管部门责令限期完成更新造林任务,逾期未完成的,可以处应完成而未完成更新造林任务所需费用2倍以下的罚款,对直接负责的主管人员和其他直接责任人员,依法给予行政处分:①连续两年未完成更新造林任务的;②当年更新造林面积未达到应更新造林面积50%的;③除国家特别规定的干旱、半干旱地区外,更新造林当年成活率未达到85%的。

案例解析

1. 李某的违法行为有:①未办理采伐许可证的情况下,采伐其自留山上的杉木150株,立木蓄积量8.2立方米,属滥伐;②采伐了该林场林地上的杉木5株,立木蓄积量1.35立方米,属盗伐。李某的行为未构成犯罪。盗伐林木罪和滥伐林木罪的标准是数量较大,根据《最高人民法院关于审理破坏森林资源刑事案件具体应用法律若干问题的解释》第四条规定,"数量较大"的起点一般是指:盗伐林木2~5立方米或幼树100~200株;滥伐林木10~20立方米或幼树500~1000株。李某滥伐林木8.2立方米,盗伐林木1.35立方米,均未达到数量较大,故未构成犯罪。

2. 李某应承担行政责任和民事责任。根据《森林法》第七十六条的规定,滥伐林木,尚未构成犯罪的,由县级以上人民政府林业主管部门责令限期在原地或者异地补种滥伐株数一倍以上三倍以下的树木,可以处滥伐林木价值三倍以上五倍以下的罚款。盗伐林木的,尚未构成犯罪的,由县级以上人民政府林业主管部门责令限期在原地或者异地补种盗伐株数一倍以上五倍以下的树木,并处盗伐林木价值五倍以上十倍以下的罚款。此外,李某盗伐某林场的林木,还应当承担民事赔偿责任。

(3)滥伐林木和盗伐林木罪的区别主要是客观行为表现不同:滥伐林木罪表现为没有采伐许可证采伐属于自己的林木,数量较大;盗伐林木罪主要表现为没有采伐许可证,采伐不属于自己的林木,属于盗窃行为;盗伐林木罪与盗窃罪的区别在于侵犯的客体不同。

复习思考题

一、技能训练

分小组讨论违反林木采伐管理法规的典型案例。

二、填空题

1. 凡采伐胸高直径_____以上的林木所消耗的立木蓄积量列入限额采伐的范围。

2. 国务院批准的年森林采伐限额,每_____核定一次。

3. 采伐林木必须申请_____。
4. 林木采伐许可证的内容包括_____、_____、_____、_____、_____、_____和_____等。
5. 农村居民采伐自留山和个人承包集体林地上的林木，由_____或者_____核发采伐许可证。
6. 盗伐林木刑事案件的立案起点为_____或幼树_____株。
7. 盗伐林木罪侵害的客体是_____和_____的林木所有权。
8. 林木权属争议一方在林木权属确权之前，擅自砍伐森林或者其他林木的，按_____处理。
9. 将国家、集体、他人所有并已经伐倒的树木窃为己有，以及偷砍他人房前屋后、自留地种植的零星树木，属于_____行为。
10. 非法实施采种、采脂、挖笋、掘根、剥树皮等行为，牟取经济利益数额较大的，以_____定罪处罚。

三、简答题

1. 在公益林划定时，如何兼顾生态保护和林权权利人的利益？
2. 国家级公益林管理遵循的原则是什么？
3. 不需要办采伐许可证的情形有哪些？
4. 有下列之一的，不得核发采伐许可证的情形有哪些？
5. 什么是盗伐林木？
6. 什么是滥伐林木？

四、案例分析题

1. 2018年8月，某村村民委员会经召开村民代表大会通过后，与外地一承包经营户刘某签订一份林木使用权流转的协议：村委会将集体所有的一片松杂混交林（面积31公顷、立木蓄积量1560立方米）的经营采伐权转让给刘某，约定由村委会负责办理林木采伐许可证。协议签订后，其中的6.5公顷松杂混交林于2018年5月由县人民政府批准划为水源涵养林。2018年8月，村委会应刘某的要求，向乡林业工作站申请采伐许可证。乡林业工作站对拟采伐的范围进行了伐区调查设计。2018年9月15日，站长江某以县林业局的名义发了采伐许可证（证上盖有县林业局印章），批准连片皆伐松杂混交林面积20公顷，立木蓄积量1080立方米，采伐范围包含已划为水源涵养林的6.5公顷松杂混交林。刘某拿到采伐许可证后，于2018年9月20日开始组织民工采伐林木。在采伐过程中，刘某考虑到村委会既然已答应第二年申请办理其余11公顷林木的采伐许可证，认为先采伐后补证问题不大，就将31公顷林木全部砍伐了。县林业局接到群众举报后派人调查，发现超过许可证采伐林木的数量为480立方米（立木蓄积量），其中326立方米的水源涵养林被皆伐。回答下列问题：

①乡林业站是否有权发放采伐许可证？站长江某发的采伐许可证是否违法？
②本案例中超过许可证的规定采伐林木的行为是否违法或者构成犯罪？超证采伐的法

律责任应由谁承担？

2. 村民李某在其自留地及四周种植了苦楝、香椿等杂木。2019年5月，同村村民孙某看到李某种植的杂木已成材，便生偷盗之念，趁夜深无人之际，偷砍李某种植的苦楝树，共计原木材积3.1立方米。同年9~12月，孙某又先后3次盗砍他人自留山上杉木共15立方米（立木蓄积量）。孙某租车将所盗砍的林木全部卖给了当地黄某的木材加工厂。孙某在12月运木材时被当地森林公安机关查获。回答下列问题：
①孙某实施了哪些违法行为？是否构成犯罪？为什么？
②黄某是否违法？为什么？
③你认为本案应如何处理？

3. 2019年8月，张某准备在本村一闲置地内盖房，村委会到区林业局申请砍伐该地上的5株杨树，并由区林业局工作人员划号定株，村委会让张某按证采伐。张某因盖房堆砖碍事，未经批准，擅自砍伐附近集体所有林木3株，以45元的价格出卖，经鉴定，所砍树木立木蓄积量0.335立方米，价值107元。在处理该案件时，区林业局有不同意见：第一种意见认为此案应定为滥伐林木案件；第二种意见认为此案应定为毁坏林木案件；第三种意见认为此案应定为盗伐林木案件。回答下列问题：
请问你认为哪一种意见是正确的？为什么？

4. 2018年3月，村民郭某在未办理林木采伐许可证的情况下，雇请刘某和王某采伐与郭某本人有权属争议的杉木209株，立木蓄积量8.452立方米。郭某以2200元的价格卖给他人。此案件在处理时有两种不同的意见：第一种意见认为对郭某砍伐林木的行为应按盗伐木的处理；第二种意见认为对郭某砍伐林木的行为应按滥伐林木案件处理。回答下列问题：
①你认为哪种意见正确？为什么？
②郭某是否构成犯罪？为什么？

5. 2020年3~12月，某国有林场以采伐受灾林木、改造低产林营造速丰林及砍伐国家建设工程征占用林地上林木的名义向林业主管部门提出采伐林木申请，该县林业局根据该场的实际生产需要，给该场核发了林木采伐许可证8300立方米（蓄积量）。在已按采伐证

单元6 森林经营管理法律制度

完成采伐 8300 立方米(蓄积量)情况下,该林场场长苏某召开会议,决定继续采伐,最后造成林场当年超采伐证、超限额采伐林木 4308 立方米(蓄积量)。回答下列问题:

本案应如何处理?

6. 2018 年 12 月 20 日,村民张某与在某市办木材加工厂的甘某商量,两人决定合作收购、销售无证木材,由张某负责在当地商品林区内收购无采伐许可证的杂木和桉木,以每吨 160 元的价格送到城里给甘某,再由甘某加工销售。之后张某着手实施,几天后陆续收购了一些大小不等的杂木和桉木。正在张某为运输问题犯愁时,其朋友韦某主动提出为张某运输木材,但得绕道避开木材检查站的检查,要求张某每车增加 60 元运费。于是,韦某趁夜将张某收购的无证木材绕道运输到甘某在城里的木材加工厂。甘某将比较通直的林木制成长 2 米、尾径 14 厘米的原木出售,其余的作薪材加工成木片出售。2019 年 1 月 23 日,张某在林区清点木材给送货的村民付款时,被 B 县林业执法人员查获。经查明,张某共收购无证木材 115 吨折合 81.56 立方米(经执法人员现场测定每立方米木材重 1.41 吨),全部卖给了甘某,甘某将收得的木材制成原木加工出售 15.3 立方米,其余的加工成木片出售。回答下列问题:

①张某、甘某、韦某的行为分别是什么性质的违法行为?是否构成犯罪?为什么?
②你认为本案应如何处理?

7. 张某于 2019 年 8 月 21 日窜入本村集体林地内,盗伐林木,合计立木材积 1.8 立方米,在运往刘某承包的木器加工厂途中被县林业局发现。县林业调查处理过程中,发现张某在同年 5 月 25 日窜入本村天然林中盗伐林木,合计立木材积 1.6 立方米,后将木材销售至刘某承包的木器加工厂,获赃款 150 元;同年 7 月 5 日,张某再一次窜入本村天然林中盗伐林木,合计立木材积 1.5 立方米,后将木材销售至刘某承包的木器加工厂,获赃款 200 元。回答下列问题:

①对张某应如何处理?
②县林业局对刘某应如何处理?法律依据是什么?

8. 2019 年 10 月 15 日,某镇林业站副站长、助理工程师王某,到 C 村某山场,对承包该集体林场林木采伐的谭某拟申请采伐的林班进行伐区调查设计。王某等人到达山场临时搭建的工棚后,谭某即向王某指点需砍伐杉木林的四至界线。点界时,王某虽拿出了工作图,但没有认真进行实地核对,也没有按照伐区调查规划设计技术规程进行全面踏查和标准地调查,就直接勾绘了伐区界线。回到林业站后,他根据勾绘的界线并凭经验进行内业计算，设计出砍伐杉木面积93亩、出材197立方米。谭某据此向县林业局委托发证的林业站申办了采伐许可证，并于2019年10月21日组织民工采伐。2020年1月9日镇林业站站长李某前往山场对伐区进行检查时，发现采伐者没有超界采伐，但王某测算的面积与伐区实际面积有较大出入。经县林业局组织技术人员对已采伐的伐区和生产的木材进行调查核实，实际采伐杉树面积为186亩，采伐生产木材956立方米。回答下列问题：

①为什么要进行伐区调查设计？
②王某在进行伐区调查设计中有无过错？是否应承担法律责任？
③你认为本案应如何处理？

9. 2019年5月，某县林业局给有偿使用该县某村集体林场林木的钱某核发采伐许可证200立方米(出材量，下同)。在钱某实施采伐的过程中，曾有人向县林业局林政办反映钱某可能超证采伐，但林政办未派人到实地检查制止，致使钱某超证采伐林木300立方米。2020年3月，钱某又向县林业局申请办得择伐林木采伐许可证500立方米，由于县林业局未对其采伐情况进行监督检查，钱某趁机对承包的山林进行皆伐，实际采伐林木1 800立方米。事后，为了逃避责任，县林业局分管副局长甘某授意林政办主任张某给钱某补发采伐许可证1 200立方米，但胡某没有来领取。2020年6月县公安机关立案侦查。2020年8月，检察机关以涉嫌滥伐林木罪逮捕钱某，县林业局林政办主任张某主动到检察机关自首。回答下列问题：

①钱某的行为是什么违法行为？是否构成犯罪？为什么？
②县林业局分管副局长甘某和林政办主任张某各应承担什么法律责任？

单元 7　野生动植物保护与自然保护地法律制度

> **学习目标**
>
> 1. 了解野生动物保护对象、野生植物保护对象和自然保护地的含义、分类及作用。
> 2. 掌握野生动物资源保护制度和野生动物人工繁育及经营利用许可制度的主要内容，掌握违反野生动物保护法规的法律责任。
> 3. 掌握野生植物及其环境保护制度、野生植物采集和经营利用制度的主要内容和违反野生植物保护法规的法律责任。
> 4. 掌握我国自然保护地的设立、管理等规定，掌握违反自然保护地管理法律法规应承担的法律责任。
> 5. 了解我国的古树名木保护的法律体系，掌握古树名木的保护措施和违反古树名木法律制度应承担的法律责任。

7.1　野生动物保护法律制度

7.1.1　野生动物保护概述

 案例

2019年3月，某市公安分局在其租住处查获353只野生动物死体，部分已加工成标本。抓获屈某等6个犯罪嫌疑人。经省动物研究所检验，属珍贵、濒危的野生动物共41只，其中国家一级重点保护野生动物有梅花鹿、缅甸蟒；国家二级重点保护野生动物有红腹锦鸡、鸳鸯、雀鹰、游隼、黑翅鸢、领角鸮、凤头鹰、赤腹鹰、日本松雀鹰、红角鸮、鹰鸮、斑头鸺鹠、亚历山大鹦鹉、平胸龟；《濒危野生动植物种国际贸易公约》（CITES）附录二物种有小金刚鹦鹉、禾雀、绿鬣蜥；另有其他野生动物312只。总价值64.95万元。经查，2017年8月以来，屈某为主犯，单独或伙同他人通过网络非法收购大量野生动物死体，加工制作成标本出售。

1. 屈某等6人是否违法？是否构成犯罪？
2. 屈某等6人应承担什么法律责任？

7.1.1.1 我国野生动物资源现状

我国地域辽阔，生境复杂多样，为野生动物提供了良好的栖息场所。据统计，我国现有兽类、鸟类、爬行类、两栖类动物2100多种，约占世界脊椎动物的10%以上，是世界上拥有野生动物种类最多的国家之一。我国野生动物资源不仅种类丰富，还有许多闻名于世的特有珍稀野生动物，如大熊猫、华南虎、金丝猴、扬子鳄、朱鹮、褐马鸡、大鲵等。野生动物具有生态、科研、观赏、经济、药用等价值，是宝贵的、可再生的自然资源，对人类的生产生活有着重要的作用。

中华人民共和国成立后，积极开展各项保护管理措施。如完善法律法规体系、加大自然保护区建立与管理力度、加强珍贵濒危物种的拯救繁育等。特别是1989年3月1日，第一部专门为保护野生动物而订立的《野生动物保护法》颁布实施后，野生动物保护事业迈向了新的台阶。2018年10月26日，《野生动物保护法》通过了第十三届全国人民代表大会常务委员会第六次会议第三次修订。截至2019年年底，我国已建立了各类自然保护区2745个，面积达147万平方千米，占国土面积的15%，保护着85%的野生动植物，为国家生态环境和野生动物的保护做出了积极贡献。国家林业局1995—2003年的首次全国陆生野生动物资源调查的结果表明，通过多年的积极保护，国家重点保护野生动物数量趋于稳定并有所上升。

然而，由于人口的迅速增长，不断加强对自然环境的开发，使得野生动物的栖息地被干扰、破坏、退化和缩减，再加上长期以来人们对保护野生动物资源的认识不足，非法捕猎和过度开发利用，导致许多野生动物资源日益减少，甚至面临绝灭。可见，我国的野生动物保护事业任重而道远。

7.1.1.2 我国野生动物保护立法概况

《野生动物保护法》是调整人们在保护、管理和利用野生动物资源中所发生的各种社会关系之法律规范的总称。

通过多年的努力，我国野生动物保护法制建设取得一定成绩。《野生动物保护法》是保护野生动物的基本法，它对我国依法保护、管理、发展和合理利用野生动物资源，具有十分重要的意义。《野生动物保护法》颁布之后，国家和各部门还相继出台了多部与之有关的行政法规和规章制度，如《国家重点保护动物驯养繁殖许可证管理办法》《猎枪弹具管理办法》(1993)、《森林和野生动物类型自然保护区管理办法》《陆生野生动物保护实施条例》(2016)、《濒危野生动植物进出口管理条例》《重大动物疫情应急条例》(2017)、《全国人民代表大会常务委员会关于全面禁止非法野生动物交易、革除滥食野生动物陋习、切实保障人民群众生命健康安全的决定》(2020)等。各地方也制定了《野生动物保护法实施办法》和《地方重点保护野生动物名录》，有效地支持和补充了《野生动物保护法》，全面、从严地对从事有关野生动物资源活动进行了规范和制约。另外，《森林法》《环境保护法》《自然保护区条例》等法律法规中也设有专门的条款规定了对野生动物的保护。这些法律法规均可视为野生动物保护法律体系的组成部分。1997年修订的《刑法》规定了5条破坏野生动物保护的罪名，对破坏野生动物资源的犯罪起到了极大的威慑作用。

随着人类社会的不断发展，人口的不断增加，很多国家开始了对诸如公海之类的非国有地区野生动物资源的利用。为保护地球上的野生动物资源，19世纪以来，国际上开始使用条约的法律形式来约束人们对非国有地区野生动物资源的开发和猎捕，亦称之为国际野生动物保护法。目前，我国参加的保护野生动物的国际公约和双边协定主要包括：《濒危野生动植物种国际贸易公约》(简称CITES)、《国际捕鲸公约》《中日保护候鸟及其栖息环境协定》《中澳保护候鸟及其栖息环境协定》等。

7.1.1.3 野生动物行政管理部门

根据《野生动物保护法》第七条规定，国务院林业和草原行政主管部门负责全国陆生野生动物的保护管理工作；国务院渔业行政主管部门负责全国水生野生动物的保护管理工作。

《野生动物保护法》中对陆生和水生野生动物的划分，与自然科学中的划分不同。陆生野生动物是指主要依靠陆地生存、繁衍的野生动物，包括各种兽类、鸟类、爬行类、昆虫类、部分两栖类等；水生野生动物主要是指水生哺乳类、鱼类和部分两栖类野生动物。本单元中所称野生动物除特别注明以外，均指陆生野生动物。

①国家林业和草原局执行具体行政管理权力的部门是野生动植物保护司(中华人民共和国濒危物种进出口管理办公室)。保护司主要负责组织开展陆生野生动植物资源调查和资源状况评估；监督管理全国陆生野生动植物保护工作；研究提出国家重点保护的陆生野生动物、植物名录调整意见；按分工监管野生动植物进出口；承担濒危野生动植物种国际贸易公约履约的工作。

保护司下设有综合管理处、野生动物保护管理处，野生植物保护管理处、履约与协调执法处和大熊猫保护管理处，分别管理有关野生动物和自然保护区的具体事务。

②地方野生动物行政管理主管机构包括各省级林业局(和草原局)、地市一级林业局和县区级林业局等三级行政管理部门。目前全国的省级林业局(和草原局)中均设立了专门管理野生动物的行政机构——野生动植物保护处(站)，具体负责本省辖区内野生动植物和自然保护区的管理事务。国家还在一些重点地区的地(市)、县级林业主管部门中设立了野生动植物保护科(站)，具体管理本行政辖区内的野生动植物保护和自然保护区管理事务。在未设立野生动植物保护科(站)的地(市)、县，则由林政科或资源科等行政执法部门负责管理。

③人们所从事的与野生动物资源有关的活动是多种多样的，有时仅靠野生动物主管部门管理还远远不够，因此，《野生动物保护法》还规定了其他有关部门在保护管理野生动物资源中应负的职责，如对猎枪弹具的管理，要有公安部门的参与；对进入市场的野生动物或其产品，工商部门应进行监督管理；对进出口国家重点保护的野生动物或其产品的管理，海关负有一定的职责等。

7.1.2 野生动物保护对象

《野生动物保护法》第四条规定:"野生动物资源属于国家所有。"

受法律保护的"野生动物"的范畴与传统学术意义上的"野生动物"不同,它有比较明确的法律界定。《野生动物保护法》规定保护的野生动物,是指珍贵、濒危的陆生、水生野生动物和有重要生态、科学、社会价值的陆生野生动物。综合《野生动物保护法》和《陆生野生动物保护实施条例》来看,我国将野生动物进行分级保护和管理,所涉及的野生动物可分为以下几类。

7.1.2.1 国家重点保护野生动物

国家重点保护野生动物,是指国家重点保护的珍贵、濒危的野生动物。这一类野生动物通常分布狭窄、野外数量少、濒临灭绝理,或者是我国特有的物种,急需加强保护。

我国最初的《国家重点保护野生动物名录》(以下简称名录),于 1988 年 12 月 10 日国务院批准公布。《国家重点保护野生动物名录》并非一成不变,可根据野生动物资源的变化情况适时进行调整。如 2003 年 2 月 21 日,针对我国麝类数量急剧减少、现存麝类沦为濒危的情况,国家林业局批准将麝科麝属所有种由国家二级保护野生动物调整为国家一级保护野生动物,全面加强麝资源保护。2020 年 6 月 3 日,国家林业和草原局批准将鳞甲目鲮鲤科穿山甲属所有种从由国家二级保护野生动物调整为国家一级保护野生动物。

2021 年 2 月 5 日,国务院批准公布了新的《国家重点保护野生动物名录》,列为国家重点野生保护动物的共计 980 种 8 类。其中,国家一级重点保护野生动物 234 种和 1 类,国家二级重点保护动物 746 种和 7 类。其中,豺、长江江豚等 65 种野生动物由国家二级重点保护野生动物升为一级;熊猴、北山羊、蟒 3 种野生动物因种群稳定、分布较广由由国家一级重点保护野生动物调整为二级;新增大斑灵猫等 43 种野生动物列为国家一级重点保护野生动物;新增狼等 474 种(类)野生动物列为国家二级重点保护野生动物。在管理体制上,686 种按陆生野生动物由林业和草原部门管理,294 种按水生野生动物由渔业部门管理。

7.1.2.2 地方重点保护野生动物

地方重点保护野生动物,是指除国家重点保护野生动物以外,由省、自治区、直辖市人民政府规定重点保护的陆生野生动物。地方重点保护的野生动物名录,由省、自治区、直辖市人民政府制定并公布,报国务院备案。这一类野生动物从全国范围来看,野外资源比较丰富,但在一定区域范围内则资源较少,生存面临一定威胁,需要地方加以重点保护。另外,根据有关规定,从国外引进的野生动物,经省、自治区、直辖市人民政府林业主管部门核准,可以视为地方重点保护野生动物,并依法进行管理。

7.1.2.3 有重要生态、科学、社会价值的陆生野生动物

有重要生态、科学、社会价值的陆生野生动物(原为"有益的或者有重要经济、科学研

究价值的陆生野生动物"，以下简称国家"三有"动物），是指在国家重点保护野生动物以外，由国家制定名录加以保护的陆生野生动物。这一类野生动物数量较多，不属于濒危动物，但其具有特殊的价值或作用。如麻雀、青蛙等捕食害虫，蛇类捕食老鼠，猛兽能抑制草食动物种群数量，对维持生态平衡有着重要作用；树鼩是廉价高效的医学实验动物，并且分类地位独特，具有重要的科研价值。因此，这一类野生动物应该给予有效保护，充分发挥其生态价值、科学价值和社会价值。当前，新的"三有"动物名录未确定，沿用2000年8月1日由国家林业局发布实施《国家保护的有益的或者有重要经济、科学研究价值的陆生野生动物名录》。该名录包括兽纲6目14科88种、鸟纲18目61科707种、两栖纲3目10科291种、爬行纲2目20科395种、昆虫纲17目72科110种。若该名录中有些物种与《地方重点保护野生动物名录》相重复，则按《地方重点保护野生动物名录》进行管理。

7.1.2.4 国际公约、协定中规定保护的野生动物

国际公约、协定中规定保护的野生动物，是指我国参加的双边或多边国际条约协定中规定保护的野生动物。我国参加的国际公约和国际双边协定，对我国政府均有法律约束力（我国声明保留的条款除外），因此我国必须承担国际公约和双边协定中的义务。

作为CITES成员，为加强对濒危野生动植物物种的进出口管理，履行相应的国际义务，使国内野生动物的保护管理工作与世界濒危物种保护工作相衔接，根据《野生动物保护法》第三十五条和《陆生野生动物保护实施条例》第二十三条的规定，林业部于1994年4月14日发布行政命令，决定将CITES附录Ⅰ和附录Ⅱ所列的非原产我国的所有野生动物，分别核准为国家一级和二级重点保护动物，即按国家重点保护野生动物进行保护管理。如非洲象是CITES附录Ⅰ的物种，那么进入我国的非洲象应该按国家一级保护动物进行管理。而列入CITES附录的原产于我国的120多种野生动物基本上已列为国家重点保护野生动物，依照《野生动物保护法》进行管理。但有些特殊情况，如在国际上黑熊列为CITES附录Ⅰ的保护动物，而在我国则列为二级重点保护动物，那么在国内则按国家二级保护动物进行管理，在涉及国际贸易时，按CITES的规定执行。

《候鸟及其栖息环境协定》《中澳保护候鸟及其栖息环定》分别列入227种和92种鸟类。根据双边协定的规定，当这些候鸟迁徙到中国时，我国政府有义务对其依法进行保护，如禁止狩猎、禁止贸易，限制有害动植物引种等。

7.1.3 野生动物保护的基本原则

《野生动物保护法》第四条规定："国家对野生动物实行保护优先、规范利用、严格监管的原则，鼓励开展野生动物科学研究，培育公民保护野生动物的意识，促进人与自然和谐发展。"

7.1.3.1 保护优先

生态兴则文明兴，生态衰则文明衰。中共十八大报告提出大力推进生态文明建设，树立尊重自然、顺应自然、保护自然的生态文明理念，把生态文明建设放在突出地位。2016

年，十二届全国人大第四次会议审议通过的国民经济和社会发展十三五规划纲要中提出："坚持保护优先、自然恢复为主，推进自然生态系统保护和修复，构建生态廊道和生物多样性保护网络，全面提升各类自然生态系统稳定性和生态服务功能，筑牢生态安全屏障。"野生动物资源是自然资源的重要组成部分，与生态系统及环境密不可分，把保护优先确立为野生动物保护的基本原则，符合我国生态文明建设的主旋律。

7.1.3.2 规范利用

自古以来，野生动物作为人类的必要的生存资源，为人类做出不可或缺的贡献。然而，在人口快速增长中，野生动物的栖息地逐渐缩小，破碎，野生动物资源面临巨大威胁，野生动物的灭绝加速，很多野生动物种群处于灭绝、野外灭绝、区域灭绝或处于极危、濒危状态。但野生动物在科研、教育、医疗、文化、旅游等领域仍然起到重要作用，不可代替。只有加强对野生动物利用的规范和管理，特别是对野生动物的养殖、猎捕和野生动物及制品的利用和贸易活动制定相应的禁止和限制性法律规范，最终达到保护野生动物的作用。

7.1.3.3 严格监管

监管，是为了达到野生动物保护的目的。制定严格而可行的监管机制非常重要。一方面，通过政府相关机构部门制定从事野生动物有关活动的基本制度和措施并履行监管职责；二是第三方和社会参与监管。群众、民间组织等第三方监督对于野生动物的监管是十分必要的，可以在一定程度上避免地方犯罪团伙的猖獗，杜绝源头失控，增加公众的参与性。

7.1.4 野生动物保护制度

《宪法》第九条第二款规定国家保障自然资源的合理利用，保护珍贵的动物和植物。禁止任何组织或者个人用任何手段侵占或者破坏自然资源。

《野生动物保护法》第三条规定野生动物资源属于国家所有。

有关保护野生动物的制度主要有救助野生动物制度、野生动物资源调查制度等。

7.1.4.1 救助野生动物制度

野生动物生存的自然环境中，存在着许多不可预见的威胁。当严重的自然灾害如地震、火灾、水灾等发生时，会给当地的野生动物带来灭顶之灾。特别是随着人类的发展，许多生存环境被人类所改变甚至发生恶化，野生动物资源遭受创伤后很难自然恢复。这就需要人类对受灾的动物进行救助，才能保护好野生动物资源。

《野生动物保护法》第十五条明确规定，国家或者地方重点保护野生动物受到自然灾害、重大环境污染事故等突发事件威胁时，当地人民政府应当及时采取应急救助措施。救助野生动物是地方各级政府的法定职责，当发生重大自然灾害时，地方政府应该充分履行职责，提供必要的人力、物力、财力，尽力抢救受自然灾害威胁的野生动物。例如，1983

年，我国国宝大熊猫遭受了一场大饥荒，3个大熊猫分布区四川、陕西、甘肃等省的箭竹普遍开花枯死，造成大熊猫食物严重短缺，该珍稀物种面临饥饿死亡的危险。为抢救国宝，上至国务院野生动物行政主管部门，下到地方各级政府，迅速采取了多种有效措施，包括全国人民踊跃捐款，购买大熊猫的应急食物，最终使大熊猫渡过难关。2001年，国家林业局还专门发布了《国家林业局关于野外大熊猫救护工作的规定》，对因病饿伤残等情况失去生存能力的大熊猫的救护工作做了专门的规定。

县级以上人民政府野生动物保护主管部门应当按照国家有关规定组织开展野生动物收容救护工作。

另外，法律特别规定，禁止以野生动物收容救护为名买卖野生动物及其制品。《野生动物收容救护管理办法》2018年1月1日起实施，全面规范野生动物收容救护行为。

《陆生野生动物保护实施条例》第九条规定全民救助野生动物的义务，"任何单位和个人发现受伤、病弱、受困、迷途的国家和地方重点保护野生动物时，应当及时报告当地野生动物行政主管部门，由其采取救护措施；也可以就近送具备救护条件的单位救护。救护单位应当立即报告野生动物行政主管部门，并按照国务院林业行政主管部门的规定办理。"

7.1.4.2　野生动物资源调查制度

只有较好地了解野生动物资源，才能有根据地制订好野生动物的保护措施。《野生动物保护法》第十一条规定："县级以上人民政府野生动物保护主管部门，应当定期组织或者委托有关科学研究机构对野生动物及其栖息地状况进行调查、监测和评估，建立健全野生动物及其栖息地档案。"《陆生野生动物保护实施条例》第七条规定："国务院林业行政主管部门和省、自治区、直辖市人民政府林业行政主管部门，应当定期组织野生动物资源调查，建立资源档案，为制定野生动物资源保护发展方案、制定和调整国家和地方重点保护野生动物名录提供依据。"《野生动物保护法》第十条规定："国家重点保护野生动物名录，由国务院野生动物保护主管部门组织科学评估后制定，并每五年根据评估情况确定对名录进行调整。"

7.1.4.3　野生动物遗传资源保护制度

《野生动物保护法》第十七条规定："国家加强对野生动物遗传资源的保护，对濒危野生动物实施抢救性保护。"

野生动物资源是国家重要的战略资源，保存着丰富的遗传基因多样性，为人类的生存与发展提供了广阔的空间。国务院野生动物保护主管部门应当会同国务院有关部门制定有关野生动物遗传资源保护和利用规划，建立国家野生动物遗传资源基因库，对原产我国的珍贵、濒危野生动物遗传资源实行重点保护。

7.1.4.4　野生动物宣传教育与舆论监督制度

加强野生动物保护的宣传教育和科学知识的普及具有重要意义。当全社会理解保护野生动物的重要性后，才能支持野生动物保护工作。宣传教育是野生动物保护的基础性工作，奠定野生动物保护的群众基础。《野生动物保护法》第八条规定："各级人民政府应当加强野生动物保护的宣传教育和科学知识普及工作，鼓励和支持基层群众性自治组织、社会组织、企业事业单位、志愿者开展野生动物保护法律法规和保护知识的宣传活动。"

教育行政部门、学校是教育的基础阵地，应当对学生进行野生动物保护知识教育。

舆论监督对提升野生动物的公众教育有特别意义。新闻报道、正能量广告、明星效应，都能发挥积极作用。新闻媒体应当开展野生动物保护法律法规和保护知识的宣传，对违法行为进行舆论监督。

《陆生野生动物保护实施条例》第六条规定："县级以上地方各级人民政府应当开展保护野生动物的宣传教育，可以确定适当时间为保护野生动物宣传月、爱鸟周等，提高公民保护野生动物的意识。"地方政府通过各种宣传工作，向民众宣传保护野生动物特别是濒危野生动物的重要性，开展野生动物普法活动，使民众认识哪些是国家重点保护野生动物，了解保护和救助野生动物的常识，清楚哪些行为触犯法律规定，从而自觉地关心爱护野生动物，遵守野生动物保护制度。由于我国幅员辽阔，南北气候不同各地选定的爱鸟周和野生动物宣传月时间也不尽相同。如江西省把每年11月定为全省陆生野生动物宣传月，4月1~7日为全省爱鸟周；浙江省每年4月为陆生野生动物保护宣传月，4月10~16日为全省爱鸟周；广西壮族自治区每年9月为野生动植物宣传月，3月20日左右为爱鸟周。

7.1.5 野生动物栖息地保护制度

野生动物栖息地是指野生动物生存、繁衍的特定区域，是野生动物生存、繁衍活动所需的空间场所。栖息地面积减少、破碎化、隔离和质量下降，是造成野生动物资源减少和物种濒危的首要原因。由于人口、经济等多种原因，野生动物栖息地破碎化日趋严重。野生动物保护的核心就是栖息地保护。《野生动物保护法》第五条规定："国家保护野生动物及其栖息地。"第6条规定："任何组织和个人都有保护野生动物及其栖息地的义务。禁止违法猎捕野生动物、破坏野生动物栖息地。"《陆生野生动物保护实施条例》第八条规定："县级以上各级人民政府野生动物主管部门，应当组织社会各方面力量，采取生物技术措施和工程技术措施，维护和改善野生动物生存环境，保护和发展野生动物资源。禁止任何单位和个人破坏国家和地方重点保护野生动物的生息繁衍场所和生存条件。"如在制定规划的时候，对野生动物栖息地、迁徙通道的影响要进行论证；再如建设铁路、桥梁等工程时，可能破坏一些野生动物的栖息地和迁徙通道，应该采取一些补救的措施。为了保护野生动物栖息地，还规定国家林业行政主管部门要确定并发布野生动物重要栖息地名录。

党的十九大报告明确提出"建立以国家公园为主体的自然保护地体系""构建生态廊道和生物多样性保护网络，提升生态系统质量和系统稳定性"等重要论述，为野生动物及其栖息地保护指明了工作方向和重点。

有关保护野生动物生存环境的制度主要有自然保护区制度、禁猎区和禁猎期制度等。

7.1.5.1 自然保护区制度

《野生动物保护法》所称的自然保护区，是指野生动物类型自然保护区，是为了保护自然资源、生态环境和典型生态环境系统以及保护生物多样性和拯救濒危野生动物物种，而由国家依法划定的特殊保护区域。自然保护区对野生动物保护特别是濒危野生动物的保护极其重要，因此，《野生动物保护法》第十二条第一款规定："国务院野生动物保护主管部门应当会同国务院有关部门，根据野生动物及其栖息地状况的调查、监测和评估结果，确定并发布野生动物重要栖息地名录。"第二款规定："省级以上人民政府依法划定相关自然保护区域，保护野生动物及其重要栖息地，保护、恢复和改善野生动物生存环境。"林业部于1985年7月6日公布施行了《森林和野生动物类型自然保护区管理办法》，地方政府也相继公布了地方的行政法规，对自然保护区的管理做出了详细的法律规定。《野生动物保护法》第十二条第三款规定："禁止或者限制在相关自然保护区域内引入外来物种、营造单一纯林、过量施洒农药等人为干扰、威胁野生动物生息繁衍的行为。"以确保野生动物栖息地的质量不下降。

《野生动物保护法》第十三条第二款规定，禁止在相关自然保护区域建设法律法规规定不得建设的项目。机场、铁路、公路、水利水电、围堰、围填海等建设项目的选址选线，应当避让相关自然保护区域、野生动物迁徙洄游通道；无法避让的，应当采取修建野生动物通道、过鱼设施等措施，消除或者减少对野生动物的不利影响。

7.1.5.2 禁猎区和禁猎期制度

禁猎区是指县以上人民政府或野生动物行政主管部门依法划定的禁止猎捕野生动物的区域。禁猎区的划定，是为了保护濒危野生动物，使其有休养生息、恢复种群数量的机会和场所而采取的一种有效手段。自然保护区属于禁猎区。除自然保护区外，人民政府或者野生动物行政主管部门可以根据本地区野生动物的资源情况，在野生动物资源破坏严重而需要恢复的地区或在适合于野生动物繁殖的区域划定禁猎区。禁猎区可以规定禁止猎捕某些种类的野生动物，也可以根据需要禁猎所有野生动物，即全面禁猎区。在禁猎区内，不准进行任何形式的狩猎活动。通常禁猎区的禁猎期限一般为3~10年，在此期间规定禁猎的野生动物一律不得猎捕。

禁猎期是指按法定程序规定、禁止进行狩猎活动的一定时间期限。禁猎期一般是野生动物的发情、产仔（卵）期。主要目的在于保护野生动物能够保持良好的繁衍环境，使其正常繁殖，保持并增加种群数量，供人类永续利用。禁猎期由县级以上人民政府或野生动物行政主管部门按照动物的繁殖规律来划定。因为各地情况不同，故禁猎期也不一样。如海南省规定3~5月为禁猎期；山西省规定每年3月15日至10月15日为禁猎期，广西壮族自治区规定每年的3~9月为鸟类禁猎期，福建省则划定了10年（2012年11月1日至2022年10月31日）的鸟类禁猎期。

7.1.5.3 环境监测制度

环境的变化会给野生动物的生存带来影响，特别是重大的环境突变或污染事件，有可能对当地某些物种造成灭绝。因此，应该通过监测工作及时了解环境变化情况以及对野生动物的影响，迅速采取相应措施，把这种影响减少到最低程度。《野生动物保护法》第十四条规定："各级野生动物行政主管部门应当监视、监测环境对野生动物的影响。由于环境影响对野生动物造成危害时，野生动物行政主管部门应当会同有关部门进行调查处理。"根据此规定，野生动物行政主管部门有责任和义务监视、监测环境对野生动物的影响。

7.1.5.4 环境影响评价报告制度

某些项目的建设，必然会改变自然环境，对野生动物的生存环境造成影响。为保护野生动物的生存环境，《野生动物保护法》第十三条第三款规定："建设项目可能对相关自然保护区域、野生动物迁徙洄游通道产生影响的，环境影响评价文件的审批部门在审批环境影响评价文件时，涉及国家重点保护野生动物的，应当征求国务院野生动物保护主管部门意见；涉及地方重点保护野生动物的，应当征求省、自治区、直辖市人民政府野生动物保护主管部门意见。"这里主要是指建设项目设立在野生动物栖息繁衍场所内的情况下，项目方必须对该项目进行综合评估，不仅评估其对周围环境的影响，还要评估其对野生动物生息繁衍方面的影响。环境保护部门在审批环境影响报告书时，应依法征求同级野生动物行政主管部门的意见，对野生动物行政主管部门的意见予以充分考虑。如果建设项目方未依法提出对野生动物生存环境影响报告的，野生动物行政主管部门应主动向环境行政主管部门提出意见和建议。如果环境行政主管部门未依法征求野生动物行政主管部门意见即批准建设项目的，野生动物行政主管部门应主动提出意见，请求复查或向上一级人民政府报告。如果环境保护行政主管部门不接受野生动物行政主管部门的意见，可请求同级人民政府或上一级人民政府处理。如认为环境行政主管部门审批确有不当，项目实施会对国家或地方重点保护的野生动物造成严重的不良影响，也可以依法以违反法定程序为由向人民法院提起行政诉讼。

7.1.5.5 野生动物疫源疫病防控制度

2003 年的非典型性肺炎疫情、2005 年 H5N1 高致病性禽流感疫情、2020 年新型冠状病毒肺炎疫情等，促进了我国野生动物源人畜共患病防控长效机制的建设。2005 年 11 月 18 日国务院出台了《重大动物疫情应急条例》（2017 年修订），2012 年 12 月 25 日，国家林业局通过了《陆生野生动物疫源疫病监测防控管理办法》，对野生动物疫源疫病监测防控工作全过程进行了明确规定。

《野生动物保护法》第十六条规定："县级以上人民政府野生动物保护主管部门、兽医主管部门，应当按照职责分工对野生动物疫源疫病进行监测，组织开展预测、预报等工作，并按照规定制定野生动物疫情应急预案，报同级人民政府批准或者备案。"

7.1.5.6 野生动物猎捕制度

我国对野生动物资源实行严格保护的原则，《野生动物保护法》第二十一条规定："禁止猎捕、杀害国家重点保护野生动物。"但在实际生产生活中，存在着因科学研究、人工繁育、展览或者其他特殊需要，只有野外这唯一途径才能获得野生动物资源的情况，因此，国家制定了相应的猎捕制度进行管理。需要捕捉、捕捞国家一级重点保护野生动物的，必须向国务院野生动物行政主管部门申请特许猎捕证；猎捕国家二级重点保护野生动物的，必须向省、自治区、直辖市人民政府野生动物行政主管部门申请特许猎捕证。

猎捕非国家重点保护野生动物的，应当依法取得县级以上地方人民政府野生动物保护主管部门核发的狩猎证，并且服从猎捕量限额管理。猎捕者应当按照特许猎捕证、狩猎证规定的种类、数量、地点、工具、方法和期限进行猎捕。持枪猎捕的，应当依法取得公安机关核发的持枪证。猎枪管理具体参照由林业局、公安部联合发布的《猎枪弹具管理办法》。

《野生动物保护法》第二十三条规定不得使用的狩猎方式："禁止使用毒药、爆炸物、电击或者电子诱捕装置以及猎套、猎夹、地枪、排铳等工具进行猎捕，禁止使用夜间照明行猎、歼灭性围猎、捣毁巢穴、火攻、烟熏、网捕等方法进行猎捕，但因科学研究确需网捕、电子诱捕的除外。"

7.1.6　野生动物危害预防和损害补偿制度

7.1.6.1　野生动物危害预防制度

随着生态文明的建设，自然环境得到有效保护，野生动物的栖息地逐渐扩大，部分物种如野猪、黑熊、羚牛、猕猴等种群数量增多，有时会发生野生动物与人类的冲突，如野猪觅食糟蹋了农民的田地，猴群下山摘了农民的玉米，西双版纳的人象冲突等，造成经济损失甚至危害人身安全。影响了当地人们的生产、生活，甚至是人身安全。《野生动物保护法》第十八条规定："有关地方人民政府应当采取措施，预防、控制野生动物可能造成的危害，保障人畜安全和农业、林业生产。"通过防控措施，保护人民群众的合法权益，有利于缓解人与野生动物的冲突，争取民众对野生动物保护的支持，促进野生动物保护事业的发展。

7.1.6.2　因保护野生动物造成损害的补偿制度

野生动物与人类的冲突不可避免。如果法律在保护野生动物的同时不保护公民的合法权益，那么这种法律不仅有失公平，而且会打击人民群众保护野生动物的积极性。因此，国家制定了因保护野生动物而受到损失的补偿制度。《野生动物保护法》第十九条规定："因保护本法规定保护的野生动物，造成人员伤亡、农作物或者其他财产损失的，由当地人民政府给予补偿。具体办法由省、自治区、直辖市人民政府制定。"这条规定，是我国对因保护野生动物而受到损失进行补偿的法律依据。根据这条规定，因保护国家、地方重点保护野生动物，以及有重要生态、科学、社会价值的野生动物而受到损失的，无论单位和个人，都应该得到补偿。如损失人的补偿请求不能被政府有关部门所接受的，损失人可以依法向人民法院提起诉讼。但因去狩猎野生动物而受到损害的，国家不予补偿。

我国野生动物资源分布不均，地方政府财力亦不均。野生动物资源较多的地方多为偏远贫困、地方财政困难，补偿费用难以落实。因此，国家建立了地方补偿、中央补偿的共担机制。《野生动物保护法》第十九条第二款规定："有关地方人民政府采取预防、控制国家重点保护野生动物造成危害的措施以及实行补偿所需经费，由中央财政按照国家有关规定予以补助。"

另外，还建立了多元补偿主体。"有关地方人民政府可以推动保险机构开展野生动物致害赔偿保险业务。"各地可以根据具体情况，与保险公司共同实现风险与利益共担。2003年9月，云南省南滚河国家级自然保护区沧源管理局与中国人民保险公司沧源支公司签署了《自然保护区野生动物公众责任保险协议》，被称为中国野生动物肇事理赔第一保单。

7.1.7 野生动物人工繁育和经营利用制度

野生动物资源日益枯竭的前提下，人工繁育是开展野生动物保护的一种重要手段。通过人工繁育，可以补充野外数量，恢复野外种群。另外，科研、药品、皮革、乐器、文化艺术等也需要野生动物及其制品。通过人工繁育，才能缓解对野外野生动物资源的压力，满足社会需求。

7.1.7.1 野生动物人工繁育法律制度

《野生动物保护法》第二十五条规定："国家支持有关科学研究机构因物种保护目的人工繁育国家重点保护野生动物。"同时，《野生动物保护法》第三条规定："国家保障依法从事野生动物科学研究、人工繁育等保护及相关活动的组织和个人的合法权益。"并依相关规定把人工繁殖、经营利用野生动物资源的各种活动纳入法制管理的轨道。

为避免对野外种群的影响和破坏，《野生动物保护法》第二十五条第三款规定："人工繁育国家重点保护野生动物应当使用人工繁育子代种源，建立物种系谱、繁育档案和个体数据。"通过对人工繁育野生动物的种源严格管理，要求尽可能使用人工繁育子代种源，并建立可追溯的种源管理记录，防止种群退化。如确需从野外获取种源的，需严格遵守猎捕野生动物制度。而批准机关在对相应申请作出决定前，应按照有利于物种保护及其科学研究，不得破坏野外种群资源的标准严格审查，确保野生动物人工繁育的规范、科学、合理。

《野生动物保护法》对野生动物人工繁育实行许可证制度。根据二十五条规定，有关科学研究机构以保护为目的开展的人工繁育国家重点保护野生动物，无须办理人工繁育许可证。而其他目的开展"人工繁育国家重点保护野生动物的，应当经省、自治区、直辖市人民政府野生动物保护主管部门批准，取得人工繁育许可证，但国务院对批准机关另有规定的除外。"

对于非国家重点保护野生动物的人工繁育，按地方的管理办法执行。

(1) 申领野生动物人工繁育许可证应具备的条件

申请领取野生动物人工繁育许可证的单位和个人，根据有关规定，应具备以下条件：具有与野生动物习性相适应的活动空间和生息繁衍、卫生健康条件，具备与其繁育目的、种类、发展规模相适应的场所、设施、技术，符合有关技术标准和防疫要求，不得虐待野生动物。审批机关要对申请单位(人)各项条件进行严格把关，主管部门在日常加强监管，禁止人工繁育过程中出现拷打、饥饿、弃养、虐杀等问题。

(2) 野生动物人工繁育许可证的审批部门

国家林业和草原局、农业农村部规定的大熊猫、朱鹮、虎、豹类、象类、金丝猴类、

单元7 野生动植物保护与自然保护地法律制度

长臂猿类、犀牛类、猩猩类、隼类共10类国家重点保护陆生野生动物人工繁育许可证核发及出售收购利用由国家野生动物主管部门审批,其余由省级野生动物主管部门审批。

凡人工繁育非国家重点保护野生动物的,按各省、自治区、直辖市制定的规定执行。

(3)野生动物人工繁育许可证的行政审批程序

①申请。申请人持所需材料,向野生动物人工繁育所在地的县级林业行政主管部门提交申请。县级林业行政主管部门对申请材料进行逐级审核后上报审批部门。申请野生动物人工繁育许可证的单位和个人应当提交以下申请材料:

- 《野生动物保护管理行政许可事项申请表》。
- 《国家重点保护陆生野生动物人工繁育申请表》。
- 申请人身份证明(企业营业执照或法定代笔人身份证明及法定代表人身份证复印件)。
- 申请人具备人工繁育条件的说明材料,包括与申请人工繁育的陆生野生动物种类、规模相适应的固定场所、养殖、检疫防疫、防逃逸设施证明文件及照片,以及面积、规格、安全保障说明材料等。
- 种源来源文件,包括各地各级林业主管部门批准的行政许可文件、人工繁育证(驯养繁殖证)、进出口证明书等,同时提供引种协议。
- 野生动物饲养人员资格或职称证书及劳动合同。
- 从事野生动物人工繁育的可行性研究报告或总体规划,及野生动物饲料来源说明材料。

②受理。审批部门对申请材料进行形式审查,当场或者在5个工作日内作出是否受理的决定。决定受理的,开具《受理林业行政许可申请通知书》;不予受理的,开具《不予受理林业行政许可申请通知书》;申请人的申请材料不全或不符合受理条件的,一次性告知或5个工作日内告知申请人需要补正的材料,并开具《行政许可申请补正材料通知书》。

③审查。审批部门对申请材料进行审查。野生动物管理机构审核材料并提出审核意见(限7个工作日)。依法需要听证、招标、拍卖、检验、检测、检疫、鉴定和专家评审的,所需时间不计算在承诺办结时限内。

审批部门在审查中如果发现野生动物资源不清、人工繁育尚未成功或技术尚未过关、野生动物资源极少,不能满足人工繁育种源要求的,不得审批发放人工繁育许可证。

④决定。审批部门应自受理之日起20个工作日内作出是否予以行政许可决定(承诺办结时限自该申请正式受理后计算)经审查合格的,由审批部门向申请人作出准予行政许可的决定,并制作决定文书(含证件)并送达申请人。审查不合格的,由审批部门书面通知申请人并说明理由,告知复议或者诉讼权利。

(4)人工繁育许可证的变更

人工繁育野生动物的单位和个人,必须按照人工繁育许可证规定的种类进行驯养。如需要变更人工繁育种类的,应当提前2个月向原审批机关申请办理变更手续;如需终止人工繁育野生动物活动的,应当提前2个月向原审批机关办理终止手续,并交回人工繁育许可证。

7.1.7.2 野生动物经营利用的法律制度

7.1.7.2.1 禁止出售、收购、利用国家重点保护野生动物及其制品

《野生动物保护法》第二十七条规定，禁止出售、收购、利用国家重点保护野生动物及其制品。这里所指的野生动物及其制品包括了动物活体、尸体、毛皮、羽毛、内脏、血、骨、肉、角、卵、精液、胚胎、标本及其他动物体部分。国家禁止在集贸市场以及其他场合进行野生动物及其制品的交易。但考虑到科学研究、人工繁育、公众展示展演、文物保护或者其他特殊情况，需要出售、购买、利用国家重点保护野生动物及其制品的，应当经省、自治区、直辖市人民政府野生动物保护主管部门批准，并按照规定取得和使用专用标识，保证可追溯，但国务院对批准机关另有规定的除外。出售、利用非国家重点保护野生动物的，应当提供狩猎、进出口等合法来源证明。

7.1.7.2.2 禁野生动物经营利用管理专用标识管理

2003年，国家林业局联合国家工商总局发布《国家林业局、国家工商总局关于对利用野生动物及其产品的生产企业进行清理整顿和开展标记试点工作的通知》，要求自2003年5月1日起，采用统一的"野生动物经营利用管理专用标识"对选定的利用陆生野生动物及其制品为原料的生产企业进行试点，对其生产的野生动物制品进行标记。自2015年6月1日起启用新标识(图7-1)。

图 7-1 野生动物经营利用管理专用标识图示(2015年版)

该标识就是野生动物及其制品的身份代码，证明其来源的合法性和生效性。它与野生动物制品运输、销售证明具有同等效力，野生动物制品生产经营单位运输(托运)、销售使用有该标识标记的陆生野生动物制品不再申办运输、销售审批手续。可见，野生动物专用标识制度的实行，有利于减少审批手续和环节，也便于野生动物保护主管部门加强管理。截至2016年3月底，我国陆生野生动物制品标识已经涵盖中成药药品(含饮片)、保健品、食用品、日用品、工艺品、象牙制品、标本、皮革制品、蟒皮乐器、活体野生动物十大领域。其中，中成药药品、象牙制品、标本、蟒皮乐器、鳄鱼及其产品和蛇类制品均属于国家统一纳入标识管理范围，其余为生产企业自愿申请纳入标识管理范围。截至2016年3月底，全国累计注册标识用户达1426家，包括单位用户1325家，个人用户101家。

野生动物经营利用管理专用标识申请的基本流程：申请人向县级以上野生动物主管部门提交申请，经省林业局批准，凭行政许可决定书向国家林业和草原局指定的专用标识生产、供给单位联系制作专用标识。申请专用标识应提交下列申请材料有：①林业行政许可

申请表；②申请人身份、资格的有效文件或材料，以及从事相关活动的背景材料或年度报告(当年首次申请时提交)；③出售、购买、利用野生动物及其制品的合同或协议以及实施方案；④野生动物及其制品合法来源的有效文件或材料。

7.1.7.2.3 禁野生动物经营利用许可制定

依照《野生动物保护法》《野生动物保护法实施条例》等相关法律法规的规定，经营利用野生动物采用许可制度。同时要求，利用野生动物及其制品的，应当以人工繁育种群为主，有利于野外种群养护，符合生态文明建设的要求，尊重社会公德，遵守法律法规和国家有关规定。

(1)野生动物及其制品经营利用许可的审批部门

凡出售、收购、利用国家重点保护野生动物或者其产品，由省、自治区、直辖市林业行政主管部门审批，但国务院由于物种特别重要等原因作出特殊规定的除外。凡经营利用非国家重点保护野生动物的，按各省、自治区、直辖市制定的规定执行。如广西壮族自治区规定，市级林业行政主管部门批准自治区重点保护野生动物或其产品的经营利用许可证，并以自治区林业厅的名义批准办理虎纹蛙(国家二级保护野生动物)的经营利用许可证；县级林业行政主管部门批准一般野生动物或其产品的经营利用许可证。黑龙江省规定，省级林业行政主管部门审批省重点保护野生动物或其产品的经营利用许可证；市级林业行政主管部门审批一般野生动物或其产品的经营利用许可证。

(2)野生动物或其产品经营利用许可证审批程序

①申请。申请人持所需材料，向所在地的县级林业行政主管部门提交申请，县级林业行政主管部门对申请材料进行逐级审核后上报审批部门。申请野生动物及产品经营利用许可证的单位和个人应当提交以下申请材料：当事人的申请报告；《野生动物保护管理行政许可事项申请表》；证明申请人身份、资格的有效文件或材料；国家重点保护陆生野生动物或者其产品合法来源的有效文件和材料，包括特许猎捕证、人工繁育许可证、进出口许可证、执法查没物品处理文书、购销发票、个体谱系证明等相关材料；出售、收购、利用国家重点保护陆生野生动物或其产品的协议和印件或有关其实施目的和方案材料。

②受理。审批部门对申请材料进行形式审查，当场或者在5个工作日内作出是否受理的决定。决定受理的，开具《受理林业行政许可申请通知书》；不予受理的，开具《不予受理林业行政许可申请通知书》；申请人的申请材料不全或不符合受理条件的，一次性告知或5个工作日内告知申请人需要补正的材料，并开具《行政许可申请补正材料通知书》。

③审查。审批部门对申请材料进行审查。有必要进行专家论证的，需要进行专家论证其是否符合相关办件条件。若审查发现以下情形之一，不得发放许可证：申请材料捏造事实，弄虚作假或不完整的；野生动物或其产品利用量过大，可能对野生资源造成破坏的；在未经批准擅自建立的野生动物专业交易市场内从事经营利用活动的；没有经营利用限额指标的(以上规定以广东省为例，各省份规定略有不同)。

④决定。审批部门自受理之日起20个工作日内作出是否予以行政许可决定，经批准可延长十日。经审查合格，由审批部门向申请人作出准予行政许可的决定；审查不合格的，由审批部门书面通知申请人并说明理由，告知复议或者诉讼权利。

(3) 对人工繁育技术成熟稳定的野生动物的特殊规定

我国养殖利用野生动物的历史悠久，部分野生动物的养殖技术成熟、养殖规模大，完全能够经营利用子代个体。如梅花鹿、马鹿、虎纹蛙等，在一些省份已成为较大的养殖产业。如按原有管理模式，出售和利用仍然需要申请行政许可，经营时效性较低。

《野生动物保护法》第二十八条规定，"对人工繁育技术成熟稳定的国家重点保护野生动物，经科学论证，纳入国务院野生动物保护主管部门制定的人工繁育国家重点保护野生动物名录。"列入"名录"的国家重点保护陆生野生动物，要满足以下4项条件：一是人工繁育技术成熟，并形成了规范化的技术操作流程或人工繁育技术标准；二是开展人工繁育活动的种源为子二代及以后的个体，不需要从野外获取种源（用作改良人工种群等特定用途的除外）；三是人工繁育种群规模能够满足相关合法用途对该物种及其制品的合理需求；四是相关繁育活动有利于缓解对野外种群的保护压力。

2017年，国家林业局发布《人工繁育国家重点保护陆生野生动物名录》，自2017年7月1日起生效。其中包括梅花鹿、马鹿、虎纹蛙3种国家重点保护野生动物和鸵鸟、美洲鸵、大东方龟、尼罗鳄、湾鳄、暹罗鳄6种从境外引进、按照国家重点保护野生动物管理的陆生野生动物。"对列入名录的野生动物及其制品，可以凭人工繁育许可证，按照省、自治区、直辖市人民政府野生动物保护主管部门核验的年度生产数量直接取得专用标识，凭专用标识出售和利用，保证可追溯。"

7.1.7.3 野生动物运输管理法律制度

非法狩猎、出售、收购、利用野生动物或者其产品的，都会通过运输、携带、寄递等方式方法进行，因此，对野生动物及其产品的运输、携带、寄递等进行严格管控，是有效防止野生动物非法活动的重要措施。《野生动物保护法》第三十三条规定，运输、携带、寄递国家重点保护野生动物及其制品、人工繁育技术成熟稳定的野生动物及其制品出县境的，应当持有或者附有特许猎捕证、人工繁育许可证、许可证、批准文件的副本或者专用标识，以及检疫证明。运输非国家重点保护野生动物出县境的，应当持有狩猎、进出口等合法来源证明，以及检疫证明。其中，对于检疫证明，只有关于动物疫病管理的相关法律法规或者其他国家有关规定中明确要求检疫的，才需提供检疫证明，而对中成药、象牙雕刻品等野生动物制品的运输、携带和寄递活动则不需要检疫证明。此外，运输、携带和寄递中所需的许可证、批准文件和专用标识应当区别不同情形使用，不可相互替代。

县级以上人民政府有关部门，按照职责分工对野生动物及其制品出售、购买、利用、运输、寄递等活动进行监督检查。

7.1.7.4 其他相关规定

(1) 禁止生产经营和食用野生动物及其制品的规定

滥食野生动物的陋习，不仅造成乱捕滥猎现象严重，未检疫的野生动物还可能携带各种各样的疫源疫病，成为公共安全的重大忧患。从保护野生动物和人类自身安全的角度来看，必须从源头上严格控制食用野生动物及其制品。

《野生动物保护法》第三十条第一款规定，"禁止生产、经营使用国家重点保护野生动物及其制品制作的食品，或者使用没有合法来源证明的非国家重点保护野生动物及其制品制作的食品。"因此，任何单位或个人利用国家重点保护野生动物及其制品或者利用没有合法来源的非国家重点保护野生动物及其制品为原料，从事生产、经营活动，均属违法。但列入国务院野生动物保护主管部门制定的人工繁育国家重点保护野生动物名录的人工繁育种群除外。

2014年《全国人民代表大会常务委员会关于〈中华人民共和国刑法〉第三百四十一条、第三百一十二条的解释》规定，"知道或者应当知道是国家重点保护的珍贵、濒危野生动物及其制品，为食用或者其他目的而非法购买的，属于刑法第三百四十一条第一款规定的非法采购国家重点保护的珍贵、濒危野生动物及其制品的行为。知道或者应当知道是刑法第三百四十一条第二款规定的非法狩猎的野生动物而购买的，属于刑法第三百一十二条第一款规定的明知是犯罪所得而收购的行为"，《野生动物保护法》第三十条第二款规定，"禁止为食用非法购买国家重点保护的野生动物及其制品。"可见，食用野生动物及其产品，均受到严格约束。通过法律规定，规范消费者的消费行为，达到"没有买卖，就没有伤害"的目的。

2020年2月24日，十三届全国人大常委会第十六次会议审议通过了《关于全面禁止非法野生动物交易、革除滥食野生动物陋习、切实保障人民群众生命健康安全的决定》，意在全面禁止和惩治非法野生动物交易行为，革除滥食野生动物的陋习，维护生物安全和生态安全，有效防范重大公共卫生风险，切实保障人民群众生命健康安全，加强生态文明建设，促进人与自然和谐共生。

（2）野生动物放生的规定

近年来，野生动物放生事件时有发生。一些是涉案野生动物的放生，还有一些是人们爱心等原因放生。但若放生地不符合该物种的生境要求，则野生动物有可能死亡或生存质量差；若放生凶猛、有毒、未经检疫合格的野生动物，则可能会带来人身健康、安全隐患；若放生的是外来物种，特别是竞争力强的外来物种如巴西龟、鳄龟、蛇头鱼等，则会严重破坏当地生态平衡，威胁当地物种的生存。另外，随意放生还会助长一些不法分子以此为业，通过非法猎捕、贩卖放生动物，甚至将放生动物抓回重新贩卖，从中谋取利益，形成恶性循环，破坏野生动物资源和生态平衡。为规范放生行为，《野生动物保护法》第三十七条规定，"从境外引进野生动物物种的，应当采取安全可靠的防范措施，防止其进入野外环境，避免对生态系统造成危害。确需将其放归野外的，按照国家有关规定执行。"第三十八条规定，"任何组织和个人将野生动物放生至野外环境，应当选择适合放生地野外生存的当地物种，不得干扰当地居民的正常生活、生产，避免对生态系统造成危害。"可见，首先禁止放生外来物种。确有必要，严格规范放生行为；其次，放生本地物种必须保证放生动物健康，且经过检疫合格；其三，放生行为有利于物种保护，不会给生态系统和当地居民造成威胁伤害，否则将依法承担法律后果。

7.1.8 违反野生动物保护法规的法律责任

7.1.8.1 非法猎捕、杀害国家重点保护野生动物的法律责任

非法猎捕、杀害国家重点保护野生动物的行为，是指违反国家保护野生动物的法律法

规,在相关自然保护区域、禁猎(渔)区、禁猎(渔)期猎捕国家重点保护野生动物,未取得特许猎捕证、未按照特许猎捕证规定猎捕、杀害国家重点保护野生动物,或者使用禁用的工具、方法猎捕国家重点保护野生动物的行为。珍贵、濒危野生动物,包括列入《国家重点保护野生动物名录》的国家一、二级保护野生动物,还有列入《濒危野生动植物种国际贸易公约》附录Ⅰ、附录Ⅱ的野生动物以及人工繁育的上述物种。

非法捕杀国家重点保护野生动物,情节显著轻微危害不大的,或者犯罪情节轻微不需要判处刑罚的,依照《野生动物保护法》第四十五条规定,由县级以上人民政府野生动物保护主管部门、海洋执法部门或者有关保护区域管理机构按照职责分工没收猎获物、猎捕工具和违法所得,吊销特许猎捕证,并处猎获物价值二倍以上十倍以下的罚款。非法猎捕、杀害国家重点保护野生动物,对照国家林业局2001年发布的《非法捕杀国家重点保护珍贵、濒危陆生野生动物案立案标准》,构成危害珍贵、濒危野生动物罪的,依照《刑法》第三百四十一条规定,处五年以下有期徒刑或者拘役,并处罚金;情节严重的,处五年以上十年以下有期徒刑,并处罚金;情节特别严重的,处十年以上有期徒刑,并处罚金或者没收财产。

"情节严重"的量刑标准是根据最高人民法院《关于审理破坏野生动物资源刑事案件具体应用法律若干问题的解释》的第三条规定:①达到《最高人民法院关于审理破坏野生动物资源刑事案件具体应用法律若干问题的解释附表》(以下简称《附表》)所列相应数量标准的;②涉案的珍贵、濒危野生动物不同种类,其中两种以上分别达到《附表》所列"情节严重"数量标准一半以上的;③犯罪集团的首要分子;④严重影响对野生动物的研究、养殖等工作顺利进行的;⑤以武装掩护方法实施犯罪的;⑥使用特种车、军用车等交通工具实施犯罪的;⑦造成其他重大损失的。

"情节特别严重"的情形:①达到《附表》所列相应数量标准的;②涉案的珍贵、濒危野生动物不同种类,其中两种以上分别达到《附表》所列"情节特别严重"数量标准一半以上的;③符合上述"情节严重"情形中①或②的规定,并有下列情形之一的:犯罪集团的首要分子;严重影响对野生动物的研究、养殖等工作顺利进行的;以武装掩护方法实施犯罪的;使用特种车、军用车等交通工具实施犯罪的;造成其他重大损失的。

单位犯非法猎捕、杀害珍贵、濒危野生动物罪的,由司法机关对单位判处罚金,并对其直接负责的主管人员和其他直接责任人员,依照《刑法》第三百四十一条第一款的规定处罚。

7.1.8.2 非法猎捕非国家重点保护野生动物的法律责任

违反野生动物保护法规,在相关自然保护区域、禁猎(渔)区、禁猎(渔)期猎捕非国家重点保护野生动物,未取得狩猎证、未按照狩猎证规定猎捕非国家重点保护野生动物,或者使用禁用的工具、方法猎捕非国家重点保护野生动物的,根据《野生动物保护法》第四十六条规定,由县级以上地方人民政府野生动物保护主管部门或者有关保护区域管理机构按照职责分工没收猎获物、猎捕工具和违法所得,吊销狩猎证,并处猎获物价值一倍以上五倍以下的罚款;没有猎获物的,并处二千元以上一万元以下的罚款。

实施上述行为,情节严重的,构成非法猎捕陆生野生动物罪,依照《刑法》第三百四十一条第二款的规定，处三年以下有期徒刑、拘役、管制或者罚金。根据《最高人民法院关于审理破坏野生动物资源刑事案件具体应用法律若干问题的解释》第六条规定，"情节严重"，是指具有下列情形之一的：①非法狩猎野生动物20只以上的；②违反狩猎法规，在禁猎区或者禁猎期使用禁用的工具、方法猎捕的；③具有其他严重情节的。

单位犯非法狩猎罪的，由司法机关对单位判处罚金，并对其直接负责的主管人员和其他直接责任人员，依照《刑法》第三百四十一条第二款的规定处罚。

违反《野生动物保护法》的规定，未取得持枪证而持枪猎捕野生动物的由公安机关依照有关规定给予处罚，情节严重构成犯罪的，依照《刑法》第一百三十条规定，处三年以下有期徒刑、拘役或者管制。

7.1.8.3 破坏野生动物生息繁衍场所的法律责任

违反《野生动物保护法》第十二条第三款、第十三条第二款规定，在自然保护区、禁猎区破坏国家或者地方重点保护野生动物主要生息繁衍场所，影响野生动物正常生息繁衍活动的，根据《野生动物保护法》第四十三条和《陆生野生动物保护实施条例》第三十五条规定，由野生动物行政主管部门责令停止破坏行为，限期恢复原状，处以相当于恢复原状所需费用大的二倍以下的罚款。在自然保护区、禁猎区破坏非国家或者地方重点保护野生动物主要生息繁衍场所的，由野生动物行政主管部门责令停止破坏行为，限期恢复原状，处以相当于恢复原状所需费用大的二倍以下的罚款。

以爆炸、投毒等方法破坏野生动物生息繁衍场所的分别构成爆炸、投毒罪，由司法机关根据《刑法》一百一十四条或者一百一十五条依法追究刑事责任。

7.1.8.4 非法出售、购买、利用、运输、携带、寄递有关野生动物及其制品的法律责任

违反野生动物或者其产品经营管理法规，未经批准、未取得或者未按照规定使用专用标识，或者未持有、未附有人工繁育许可证、批准文件的副本或者专用标识出售、购买、利用、运输、携带、寄递国家重点保护野生动物及其制品或列入人工繁育国家重点保护野生动物名录的野生动物及其制品的，根据《野生动物保护法》第四十八条第一款的规定，由县级以上人民政府野生动物保护主管部门或者工商行政管理部门按照职责分工没收野生动物及其制品和违法所得，并处野生动物及其制品价值二倍以上十倍以下的罚款；情节严重的，吊销人工繁育许可证、撤销批准文件、收回专用标识。

非法出售、购买、利用、运输、携带、寄递国家重点保护野生动物或者其产品，构成非法猎捕、收购、运输、出售陆生野生动物罪，根据《刑法》第三百四十一条第一款规定，处五年以下有期徒刑或者拘役，并处罚金；情节严重的，处五年以上十年以下有期徒刑，并处罚金；情节特别严重的，处十年以上有期徒刑，并处罚金或者没收财产。

《最高人民法院关于审理破坏野生动物资源刑事案件具体应用法律若干问题的解释》第五条的规定，非法收购、运输、出售珍贵、濒危野生动物制品，"情节严重"，是指价值在十万元以上的或者非法获利五万元以上的以及具有其他严重情节的。"情节特别严重"，是指价值在二十万元以上的或者非法获利十万元以上的以及具有其他特别严重情节的。

违反野生动物保护管理法规，以食用为目的非法猎捕、收购、运输、出售在野外环境自然生长繁殖的非国家重点保护陆生野生动物，情节严重的，依照非法猎捕、收购、运输出售陆生野生动物罪处罚。

对没收的实物，由野生动物行政主管部门或者其授权的单位按照国务院林业行政主管部门的规定处理，其他任何单位和个人都不得擅自处理没收的实物。

7.1.8.5 伪造、变造、买卖、转让、租借相关许可证件的法律责任

伪造、变造、买卖、转让、租借有关证件、专用标识或者有关批准文件的，根据《野生动物保护法》第五十五条规定，由县级以上人民政府野生动物保护主管部门没收违法证件、专用标识、有关批准文件和违法所得，并处五万元以上二十五万元以下的罚款；构成违反治安管理行为的，由公安机关依法给予治安管理处罚。

根据《最高人民法院关于审理破坏野生动物资源刑事案件具体应用法律若干问题的解释》第九条规定，伪造、变造、买卖国家机关颁发的野生动物允许进出口证明书、特许猎捕证、狩猎证、驯养繁殖(人工繁育)许可证等公文、证件构成犯罪的，依照《刑法》第二百八十条第一款的规定，以伪造、变造、买卖国家机关公文、证件罪定罪处罚。实施上述行为构成犯罪，同时构成刑法第二百二十五条第二项规定的非法经营罪的，依照处罚较重的规定定罪处罚。

7.1.8.6 违反野生动物人工繁育管理规定的法律责任

违反野生动物人工繁育管理规定，未取得人工繁育许可证而从事繁育国家重点保护野生动物包括列入人工繁育国家重点保护野生动物名录的野生动物的，或者虽然取得人工繁育许可证，但超越人工繁育许可证规定的范围而开展人工繁育活动的，根据《野生动物保护法》第四十七条规定，由县级以上人民政府野生动物保护主管部门没收野生动物及其制品，并处野生动物及其制品价值一倍以上五倍以下的罚款。

7.1.8.7 违法生产经营和滥食野生动物及其制品的法律责任

违反《野生动物保护法》第三十条的规定，生产、经营使用国家重点保护野生动物及其制品或者没有合法来源证明的非国家重点保护野生动物及其制品制作食品，或者为食用非法购买国家重点保护的野生动物及其制品的，根据《野生动物保护法》第四十九条规定，由县级以上人民政府野生动物保护主管部门或者工商行政管理部门按照职责分工责令停止违法行为，没收野生动物及其制品和违法所得，并处野生动物及其制品价值二倍以上十倍以下的罚款；构成犯罪的，依法追究刑事责任。

《刑法》第三百四十条第一款规定了非法收购、出售国家重点保护的珍贵、濒危野生动物及其制品的法律责任，其中，"收购"包括以营利、自用等为目的的购买行为；"出售"包括出卖和以营利为目的的加工利用行为。可见，生产、经营使用国家重点保护野生动物及其制品和为食用非法购买国家重点保护野生动物及其制品，都属于《刑法》第三百四十条第一款规定的非法收购、出售国家重点保护的珍贵、濒危野生动物及其制品的违法行为。构成犯罪的，处五年以下有期徒刑或者拘役，并处罚金；情节严重的，处五年以上十年以下有

期徒刑,并处罚金;情节特别严重的,处十年以上有期徒刑,并处罚金或者没收财产。

生产、经营使用没有合法来源证明的非国家重点保护野生动物及其制品制作食品的,根据《全国人民代表大会常务委员会关于〈中华人民共和国刑法〉第三百四十一条、第三百一十二条的解释》规定,知道或者应当知道是刑法第三百四十一条第二款规定的非法狩猎的野生动物而购买的,属于刑法第三百一十二条第一款规定的明知是犯罪所得而收购的行为。依据第三百一十二条规定,明知是犯罪所得及其产生的收益而予以窝藏、转移、收购、代为销售或者以其他方法掩饰、隐瞒的,处三年以下有期徒刑、拘役或者管制,并处或者单处罚金;情节严重的,处三年以上七年以下有期徒刑,并处罚金。

7.1.8.8 非法放生野生动物的法律责任

违返《野生动物保护法》第三十八条的规定,随意放生野生动物,造成他人人身、财产损害的,依法赔偿;危害生态系统的,追究其破坏栖息地的法律责任。

违法将从境外引进的野生动物特别是非原产我国的野生动物物种放归野外,极可能对当地的生态环境造成破坏,因此要严格管控。根据《野生动物保护法》第五十四条规定,由县级以上人民政府野生动物保护主管部门责令限期捕回,处一万元以上五万元以下的罚款;逾期不捕回的,由有关野生动物保护主管部门代为捕回或者采取降低影响的措施,所需费用由被责令限期捕回者承担。情节严重的,构成非法释放外来入侵物种罪,处三年以下有期徒刑或拘役,并处或者单处罚金。

7.1.8.9 野生动物行政主管部门违法的法律责任

野生动物保护主管部门或者其他有关部门、机关不依法作出行政许可决定,发现违法行为或者接到对违法行为的举报不予查处或者不依法查处,或者有滥用职权等其他不依法履行职责的行为的,由本级人民政府或者上级人民政府有关部门、机关责令改正,对负有责任的主管人员和其他直接责任人员依法给予记过、记大过或者降级处分;造成严重后果的,给予撤职或者开除处分,其主要负责人应当引咎辞职;构成犯罪的,依法追究刑事责任。

案例解析

1.《野生动物保护法》第二十七条规定:"禁止出售、购买、利用国家重点保护野生动物及其制品。因科学研究、人工繁育、公众展示展演、文物保护或者其他特殊情况,需要出售、购买、利用国家重点保护野生动物及其制品的,应当经省、自治区、直辖市人民政府野生动物保护主管部门批准,并按照规定取得和使用专用标识,保证可追溯,但国务院对批准机关另有规定的除外。"被告人屈某等6人未经省级野生动物主管部门批准,非法收购、运输、出售野生动物死体,已构成违法。根据《刑法》第三百四十一条、《刑法修正案(十一)》第四十一条、《最高人民法院关于审理破坏野生动物资源刑事案件具体应用法律若干问题的解释》,屈某等6人的非法收购国家重点保护野生动物,构成了危害珍贵、濒危野生动物罪;同时非法收购其他野生动物,构成非法收购陆生野生动物罪。屈某非法收购、运输、出售国家一级、二级重点保护野生动物死体,价值达64.95万元,在参与的共同犯罪中起主要作用,系主犯,属犯罪情节特别严重,处十年以上有期徒刑,并处罚金或者没收财产。其余5人根据犯罪情节依法追究刑事责任。

7.2 野生植物保护法律制度

案例

2020年7月中旬,蒋某担任某项目现场施工指挥,明知山上樟树必须办理手续才能采伐,在未办理任何手续的情况下,下达指示将杉木桥村19株樟树摧毁。经野生植物专家鉴定,被毁的19株樟树为国家二级重点保护植物香樟。谢某于2020年8月25日主动投案自首,并补种了规格1.0~1.5厘米的樟树60株。

1. 砍伐国家重点保护植物应该办什么手续?
2. 该案件中,蒋某的行为是否违法?是否构成犯罪?承担什么法律责任?

7.2.1 野生植物保护概述

7.2.1.1 我国野生植物资源现状

野生植物是地球上非常宝贵的一种自然资源。我国是世界上拥有植物资源十分丰富的国家之一,据统计,我国有高等植物3万余种,约占世界高等植物种类的10%,其中木本植物8000余种。有许多物种是我国特有的和世界著名的珍贵树种,如银杏、水杉、银杉、珙桐、台湾杉、香果树等。

我国早于1950年就颁布了《关于稀有生物保护办法》,但其法制建设发展缓慢。虽然,目前我国已将65%以上的高等植物群落纳入了自然保护区的保护范围,并且建成野生植物种质资源繁育或基因保护中心400多处,千余种珍稀濒危野生植物在植物园、树木园等培育基地得到良好保护。但是,长期以来我国在开发利用野生植物资源的过程中往往忽视其环境和生态功能,追求经济效益最大化,重利用而轻保护。随着市场经济的发展,野生植物及其产品的社会需求日益加大,一些药用、观赏价值较高的植物被疯狂采挖、非法收购,国际市场非法交易活跃,导致我国野生植物资源面临着资源锐减、生境恶化、分布区萎缩等险境。据统计,列入CITES附录中原产于我国的濒危植物达1300种以上。

7.2.1.2 野生植物保护立法概况

目前我国野生植物资源保护管理的法律体系是以1996年国务院发布、自1997年1月1日施行的《野生植物保护条例》(2017年修订)为主,各种与保护野生植物有关的法律、法规和各种规范性文件、有关国际公约组成的。

《野生植物保护条例》是一部专门保护野生植物的行政法规,是我国野生植物保护的主要法律依据。其确定了国家对野生植物资源实行加强保护、积极发展、合理利用的方针。

为配合《野生植物保护条例》，1999年国务院批准公布了《国家重点保护野生植物名录》，确定了该条例的保护对象。此外，1983年颁布的《植物检疫条例》、1987年颁布的《野生药材资源保护管理条例》、1991年颁布的《进出口动植物检疫法》、1995年颁布的《植物检疫条例实施细则》均构成了野生植物保护法律体系。此外，我国还参与了部分与保护野生植物有关的国际条约如CITES等。

7.2.1.3 野生植物保护主管机构

根据《野生植物保护条例》的规定，国务院林业行政主管部门主管全国林区内野生植物和林区外珍贵野生树木的监督管理工作（本单元所称野生植物除特别注明以外，均指林业部门管辖的野生植物）；国务院农业行政主管部门主管全国其他野生植物的监督管理工作。

国务院建设行政主管部门负责城市园林、风景名胜区内野生植物的监督管理工作；国务院环境保护行政主管部门负责对全国野生植物环境保护工作的协调和监督；国务院其他有关行政主管部门依照职责分工负责有关的野生植物保护工作。

县级以上地方人民政府负责野生植物管理工作的行政主管部门及其职责，由省、自治区、直辖市人民政府根据当地具体情况规定。

7.2.2 野生植物法律法规的保护对象

《野生植物保护条例》规定保护的野生植物，是指原生地天然生长的珍贵植物和原生地天然生长，并具有重要经济、科学研究、文化价值的濒危、稀有植物。具体而言，是指植株极少、野生种群极小、分布范围窄且处于濒临绝灭的特有种；具有重要经济、文化价值的濒危种或稀有种；重要作物的野生种群和具有遗传价值的近缘种；有重要经济价值但因过度开发利用导致野外资源急剧下降、生存受到威胁或严重威胁的物种。

受保护的野生植物分为国家重点保护野生植物和地方重点保护野生植物。

7.2.2.1 国家重点保护野生植物

国家重点保护野生植物，由国务院野生植物行政主管部门商国务院环境保护、建设等有关行政主管部门制定，报国务院批准颁布。1999年8月4日国务院批准了《国家重点保护野生植物名录（第一批）》。其中国家一级保护野生植物51种，如银杉、红豆杉、银杏、红松、金钱松、珙桐、水松、水杉、苏铁等；国家二级保护野生植物203种，如水曲柳、长白松、华南五针松、翠柏、香樟、楠木、桦木、黄檗、任豆、青梅、蚬木等。

7.2.2.2 地方重点保护野生植物

地方重点保护野生植物名录由省、自治区、直辖市人民政府野生植物行政主管部门根据本地实际情况，在国家重点保护野生植物名录之外另行制定，报省、自治区、直辖市人民政府批准公布。

7.2.2.3 国际公约、协定中规定保护的野生植物

CITES附录中的野生植物也是我国法律保护的对象。若有关国际条约与《野生植物保

护条例》有不同规定的适用国际条约(但我国声明保留的条款除外)。

国际公约、协定中规定保护的野生植物,是指我国参加的双边或多边国际条约协定中规定保护的野生植物。我国的野生植物保护方面参加的国际公约和国际双边协定如《生物多样性公约》《濒危野生动植物种国际贸易公约》《国际植物保护条约》,对我国政府均有法律约束力(我国声明保留的条款除外),因此我国必须承担国际公约和双边协定中的义务。

7.2.3 野生植物及其环境保护制度

《野生植物保护条例》规定,国家保护野生植物及其生长环境,禁止任何单位和个人非法采集野生植物或者破坏其生长环境。野生植物离不开其赖以生长的环境,因此,国家不仅保护野生植物,并且保护其所生长的环境。《野生植物保护条例》规定了以下保护野生植物及其环境的制度。

7.2.3.1 自然保护区(点)制度

建立自然保护区,对促进野生植物物种的保护、科学研究、环境保护与监测、宣传教育、对外交流等都具有十分重要的意义。《野生植物保护条例》第十一条规定,在国家和地方重点保护野生植物物种的天然集中分布区域,应当依照有关法律、行政法规的规定,建立自然保护区;在其他区域,县级以上地方人民政府野生植物行政主管部门和其他有关部门可以根据实际情况建立国家和地方重点保护野生植物的保护点或者设立保护标志。

7.2.3.2 野生植物环境监测制度

环境的变化会给野生植物的生长带来不利的影响,当这种变化达到质的改变时,甚至会导致野生植物的死亡或种群灭绝。因此,要随时关注野生植物生存的环境情况。《野生植物保护条例》第十二条规定,野生植物行政主管部门及其他有关部门应当监视、监测环境对国家和地方重点保护野生植物生长的影响,并采取措施,维护和改善国家和地方重点保护野生植物的生长条件。当环境影响对国家和地方重点保护野生植物的生长造成危害时,野生植物行政主管部门应当会同其他有关部门调查并依法处理。

7.2.3.3 环境影响报告书制度

当建设项目在涉及野生植物资源及其生长环境中实施时,必然会影响到野生植物的生存。这种影响的大小,要通过建立环境影响评估制度来评价,以便采取相应的措施。《野生植物保护条例》第十三条规定,建设项目对国家重点保护野生植物和地方重点保护野生植物的生长环境产生不利影响的,建设单位提交的环境影响报告书中必须对此做出评价;环境保护部门在审批环境影响报告时应当征求野生植物行政主管部门的意见,对于野生植物行政主管部门提出的意见,应当充分予以考虑。建设项目对野生植物生长及其环境造成不利影响的,野生植物行政主管部门有权会同有关部门进行监督检查,并依法处理。

7.2.3.4 拯救野生植物制度

野生植物由于自身条件,对自然灾害如地震、火灾、洪水、严寒、干旱等无法抵御,一些分布狭窄的野生植物可能面临灭顶之灾。因此，需要采取人为措施来进行救护，避免野生植物资源特别是国家和地方重点保护野生植物资源受到严重的破坏。《野生植物保护条例》第十四条规定，野生植物行政主管部门和有关单位对生长受到威胁的国家重点保护野生植物和地方重点保护野生植物应当采取拯救措施，保护或者恢复其生长环境，必要时应当建立繁育基地、种质资源库或者采取迁地保护措施。

国家重点保护野生植物和地方重点保护野生植物受到自然灾害威胁时，野生植物行政主管部门应当采取以下拯救措施：①在职权范围内，发布行政命令和规定，动员有关单位和群众参加拯救受自然灾害威胁的野生植物；②在救护经费、物资设备上给予支持；③选派既有野生植物知识，又有培植繁育经验的专业人员参加野生植物抢救工作，提高抢救工作的效率和质量。

7.2.4 野生植物采集和经营利用制度

7.2.4.1 野生植物采集制度

《野生植物保护条例》第十六条规定，禁止采集国家一级保护野生植物。但在人类的生产生活中，因人工培育、科研教学、文化交流等活动都有可能涉及国家重点保护野生植物的采集。为加强国家重点保护野生植物保护工作，规范国家重点保护野生植物采集活动，国家林业局颁布了《国家林业局关于采集国家重点保护野生植物有关问题的通知》，要求采集(含移植、采伐)国家重点保护野生植物，必须持有《国家重点保护野生植物采集证》(以下简称《采集证》)。地方重点保护植物的采集，按地方制订的野生植物保护办法执行。大多数省份将地方重点保护植物的采集按国家二级重点保护植物进行管理。

(1) 采集证的审批部门

采集国家一级保护野生植物的，由国务院野生植物行政主管部门审批或委托省、自治区、直辖市野生植物行政主管部门审批；采集国家二级重点保护野生植物的，由省、自治区、直辖市野生植物行政主管部门审批。

(2) 采集证的行政审批程序

①申请。申请人持所需申请材料向县级野生植物主管部门提出申请，由县级野生植物部门签署意见后，逐级上报审批。采集自然保护区、城市园林或者风景名胜区内的国家重点保护野生植物的，必须先征得这些部门的管理机构同意，然后再按规定申请采集证。申领《采集证》的单位和个人需要提交《国家重点保护野生植物采集证申请表》和采集地权属情况及以下相关说明材料：有效身份证明和文件材料；采集目的及文件材料；实施采集的工作方案及采集作业办法；用于人工培育的，提交培育基地立项文件或材料，培养基地的规模、技术力量、市场预测等可行性研究报告、相关背景材料及采集作业办法；用于科学研究和文化交流等其他用途的，提交相关背景资料；因受灾或病虫害等特殊原因需要采集的，提交县级以上野生植物行政主管部门出具的现状说明材料及相关照片；因重大工程建设需要采集的，提交工程立项文件及工程实施相关背景资料；需要移植的还应当提交移植原因、移植方案及移植后管理措施说明材料，并应当优先考虑移植；采集自然保护区、城

市园林或者风景名胜区内的国家重点保护植物的，提交证明其管理机构同意采集的文件或材料。

②受理。审批部门对申请材料进行形式审查，当场或者在5个工作日内作出是否受理的决定。决定受理的，开具《受理林业行政许可申请通知书》；不予受理的，开具《不予受理林业行政许可申请通知书》；申请人的申请材料不全或不符合受理条件的，一次性告知或5个工作日内告知申请人需要补正的材料，并开具《行政许可申请补正材料通知书》。

③审查。审批部门对申请材料进行审查，若发现采集对象权属不清楚或来源不合法、采集目的不明确或不合法、没有其管理机构同意采集的文件或材料的，不得核发采集证。

④决定。审批部门自受理之日起20个工作日内作出是否予以行政许可决定，经批准可延长十日。经审查合格的，由审批部门向申请人作出准予行政许可的决定。审查不合格的，由审批部门书面通知申请人并说明理由，告知复议或者诉讼权利。

(3) 其他规定

①采集国家重点保护野生植物的单位和个人，必须按照采集证规定的种类、数量、地点、期限和方法进行采集。

②采集后的国家一级重点保护野生植物，不能用于商业性贸易。

③采伐（采挖）国家重点保护野生树木，必须依法办理林木采伐许可证，实行采伐限额管理。

④采集地县级野生植物行政主管部门应依法对采集活动进行监督检查，并将查验结果及时报告批准机关。

7.2.4.2 野生植物经营利用制度

为了加强国家重点保护野生植物保护，《野生植物保护条例》明确规定，禁止出售、收购国家一级保护野生植物。但是，人们日常的生产、生活以及制药、化工等生产部门都可能涉及野生植物的利用。为了满足实际需求，《野生植物保护条例》规定，经省、自治区、直辖市人民政府野生植物行政主管部门或者其授权的机构批准，可出售、收购国家二级保护野生植物。出售、收购国家二级保护野生植物的行政审批程序包括申请、受理等。

①申请。申请人持所需材料向所在地的县级野生植物行政主管部门提出书面申请，由县级野生植物行政主管部门审核后逐级上报至省、自治区、直辖市野生植物行政主管部门。申请人需要提交的申请材料如下：申请出售、收购野生植物的书面报告；证明申请人身份的有效文件或材料；申请出售、收购的野生植物种类（学名、中文名）、品种、数量和来源，实施目的和方案；证明野生植物合法来源的有效文件和材料。

②受理。省、自治区、直辖市野生植物行政主管部门对申请材料进行形式审查，当场或者在5个工作日内作出是否受理的决定。决定受理的，开具《受理林业行政许可申请通知书》；不予受理的，开具《不予受理林业行政许可申请通知书》；申请人的申请材料不全或不符合受理条件的，一次性告知或5个工作日内告知申请人需要补正的材料，并开具《行政许可申请补正材料通知书》。

③审查。省、自治区、直辖市野生植物行政主管部门对申请材料进行审查。需要科学论证的，由省、自治区、直辖市野生植物行政主管部门或委托单位组织听证、鉴定和专家评审等。

④决定。省、自治区、直辖市野生植物行政主管部门自受理之日起20个工作日内作出是否予以行政许可决定，经批准可延长十日。经审查合格的，由省、自治区、直辖市野生植物行政主管部门向申请人作出准予行政许可的决定；审查不合格的，由省、自治区、直辖市野生植物行政主管部门书面通知申请人并说明理由，告知复议或者诉讼权利。

7.2.4.3　利用野生植物的涉外规定

随着我国进一步对外开放，野生植物涉外活动也在不断地增多，如野外考察、参观、研究、开发、拍摄影片等。为了维护我国的利益，保持我国特有物种的优势，防止对野生植物资源造成不利影响，《野生植物保护条例》规定，外国人不得在中国境内采集或者收购国家重点保护野生植物；外国人在中国境内对国家重点保护野生植物进行野外考察的，必须向国家重点保护野生植物所在地的省、自治区、直辖市人民政府野生植物行政主管部门提出申请，经其审核后，报国务院野生植物行政主管部门或者其授权的机构批准；直接向国务院野生植物行政主管部门提出申请的，国务院野生植物行政主管部门在批准前，应当征求有关省、自治区、直辖市人民政府野生植物行政主管部门的意见。

7.2.5　违反野生植物保护法规的法律责任

7.2.5.1　非法采集国家重点保护野生植物的法律责任

未取得采集证或者未按采集证的规定，采集国家重点保护野生植物的，根据《野生植物保护条例》第二十三条规定，由野生植物行政主管部门没收所采集的野生植物和违法所得，可以并处违法所得十倍以下的罚款；有采集证的，并可吊销采集证；情节严重，构成危害国家重点保护植物罪的，由司法机关依照《刑法》第三百四十四条追究刑事责任。

根据《最高人民法院关于审理破坏森林资源刑事案件具体应用法律若干问题的解释》第二条规定，刑法第三百四十四条规定的"珍贵树木"，包括了列入国家重点野生植物名录的树木。非法采伐、毁坏珍贵树木行为具有下列情形之一的，属于"情节严重"：

①非法采伐珍贵树木二株以上或者毁坏珍贵树木致使树木死亡三株以上的。
②非法采伐珍贵树木二立方米以上的。
③为首组织、策划、指挥非法采伐或者毁坏珍贵树木的。
④其他情节严重的情形。

7.2.5.2　非法经营利用国家重点保护野生植物的法律责任

非法收购、运输、加工、出售珍贵树木或者国家重点保护的其他植物及其制品的，根据《野生植物保护条例》第二十四条和二十八条的规定，由工商行政主管部门或者野生植物行政主管部门按照职责分工没收野生植物的违法所得，可以并处违法所得十倍以下的罚款。情节严重，构成危害国家重点保护植物罪的，由司法机关依照《刑法》第三百四十四条追究刑事责任。

7.2.5.3 伪造、倒卖、转让采集证、允许进出口证明书或有关批准文件、标签的法律责任

伪造、倒卖、转让采集证、允许进出口证明书或有关批准文件、标签的，根据《野生植物保护条例》第二十六条和二十八条规定，由野生植物行政主管部门或者工商行政主管部门按照职责分工收缴、没收违法所得，可以并处五万元以下的罚款。情节严重的，构成伪造、买卖国家机关公文、证件罪，由司法机关依照《刑法》第二百八十条第一款的规定追究刑事责任。

7.2.5.4 外国人在中国境内违反野生植物保护法规的法律责任

外国人违反野生植物保护法规，在中国境内采集、收购国家重点保护野生植物，或者未经批准对国家重点保护野生植物进行野外考察的，根据《野生植物保护条例》第二十七条规定，由野生植物行政主管部门没收所采集、收购的野生植物和考察资料，可以并处5万元以下的罚款。构成犯罪的，依法追究刑事责任。

7.2.5.5 野生植物行政主管部门工作人员渎职的法律责任

根据《野生植物保护条例》第二十九条规定，野生植物行政主管部门的工作人员滥用职权、玩忽职守、徇私舞弊，构成犯罪的，依法追究刑事责任；尚不构成犯罪的，依法给予行政处分。

案例解析

1.《野生植物保护条例》第十六条规定："禁止采集国家一级保护野生植物。因科学研究、人工培育、文化交流等特殊需要，采集国家一级保护野生植物的，应当按照管理权限向国务院林业行政主管部门或者其授权的机构申请采集证；或者向采集地的省、自治区、直辖市人民政府农业行政主管部门或者其授权的机构申请采集证。采集国家二级保护野生植物的，必须经采集地的县级人民政府野生植物行政主管部门签署意见后，向省、自治区、直辖市人民政府野生植物行政主管部门或者其授权的机构申请采集证。"

2. 蒋某明知山上樟树必须办理手续才能采伐，在未办理任何手续的情况下采伐19株国家二级重点保护植物香樟，违反了《野生植物保护条例》第十六条规定，构成违法。根据《刑法》第三百四十四条和《最高人民法院关于审理破坏森林资源刑事案件具体应用法律若干问题的解释》的规定，蒋某的行为构成危害国家重点保护植物罪，情节严重。根据《刑法》第三百四十四条规定，应处三年以上七年以下有期徒刑，并处罚金。

单元7 野生动植物保护与自然保护地法律制度

7.3 野生动植物进出口法律制度

 案例

2019年4月,王某经某口岸入境时,海关人员从其携带的双肩背包内搜出疑似象牙牙冠6根和其他疑似象牙制品一批,王某未向海关申报。经鉴定,上述物品为天然亚洲象或非洲象象牙制品,合计重量为7800克,价值人民币314 676.00元。

1. 进出口野生动植物及其产品要办哪些手续?
2. 本案例中,王某的行为是否违法?是否构成犯罪?承担什么法律责任?

7.3.1 野生动植物及其产品进出口管理

受传统观念以及人们生活水平提高等因素影响,动物毛皮、中成药、药材、珍禽野味、观赏动植物等野生动植物或其产品逐渐成为人们消费的追逐热点,并在全球形成了巨大的贸易市场。巨额利润吸引了大量的不法分子,黑色贸易层出不穷,这对野生动植物资源造成了严重的破坏。为了规范全球野生动植物贸易,打击野生动植物的走私活动,世界各国纷纷制定了野生动植物进出口的管理办法。1973年,21个国家在美国华盛顿签署了《濒危野生动植物种国际贸易公约》,要求各缔约国按照CITES规定进行野生动植物进出口贸易,其精神在于用物种分级和许可证的方式,以保护野生动植物资源和达到可持续发展的目的。截至2019年,CITES公约共有183个缔约国。我国于1980年12月25日加入此公约,成为缔约国之一。

我国是世界上野生动植物种类最多的国家之一,也是进口、出口和利用野生动植物或其产品的传统大国,因此,对野生动植物及其产品进出口的管理极为重要。除野生动植物保护相关的基本法律法规外,《海关法》《对外贸易法》《刑法》中均对野生动植物及其产品进出口制订了相关条例。2004年颁布实施的《行政许可法》将野生动植物进出口证明书纳入行政许可管理范围。2006年实施的《濒危野生动植物进出口管理条例》(以下简称《濒危野生动植物进出口管理条例》),2007年发布的《进出口野生动植物种商品目录》,使我国的野生动植物进出口管理工作得到进一步规范。

7.3.1.1 野生动植物及其产品进出口工作的主管机构

根据《濒危野生动植物进出口管理条例》的规定,国务院林业、农业(渔业)主管部门(以下称国务院野生动植物主管部门),按照职责分工主管全国濒危野生动植物及其产品的进出口管理工作,并做好与履行CITES有关的工作。国务院其他有关部门依照有关法律、行政法规的规定,在各自的职责范围内负责做好相关工作。

同时,国务院在国家林业和草原局设立国家濒危物种进出口管理办公室(简称国家濒管办),作为CITES指定的管理机构;在中国科学院设立濒危物种科学委员会(简称国家濒科委），作为 CITES 指定的科学机构。国家濒管办代表中国政府履行 CITES，负责国际公约事务和野生动植物进出口相关事宜。截至 2013 年底，全国 31 个省（自治区、直辖市）全部成立省级部门间 CITES（《濒危野生动植物种国际贸易公约》）执法工作协调小组，覆盖全国的履约执法网络建成。

7.3.1.2　法律、行政法规对野生动植物及其产品进出口的规定

《野生动物保护法》第三十七规定："从境外引进野生动物物种的，应当经国务院野生动物保护主管部门批准。从境外引进列入本法第三十五条第一款名录的野生动物，还应当依法取得允许进出口证明书。海关依法实施进境检疫，凭进口批准文件或者允许进出口证明书以及检疫证明按照规定办理通关手续。从境外引进野生动物物种的，应当采取安全可靠的防范措施，防止其进入野外环境，避免对生态系统造成危害。确需将其放归野外的，按照国家有关规定执行。"

《野生植物保护条例》第二十条规定："出口国家重点保护野生植物或者进出口中国参加的国际公约所限制进出口的野生植物的，必须经进出口所在地的省、自治区、直辖市人民政府野生植物行政主管部门批准并取得国家濒危物种进出口管理机构核发的允许进出口证明书或者标签。海关凭允许进出口证明书或者标签查验放行。国务院野生植物行政主管部门应当将有关野生植物进出口的资料抄送国务院环境保护部门。禁止出口未定名的或者新发现并有重要价值的野生植物。"

《濒危野生动植物进出口管理条例》第六条规定："禁止进口或者出口公约禁止以商业贸易为目的进出口的濒危野生动植物及其产品，因科学研究、驯养繁殖、人工培育、文化交流等特殊情况，需要进口或者出口的，应当经国务院野生动植物主管部门批准；按照有关规定由国务院批准的，应当报经国务院批准。""禁止出口未定名的或者新发现并有重要价值的野生动植物及其产品以及国务院或者国务院野生动植物主管部门禁止出口的濒危野生动植物及其产品。"《濒危野生动植物进出口管理条例》第七条规定："进口或者出口公约限制进出口的濒危野生动植物及其产品，出口国务院或者国务院野生动植物主管部门限制出口的野生动植物及其产品，应当经国务院野生动植物主管部门批准。"以上规定中涉及的"公约"，是指《濒危野生动植物种国际贸易公约》。

2019 年，根据《国家林业和草原局公告》，国家林业和草原局委托各省、自治区、直辖市林业和草原主管部门实施审批野生动植物行政许可，其中，包括出口国家重点保护的或进出口国际公约限制进出口的陆生野生动物或其制品审批。

7.3.2　允许进出口证明书管理

申请人取得国务院野生动植物主管部门的进出口批准文件后，应当在批准文件规定的有效期内，向国家濒危物种进出口管理机构申请核发允许进出口证明书。允许进出口证明书，是指对纳入《进出口野生动植物种商品目录》管理范围的野生动植物及其制品实施进口许可管理，由国家濒管办及其授权办事处签发准予进出口的许可证件。

7.3.2.1 野生动植物标本进出口的具体范围

进出口，包括进口、出口、再出口和海上引进。进口，是指将野生动植物标本输入中国；出口，是指将产地属于中国的野生动植物标本输出中国；再出口，是指将原先进口的产地不属于中国的野生动植物标本再输出中国；从海上引进，是指从不属于任何国家管辖的海域中取得的野生动植物标本输入中国。标本，是指进出口野生动植物的活体、死体及其产品，以及任何可辨认的部分或衍生物。

我国野生动植物的进出口管理对象分为三类：第一类是 CITES 附录所列野生动植物或其产品；第二类是国家重点保护野生动植物及其产品；第三类国务院或国家有关主管部门规定，需要办理允许进出口证明书的野生动植物或其产品。凡列入《进出口野生动植物种商品目录》的，一律要办理允许进出口证明书。

允许进出口证明书分为 3 种：《濒危野生动植物种国际公约允许进出口证明书》（简称《公约证》）、《中华人民共和国野生动植物允许进出口证明书》（以下简称《非公约证》）、《非进出口野生动植物商品目录物种证明书》（以下简称《物种证明》）。前两者属于许可证，后者属于证明书。

进出口第一类管理对象的，须办理《公约证》（CITES 豁免的除外），如鳄鱼、蟒蛇、胡狼皮制品的进出口；进出口第二类管理对象的，须办理《非公约证》，如马鹿、梅花鹿、大壁虎等的进出口；而进出口列入《进出口野生动植物种商品目录》中除 CITES 及国家重点保护野生动植物以外的其他野生动植物及相关货物或物品，须办理《物种证明》。

7.3.2.2 允许进出口证明书的一般程序

(1) 申请

由申请人向国家濒管办申请。

(2) 受理

收到材料后进行收文登记，并进行形式审查，对材料齐全、符合法定形式的予以受理；对材料不齐全或者不符合法定形式的，在五日内出具《行政许可申请补正材料通知书》并送达申请人。申请人将材料补齐后，予以受理。

(3) 审查与决定

根据《野生动植物进出口证书管理办法》第十三条规定，对材料进行审查。国家濒管办及其办事处自收到申请之日起 20 个工作日内，对准予行政许可的，应当核发允许进出口证明书；对不予行政许可的，应当作出不予行政许可的书面决定，并说明理由，同时告知申请人享有的权利。国家濒管办及其办事处核发允许进出口证明书，需要咨询国家濒危物种进出口科学机构意见的、需要向境外相关机构核实允许进出口证明材料的，或者需要对出口的野生动植物及其产品进行实地核查的，应当在出具受理通知书中告知申请人。咨询意见、核实允许进出口证明材料和实地核查所需时间不计入核发允许进出口证明书工作日之内。

7.3.2.3 不予核发允许进出口证明书的规定

有以下情况之一的，不予核发允许进出口证明书：①申请内容不符合《中华人民共和国濒危野生动植物进出口管理条例》或者公约规定的；②申请内容与国务院野生动植物主管部门的进出口批准文件不符的；③经国家濒危物种进出口科学机构认定可能对本物种或者其他相关物种野外种群的生存造成危害的；④因申请人的原因，致使核发机关无法进行实地核查的；⑤申请人隐瞒有关情况或提供虚假材料的；⑥其他违反法律法规规定的。

7.3.2.4 允许进出口证明书的管理

①允许进出口证明书由国家濒危物种进出口管理机构按规定统一制作，统一管理。允许进出口证明书由国家濒危物种进出口管理机构核发；有效期最长不超过 180 日。

②变更允许进出口证明书收发货人名称、有效期、进出口口岸或将一份允许进出口证明书，在该证规定的种类、数量范围内拆分成多份的，可由申请变更的单位或个人在原证有效期内向有关发证机关提出申请，进行变更。遗失、损坏允许进出口证明书的，必须及时报告发证机关，说明理由，申请补发。

③物种证明损坏的，被许可人可以在物种证明有效期届满前向原发证机关提出补发的书面申请并说明理由，同时将已损坏的物种证明交回原发证机关。

④被许可人需要延续物种证明有效期的，应当在物种证明有效期届满 15 日前向原发证机关提出书面延期申请。

7.3.4 违反野生动植物进出口管理法规的法律责任

7.3.4.1 非法进出口濒危野生动植物及其产品的法律责任

根据《野生动物保护法》第五十三条的规定，非法从境外引进野生动物物种的，由县级以上人民政府野生动物保护主管部门没收所引进的野生动物，并处五万元以上二十五万元以下的罚款；未依法实施进境检疫的，依照《中华人民共和国进出境动植物检疫法》的规定处罚；构成非法引进外来入侵植物罪的，处三年以下有期徒刑或拘役，并处或者单处罚金。

非法进出口野生植物的，由海关依照《海关法》处罚；情节严重，构成非法引进外来入侵植物罪的，处三年以下有期徒刑或拘役，并处或者单处罚金。

违反野生动物或者其产品的进出境管理规定，私自携带、运输、邮寄野生动物或者其产品进出国境、边境，逃避海关监督管理，偷逃有关税费，破坏野生动物或者其产品的进出口管制和正常经济秩序，情节轻微的，根据《海关法》第八十二条规定，由海关没收非法进出口的野生动物或者其产品及违法所得，可以并处罚款。罚没的实物移交野生动植物主管部门依法处理；罚没的实物依法需要实施检疫的，经检疫合格后，予以处理；罚没的实物需要返还原出口国(地区)的，应当由野生动植物主管部门移交国家濒危物种进出口管理机构依照 CITES 规定处理。

非法进出口野生动物或者其产品，情节严重的，构成走私珍贵动物、珍贵动物制品罪的，由司法机关依照《刑法》第一百五十一条的规定，处五年以上有期徒刑，并处罚金；情节较轻的，处五年以下有期徒刑，并处罚金；情节特别严重的，处无期徒刑或者死刑，并处没收财产。单位犯走私珍贵动物、珍贵动物制品罪的，由司法机关对单位判处罚金，并对其直接负责的主管人员和其他直接责任人员，依照《刑法》第一百五十一条的规定处罚。

7.3.4.2 伪造、倒卖或者转让进出口批准文件和允许进出口证明书的法律责任

伪造、倒卖或者转让进出口批准文件或者允许进出口证明书的，根据《濒危野生动植物进出口管理条例》第二十七条规定，由野生动植物主管部门或者工商行政管理部门按照职责分工依法予以处罚；情节严重，构成犯罪的，依法追究刑事责任。

7.3.4.3 国家濒危物种进出口科学机构工作人员渎职的法律责任

根据《濒危野生动植物进出口管理条例》第二十五条规定，国家濒危物种进出口科学机构的工作人员，利用职务上的便利收取他人财物或者谋取其他利益，出具虚假意见，情节严重，构成犯罪的，依法追究刑事责任；尚不构成犯罪的，依法给予行政处分。

7.3.4.4 野生动植物主管部门、国家濒危物种进出口管理机构工作人员渎职的法律责任

根据《濒危野生动植物进出口管理条例》第二十四条规定，野生动植物主管部门、国家濒危物种进出口管理机构的工作人员，利用职务上的便利收取他人财物或者谋取其他利益，违反规定批准进出口、核发允许进出口证明书，情节严重，构成犯罪的，依法追究刑事责任；尚不构成犯罪的，依法给予行政处分。

案例解析

1. 进出口野生动植物及其产品，应由进出口单位依据具体情况，向国家濒管办申请办理《濒危野生动植物国际贸易公约允许进出口证明》（简称《公约证》）、《中华人民共和国野生动植物允许进出口证明书》（简称《非公约证》）或《非进出口野生动植物商品物种证明》（简称《物种证明》）。

2. 该案件中，王某违反《野生动物保护法》第三十七条规定、《野生植物保护条例》第二十条规定，以及《濒危野生动植物进出口管理条例》第六条和第七条规定，逃避海关监管，携带国家禁止进出口的珍贵野生动物制品入境，其行为已构成违法。根据《最高人民法院关于审理走私刑事案件具体应用法律若干问题的解释》，王某的行为构成了走私珍贵动物制品罪，情节特别严重。根据《刑法》第一百五十一条追究其刑事责任。

7.4 自然保护地法律制度

案例

2019年4月16日上午10时许，森林公安民警发现当地农民林某在某省级自然保护区

缓冲区内放牧，放养牛30头。经查，2018年6月该自然保护区晋升为国家级自然保护区。林某并非自然保护区内原有居民，自2017年12月以来，林某一直在该自然保护区放牧，管理局林政执法人员多次对林某在自然保护区内放牧、啃食踩踏植被、破坏自然保护区自然资源的行为进行劝阻、制止，但林某不听，依然在该自然保护区缓冲区内放牧。被森林公安查获后立案调查。在审理中，林某辩称，放牧起始时间在自然保护区晋升为国家级自然保护区之前，其放牧的牲畜对自然保护区资源的破坏损失目前没有法定认定标准，不适用林业行政处罚，不应处罚。最终该县森林公安以林业局的名义对林某依法作出了行政处罚。

林某的行为是否违法？该县森林公安以林业局的名义对林某处罚是否正确？

7.4.1 自然保护地概述

自然保护地，是指由政府依法划定或确认，对重要的自然生态系统、自然遗迹、自然景观及其所承载的自然资源、生态功能和文化价值实施长期保护的陆域或海域。我国经过几十多年的努力，已建成了包括自然保护区、森林公园、地质公园、海洋公园、湿地公园等在内的各类自然保护地1.18万个，占国土陆域面积的18%，领海面积的4.6%。在保护生物多样性、保存自然遗产、改善生态环境质量和维护国家生态安全方面发挥了重要作用，但仍然存在重叠设置、多头管理、边界不清、权责不明、保护与发展矛盾突出等问题。2017年党的十九大报告提出要"建立以国家公园为主体的自然保护地体系"，启动了自然保护地领域的重大改革。为加快建立以国家公园为主体的自然保护地体系，提供高质量生态产品，推进美丽中国建设，2019年6月中共中央办公厅、国务院办公厅印发了《关于建立以国家公园为主体的自然保护地体系的指导意见》，提出国家公园及各类自然保护地总体布局和发展规划。

按照自然生态系统原真性、整体性、系统性及其内在规律，依据管理目标与效能并借鉴国际经验，将自然保护地按生态价值和保护强度高低依次分为3类。

①国家公园。是指以保护具有国家代表性的自然生态系统为主要目的，实现自然资源科学保护和合理利用的特定陆域或海域，是我国自然生态系统中最重要、自然景观最独特、自然遗产最精华、生物多样性最富集的部分，保护范围大，生态过程完整，具有全球价值、国家象征，国民认同度高。

②自然保护区。是指保护典型的自然生态系统、珍稀濒危野生动植物种的天然集中分布区、有特殊意义的自然遗迹的区域。具有较大面积，确保主要保护对象安全，维持和恢复珍稀濒危野生动植物种群数量及赖以生存的栖息环境。

③自然公园。是指保护重要的自然生态系统、自然遗迹和自然景观，具有生态、观赏、文化和科学价值，可持续利用的区域。确保森林、海洋、湿地、水域、冰川、草原、生物等珍贵自然资源，以及所承载的景观、地质地貌和文化多样性得到有效保护。包括森林公园、地质公园、海洋公园、湿地公园等各类自然公园。

目前，全国共有10处国家公园体制试点，分别是三江源国家公园、东北虎豹国家公园、大熊猫国家公园、祁连山国家公园、海角热带雨林国家公园、神农架国家公园、武夷山国家公园、钱江源国家公园、南山国家公园、普达措国家公园，涉及12个省份，总面积超过 22 万平方千米。

自然保护地法制建设也不断完善中。相关的法律法规有：1994 年发布的《自然保护区条例》(2017 年修订)、2006 年公布的《风景名胜区条例》(2016 年修订)、1994 年发布的《森林公园管理办法》(2016 年修订)、1985 年发布的《森林和野生动物类型自然保护区管理办法》、2005 年发布的《国家级森林公园设立、撤销、合并、改变经营范围或者变更隶属关系审批管理办法》、2011 年发布的《国家级森林公园管理办法》、2013 年公布的《湿地保护管理规定》等等。国家正加快推进自然保护地相关法律法规和制度建设，完善法律法规体系。

7.4.2 自然保护区法律制度

7.4.2.1 自然保护区的概念和类型

(1) 自然保护区的概念

自然保护区是指对有代表性的自然生态系统、珍稀濒危野生动植物种的天然集中分布、有特殊意义的自然遗迹等保护对象所在的陆地、陆地水体或者海域，依法划出一定面积予以特殊保护和管理的区域。

(2) 自然保护区的类型

按照自然保护区的保护对象和主要功能分类，可以把自然保护区分为三大系列、九种类型。

①生态系统自然保护区系列。是指主要保护具有代表性的生态系统的自然保护区，包括保护植被生态系统的森林、草原与草甸、荒漠三类自然保护区和保护水体生态系统的内陆湿地与水域、海洋与海岸两类自然保护区，如内蒙古大青山自然保护区、内蒙古锡林郭勒草原自然保护区、新疆塔里木胡杨自然保护区、广东湛江红树林自然保护区。

②野生生物自然保护区系列。是指主要保护对象为珍稀濒危野生生物天然集中颁布区的自然保护区，包括以保护某些珍贵野生动物资源为主和保护某些珍稀植物为主的自然保护区，前者如四川卧龙自然保护区(以保护大熊猫为主)、上海长江口中华鲟自然保护区(以保护中华鲟为主)，后者如广西雅长兰科植物自然保护区(以保护兰科植物为主)。

③自然遗迹自然保护区系列。是指以特殊意义的地质遗迹和古生物遗迹等作为主要保护对象的一类自然保护区，包括地质遗迹类型自然保护区和古生物遗迹类型自然保护区，前者是指以特殊地质构造、地质剖面、奇特地质景观、珍稀矿物、奇泉、瀑布、地质灾害遗迹等作为主要保护对象的自然保护区，如黑龙江五大连池自然保护区，后者是指以古人类、古生物化石产地和活动遗迹作为主要保护对象的自然保护区，如湖北青龙山恐龙蛋化石群自然保护区。

7.4.2.2 自然保护区的作用

(1) 保护生态环境和生态系统，为人类提供天然的、完整的自然生态系统

现今世界上各种自然生态系统和各种自然地带的自然景观正在迅速地遭到人类的干扰

和破坏。人类对森林无限制的采伐，草原的开垦，荒漠的过度放牧，热带的农业开发，城市不断扩大以及大工程的建设，使得许多地区生态平衡失调，甚至有些地区的自然面貌已无法辨认。生态环境的恶化使得越来越多的物种濒临灭绝。然保护区保存了较为完整的天然植被及其组成部分的生态系统。同时，自然保护区是野生动植物资源最丰富的区域，是天然的野生动植物基因库，通过保护自然保护区内生物的多样性，有效保护了珍贵、濒危野生动植物资源，对维护生态平衡、优化生态环境发挥了重要的作用。

(2) 促进人与自然的和谐，满足人民群众日益增长的物质和文化需要

一方面，通过建立自然保护区，珍稀、濒危野生动植物资源不仅得到了良好的保护，为进一步培育、扩大资源，保障国民经济发展的需求奠定了基础；同时，自然保护区还是科学研究的天然实验室，随着现代科学技术的发展，通过自然保护区，人类加大了对野生动植物资源的研究开发，这对生命科学和生物技术发展和新资源、新能源、新材料的发展，都具有极高的战略价值；另一方面，自然保护区还是宣传自然知识自然保护宣传教育的博物馆和自然讲坛，同时，自然保护区还是人们游览、休憩的场所。可以说，自然保护区已成为开展生态环境教育，宣传人与自然和谐相处、共同发展理念，普及自然科学的重要阵地，一些自然保护区还成了全国乃至世界著名的生态旅游胜地。

(3) 促进了自然资源和生态环境保护的国际合作与交流

不同国家建立的自然保护区在地理上或生物学上是相互联系的，许多迁徙物种在跨国保护区或者相邻保护区互相往返。为了保护和管理迁徙物种，需要国与国之间或国际之间的共同保护和联合行动。同时有关自然保护区科学研究进展的信息数据也需要通过国际间的合作交流来共享成果。中国政府历来十分重视自然生态环境保护的国际合作，1980年签署了《濒危野生动植物种国际贸易公约》，作为世界上生物多样性最丰富的国家之一，在1992年联合国环发大会上签署《生物多样性公约》（以下简称《公约》），并于1993年初批准《公约》，成为世界率先加入《公约》的少数几个国家之一。中国政府对《公约》的履行采取了认真的态度，不仅积极参与了联合国环境规划署（UNEP）组织的各种《公约》后续行动和出席《公约》缔约国大会，还在国内组织和实施了一系列的履行《公约》的行动和措施，认真履行了对《公约》义务的承诺，为保护生物物种和履行国际义务作出了贡献。

7.4.2.3　我国自然保护区事业和自然保护区法制建设概况

(1) 我国自然保护区事业发展状况

1956年，我国建立了第一个自然保护区（广东鼎湖山国家级自然保护区），由此开创了我国自然保护区建设的新纪元。1978年以后，随着我国改革开放和社会主义现代化建设的大规模展开，我国的自然保护区事业获得了新的生命力，开始了蓬勃发展的新阶段。20世纪70年代末以来，自然保护区事业进入了快速发展阶段。经过30多年的发展，根据环境保护部2014年6月5日发布的《2013年中国环境状况公报》，截至2019年9月底，全国共建立各种类型、不同级别的自然保护区2750个，总面积约147万平方千米，占全国陆地面积的15%。其中，国家级自然保护区474个，总面积占我国陆地面积的10.13%。自然保护区涵盖了陆地及海洋生态系统、野生动植种类、高等植物群落、天然湿地、重点保护野生动物的栖息地和重点保护野生植物的生长地，已经形成了类型齐全、布局较为合理、功能比较齐全的自然保护区网络。从2001年起，国家六大林业重点工程之一的全国野生动植物保护及自然保护区建设工程开始实施，中央政府对自然保护区投入大量资金。野生动植物保护及自然保护区建设工程是一个面向未来，着眼长远，具有多项战略意义的生态保护工程，主要解决基因保存、生物多样性保护、自然保护、湿地保护等问题。工程的实施，大大恢复和改善野生动植物的栖息环境，使我国大部分野生动植物得到更好的保护，促进生态系统的良性循环及人与自然的和谐共处、发展，为建设美丽中国发挥战略性的作用。

（2）我国自然保护区法制建设概况

自然保护区法制制度是我国法律制度的重要组成部分，是自然保护区建设事业的重要保障。与自然保护区事业的发展历程相适应，我国的自然保护区法制建设也经历了一个起步、发展、完善的过程。1956年10月，林业部制定了《关于天然林禁伐区（自然保护区）划定方案》，此后，我国开始陆续建立了一些自然保护区。1975年国务院有关文件规定："在珍贵动物主要栖息繁殖地区，要划为自然保护区，加强保护区的建设"。党的十一届三中全会以后，我国的自然保护区法制建设工作进入了一个新阶段。1979年第五届全国人大常委会第六次会议通过的《中华人民共和国森林法（试行）》规定："应当在珍贵、稀有动物和植物生长繁殖地区，划定自然保护区，建立机构，加强保护管理，开展科学研究"，这是我国在法律中第一次使用"自然保护区"的名称。

1984年第六届全国人大常委会第七次会议通过的《森林法》第二十四条规定："国务院林业主管部门和省、自治区、直辖市人民政府，应当在不同自然地带的典型森林生态地区、珍贵动物和植物生长繁殖的林区、天然热带雨林区和具有保护价值的其他天然林区划定自然保护区，加强保护管理。自然保护区的管理办法，由国务院林业主管部门制定，报国务院批准施行"。1988年第七届全国人大常委会第四次会议通过的《野生动物保护法》规定："国务院野生动物行政主管部门和省、自治区、直辖市政府，应当在国家和地方重点保护野生动物的主要生息繁衍的地区和水域，划定自然保护区，加强对国家和地方重点保护野生动物及其生存环境的保护管理"。上述法律规定为自然保护区的法制建设奠定了基础。

根据《森林法》的有关规定，经国务院批准，1985年7月6日，林业部颁布了《森林和野生动物类型自然保护区管理办法》，它主要适用于森林和野生动物类型自然保护区。

1994年，国务院制定颁布了《自然保护区条例》（2017年修订），这是一部关于自然保护区的综合性行政法规。

2017年9月中共中央办公厅、国务院办公厅印发的《建立国家公园体制总体方案》；2019年6月中共中央办公厅、国务院办公厅印发的《关于建立以国家公园为主体的自然保护地体系的指导意见》，是我国自然保护地未来建设的依据。

此外，我国政府加入的有关国际条约或组织如《生物多样性公约》《濒危野生动植物国际贸易公约》《保护野生动物中迁徙物种公约》《关于作为水禽栖息地的国际重要湿地公约》《保护世界文化和自然遗产公约》等也是我国自然保护区法律保护制度的重要组成部分，其中关于自然保护区的规定对我国政府及单位和个人均有法律约束力。

7.4.2.4 自然保护区的设立

(1) 自然保护区设立的条件

根据《自然保护区条例》，凡具有下列条件之一的，应当建立自然保护区。

① 典型的自然地理区域、有代表性的自然生态系统区域以及已经遭受破坏但经保护能够恢复的同类自然生态系统区域。

② 珍稀、濒危野生动植物物种的天然集中颁布区域。

③ 具有特殊保护价值的海域、海岸、岛屿、湿地、内陆水域、森林草原和荒漠。

④ 具有重大科学文化价值的地质构造、著名溶洞、化石分布区、冰川、火山、温泉等自然遗。

⑤ 经国务院或者省、自治区、直辖市人民政府批准，需要予以特殊保护的其他自然区域。

(2) 森林和野生动物类型自然保护区设立的条件

根据《森林和野生动物类型自然保护区管理办法》，具有下列条件之一的，可以建立然保护区。

① 不同自然地带的典型森林生态系统的地区。

② 珍贵稀有或者有特殊保护价值的动植物种的主要生存繁殖地区。包括：国家重点保护动物的主要栖息、繁殖地区，候鸟的主要繁殖地、越冬地和停歇地，珍贵树种和特有价值的植物原生地，野生生物模式标本的集中产地。

③ 其他有特殊保护价值的林区。建立自然保护区要注意保护对象的完整性和适度性，考虑当地经济建设和群众生产生活的需要，尽可能避开群众的土地、山林；确实不能避开的，应当严格控制范围，并根据国家有关规定，合理解决群众的生产生活问题。

(3) 自然保护区的类型和设立程序

自然保护区分为国家级自然保护区和地方级自然保护区。

① 国家级自然保护区。

- 国家级自然保护区含义：在国内外有典型意义、在科学上有重大国际影响或者有特殊科学研究价值的自然保护区列为国家级自然保护区。
- 国家级自然保护区的设立程序：由自然保护区所在的省、自治区、直辖市人民政府或者国务院有关自然保护区行政主管部门提出申请，经国家级自然保护区评审委员会评审后，由国务院自然保护区行政主管部门审批建议，报国务院批准。

② 地方级自然保护。

- 地方级自然保护区含义：除国家级自然保护区外，其他具有典型意义或者重要科学研究价值的自然保护区列为地方级自然保护区。
- 地方级自然保护区的建立程序：由自然保护区所在的县、自治县、市、自治州人民政府或者省、自治区、直辖市人民政府有关自然保护区行政主管部门提出申请，经地方级自然保护区评审委员会评审后，由省、自治区、直辖市人民政府环境保护行政主管部门进行协调并提出审批建议，报省、自治区、直辖市人民政府批准，并报国务院自然保护区行政主管部门备案。

跨两个以上行政区域的自然保护区的建立，由有关行政区域的人民政府协商一致后，按前述程序报请审批。建立海上自然保护区，必须经国务院批准。

7.4.2.5 自然保护区的管理

(1) 自然保护区的管理机构

国家林业和草原局(国家公园管理局)，负责监督管理各类自然保护地。根据《自然保护区条例》的规定，自然保护区行政主管部门应当在自然保护区内设立专门的管理机构，配备专业技术人员，负责自然保护区的具体管理工作。自然保护区所在地的公安机关，可以根据需要在自然保护区设置公安派出机构，维护自然保护区内的治安秩序。

根据《森林和野生动物类型自然保护区管理办法》的规定，根据国家规定和需要，可以在自然保护区设立公安机构或者公安特派员，行政上受自然保护区管理机构领导，业务上受上级公安机关领导。自然保护区公安机构的主要任务是：保护自然保护区的自然资源和国家财产，维护当地社会治安，依法查处破坏自然保护区的案件。

自然保护区的管理性质　自然保护区的管理机构属于事业单位，其人员编制、基建投资、事业经费等，经有关主管部门批准后，分别纳入国家和地方的计划，由自然保护区主管部门统一安排。管理自然保护区所需经费，由自然保护区所在地的县级以上人民政府安排，国家对国家级自然保护区的管理，给予适当的资金补助。

自然保护区管理机构的主要职责　贯彻执行国家有关自然保护的法律、法规和方针、政策；制定自然保护区的各项管理制度，统一管理自然保护区；调查自然资源并建立档案，组织环境监测，保护自然保护区内的自然环境和自然资源；组织或者协助有关部门开展自然保护区的科学研究工作；进行自然保护的宣传教育；在不影响保护自然保护区的自然环境和自然资源的前提下；组织开展参观、旅游等活动，带动和帮助当地居民因地因地制宜地开展多种经营。

对自然保护区的监督检查　县级以上人民政府环境保护行政主管部门有权对本行政区域内各类自然保护区的管理进行监督检查，县级以上人民政府有关自然保护区行政主管部门有权对其主管的自然保护区的管理进行监督检查。被检查的单位应当如实反映情况，提供必要的资料，检查者应当为被检查的单位保守技术秘密和业务秘密。

(2) 自然保护区的区划管理

自然保护区的区划管理，是指在自然保护区内规划道路、科研基地、防护设施和旅游点等的管理，以及将自然保护区按其功能和作用的不同划分为若干个部分，对每个部分实行的管理。根据《自然保护区条例》的规定，自然保护区可以划分为核心区、缓冲区和实验区，对自然保护区的区划管理主要表现为对这三个区域实行不同的管理。

①核心区。核心区是自然保护区内保存完好的天然状态的生态系统以及珍稀、濒危动植物的集中分布地，是最能代表自然保护区的保护对象的部分。根据《自然保护区条例》的规定，禁止任何人进入自然保护区的核心区，因科学研究的需要，必须进入核心区从事科学研究观测、调查活动的，应当事先向自然保护区管理机构提交申请和活动计划，并经省级以上人民政府有关自然保护区行政主管部门批准；其中，进入国家级自然保护区核心区的，必须经国务院有关自然保护区行政主管部门批准。

自然保护区核心区内原有居民确有必要迁出的，由自然保护区所在地的地方人民政府予以妥善安置。

②缓冲区。指自然保护区内位于核心区之外、外围区之内且具有一定面积的区域。在该区内只准从事科学研究活动，禁止开展旅游和生产经营活动。禁止在自然保护区的缓冲区开展旅游和生产经营活动。因教学科研的目的，需要进入自然保护区的缓冲区从事非破坏性的科学研究、教学实习和标本采集活动的，应当事先向自然保护区管理机构提交申请和活动计划，经自然保护区管理机构批准后方可进行，并且应当将其活动成果的副本提交自然保护区的管理机构。

③实验区。是指在缓冲区外划定的区域。在实验区内，可以从事科学试验、教学实习、参观考察、旅游以及驯化、繁殖珍稀、濒危野生动植物等活动。原批准建立自然保护区的人民政府认为必要时，可以在自然保护区的外围划定一定面积的外围保护地带。在国家级自然保护区的实验区开展参观、旅游活动的，由自然保护区管理机构提出方案，经省、自治区、直辖市人民政府有关自然保护区行政主管部门审核后，报国务院有关自然保护区行政主管部门批准；在地方级自然保护区的实验区开展参观、旅游活动的，由自然保护区管理机构提出方案，经省、自治区、直辖市人民政府有关自然保护区行政主管部门批准。在自然保护区组织参观、旅游活动的，必须按照批准的方案进行，并加强管理；进入自然保护区参观、旅游的单位和个人，应当服从自然保护区管理机构的管理。严禁开设与自然保护区保护方向不一致的参观、旅游项目。经批准进入自然保护区的，应当按照有关规定交纳保护管理费。

7.4.2.6　自然保护区中生产、活动的有关规定

(1) 在自然保护区内禁止破坏自然资源活动的规定

自然保护区是为了保护自然资源，特别是为了保护珍稀生物资源和具有代表性的自然环境，国家划出了一定的保护区域。建立自然保护区是生态文明建设的一个重要举措，严格保护自然保护区中的一草一木，严禁破坏。《自然保护区条例》第二十六条规定，"禁止在自然保护区内进行砍伐、放牧、狩猎、捕捞、采药、开垦、烧荒、开矿、采石、挖沙等活动；但是，法律、行政法规另有规定的除外。"

(2) 对自然保护区内有关生产设施的规定

在自然保护区的核心区和缓冲区内，不得建设任何生产设施。在自然保护区的实验区内，不得建设污染环境、破坏资源或者景观的生产设施；建设其他项目，其污染物排放不得超过国家和地方规定的污染物排放标准。在自然保护区的实验区内已经建成的设施，其污染物排放超过国家和地方规定的排放标准的，应当限期治理；造成损害的，必须采取补救措施。

根据《国务院关于取消和下放一批行政许可事项的决定》规定，取消在国家级自然保护区建立机构和修筑设施初审，要求国家林草局严格实施"在国家级自然保护区建立机构和修筑设施审批"，推动实现网上办理，方便企业办事。国家林业和草原局派出机构、省级林草部门、国家级自然保护区管理机构加大抽查、巡查力度，畅通投诉举报渠道，发现违法违规行为要依法查处并向社会公开结果。

在自然保护区的外围保护地带建设的项目，不得损害自然保护区内的环境质量；已造成损害的，应当限期治理。限期治理决定由法律、法规规定的机关作出，被限期治理的企业事业单位必须按期完成治理任务。

(3) 经批准可以在自然保护区的实验区开展参观、旅游项目的规定

在国家级自然保护区的实验区开展参观旅游项目的，由自然保护区管理机构提出方案，经省、自治区、直辖市人民政府有关自然保护区行政主管部门审核后，报国务院有关自然保护区行政主管部门批准。在地方级自然保护区的实验区开展参观、旅游活动的，由自然保护区管理机构提出方案，经省、自治区、直辖市人民政府有关自然保护区行政主管部门批准。禁止开设与自然保护区保护方向不一致的参观、旅游项目。

在自然保护区组织参观、旅游活动的，必须按照批准的方案进行，并加强管理；进入自然保护区参观、旅游的单位和个人，应当服从自然保护区管理机构的管理。

(4) 外国人进入自然保护区，加强管理

根据《国务院关于取消和下放一批行政许可事项的决定》规定，取消了外国人进入国家级环境保护自然保护区、国家级海洋自然保护、国家级渔业自然保护区审批。取消许可后，林草部门要加强对国家级自然保护区的日常监管，指导国家级自然保护区管理机构对进入保护区的外国人加强管理。发现违法违规行为要依法查处并向社会公开结果，发现涉嫌犯罪活动要及时移交有关机关处理。同时要严格实施猎捕野生动物、采伐或采集野生植物、出口野生动植物及其产品等方面的许可管理，防止资源流失。

7.4.2.7 加强对自然保护区的社区共管工作

自然保护区管理机构要积极争取当好政府对保护区各项工作的支持，共同成立自然保护区联合保护委员会，开展自然保护区联保联防工作。自然保护区管理机构要帮助和教育保护区内的单位和个人遵守自然保护区的有关规定。

有条件的自然保护区管理机构在不破坏自然资源的前提下，要积极帮助当地社区发展经济，为群众提供致富信息，开展技术培训，指导当地居民从事种植、养殖业等，增加当地居民收入，从而调动和吸引群众参与自然保护区的管理工作，为自然保护区的保护、发展和建设创造良好的社会环境。

7.4.2.8 违反自然保护区管理法规的法律责任

(1) 违反自然保护区管理规定的法律责任

违反规定，有下列行为之一的单位和个人，根据《自然保护区条例》第三十四条规定，由自然保护区管理机构责令其改正，并可以根据不同情节处以一百元以上五千元以下的罚款：擅自移动或者破坏自然保护区界标的；未经批准进入自然保护区或者在自然保护区内不服从管理机构管理的；经批准在自然保护区的缓冲区内从事科学研究、教学实习和标本采集的单位和个人，不向自然保护区管理机构提交活动成果副本的。

(2) 在自然保护区进行砍伐、放牧、狩猎、捕捞、采药等活动的法律责任

违反规定，在自然保护区进行砍伐、放牧、狩猎、捕捞、采药、开垦、烧荒、开矿、采石、挖沙等活动的单位和个人，根据《自然保护区条例》第三十五条规定，除可以依照有关法律、行政法规规定给予处罚的以外，由县级以上林业主管部门或者其授权的自然保护区管理机构没收违法所得，责令停止违法行为，限期恢复原状或者采取其他补救措施；对自然保护区造成破坏的，可以处以三百元以上一万元以下的罚款。造成严重或者有其他恶劣情节的，情节严重，构成破坏自然保护地罪的，依照《刑法》第三百四十二条之一追究刑事责任，处五年以下有期徒刑或者拘役，并处或者单处罚金。

(3) 给自然保护区造成损失的法律责任

违反规定，给自然保护区造成损失的，根据《自然保护区条例》第三十八条规定，由县级以上林业主管部门责令赔偿损失。

(4) 妨碍自然保护区管理人员执行公务的法律责任

妨碍自然保护区管理人员执行公务的，根据《自然保护区条例》第三十九条规定，由公安机关依照《治安管理处罚法》的规定给予处罚；情节严重，构成犯罪的，依法追究刑事责任。

(5) 造成自然保护区重大污染或者破坏事故的法律责任

根据《自然保护区条例》第四十条规定，违反规定，造成自然保护区重大污染或者破坏事故，导致公私财产重大损失或者人身伤亡的严重后果，构成犯罪的，对直接负责的主管人员和其他直接责任人员依法追究刑事责任。

(6) 自然保护区管理机构拒绝行政主管部门监督检查或者在被检查时弄虚作假的法律责任

自然保护区管理机构违反规定，拒绝环境保护行政主管部门或者有关自然保护区行政主管部门监督检查，或者在被检查时弄虚作假的，根据《自然保护区条例》第三十六条规定，由县级以上人民政府环境保护行政主管部门或者有关自然保护区行政主管部门给予300元以上3000元以下的罚款。

(7) 自然保护区管理机构违反规定开展参观、旅游活动的法律责任

自然保护区管理机构违反规定，有下列行为之一的，根据《自然保护区条例》第三十七条规定，由县级以上人民政府林业主管部门责令限期改正；对直接责任人员，由其所在单位或者上级机关给予行政处分：①未经批准在自然保护区开展参观、旅游活动的；②开设与自然保护区保护方向不一致的参观、旅游项目的；③不按照批准的方案开展参观、旅游活动的。

(8) 自然保护区管理机构及其主管部门工作人员渎职的法律责任

自然保护区管理机构及其主管部门工作人员玩忽职守或者进行其他违法活动，致使自然保护区资源或者财产遭受损失、破坏的，根据《自然保护区条例》第四十一条规定，视情节轻重分别给予批评教育、行政处分；构成犯罪的，依法追究刑事责任。

7.4.3 森林公园

7.4.3.1 森林公园概况

森林公园是指森林景观优美，自然景观和人文景物集中，具有一定规模，可供人们游览、休息或进行科学、文化、教育活动的场所。森林公园是我国自然保护地重要的组成部分。1982年，第一个森林公园——湖南张家界国家森林公园批准建立。截至2019年年底，已建成国家级森林公园897处。森林公园在保护森林风景资源、弘扬传播生态文化、满足公众美好生活需求、助力精准扶贫等方面发挥着重要作用，取得了显著成绩。森林公园分为国家级，省级和市、县级。

①国家级森林公园。森林景观特别优美，人文景物比较集中，观赏、科学、文化价值高，地理位置特殊，具有一定的区域代表性，旅游服务设施齐全，有较高的知名度。

②省级森林公园。森林景观优美，人文景物相对集中，观赏、科学、文化价值较高，在本行政区域内具有代表性，具备必要的旅游服务设施，有一定的知名度。

③市、县级森林公园。森林景观有特色，景点景物有一定的观赏、科学、文化价值，在当地知名度较高。

7.4.3.2 森林公园的管理机构和建立

(1) 森林公园的管理机构

国务院自然资源部主管全国森林公园工作。县级以上地方人民政府林业主管部门主管本行政区域内的森林公园工作。

在国有林业局、国有林场、国有苗圃、集体林场等单位经营范围内建立森林公园的，应当依法设立经营管理机构；但在国有林场、国有苗圃经营范围内建立森林公园的，国有林场、国有苗圃经营管理机构也是森林公园的经营管理机构，仍属事业单位。

县级以上地方人民政府林业主管部门应当在上级林业主管部门的指导和同级人民政府的领导下，加强省级森林公园和市、县级森林公园的建设和管理。

(2) 森林公园的建立

建立国家级森林公园，由省级林业主管部门提出书面申请、可行性研究报告和图表、照片等资料，报国家林业和草原局审批。国家级森林公园的总体规划设计，由森林公园经营管理机构组织具有规划设计资格的单位负责编制，报省级林业主管部门审批，并报国家林业行政主管部门备案。修改总体规划设计必须经原审批单位批准。

建立国家级森林公园，由所在地的市、县人民政府或地级市林业行政主管部门提出申请，由省林业行政主管部门审批，并将有关材料报国家林业行政主管部门备案。

建立市、县级森林公园，由所在地的市、县林业行政主管部门审批，经省林业将有关材料报国家林业行政主管部门备案。

省级森林公园和市、县级森林公园可以按照有关规定晋升为国家级森林公园。

7.4.3.3 森林公园的经营管理制度

《森林公园管理办法》第五条规定，"森林公园经营管理机构负责森林公园的规划、建设、经营和管理。"森林公园经营管理机构对依法确定其管理的森林、林木、林地、野生动植物、水域、景点景物、各类设施等，享有经营管理权，其合法权益受法律保护，任何单位和个人不得侵犯。

森林公园经营管理机构经有关部门批准可以收取门票及有关费用。在森林公园设立商业网点，必须经森林公园经营管理机构同意，并按国家和有关部门规定向森林公园经营管理机构交纳有关费用。

7.4.3.4 森林公园的保护制度

对森林公园经营开发，满足人类需求的同时，不能以牺牲生态价值为代价。《森林公园管理办法》做出了相关的保护条款。

森林公园的设施和景点建设，必须按照总体规划设计进行。在珍贵景物、重要景点和核心景区，除必要的保护和附属设施外，不得建设宾馆、招待所、疗养院和其他工程设施。

禁止在森林公园毁林开垦和毁林采石、采砂、采土以及其他毁林行为。占用、征收、征用或者转让森林公园经营范围内的林地，必须征得森林公园经营管理机构同意，并依法进行。

森林公园经营管理机构应当按规定设置防火、卫生、环保、安全等设施和标志，维护旅游秩序。

森林公园经营管理机构应当按照林业法规的规定，做好植树造林、森林防火、森林病虫害防治、林木林地和野生动植物资源保护等工作。

森林公园经营范围内的单位、居民和进入森林公园内的游人，应当保护森林公园的各项设施，遵守有关管理制度。

7.4.3.5 违法森林公园管理规定的法律责任

破坏森林公园的森林和野生动植物资源，依照《刑法》《森林法》《野生动物保护法》《野生植物保护条例》等相关法律法规追究法律责任。

7.4.4 风景名胜区

7.4.4.1 风景名胜区概况

风景名胜区，是指具有观赏、文化或者科学价值，自然景观、人文景观比较集中，环境优美，可供人们游览或者进行科学、文化活动的区域。包括具有观赏、文化或科学价值的山河、湖海、地貌、森林、动植物、化石、特殊地质、天文气象等自然景物和文物古迹，革命纪念地、历史遗址、园林、建筑、工程设施等人文景物和它们所处的环境以及风土人情等。

根据《风景名胜区条例》，风景名胜区划分为国家级风景名胜区和省级风景名胜区。

截至2019年年底，国家级风景名胜区244处，是我国自然保护的重要的组成部分。

7.4.4.2 风景名胜区的设立

设立国家级风景名胜区，由省、自治区、直辖市人民政府提出申请，国务院自然资源行政主管部门会同国务院环境保护主管部门、文物主管部门等有关部门组织论证，提出审查意见，报国务院批准公布。

设立省级风景名胜区，由县级人民政府提出申请，省、自治区人民政府自然资源行政主管部门或者直辖市人民政府风景名胜区主管部门，会同其他有关部门组织论证，提出审查意见,报省、自治区、直辖市人民政府批准公布。

7.4.4.3 风景名胜区的管理机构

风景名胜区所在地县级以上地方人民政府设置的风景名胜区管理机构,负责风景名胜区的保护、利用和统一管理工作。

国务院自然资源行政主管部门负责全国风景名胜区的监督管理工作。国务院其他有关部门按照国务院规定的职责分工,负责风景名胜区的有关监督管理工作。

省、自治区人民政府自然资源行政主管部门和直辖市人民政府风景名胜区主管部门,负责本行政区域内风景名胜区的监督管理工作。省、自治区、直辖市人民政府其他有关部门按照规定的职责分工,负责风景名胜区的有关监督管理工作。

7.4.4.4 风景名胜区的规划

为有效保护风景名胜区资源,全面发挥风景名胜区的功能和作用,服务美丽中国建设和风景名胜区的可持续化发展,必须对风景名胜区进行科学合理的规划。

依照《风景名胜区条例》《风景名胜区总体规划标准》等,分为总体规划和详细规划。风景名胜区应当自设立之日起两年内编制完成总体规划。总体规划的规划期一般为二十年。详细规划是在总体规划的基础上制定的,用于确定基础设施、旅游设施、文化设施等建设项目的选址、布局与规模,并明确建设用地范围和规划设计条件。

7.4.4.5 风景名胜区保护制度

(1) 环境保护制度

风景名胜区管理机构应当对风景名胜区内的重要景观进行调查、鉴定,并制定相应的保护措施。

在风景名胜区内禁止进行下列活动:

①开山、采石、开矿、开荒、修坟立碑等破坏景观、植被和地形地貌的活动。
②修建储存爆炸性、易燃性、放射性、毒害性、腐蚀性物品的设施。
③在景物或者设施上刻划、涂污。
④乱扔垃圾。

在风景名胜区内进行下列活动,应当经风景名胜区管理机构审核后,依照有关法律、法规的规定报有关主管部门批准:设置、张贴商业广告;举办大型游乐等活动;改变水资源、水环境自然状态的活动;其他影响生态和景观的活动。

(2) 规范建设制度

禁止违反风景名胜区规划,在风景名胜区内设立各类开发区和在核心景区内建设宾馆、招待所、培训中心、疗养院以及与风景名胜资源保护无关的其他建筑物;已经建设的,应当按照风景名胜区规划,逐步迁出。

在风景名胜区内从事相关的建设活动,应当经风景名胜区管理机构审核后,依照有关法律、法规的规定办理审批手续。在国家级风景名胜区内修建缆车、索道等重大建设工程,项目的选址方案应当报省、自治区人民政府建设主管部门和直辖市人民政府风景名胜区主管部门核准。

风景名胜区内的建设项目应当符合风景名胜区规划,并与景观相协调,不得破坏景观、污染环境、妨碍游览。在风景名胜区内进行建设活动的,建设单位、施工单位应当制定污染防治和水土保持方案,并采取有效措施,保护好周围景物、水体、林草植被、野生动物资源和地形地貌。

7.4.4.6 风景名胜区利用和管理制度

(1) 经营利用管理制度

风景名胜区管理机构应当根据风景名胜区的特点,保护民族民间传统文化,开展健康有益的游览观光和文化娱乐活动,普及历史文化和科学知识;根据风景名胜区规划,合理利用风景名胜资源,改善交通、服务设施和游览条件;应当在风景名胜区内设置风景名胜区标志和路标、安全警示等标牌。

风景名胜区内涉及自然资源保护、利用、管理和文物保护以及自然保护区管理的,应当执行国家有关法律、法规的规定。如风景名胜区内宗教活动场所的管理,依照国家有关宗教活动场所管理的规定执行。

(2) 监督制度

国务院自然资源行政主管部门应当对国家级风景名胜区的规划实施情况、资源保护状况进行监督检查和评估。对发现的问题,应当及时纠正、处理。

风景名胜区管理机构应当建立健全安全保障制度,加强安全管理,保障游览安全,并督促风景名胜区内的经营单位接受有关部门依据法律、法规进行的监督检查。禁止超过允许容量接纳游客和在没有安全保障的区域开展游览活动。

(3) 其他相关规定

进入风景名胜区的门票,由风景名胜区管理机构负责出售。门票价格依照有关价格的法律、法规的规定执行。

风景名胜区管理机构应当与经营者签订合同,依法确定各自的权利义务。经营者应当缴纳风景名胜资源有偿使用费。

风景名胜区的门票收入和风景名胜资源有偿使用费,实行收支两条线管理。

风景名胜区的门票收入和风景名胜资源有偿使用费应当专门用于风景名胜资源的保护和管理以及风景名胜区内财产的所有权人、使用权人损失的补偿。具体管理办法,由国务院财政部门、价格主管部门会同国务院建设主管部门等有关部门制定。

风景名胜区管理机构不得从事以营利为目的的经营活动,不得将规划、管理和监督等行政管理职能委托给企业或者个人行使。风景名胜区管理机构的工作人员,不得在风景名胜区内的企业兼职。

7.4.4.7 违反风景名胜区管理的法律责任

(1) 实施破坏景观、植被、地形地貌、修建危险设施等活动的法律责任

有下列行为之一的,由风景名胜区管理机构责令停止违法行为、恢复原状或者限期拆除,没收违法所得,并处五十万元以上一百万元以下的罚款:

①在风景名胜区内进行开山、采石、开矿等破坏景观、植被、地形地貌的活动的。

②在风景名胜区内修建储存爆炸性、易燃性、放射性、毒害性、腐蚀性物品的设施的。

③在核心景区内建设宾馆、招待所、培训中心、疗养院以及与风景名胜资源保护无关的其他建筑物的。

县级以上地方人民政府及其有关主管部门批准实施本条第一款规定的行为的，对直接负责的主管人员和其他直接责任人员依法给予降级或者撤职的处分；构成犯罪的，依法追究刑事责任。

(2) 未经批准修建工程的法律责任

在风景名胜区内从事禁止范围以外的建设活动，未经风景名胜区管理机构审核的，由风景名胜区管理机构责令停止建设、限期拆除，对个人处二万元以上五万元以下的罚款，对单位处二十万元以上五十万元以下的罚款。

在国家级风景名胜区内修建缆车、索道等重大建设工程，项目的选址方案未经省、自治区人民政府建设自然资源主管部门和直辖市人民政府风景名胜区主管部门核准，县级以上地方人民政府有关部门核发选址意见书的，对直接负责的主管人员和其他直接责任人员依法给予处分；构成犯罪的，依法追究刑事责任。

(3) 个人在风景名胜区内违法行为的法律责任

违反《风景名胜区条例》的规定，个人在风景名胜区内进行开荒、修坟立碑等破坏景观、植被、地形地貌的活动的，由风景名胜区管理机构责令停止违法行为、限期恢复原状或者采取其他补救措施，没收违法所得，并处一千元以上一万元以下的罚款。

在景物、设施上刻划、涂污或者在风景名胜区内乱扔垃圾的，由风景名胜区管理机构责令恢复原状或者采取其他补救措施，处五十元的罚款；刻划、涂污或者以其他方式故意损坏国家保护的文物、名胜古迹的，按照治安管理处罚法的有关规定予以处罚；构成犯罪的，依法追究刑事责任。

(4) 违反经营管理制度的法律责任

未经风景名胜区管理机构审核，在风景名胜区内进行下列活动的，由风景名胜区管理机构责令停止违法行为、限期恢复原状或者采取其他补救措施，没收违法所得，并处五万元以上十万元以下的罚款；情节严重的，并处十万元以上二十万元以下的罚款：

①设置、张贴商业广告的。

②举办大型游乐等活动的。

③改变水资源、水环境自然状态的活动的。

④其他影响生态和景观的活动。

(5) 主管部门未依法履行职责的法律责任

国务院自然资源主管部门、县级以上地方人民政府及其有关主管部门有下列行为之一的，对直接负责的主管人员和其他直接责任人员依法给予处分；构成犯罪的，依法追究刑事责任：

①违反风景名胜区规划在风景名胜区内设立各类开发区的。

②风景名胜区自设立之日起未在两年内编制完成风景名胜区总体规划的。

③选择不具有相应资质等级的单位编制风景名胜区规划的。
④风景名胜区规划批准前批准在风景名胜区内进行建设活动的。
⑤擅自修改风景名胜区规划的。
⑥不依法履行监督管理职责的其他行为。

(6) 风景名胜区管理机构未依法履行职责的法律责任

风景名胜区管理机构有下列行为之一的，由设立该风景名胜区管理机构的县级以上地方人民政府责令改正；情节严重的，对直接负责的主管人员和其他直接责任人员给予降级或者撤职的处分；构成犯罪的，依法追究刑事责任：

①超过允许容量接纳游客或者在没有安全保障的区域开展游览活动的。
②未设置风景名胜区标志和路标、安全警示等标牌的。
③从事以营利为目的的经营活动的。
④将规划、管理和监督等行政管理职能委托给企业或者个人行使的。
⑤允许风景名胜区管理机构的工作人员在风景名胜区内的企业兼职的。
⑥审核同意在风景名胜区内进行不符合风景名胜区规划的建设活动的。
⑦发现违法行为不予查处的。

案例解析

《自然保护区条例》第二十六条规定："禁止在自然保护区内进行砍伐、放牧、狩猎、捕捞、采药、开垦、烧荒、开矿、采石、挖沙等活动；但法律、行政法规另有规定的除外。"显然，林某自2017年12月以来，一直在自然保护区放牧，无视管理局林政执法人员多次对其劝阻、制止，林某在自然保护区缓冲区内放牧、啃食踩踏植被，系破坏自然保护区资源行为，构成违法。其辩称"放牧起始时间在自然保护区晋升为国家级自然保护区之前，其放牧的牲畜对自然保护区资源的破坏损失目前没有法定认定标准，不适用林业行政处罚，不应处罚"的理由，是站不住脚的。该条例第三十五条规定："在自然保护区进行砍伐、放牧、狩猎、捕捞、采药、开垦、烧荒、开矿、采石、挖沙等活动的单位和个人，除可以依照有关法律、行政法规规定给予处罚的以外，由县级以上人民政府有关自然保护区行政主管部门或者其授权的自然保护区管理机构没收违法所得，责令停止违法行为，限期恢复原状或者采取其他补救措施；对自然保护区造成破坏的，可以处以三百元以上一万元以下的罚款。"县林业局根据《自然保护区条例》第三十五条，对黄某上述处罚决定无疑是正确的。

7.5 古树名木保护制度

案例

2020年5月，某房地产公司经理杨某，与许某签订合同，内容是由许某负责替其公司的某个工地工程跑规划手续、平整场地和装修房屋。由于工地上有1株槐树和1株榆树，均为古树。许某知道手续难办，便想找别人替他出面"运作"砍古树的事。事发前，许某给李某和马某打电话让他们找人砍树，同时又出主意说要找个某地电力的牌子，将砍树的过程"演绎"得如同政府施工一般。李某于是想到了"四哥"，也就是冯某。张某和王某也受邀加入砍树团队。而此事件的策划者许某、李某等在砍树时都没有亲自上阵。事后经区园林绿化局出具情况说明，证实被砍伐的古树分别是二级古榆树和二级古槐树，均为国有林木，未砍伐前长势良好，该局未受理过相关伐移申请手续。经市林业勘察设计院鉴定被毁损的二级古榆树和二级古槐树，共计价值人民币 175 6945.32 元。庭审时，冯某、张某和王某辩称，伐树的车辆和设备不是他们找来的，他们不知道砍的是古树。

1. 什么是古树名木？
2. 古树名木是否可以砍伐？
3. 本案例中，几位涉案人员是否违法？是否构成犯罪？分别应承担什么法律责任？

7.5.1 古树名木保护概述

古树名木是国家重要的生物资源和历史文化遗产。古树名木是指在人类历史过程中保存下来的年代久远或者具有重要科研、历史、文化价值的树木。古树名木在《中国农业百科全书》中被定义为"树龄在百年以上的大树，具有历史、文化、科学或社会意义上的木本植物"。其主要树种有：柏树类、白皮松、七叶树、银杏、国槐、油松、楸树、珙桐等。根据 2000 年 9 月 1 日建设部颁布的《城市古树名木保护管理办法》及 2001 年的《全国古树名木普查建档技术规定》，古树是指树龄在 100 年以上的树木。根据树龄大小，其保护级别分为三级：500 年以上为国家一级保护古树，300~499 年为国家二级保护古树，100~299 年为国家三级保护古树。名木指在历史上或社会上有重大影响的中外历代名人、领袖人物所植或者具有极其重要的历史、文化价值、纪念意义的树木。国家级名木不受年龄限制，不分级。

伴随着我国法制建设的进程，我国目前已形成包括宪法、法律、行政法规、部门规章及地方性法规在内的多方面、立体的、多层次的关于古树名木保护的法律制度。《宪法》第九条第二款明确规定："国家保障自然资源的合理利用，保护珍贵的动物和植物。禁止任何组织或者个人利用任何手段侵占或者破坏自然资源"，是关于古树名木保护最高效力的法律规范；《森林法》第四十条规定，"国家保护古树名木和珍贵树木。禁止破坏古树名木和珍贵树木及其生存的自然环境。"《环境保护法》《野生植物保护条例》中关于古树名木保护规定，是古树名木保护法律制度的重要组成部分；《城市绿化条例》《城市古树名木保护管理办法》以及古树名木保护的地方性法规和规章是古树名木保护和管理的专门规定；《全国古树名木普查建档技术规定》是具有法律性质的技术规范，是制定古树名木具体保护措施的依据。

我国的古树名木实行统一管理、分别养护的原则。在管理体制上，实行分级分部门管理的体制，根据《城市古树名木保护管理办法》，城市人民政府、城市园林绿化部门负责本行政区域内城市古树名木的保护管理工作。为加强对散生于广大农村及林区的古树名木的保护管理，一些地方权力机关和行政机关也在立法权限的范围内制定了有关保护古树名木的地方性法规，综合这些地方性法规的规定，县级以上人民政府林业行政主管部门负责本行政区域内城市规划区以外的古树名木保护管理工作。在具体的保护管理上，古树名木实行属地保护管理，专业养护部门管理和单位、个人保护管理相结合的原则。具体而言，生长在机关、团体、学校、企业事业单位等用地范围内的，所在单位为养护责任单位；实行物业管理的，所委托的物业管理企业为养护责任单位；生长在铁路、公路、江河堤坝和水库湖渠用地范围内的，铁路、公路和水利工程管理单位为养护责任单位；生长在林业场圃、森林公园、风景名胜区、自然保护区、自然保护小区用地范围内的，该园区的管理机构为养护责任单位；生长在文物保护单位用地范围内的，该文物保护单位为养护责任单位；生长在城市公共绿地的，城市绿化管理单位为养护责任单位；生长在城镇居住小区或者居民庭院范围内的，业主委托的物业管理企业或者街道办事处为养护责任单位；生长在农村的，该村民委员会或者村民小组为养护责任单位。个人所有的古树名木，由个人负责养护。养护责任单位和个人应当加强对古树名木的日常养护，防止对古树名木的损害行为。变更古树名木养护单位或者个人，应当到相应的古树名木行政主管部门办理养护责任转移手续。

7.5.2　古树名木保护管理措施

根据我国有关古树名木保护法规的规定，对古树名木的保护管理措施主要有普查建档及备案、建立古树名木价值说明和保护标志等。

7.5.2.1　普查建档及备案

古树名木行政主管部门应当对本行政区域内的古树名木进行调查鉴定，进行统一编号、建档，实行动态管理。不同的古树名木的级别由不同的主体予以确认，并报相应的主管部门备案，以便采取不同的保护措施。

7.5.2.2　设立古树名木价值说明和保护标志

古树名木的管理部门应当在保护管理本部门古树名木的同时，设立古树名木价值说明和保护标志，一、二、三级古树名木分别由省(自治区、直辖市)、市(地、州)、县(市、区)人民政府设立保护标志，标明树名、学名、科属、树龄、价值说明等内容，划定一定的保护范围，完善相应的保护设施。

7.5.2.3　落实养护管理责任制

古树名木行政主管部门应当按古树名木的实际情况分别制定养护、管理方案，落实养护单位和责任人并进行检查指导。古树名木养护单位或者责任人，应当按照古树名木行政主管部门规定的养护管理措施实施养护管理并承担养护管理费用。

7.5.2.4　古树名木的特殊保护管理措施

(1) 受损、长势虚弱及死亡古树名木的处理

古树名木受到损害或者长势虚弱时，养护单位和个人应当立即报告古树名木行政主管部门组织治理复壮，抢救、复壮古树名木的费用，古树名木行政主管部门可适当给予补贴；对已死亡的古树名木，应当经古树名木行政主管部门确认，查明死因，明确责任并予以注销登记后方可进行处理并报有关部门备案。经古树名木行政主管部门确认死亡的古树名木具有景观价值的，可以采取相应措施处理后予以保护。

（2）建设工程影响古树名木的保护措施

新建、改建、扩建的建设工程影响古树名木生长的，建设单位必须提出避让和保护措施，制定古树名木保护方案。规划部门在办理有关手续时，要征得古树名木行政主管部门的同意并报同级人民政府批准。古树名木保护方案未经批准，建设单位不得开工建设。

（3）古树名木移植的规定

任何单位和个人不得以任何理由和方式砍伐、擅自移植古树名木。在大型工程建设或古树名木的生长状况可能对公众生命、财产安全造成危害经采取保护措施后仍无法消除危害等特殊情况下，经报古树名木行政主管部门批准后可以移植。移植单位在移植前必须制定移植方案，确保移植地点、移植方法等符合古树名木的生长要求。

7.5.3 违反古树名木保护管理法规的法律责任

7.5.3.1 砍伐、擅自迁移古树名木或者养护不善致使古树名木受到损伤或者死亡的法律责任

砍伐、擅自迁移古树名木或者养护不善致使古树名木受到损伤或者死亡的，根据《城市绿化条例》第二十七条规定，由城市园林绿化行政主管部门或者其授权的单位责令停止侵害，可以并处罚款；造成损失的，应当负赔偿责任；应当给予治安管理处罚的，依照《治安管理处罚法》的有关规定处罚；构成犯罪的，依《刑法》第三百四十四条规定，按危害国家重点保护植物罪追究刑事责任。

7.5.3.2 不按照规定的管理养护方案实施保护管理，影响古树名木正常生长的法律责任

不按照规定的管理养护方案实施保护管理，影响古树名木正常生长，或者古树名木已受损害或者衰弱，其养护管理责任单位和责任人未报告，并未采取补救措施导致古树名木死亡的，根据《城市古树名木保护管理办法》第十六条和《城市绿化条例》第二十七条的规定，由城市园林绿化行政主管部门或者其授权的单位责令停止侵害，可以并处罚款；造成损失的，应当负赔偿责任；应当给予治安管理处罚的，依照《治安管理处罚法》的有关规定处罚；构成犯罪的，依法追究刑事责任。

7.5.3.3 破坏古树名木及其标志与保护设施的法律责任

根据《城市古树名木保护管理办法》第十八条规定，破坏古树名木及其标志与保护设施，违反《治安管理处罚法》的，由公安机关给予处罚；构成犯罪的，由司法机关依法追究刑事责任。

7.5.3.4 未经批准擅自买卖、转让古树名木的法律责任

未经城市园林绿化行政主管部门审核,并报城市人民政府批准的,买卖、转让集体或者个人所有的古树名木的,根据《城市古树名木保护管理办法》第十一条、第十七条的规定,由城市园林绿化行政主管部门按照《城市绿化条例》第二十七条规定,视情节轻重予以处理。

7.5.3.5 损害城市古树名木的行为的法律责任

根据《城市古树名木保护管理办法》第十三条、第十七条的规定,有下列损害城市古树名木的行为的,由城市园林绿化行政主管部门按照《城市绿化条例》第二十七条规定,视情节轻重予以处理:①在树上刻划、张贴或者悬挂物品;②在施工等作业时借树木作为支撑物或者固定物;③攀树、折枝、挖根摘采果实种子或者剥损树枝、树干、树皮;④距树冠垂直投影5米的范围内堆放物料、挖坑取土、兴建临时设施建筑、倾倒有害污水、污物垃圾,动用明火或者排放烟气。

7.5.3.6 影响古树名木生长的建设工程不办理有关手续的法律责任

新建、改建、扩建的建设工程影响古树名木生长的,建设单位不提出避让和保护措施,并办理有关审批手续的,根据《城市古树名木保护管理办法》第十四条、第十七条的规定,由城市园林绿化行政主管部门按照《城市绿化条例》第二十七条规定,视情节轻重予以处理。

7.5.3.7 城市园林绿化行政主管部门或其工作人员渎职的法律责任

城市园林绿化行政主管部门因保护、整治措施不力,或者工作人员玩忽职守,致使古树名木损伤或者死亡的,根据《城市古树名木保护管理办法》第十九条规定,由上级主管部门对该管理部门领导给予处分;情节严重、构成犯罪的,由司法机关依法追究刑事责任。

案例解析

1. 古树名木是指在人类历史过程中保存下来的年代久远或者具有重要科研、历史、文化价值的树木。

2. 不可以。《城市古树名木保护管理办法》第十二条规定,"任何单位和个人不得以任何理由、任何方式砍伐和擅自移植古树名木。因特殊需要,确需移植二级古树名木的,应当经城市园林绿化行政主管部门和建设行政主管部门审查同意后,报省、自治区建设行政主管部门批准;移植一级古树名木的,应经省、自治区建设行政主管部门审核,报省、自治区人民政府批准。"

3. 《森林法》第四十条规定,"国家保护古树名木和珍贵树木。禁止破坏古树名木和珍贵树木及其生存的自然环境。"根据《城市古树名木保护管理办法》在大型工程建设或古树名木的生长状况可能对公众生命、财产安全造成危害经采取保护措施后仍无法消除危害等

特殊情况下，经报古树名木行政主管部门批准后可以移植。许某等人违反以上法律法规的规定，擅自砍伐二级古树，已构成违法。根据最高人民法院《关于审理破坏森林资源刑事案件具体应用法律若干问题的解释》第一条规定的"珍贵树木包括年代久远的古树名树"，第二条"非法采伐珍贵树木二株以上，或二立方米以上的等属于情节严重"的规定，许某等人已构成危害国家重点保护植物罪，情节严重。根据《刑法》第三百四十四条，追究其刑事责任。案中，许某、李某和马某没有动手砍树，但他们是案件的策划者，为主犯；冯某、张某和王某的整件事中起到辅助作用，就从犯。

复习思考题

一、名词解释

1. 国家重点保护野生动物；2. 国家"三有"动物；3. 禁猎区；4. 野生植物；5. 自然保护地；6. 森林公园；7. 风景名胜区；8. 古树名木。

二、填空题

1. CITES 是指 _____。
2. 野生动物保护的基本原则是 _____。
3. 野生动物资源属于 _____ 所有。
4. 因保护本法规定保护的野生动物，造成人员伤亡、农作物或者其他财产损失的，由当地 _____ 给予补偿。
5. 环境保护部门在审批环境影响报告书时，应依法征求 _____ 的意见，对野生动物行政主管部门的意见予以充分考虑。
6. 人工繁育国家重点保护野生动物的，应当经省、自治区、直辖市人民政府野生动物保护主管部门批准，取得 _____，但国务院对批准机关另有规定的除外。
7. 2021 年 2 月 5 日，国务院批准公布的《国家重点保护野生动物名录》中，列入的物种共计 _____ 种和 _____ 类。
8. 受保护的野生植物分为 _____ 和 _____。
9. 采集国家一级保护野生植物的，由 _____ 审批；采集国家二级保护野生植物的，由 _____ 审批。
10. 凡需要进出口列入《进出口野生动植物种商品目录》的物种或其制品的，一律要办理 _____。
11. 自然保护地按生态价值和保护强度高低分为 3 类：_____、_____、_____。
12. 自然保护区可以划分为 _____、_____ 和 _____ 3 个功能区。
13. 我国的古树名木 _____、_____ 的原则。
14. 古树是指树龄在 100 年以上的树木。根据树龄大小，其保护级别分为三级：_____ 年以上为国家一级保护古树，_____ 年为国家二级保护古树，_____ 年为国家三级保护古树。

三、简答题

1. 确有需要猎捕野生动物的，需要办理什么手续？

2. 禁止狩猎方式有哪些?
3. 李某饲养了4只红耳龟,由于工作变动,不方便携带,他是否可以放生?
4. 我国野生动植物的进出口管理对象有哪些?
5. 自然公园包括哪些类别?

四、案例分析题

1. 2018年12月,李某在自家阳台上用逮鸽子的工非法猎捕红隼一只,和王某微信联系后,以520元的价格出售。王某又与林某微信联系,将该隼以880元的价格出售,并将林某的收货地址提供给李某,由李某通过快递送达。2019年1月的一天,李某在自家阳台上又非法猎捕红隼一只,在与王某微信联系后,以480元的价格出售,并通过快递送达。同年1月22日,王某准备通过微信将该隼出售给另一买主时,被民警当场查获。
①李某、王某、林某违法了什么法律规定?是否构成犯罪?
②李某、王某、林某应承担什么法律责任?

2. 2020年4月,某市市场监管人员在李某家中查获非法购得的一批野生野生动物,泡酒用。其中山眼镜蛇48条、银环蛇63条、金环蛇55等,均为国家"三有"保护野生动物。李某辩称这些野生动物是购买的,其目的是泡药酒自用,但未能提供合法购买证明。
李某购买野生动物制品自己泡酒或食用,是否合法?

3. 李某经营了一家农家乐,2020年8月,他在其自留山上发现了3株疑似红豆杉树苗,比较珍贵,于是就将树移栽到了农家乐里。被举报后,经相关机构鉴定,3株树苗为红豆杉(国家一级保护植物)。
该案例中,李某的行为是否违法?是否构成犯罪?承担什么法律责任?

4. 2020年3月,邢某、黄某看到本村集体林地中有多株国家重点保护植物紫椴,萌生砍树加工卖钱的念头。于是两人乘晚上天黑到山上偷偷砍伐,共砍伐紫椴16株(核立木蓄积量23.0292立方米),并加工成菜墩,卖给被告人王某、高某。
本案例中,邢某、黄某、王某、高某的行为是否违法?是否构成犯罪?承担什么法律责任?

单元 8　林业行政处罚

> **学习目标**
>
> 1. 理解林业行政处罚的概念和特征、林业行政处罚的基本原则。
> 2. 掌握证据的种类，证据的收集、制作。
> 3. 掌握林业行政处罚的种类、管辖类型和涉嫌林业犯罪案件的移送。
> 4. 掌握林业行政处罚的简易程序、一般程序、听证程序和林业行政处罚案件文书的制作。

8.1　林业行政处罚基本知识

 案例

　　个体工商户江某在某林区县开办了一家建材商店，营业执照上登记的经营范围是五金、玻璃，兼营水泥和陶瓷制品。2016 年 8 月 10 日，江某准备将购进的一批木材加价出售。同月 20 日，县林业局执法人员在巡查中发现了江某店内堆放的木材。后经调查证实，收购的木材是某林场的抚育间伐材，已有部分木材被江某销售，销售得款 1300 元。在案件处理过程中，县林业局存在两种不同意见：第一种意见认为，江某的行为属于超范围经营，应移送工商行政管理部门进行处罚；第二种意见认为，江某的行为属于擅自在林区经营木材，应当由林业行政主管部门进行处罚。

　　1. 林业行政处罚的概念及特征是什么？
　　2. 本案例中，如果县林业局对江某作出罚款，工商行政管理部门是否还能对江某作出罚款的处罚？

8.1.1　林业行政处罚的概念及特征

　　林业行政处罚是指具有行政处罚权的行政主体依法对行政相对人违反林业行政管理法律法规而尚未构成犯罪的行政行为所实施的法律制裁。

(1) 主体法定性

实施林业行政处罚的主体是县级以上林业主管部门、法律、法规授权的组织以及县级以上林业主管部门依法委托的组织(如森林植物检疫机构、自然保护区管理机构等)。除此之外,其他任何单位和个人不拥有林业行政处罚权。

(2) 对象特定性

林业行政处罚的对象,是指违反了林业行政管理法规,而尚未构成犯罪的自然人、法人或者其他组织。自然人包括中国公民、外国公民和无国籍人;法人包括营利法人、非营利法人、特别法人等;其他组织包括基层群众自治组织,不具有法人资格的法人分支机构、外国组织等。

(3) 性质惩戒制裁性

林业行政处罚的性质是一种惩戒制裁性的具体行政行为。惩戒制裁性包括对管理相对人的权益予以限制(如暂扣许可证)、剥夺(如吊销许可证、没收财物等)或科以新的义务(如罚款等)。

(4) 行为要式性

实施林业行政处罚必须具备法律要求的特定形式并履行一定的法定程序才能有效。如对违反林业行政管理秩序的相对人作出处罚决定,必须制作统一格式的行政处罚决定书,处以罚款和没收财物必须使用法定部门制发的罚没票据等,否则,该处罚行为依法不成立和无效。

8.1.2 林业行政处罚的基本原则

(1) 合法性原则

一切行政处罚活动都必须有法律依据,并且严格按照法律、法规、规章等规范性文件规定的主体、权限、内容、形式和程序进行,即做到"实体合法"与"程序合法",二者同时兼备,缺一不可。

(2) 合理性原则

合理性原则是指在合法的基础上,行政主体行使行政自由裁量权必须控制在合理的限度内。实施行政处罚的形式、幅度应当与违法行为人的违法行为的事实、性质、情节及社会危害度相当,不可畸轻畸重。例如,《森林法》规定县级以上林业主管部门可以对盗伐林木者处以林木价值五至十倍的罚款,若对违法行为人的违法行为不分情节轻重,一律处以林木价值五倍或十倍的罚款,即构成行政自由裁量权的滥用。这种不区别具体案情,不考虑相关因素,一律从轻或从重处罚的做法,违背了合理性原则。

(3) 公正、公开、及时原则

公正原则要求,林业行政主体实施林业行政处罚,应当符合社会公认的公平正义观念,必须以事实为依据,以法律为准绳,不得专横行政、以权谋私或者打击报复。公开原则要求,林业行政处罚的处罚程序必须在法律规定的范围内公开进行,实行阳光下的执法,使行政处罚过程置于相对人和社会的监督之下,防止和避免执法不公和腐败行为,但涉及国家秘密、商业秘密和个人隐私的事项除外。及时原则要求，查处林业行政处罚案件必须遵守法定时限，必须在法定期限内办结，不得久拖不决。

(4) 教育与处罚相结合原则

这一原则的基本精神是：处罚少数，教育多数，教育为主，处罚为辅，区别对待。不得以行政处罚作为执法目的，而应通过行政处罚这一手段达到教育违法行为人，使人民群众知法和守法。

(5) 处罚救济原则

该原则是指公民、法人或者其他组织因实体法、程序法上的权利受到损害，有权请求法律救济。相对人获得法律救济的途径有：申请行政复议、提起行政诉讼等；其法定权利主要包括：知情权、陈述权、申辩权、要求听证权、申请行政复议权、获得行政赔偿权等。

(6) 一事不再罚的原则

对行为人的一个违法行为，同时违反了不同的法律规范，应当根据不同的法律规范分别予以处罚。但如果是罚款，则只能处罚一次；另一次处罚可以依法进行其他种类的行政处罚，如吊销许可证、责令停产停业，也可以是没收财物等，就是不能再罚款。

案例解析

1. 林业行政处罚是指具有行政处罚权的行政主体依法对行政相对人违反林业行政管理法律法规而尚未构成犯罪的行政行为所实施的法律制裁。它具有如下法律特征：①主体法定性，实施林业行政处罚的主体是县级以上林业主管部门、法律、法规授权的组织以及县级以上林业主管部门依法委托的组织（如森林植物检疫机构、自然保护区管理机构等）。②对象特定性，林业行政处罚的对象，是指违反了林业行政管理法规，而尚未构成犯罪的自然人、法人或者其他组织。自然人包括中国公民、外国公民和无国籍人；法人包括营利法人、非营利法人、特别法人等；其他组织包括基层群众自治组织，不具有法人资格的法人分支机构、外国组织等。③性质惩戒制裁性，林业行政处罚的性质是一种惩戒制裁性的具体行政行为。④行为要式性，实施林业行政处罚必须具备法律要求的特定形式并履行一定的法定程序才能有效。

2. 根据林业行政处罚的一事不再罚原则，对行为人的一个违法行为，同时违反了不同的法律规范，应当根据不同的法律规范分别予以处罚。但如果是罚款，则只能处罚一次；另一次处罚可以依法进行其他种类的行政处罚，如吊销许可证、责令停产停业，也可以是没收财物等。本案例中，县林业局对江某已经作出罚款处罚，工商行政管理部门不能对江某再作出罚款处罚。

8.2 林业行政处罚的种类

案例

2016年8月3日，某市农业局委托市畜牧兽医总站到该市某养鸡场门市部查获部分兽药,并发现其没有办理兽药经营许可证,市畜牧兽医总站随后调查了部分养殖户,并于8月11日向该养鸡场送达了"行政处罚告知书",拟对该养鸡场给予3项行政处罚:①立即停止兽药经营;②没收所查扣的兽药;③罚款5000元。并根据《行政处罚法》第三十条、第三十二条、第四十二条告知了该养鸡场享有陈述申辩和要求组织听证的权利。8月12日该养鸡场要求组织听证,并递交了书面申请。8月13日,市畜牧兽医总站答复决定不组织听证。8月23日,市畜牧兽医总站对该养鸡场作出了上述行政处罚,该养鸡场不服,提起行政诉讼。

市畜牧兽医总站能否作为行政处罚主体?市畜牧兽医总站以自己的名义作出行政处罚决定正确吗?

(1) 声誉罚

声誉罚是指行政主体对违法行为人予以谴责和告诫,使其名誉、荣誉、信誉或其精神上的利益受到一定损害的处罚措施,如警告、通报批评,一般适用于情节轻微或者实际危害程度不大的违法行为。

(2) 财产罚

财产罚是指林业行政处罚主体对违法者的财产权予以剥夺或科以财产给付义务的处罚形式。财产罚的具体形式主要有罚款、没收财物、加收滞纳金、承担相关费用等。

(3) 行为罚

也称能力罚,是指林业行政处罚主体限制或剥夺违法行为人从事某一方面活动的权利或资格的一种处罚。主要形式有责令停产停业、暂扣或吊销许可证和执照等。

(4) 人身自由罚

人身自由罚,即在一定期限内对违法行为人的人身自由进行限制或剥夺的行政处罚措施,如行政拘留。根据《治安管理处罚法》第二十一条的规定,对违反治安管理行为人有下列情形之一的,依法应当给予行政拘留处罚的,不执行行政拘留处罚:①已满14周岁不满16周岁的;②已满16周岁不满18周岁,初次违反治安管理的;③70周岁以上的;④怀孕或者哺乳自己不满1周岁婴儿的。

行政拘留又称治安拘留,它与刑事拘留、司法拘留在法律性质、法律依据、适用对象、适用目的、适用机关以及拘留期限等方面均不相同,见表8-1。

表8-1 行政拘留、刑事拘留、司法拘留的区别

区别	刑事拘留	司法拘留	行政拘留
法律性质	保障刑事诉讼顺利进行的强制措施,本身不具有惩罚性	是对妨害民事诉讼行为人采取的具有惩罚性质的措施	对违反《治安管理处罚法》的人采取的具有处罚性质的措施
法律依据	《刑事诉讼法》	《民事诉讼法》	《治安管理处罚法》《行政处罚法》等行政法规
适用对象	触犯刑法的现行犯或者重大犯罪嫌疑分子	实施了妨害民事诉讼行为的人,包括民事诉讼参与人和案外人	违反治安管理处罚法,尚未构成犯罪的违法者

单元8 林业行政处罚

（续）

区别	刑事拘留	司法拘留	行政拘留
适用目的	防止犯罪嫌疑人逃跑、自杀或者继续危害社会，保证刑事诉讼的顺利进行	保障民事诉讼的顺利进行	惩罚一般的行政违法者
适用机关	公安机关、人民检察院决定。公安机关执行	人民法院决定，司法警察执行，交公安机关有关场所看管	公安机关
拘留期限	一般案件的最长期限为十四日，对流窜作案、多次作案、结伙作案的重大嫌疑分子的最长拘留期限为三十七日	十五日以下	十五日，多个处罚合并执行不超过二十日

在一些林业法律法规中，还规定了对相对人科以某种义务，如责令限期更新造林、责令限期除治森林病虫害、责令恢复植被等法律措施。这类规定属于林业行政强制措施，而不属于林业行政处罚范畴。

案例解析

《行政处罚法》第十八条规定："行政机关依照法律、法规或者规章的规定，可以在其法定权限内委托符合本法第十九条规定条件的组织实施行政处罚。行政机关不得委托其他组织或者个人实施行政处罚。委托行政机关对受委托的组织实施行政处罚的行为应当负责监督，并对该行为的后果承担法律责任。受委托组织在委托范围内，以委托行政机关名义实施行政处罚；不得再委托其他任何组织或者个人实施行政处罚。"该法第十九条规定，受委托组织必须符合以下条件：①受委托的组织应是依法成立的管理公共事务的事业组织；②受委托组织具有熟悉有关法律、法规、规章和任务的工作人员；③受委托组织履行受委托职能需要进行检查或者技术鉴定的，应有条件组织进行相应的技术检查或者技术鉴定。

本案例中，市畜牧兽医总站属于依法成立的管理公共事务的事业组织。它在市农业局委托范围内，以委托行政机关——市农业局的名义实施行政处罚，根据《行政诉讼法》第二十五条第四款的规定，由行政机关委托的组织所作的具体行政行为，委托的行政机关是被告。所以，市畜牧兽医总站不是行政处罚主体，市农业局才是适格的行政处罚主体。市畜牧兽医总站以自己的名义作出行政处罚决定，是不符合法律规定的。

8.3 林业行政处罚管辖和移送

案例

某市一所中学为规划校园绿化，未经有关主管部门批准取得采伐许可证，即对校园内的部分树木进行更新采伐。该校所在地郊区农林局以滥伐树木为由，对该校实施罚款。该市园林局得知后，也派人对该校实施了罚款。由于市园林局罚款高于郊区农林局，中学不服市园林局的处罚，以市园林局违反一事不再罚原则重复罚款为由，向市政府申请行政复议。市法制局经复议后以市政府的名义作出复议决定：撤销郊区农林局的处罚决定，维持市园林局的处罚决定。

1. 依照《林业行政处罚程序规定》中关于地域管辖的分工，本案例依法应当由哪个部门管辖？为什么？
2. 实施林业行政处罚的条件有哪些？

8.3.1 林业行政处罚管辖

林业行政处罚的管辖，是指实施林业行政处罚的主体在查处林业行政处罚案件上的分工和权限，它是衡量处罚主体是否依职权处罚或越权处罚的标准。

（1）职能管辖

又称立案管辖，是指林业行政主体和有关组织处理行政处罚案件的权限划分。它决定行政处罚案件由林业行政机关还是由其他行政机关管辖的界线。

（2）地域管辖

地域管辖是指同级林业行政主体之间在实施行政处罚方面的地域分工。行政处罚的地域管辖主要包括一般地域管辖和共同管辖两种。

①一般地域管辖。是指根据违法行为地确定管辖权的一种管辖。根据《行政处罚法》和《林业行政处罚程序规定》第九条之规定，林业行政处罚由违法行为地的林业行政主管部门管辖，违法行为地是指违法行为人实施违法活动的地点，包括违法行为实施地和违法行为结果地。根据《林业行政处罚程序规定》第十一条之规定，违法行为人实施违法活动涉及多处地点，并且该多处地点又不在同一行政区域的，则由主要违法行为地的林业行政主管部门管辖。

②共同管辖。是指两个或两个以上行政主体依法对同一违法行为都有管辖权的情形。根据《林业行政处罚程序规定》第十一条之规定，几个同级林业行政主管部门都有管辖权的林业行政处罚案件，有最初受理的林业行政主管部门管辖。

如行为人无木材运输证运输木材由甲县到乙县销售，对于该违法行为，甲、乙两县的林业局都有管辖权。对于这类案件，一般由最初受理的林业行政主体管辖；如果由主要违法行为地的林业行政主体管辖更为适宜的，可以移送主要违法行为地的林业行政主体管辖。

（3）级别管辖

级别管辖又称层级管辖，是根据林业行政主管部门的级别确定的管辖，是划分上、下级行政机关或组织之间实施行政处罚的分工和权限。根据《林业行政处罚程序规定》第七条、第八条的规定，县级林业行政主管部门管辖本辖区内的林业行政处罚案件；地州级和省级林业行政主管部门管辖本辖区内重大、复杂的林业行政处罚案件；国务院林业行政主管部门管辖全国重大、复杂的林业行政处罚案件。

(4) 指定管辖、移送管辖和管辖权的转移

①指定管辖。是指上级行政机关以决定的方式指定下一级行政机关对某一行政处罚案件行使管辖权。根据《林业行政处罚程序规定》第十二条规定，林业行政处罚管辖权发生争议的，报请共同上一级林业行政主管部门指定管辖。执法实践中，遇有管辖权不明的，也由其共同上一级林业行政主管部门指定管辖。

②移送管辖。是指本无行政处罚管辖权的行政机关，将因故已经受理的行政案件移送给有管辖权的行政机关管辖的情形。受移送的行政机关或组织认为自己也无权管辖的，不得拒绝接收，也不得再次移送，而只能按《行政处罚法》第二十一条的规定报请共同上一级行政机关指定管辖。

③管辖权的转移。是指上级行政机关将原本属于下一级行政机关管辖的处罚案件决定由自己管辖，或者下级行政机关对自己所管辖的案件，认为需要由上一级行政机关管辖的，可报请上级行政机关管辖。

8.3.2 涉嫌林业犯罪案件的移送

林业行政主体对立案后的林业行政案件，在查处中发现或认为涉嫌犯罪的，根据《行政处罚法》第二十二条的规定，应当依法移送公安机关或司法机关依法处理，不能先作出行政处罚再移送，更不能以罚代刑。

根据国务院发布的《行政执法机关移送涉嫌犯罪案件的规定》，介绍移送具体程序。

(1) 组成专案组及提出移送报告

林业执法主体对涉嫌犯罪的案件，应当立即指定2名或者2名以上行政执法人员组成专案组专门负责。在核实情况后提出移送涉嫌犯罪案件的书面报告，并报经本机关正职负责人或者主持工作的负责人审批。

(2) 做出移送决定

林业行政执法机关的正职负责人或者主持工作的负责人，应当自接到报告之日起三日内作出批准移送或者不批准移送的决定。决定批准的，应当在24小时内向同级公安机关移送；决定不批准的，应当将不予批准的理由记录在案。

(3) 移送案件材料

林业行政执法机关向公安机关移送涉嫌犯罪案件，应当附有下列材料：①涉嫌犯罪案件移送书；②涉嫌犯罪案件情况的调查报告；③涉案物品清单；④有关检验报告或者鉴定结论；⑤其他有关涉嫌犯罪的材料。

(4) 受移送机关处理涉嫌犯罪案件

公安机关对林业行政执法机关移送的涉嫌犯罪案件，应当在涉嫌犯罪案件移送书的回执上签字。公安机关认为不属于本机关管辖的，应当在24小时内转送有管辖权的机关，并书面告知移送案件的林业行政执法机关。

(5) 移送监督

林业行政执法机关移送涉嫌犯罪案件，应当接受人民检察院和监察机关依法实施的监督。

案例解析

1.《林业行政处罚程序规定》第九条规定，林业行政处罚由违法行为地的林业行政主管部门管辖，违法行为地是指违法行为人实施违法活动的地点，包括违法行为实施地和违法行为结果地。本案例中，该校所在地郊区农林局是林业行政主管部门，根据地域管辖规定，可以对该违法行为进行管辖。

2. 根据《行政处罚法》《林业行政处罚程序规定》等有关规定，实施林业行政处罚必须同时具备以下法定条件：①实施林业行政处罚的主体资格合法，必须是县级以上林业主管部门、法律、行政法规和地方性法规授权的组织以及县级以上林业主管部门依法委托的组织。②被处罚人的具体违法事实已查证属实，一是必须有明确的违法行为人。二是认定违法行为人违法活动的证据确实充分，主要事实清楚。③法律、法规和规章规定应当给予林业行政处罚，对违法行为人实施处罚，必须有具体的法律、法规和规章的法定依据。根据《行政处罚法》的有关规定，对下列情形依法不予处罚：未满14周岁的人实施违法行为的；精神病人在不能辨认或者不能控制其行为时实施违法行为的；违法行为轻微并及时纠正，未造成危害后果的；违法行为在2年内未被发现的，但法律另有规定的除外。④属于查处的机关或组织管辖，林业行政案件的查处权，由林业行政主体的法定管辖权所决定。林业行政执法主体行使行政处罚权必须在法定的管辖范围内才有效。

8.4 林业行政处罚证据

 案例

2015年10月22日，某县森林公安分局接到报案人举报，称其承包林地上的近300株杨树被人毁坏。该局随后迅速派出两名警察开展侦查工作。经查访案发现场周围住户等证人，王某及其妻子分别证明，21日晚23时许，两人外出回家路过被害人林地东侧时，见到一个人手持镰刀正在毁坏该林地上的杨树，这个人像是同村的张某。该局随即对张某采取了刑拘措施。经对张某询问，张某拒不承认是自己所为。

一周后，张某被释放。张某被释放后的第5天，王某及其妻子到该局称，原作证中只是从远处(约50米)看像似张某，但不能肯定是张某，因夜间看不太清楚。之后，张某四处上访，控告该局非法侵犯其人身自由，要求赔偿。由于该局在侦查中未及时在案发现场提取犯罪嫌疑人的脚印和指纹等客观性证据，致使本案长期悬而未决，造成十分被动的局面。

1. 该森林公安分局在现场调取证据过程中有哪些不当之处导致证据不全？
2. 本案例涉及哪种证据种类？

8.4.1 证据的特征和种类

(1)证据的特征

林业行政处罚证据,是指林业行政主体在林业行政处罚案件程序中收集调取的,用以证明违法行为人违法事实的根据。它是用已知的证据事实来证明未知案件事实的证明方式或手段。证据具有下列特征:

①证据的客观性。证据的客观性是指作证据事实必须真实可靠,而不是主观想象、猜测的。

②证据的关联性。证据的关联性是指作为证据内容的事实与案件的待证事实之间存在法律上的联系。证据的关联性有以下三层含义:第一,证据事实与案件事实具有法律上的内在联系。执法人员在办理案件的过程中,必须尊重、发现证据与案件待证事实之间的关系,这种关联性以其能否证明法律规定的案件构成要件为基准。第二,关联性表现形式的多样性。如时间联系、空间联系、因果联系、偶然联系和必然联系、直接联系和间接联系、肯定联系和否定联系等。第三,证据事实与案件事实的关联性需要借助于执法人员法律思维的过滤和整合。运用社会经验法则、逻辑判断、逻辑推理和逻辑论证等法律方法,将自然的和社会生活中杂乱无序的事实转化为案件的法律事实。

③证据的合法性。证据的合法性有以下四层含义:第一,收集、调取证据的主体须合法;第二,收集、调取证据的程序须合法;第三,证据的形式须合法;第四,证据的内容须合法。违反法律法规的强制性规定和社会公共利益的证据不具有合法性。如根据伪造林业证件的承揽加工合同、买卖林业证件的合同所取得的收入,依法不得作为其收入合法的证据。

(2)证据种类

①物证。物证是指据以查明案件真实情况的一切物品和痕迹。物证具有客观性、不可替代性、证明作用的间接性。物证主要包括:违法犯罪使用的工具,违法犯罪遗留下来的物质痕迹,违法或犯罪行为侵犯的客体物,违法、犯罪现场留下的其他物品等。

②书证。书证是指能够根据其表达的思想和记载的内容证明案件真实情况的一切物品。书证具有较强的稳定性、内容较明确性、证明力的直接性等特点。书证包括:文字书证(如信函、合同、涂改的林业行政许可证、林业票据等),符号书证(如身份证号码、存单存折号码、电话号码等),图形书证(如林地规划图、林权证附图、森林防火区域图)等。

以书证的制作主体为标准,可将书证分为公文书证和私文书证;以书证形成的方法为标准,可将书证分为原本、正本、副本、书录本、影印本和译本等。

③证人证言。证人证言是指知道案件真实情况的人,向办案人员所做的有关案件部分或全部事实的陈述。证人证言具有内容的明确性、证明方式的直接性、较强的主观性、易变性和不稳定性等特点。

证人证言以表现形式为标准,可以分为口头证言和书面证言;以证人证言与案件或者当事人有无利害关系为标准,可以分为有利害关系的证人证言和无利害关系的证人证言。

根据法律规定，凡是知道案件情况的人，都有作证的义务。证人资格条件有：第一，证人必须是了解案件情况的人。第二，证人必须是能够辨别是非、能够正确表达意思的人。由于生理上、精神上有缺陷或者年幼等原因，以至于不能辨别是非，不能正确表达的人，不能作证，例如，盲人、聋哑人和年幼的人能够辨别是非，能正确表达的，都可以作为证人。第三，证人必须是自然人。法人和非法人组织不具有证人资格，以单位名义出具证明或者对案件有证明力的文件属于书证而非证人证言。

④当事人的陈述。当事人陈述是指当事人就案件事实向行政机关所作的叙述。具有以下特点。一是真假双重性；一方面，当事人作为案件的经历者，较之证人、鉴定人、勘验人而言，他们对案件事实了解得更为细微、全面；另一方面，作为案件的当事人，他们与案件的处理结果有着直接的利害关系，可能有完全或者部分虚假的一面。二是事后性与书证、物证、视听资料形成的时间不同，当事人陈述形成于案件立案后或诉讼过程中，因此，当事人不是在行政执政人员和审判者面前所作的陈述，即使与案件事实有关，也不构成当事人陈述。

⑤鉴定结论。鉴定结论是指鉴定人运用自己的专门知识和技能对案件中需要解决的专门性问题进行鉴定后所作出的结论性判断。鉴定结论的特点：第一，鉴定机构必须是经司法行政主管部门批准建立的非官方鉴定机构（公安机关依法设立的鉴定机构除外）；鉴定人须是合法鉴定机构中具有相关专业技术资格的人。鉴定结论作为法定证据形式之一，必须依照法律规定办理鉴定的委托或聘请手续。没有行政主体、司法机关等办案单位的委托或聘请，鉴定结论不能被采纳。第二，鉴定结论属于"科学证据"。但它与鉴定机构的权威程度、鉴定人的专业知识或技能等必备因素密切相关。第三，鉴定结论属于"意见证据"。鉴定人鉴定的对象应当是案件有关的专门问题，鉴定结论只能对涉案的某些专门性问题作出理性的分析和判断，依法不得涉及案件的法律问题。

林业执法实践中常见的鉴定有种苗品种鉴定、林木品种鉴定、假劣种子鉴定、野生动物属种鉴定、火灾等级鉴定以及林业有害生物鉴定等。

⑥勘验、检查、现场笔录。勘验是指行政执法主体、公安司法机关的有关人员，对与案件有关的现场、物品进行调查和检验的行为。行政执法主体、公安司法机关的有关人员对勘验的过程和结果所作的客观记录，就是勘验笔录。检查是指行政执法主体、公安司法机关的有关人员，基于查明案件事实的需要，而对有关人员的身体进行检验和观察的行为。现场笔录，是指行政执法主体调查案件事实的过程中，办案人员对涉案现场的位置、状况等有关事项和情形所做出的笔录。现场笔录是行政执法主体在办理行政案件中常用的法定证据形式之一，公安司法机关则不使用这种证据形式。

⑦视听资料。视听资料是指以录像、录音、电子计算机等电磁方式记录、储存的音像信息来证明案件待证事实的证据。它有如下特点：一是直观、逼真性。视听资料能生动地、直观地展现违法行为人的声音、形象、所处位置、周围事物背景等，是其他证据形式无法替代的。二是便利、高效性。视听资料的载体具有体积小，储藏信息多，方便携带、保管等特点。三是利弊双重性。视听资料的制作需要科技含量较高的专用设备和技术，在某些智能化违法犯罪中常被行为人作伪，对其检验的技术难度相对较大。

8.4.1 证据的证明力规则

证据的证明力是指不同形式证据所固有的特点和承载的信息对案件事实的证明价值和证明作用。证据的证明力规则，是指确认、调整证据的范围、资格和作用的法律规则。

(1) 非法证据排除规则

非法证据排除规则是指除非法律另有规定外，执法机关不得采纳其作为定案证据的规则。根据最高人民法院《关于行政诉讼证据若干问题的规定》(以下简称《行政证据规定》)，下列证据材料不能作为定案依据：①严重违反法定程序收集的证据材料；②以偷拍、偷录、窃听等手段获取侵害他人合法权益的证据材料；③以利诱、欺诈、胁迫、暴力等不正当手段获取侵害他人合法权益的证据材料；④当事人无正当事由超出举证期限提供的证据材料；⑤当事人无正当理由拒不提供原件、原物，又无其他证据印证，且对方当事人不予认可的证据的复制件或者复制品；⑥被当事人或者他人进行技术处理而无法辨明真伪的证据材料；⑦不能正确表达意志的证人提供的证言；⑧不具备合法性和真实性的其他证据材料等。

非法证据排除规则的设置在于监督行政执法机关依法办案，制止非法取证行为，维护程序公正和法律权威，防止和减少冤假错案的发生。

(2) 最佳证据规则

最佳证据规则是指有关物证原物、书证原件等证据材料的证明力优先认定的一项规则。物证原物、书证原件为最具证明力的证据。举证方仅提供物证复制品、书证复印件，没有其他材料可以印证，对方当事人又不予认可的，不能作为认定案件事实的根据。

(3) 证据证明力高低的确认规则

根据《行政证据规定》，证明同一事实的数个证据，其证明效力一般可以按照下列情形分别认定：①国家机关以及其他职能部门依职权制作的公文文书优于其他书证；②鉴定结论、现场笔录、勘验笔录、档案材料以及经过公证或者登记的书证优于其他书证、视听资料和证人证言；③原件、原物优于复制件、复制品；④法定鉴定部门的鉴定结论优于其他鉴定部门的鉴定结论；⑤法庭主持勘验所制作的勘验笔录优于其他部门主持勘验所制作的勘验笔录；⑥原始证据优于传来证据；⑦其他证人证言优于与当事人有亲属关系或者其他密切关系的证人提供的对该当事人有利的证言；⑧出庭作证的证人证言优于未出庭作证的证人证言；⑨数个种类不同、内容一致的证据优于一个孤立的证据。

(4) 行政案卷外证据排除规则

根据《行政证据规定》，下列证据不能作为认定被诉具体行政行为合法的证据：①行政诉讼案件的被告及其代理人在作出具体行政行为后或者在诉讼程序中自行收集的证据；②被告在行政程序中非法剥夺行政相对人依法享有的陈述、申辩或听证权利所采用的证据；③原告或第三人在诉讼程序中提供的、被告在行政程序中未作为其具体行政行为依据的证据；④复议机关在复议程序中收集、补充的证据，或者作出原具体行政行为的行政机关在复议程序中未向复议机关提交的证据。

(5) 补强证据规则

补强证据规则是指只有在具有其他证据佐证的情况下，该证据材料才能作为本案的定案根据。根据《行政证据规定》，下列证据不能单独作为定案依据：①未成年人所作的与其年龄和智力状况不相适应的证据；②与一方当事人有亲属关系或者其他密切关系的证人所作的对该当事人有利的证据，或者与一方当事人有不利关系的证人所作的对该当事人不利的证言；③应当出庭作证而无正当理由不出庭作证的证人证言；④难以识别是否经过修改的视听资料；⑤无法与原件、原物核对的复制件或者复制品；⑥经一方当事人或者他人改动，对方当事人不予认可的证据材料；⑦其他不能单独作为定案依据的证据材料。

8.4.3 证据的调查和制作

(1) 调查收集证据的原则、步骤

①调查证据的原则。调查证据应遵循以下原则：第一，客观、全面原则。客观、全面地收集证据是林业行政程序规范和三大诉讼法共同规定的调查证据的重要原则。客观性要求执法人员在调查收集证据时，应当实事求是，对现有的证据材料，不加以夸大或缩小，不能用主观想象代替客观事实，更不能弄虚作假，制造假证据。全面性要求执法机关应当调查收集可能与本案有关的证据材料，包括对当事人有利的和不利的各种证据，而不能凭个人偏见任意取舍或隐瞒。第二，合法、公正原则。证据调查必须依法进行，应严格遵守法定权限和程序。法定权限是指法律规定的执法机关职权的范围，主要表现为执法机关可以采取哪些具有强制性的调查取证措施。法定程序是执法机关调查收集证据应当遵守的步骤、时间、顺序和方式方法，严禁刑讯逼供或以威胁、引诱、欺骗、引诱等其他非法方法收集证据。第三，及时、细致原则。及时，是对调查收集证据时间方面的要求。我国三大诉讼法和有关行政法律、法规都规定了行政机关和司法机关办案的期限。这些期限实际上是最低限度的要求，执法机关应当在保障质量和遵守法定程序的情况下，尽可能缩短办案期限。细致，是指执法机关在调查收集证据时，应当培养和保持敏锐的洞察力、观察力、分析能力，不轻信现有证据材料的表面现象，更不能被假象所迷惑；应当保持耐心和信心，善于做艰苦细致的调查取证工作，不放过任何疑点。

②调查证据的步骤。调查证据主要包括以下步骤：第一，围绕案件"七何"构成要素，明确调查范围、任务。任何案件事实要素和证明对象，都有"何事、何时、何地、何情、何故、何物、何人"等七项内容，简称为"七何"。它提炼、浓缩出大多数案件证明对象的范围。何事，是指什么性质的事件；何时，指的是案件的时间特征；何地，指的是案件的空间特征；何情，是指案件在何种情况下发生的，是如何发生的，案件发生的方式和过程；何故，指的是案件发生的客观原因和主观原因；何物，是指与案件有关的是什么物体，根据这些物体与案件的关系、在案件中的地位，可将案件中的物分为标的物、使用物和关联物；何人是指案件当事人、关系人和知情人。第二，分析、判断已知证据，确定调查方向。证据调查人员在明确调查任务后，不应仓促开始调查，而应首先分析已知的证据。已知证据主要指调查人员通过某种方式(如询问报案人或委托人等)了解的一定案情，掌握的证据。根据本案具体的证明对象确定调查的方向。第三，构思、拟定调查重点、顺

序、方式提纲。证据调查人员在进行证据调查之前，应当制作一份案件证据调查提纲，即用简单扼要的形式把已知的案件情况、证据及各种设想列举出来，确定调查的重点、顺序和方式。一般来说，证据调查提纲应包括已知案情、已知证据和潜在证据三个部分。

证据调查人员在设计调查提纲时可采用两种方法：第一，事件时间顺序法。即按时间顺序来记述一系列与本案有关的事件、行为。它适用于那些时间跨度大和有关事件、行为较多的案件。第二，案件事实要素法。按照构成案件事实的七种基本要素为范围，以个案构成要件为论域来收集证据证明案件事实，以及相对方所可能主张或抗辩的实体法和程序法事实。它适用于时间跨度小而且是由单一事件或行为构成的案件。

(2) 证据的制作和收集

①笔录类证据制作。现场检查笔录的制作，应当载明时间、地点和事件等内容，并由执法人员和当事人签名。当事人拒绝签名或者不能签名的，应当注明原因。有其他人在现场的，可由其他在场的见证人签名。

制作询问笔录，应当载明被诉具体行政行为所依据的时间、地点等内容；询问、陈述、谈话类笔录，应当有行政执法人员、被询问人、陈述人、谈话人签名、按手印或者盖章，并由当事人在笔录上书写"以上笔录属实"。询问时必须两名以上调查人员进行，笔录采取一问一答形式，笔录中有关人员的陈述应采用第一人称。

②书证的收集、制作。收集书证应符合以下要求：提供书证的原件，原本、正本和副本均属于书证的原件。提供原件确有困难的，可以提供与原件核对无误的复印件、照片、节录本；提供由有关部门保管的书证原件的复制件、影印件或者抄录件的，应当注明出处，经该部门核对无误后加盖其印章；提供报表、图纸、会计账册、专业技术资料等书证的，应当附有说明材料。

③物证的收集。收集物证应符合以下要求：提供原物。提供原物确有困难的，可以提供与原物核对无误的复制件或者证明该物证的照片、录像等其他证据；原物为数量较多的种类物的，提供其中的一部分。

④视听资料的收集、制作。收集、制作视听资料应符合以下要求：提供有关资料的原始载体。提供原始载体确有困难的，可以提供复制件；注明制作方法、制作时间、制作人和证明对象等；声音资料应当附有该声音内容的文字记录。

⑤鉴定结论收集、提供。鉴定结论应当载明委托人和委托鉴定的事项、向鉴定部门提交的相关材料、鉴定的依据和使用的科学技术手段、鉴定部门和鉴定人鉴定资格的说明，并应有鉴定人的签名和鉴定部门的盖章。通过分析获得的鉴定结论，应当说明分析过程。

案例解析

本节案例中，该林业公安分局的行为有以下违法之处。

①违背了证据的客观性特征。证据具有三大特征，即客观性、关联性、合法性。证据的客观性，是指证据事实必须是伴随着案件的发生、发展的过程而遗留下来的，不以人们的主观意志为转移。它是证据最基本的因素和特征，它要求作为证明案件事实的证据，应该是对案件事实的客观反映和真实描述，因此办案人员不能把个人主观臆断、凭空猜测以

及没有正确来源的小道消息、马路新闻、道听途说等，作为真凭实据使用。

本案例中，森林公安分局的办案人员对张某实施刑拘的主要证据是王某及其妻子的证人证言。证人证言是指知道案件真实情况的人，向办案人员所作的有关案件部分或全部事实的陈述。与案件无关的内容，或者是证人的估计、猜测、想象，不能作为证据的内容。本案办案人员仅凭王某及其妻在晚上12点看见毁坏杨树的人"像是"张某的证言，在无其他相关证据印证或佐证的情况下，对其实施刑拘，显然不符合采取刑事拘留的法定条件。

②违背了证据收集的主动、及时原则。所谓主动、及时，就是指案件发生后，办案人员必须在第一时间赶赴现场，在保护好案发现场现状的情况下，运用各种取证技能立即着手收集、固定证据，快速进行深入调查，以免失去收集、固定证据的最佳时机。特别是刑事证据，如果现场遭受有意无意地破坏，与案件有关的痕迹、物品就很难被发现和提取。本案例中，该局在侦查中未及时在案发现场提取犯罪嫌疑人的脚印和指纹等客观性证据，违反了收集证据必须客观、全面、细致、及时、主动的基本原则，致使其处于十分被动的境地，教训惨痛。

最后，被森林公安分局实施刑拘的张某有权向其要求国家赔偿。根据《国家赔偿法》第十五条的规定，行使侦查、检察、审判、监狱管理职权的机关及其工作人员在行使职权时，对没有犯罪事实或者没有事实证明有犯罪重大嫌疑的人错误拘留的，受害人有取得赔偿的权利。

8.5 林业行政处罚程序

案例

2015年5月，某县林业局办公室值班人员王某接到一个匿名举报电话，称某村村民赵某及其13岁的儿子在县林场5分区盗伐大约30余株树木，县林业局值班人员对举报内容作了录音。因周日该局其他工作人员休息，王某即叫上本局值班司机刘某（未取得行政执法证）前往案发地勘察调查，且情急之中未向分管局长汇报。王某和刘某在采伐现场查明被盗伐树木新伐桩20个，随即又找到赵某对其进行询问，但未做笔录。赵某承认和其儿子（未满14周岁）盗伐县林场15株树木，藏在自家后院柴草堆中。

王某和刘某合计后，口头决定没收赵某盗伐的木材，并对赵某及其儿子没收罚款2000元。并当场对赵某称：不接受处理就移送县森林公安分局逮捕、判刑。赵某为免牢狱之灾，当场交给王某4000元罚款。王某和刘某雇车拉走了该木材，但没有出具任何手续。事后，县林业局查明赵某盗伐县林场林木计5立方米，并让林政资源机构补办了处罚的有关手续、材料，但未将该案移送公安机关。

1. 本案例中，县林业局及其工作人员在查处赵某及其儿子盗伐林木过程中，有哪些违法行为？
2. 本案依法应如何处理？

8.5.1 简易程序

(1) 简易程序及其适用条件

简易程序,又称当场处罚程序。适用简易程序必须同时具备3个条件:

①违法事实确凿。执法人员当场能够有充分的证据确认违法事实,无须进一步调查取证。

②有法定依据。对于违法行为,法律、法规或规章明确规定了有关处罚内容,执法人员当场可以指出具体的法律、法规或规章依据。

③处罚程度较轻。该程序仅限于警告和罚款这两种处罚形式,并且罚款幅度限定在对个人处五十元以下,对法人或组织处一千元以下。

(2) 适用简易程序的步骤、内容

①表明执法身份。这要求执法人员必须出示林业行政执法证件。

②告知违法事实、认定依据和当事人依法享有的权利。执法的人员要当场指出行为人的违法行为的违法事实,说明要给予林业行政处罚的理由及有产依据,并告知当事人有进行陈述和申辩的权利,同时不要听取当事人的陈述和申辩。根据《行政处罚法》的规定,行政执法人员没有告知当事人给予行政处罚的事实、理由和依据的,处罚决定不能成立。

③当场填写处罚决定书,送达给被处罚人并告知相关权利。执法人员当场制作行政处罚决定书并直接送达当事人,告知当事人对行政处罚决定不服的,可依申请复议或者依法提起行政诉讼。

④执行并备案。当场作出行政处罚决定的,如果是二十元以下的罚款或者不当场收缴事后难以执行的罚款,执法人员可以当场收缴。不符合当场收缴的,按有关规定执行。

执法人员当场作出的行政处罚决定,必须报所属行政机关备案。

8.5.2 一般程序

行政处罚的一般程序,是指除法律特别规定应当适用简易程序和听证程序以外,行政处罚通常所适用的程序。一般程序是适用最广的程序。

(1) 立案

行政处罚一般程序中的立案,是指行政主体对公民、法人和其他组织的控告、检查或者本机关在例行检查、执勤和其他工作中发现的违法情况(包括重大违法嫌疑),认为需要调查处理而做出开始进行查处决定的行为。立案是行政处罚程序的开始。

依照《林业行政处罚程序规定》第二十四条第二款之规定,立案须同时具备以下条件:

①实质条件。有违法行为发生并且违法行为是应受处罚的行为。

②程序条件。属于立案机关管辖;属于一般程序适用范围(简易程序案件不必立案);填写《林业行政处罚立案登记表》,并报行政负责人审批;在7日内立案。

对公民、法人举报、控告的案件不予立案的,应说明理由。不属于自己管辖的,依法移送有关主管部门处理。

（2）调查

调查是指案件调查人员依法全面、客观、公正的收集、调取各种证据，查明案件真实情况的活动。调查的主要目的是为了获得证据，所以也称为调查取证。

①调查行为规则。调查必须遵守以下行为规则：与本案有法律上利害关系的执法人员，必须依法回避；执行调查的执法人员不能少于2人；执法人员应当向被调查人出示证件，表明身份；询问当事人、证人或者其他人员，必须依法制作询问笔录；实施勘验、检查，必须依法制作勘验、检查笔录等；不得使用非法手段和方法获取证据。

②证据保全规则。证据保全是指通过采取必要的强制措施，防止证据隐匿、转移、销毁或者防止易于灭失的证据灭失的行为。根据《行政处罚法》的规定，证据保全方式主要有：一、抽样取证，从可用来作为证据的大物品中抽取一部分作为样品的方式来获取证据。如在林木种子执法中对林木种子的抽样检查等。二、登记保存，在证据可能隐匿、转移、销毁或者易于灭失的证据可能灭失的情况下，行政执法人员对有关证据进行登记、清点，责令当事人妥善保管或由行政机关自行保管。根据《行政处罚法》的规定，各级林业执法主体依法可以在其执法职能权限内通过登记保存方式调取证据。

（3）决定

①审查。在案件送交行政负责人审查或集体讨论前，办案人员提出的案件处理建议，应交由本机关的法制工作机构初步审查。这是加强执法监管，确保办案质量的一项重要制度。法制工作机构是指林业行政主体内设的负责本机关日常法制工作的专门机构或兼事机构。

②审批。法制工作机构审查后的案件处理意见，须经本机关行政负责人审批。行政负责人可以是该行政机关的法定代表人，也可以是该行政机关主管林业行政执法工作的领导。

③重大案件交行政负责人集体讨论。《行政处罚法》规定，对情节复杂或者重大违法行为给予较重的行政处罚，行政机关的负责人应当集体讨论决定。

（4）制作处罚决定书

决定给予行政处罚的案件，必须制作处罚决定书，必须盖有作出行政处罚决定的行政机关的印章。

（5）送达

行政处罚中的送达，是指行政主体依照法定的时间和方式将有关法律文书送交当事人的一种法律行为。它是行政处罚决定发生法律效力的基本前提，未经送达的文书，对当事人没有约束力，当事人有权拒绝履行。

①送达期间。《行政处罚法》规定，行政处罚决定应当在宣告后当场交付当事人；当事人不在场的，行政机关应当在七日内依照《民事诉讼法》的有关规定，将行政处罚决定书送达当事人。

②送达方式。送达方式主要有以下5种：一是直接送达，又称交付送达，是由作出处罚决定的单位派专人将林业行政处罚决定书送交给被处罚人。被处罚人是公民的由本人直接签收；被处罚人是法人或其他组织的，应当由法人的法定代表人，其他组织的主要负责

人或者该法人、其他组织的收发部门签收。二是转交送达,被处罚人不在时,作出处罚决定的单位将林业行政处罚决定书,交被处罚人所在单位负责人或者其成年家属代收后转交给被处罚人。这种方式是直接送达的补充。三是留置送达,是指被处罚人或者代收人拒绝接收林业行政处罚决定书时,送达人依法将处罚决定书留在受送达人的住处的送达方式。被处罚人或者代收人拒绝接收或者签名、盖章的,送达人可以邀请其邻居或者其单位有关人员到场见证,说明情况,把《林业行政处罚决定书》留在其住处或单位,并在送达回证上记明拒绝的事由、送达的日期,由送达人签名,即视为送达。这种送达方式与直接送达具有同等的法律效力。四是委托送达。被处罚人不在本地的,作出处罚决定的单位可以委托被处罚人所在地的林业行政主管部门代为送达。五是邮寄送达。被处罚人不在本地的,作出处罚决定的单位将处罚决定书采用附有邮件回执的邮寄方式邮寄给被处罚人。邮寄送达处罚决定书的,以挂号回执上注明的收件日期为送达日期。

在以上送达方式中,除邮寄送达方式外,其余4种送达方式均以送达回证上签名或者盖章的日期为送达日期。送达回证是证明受送达人收到处罚决定书的凭证。采用这四种送达方式送达处罚决定书时,应当附有送达回证。

8.5.3 听证程序

(1)听证程序及其适用条件

①听证程序的含义。听证程序是指行政机关依法在作出行政处罚决定前公开举行听证会,以听取各方有关利害关系人意见的活动。听证程序不是与简易程序、一般程序并立的独立程序,它是一般程序中的特殊程序。

②适用听证程序必须具备的条件。一是林业行政主体对当事人拟作出责令停产停业、吊销许可证或者执照、较大数额罚款等较重的行政处罚决定,才有可能适用听证程序;二是当事人必须在收到林业行政主体的听证权利告知书后三日内提出口头或书面听证申请,要求听证。

关于"较大数额罚款"的标准,依照《林业行政处罚听证规则》的规定,国家林业主管部门依法作出十万元以上(含十万元)罚款决定的"属于较大数额罚款";县级以上地方人民政府林业行政主管部门、森林公安机关和森林植物检疫机构、自然保护区机构等拟作出"较大数额罚款"的标准,依照各省、自治区、直辖市人大常委会或者人民政府的规定执行。在《行政处罚法》实施后,各省、自治区、直辖市人大常委会或者人民政府均先后规定了本行政区域内较大数额罚款的标准。

(2)听证程序的步骤

①申请与受理。林业行政主体依法作出责令停产停业、吊销许可证或者执照、较大数额罚款等林业行政处罚决定之前,应当告知当事人有要求举行听证的权利,并制作、送达林业行政处罚听证权利告知书。林业行政处罚听证权利告知书应当包括下列内容:当事人的姓名或者名称;当事人的违法事实;拟作出的林业行政处罚决定、理由和依据;当事人享有要求听证的权利、提出听证的期限和组织听证的机关。林业行政主管部门收到听证申请后,应当在五日内进行审查。对符合听证规定的,应当受理;对不符合听证规定的,决

定不予受理，并告知当事人。

②确定听证主持人。林业行政主管部门应当指定1~3人担任听证主持人。听证主持人为两人以上的，应当指定其中一人为首席听证主持人。听证由听证主持人主持，设有首席听证主持人的，由首席听证主持人主持。听证主持人应当指定本部门的1名工作人员作为书记员，具体承担听证准备和听证记录工作。听证主持人是参与本案调查取证的人员、与本案当事人或者与当事人的近亲属有利害关系的或者与案件处理结果有利害关系，可能影响案件公正的，应当回避。听证主持人的回避由林业行政主管部门行政负责人决定。书记员、翻译人员、鉴定人的回避由听证主持人或者首席听证主持人决定。

③听证准备。林业行政主管部门应当自决定受理听证申请之日起三日内，确定听证主持人或者首席听证主持人。案件调查人员应当按照听证主持人的要求在三日内将案卷移送听证主持人。听证主持人应当自接到案件调查人员移送的案卷之日起五日内确定听证的时间、地点，并应当在举行听证七日前，将举行听证的时间、地点通知当事人和案件调查人员。通知案件调查人员时，应当同时退回案卷。听证应当在受理听证申请之日起二十日内举行。除涉及国家秘密、商业秘密或者个人隐私外，听证应当公开举行。公开举行听证的，应当公开当事人姓名或者名称、案由以及举行听证的时间和地点。

④听证会的进行。听证由听证主持人主持，设有首席听证主持人的，由首席听证主持人主持。听证会应当按照下列顺序进行：由听证主持人宣布听证开始，宣布听证纪律，核对听证参加人身份，宣布案由，宣布听证主持人、书记员、翻译人员名单；告知听证参加人在听证中的权利和义务，询问当事人是否申请回避；案件调查人员提出当事人违法的事实、证据，适用的法律、法规或者规章，以及拟作出的林业行政处罚决定；当事人或者其代理人就案件事实进行申辩，并提交证据材料；第三人或者其代理人进行陈述；询问当事人或者其代理人、案件调查人员、证人和其他有关人员，并对有关证据材料进行质证；当事人或者其代理人和案件调查人员就本案的事实和法律问题进行辩论；当事人最后陈述；听证主持人宣布听证结束。

所有与认定案件事实相关的证据都必须在听证中出示，并通过质证进行认定。未经质证的证据不得作为认定案件事实的依据。

当事人无正当理由拒不到场，又未委托代理人到场参加听证的，或者未经听证主持人允许中途退场的，视为放弃听证权。案件调查人员无正当理由拒不到场参加听证的，或者未经听证主持人允许中途退场的，听证主持人有权责令其到场参加听证；案件调查人员拒不到场参加听证的，不得对当事人作出林业行政处罚决定。

⑤听证笔录。听证应当制作林业行政处罚听证笔录，并交由听证参加人审核无误或者补正后，由听证参加人当场签字或者盖章。拒绝签字或者盖章的，由听证主持人记明情况，在听证笔录中予以载明。

⑥制作听证报告。听证结束后，听证主持人应当根据听证确定的事实和证据，依照有关法律、法规、规章对原拟作出的处罚决定及其事实、理由和依据进行复核，并制作听证报告。听证报告应当包括以下内容：听证的案由；听证主持人和听证参加人的基本情况；听证的时间、地点；听证认定的案件事实、证据；给予处罚的依据；处理意见和建议。

林业行政主体应当根据听证报告确定的事实和证据作为处罚的事实依据。

⑦送达。根据《林业行政处罚听证规则》，林业行政处罚听证文书的送达，依照《民事诉讼法》的有关规定办理。即视具体情况依次分别采用直接送达、留置送达、委托送达、邮寄送达、公告送达等。

案例解析

本节案例中，县林业局及其工作人员在查处赵某盗伐林木的情况时，存在以下违法执法行为：

1. 司机刘某执法资格不合法。刘某系县林业局的司机，不具有公务员身份，也未取得行政执法证。刘某参加执法活动，一是违反了《林业行政执法证件管理办法》关于在林业行政执法活动中，应当持有并按规定出示《林业行政执法证》的规定；二是违反了《林业行政处罚程序规定》关于调查处理林业行政处罚案件不得少于2人的规定。本案具有执法资格的执法人员仅王某1人。

2. 执法程序上存在多处违法行为。适用当场处罚程序处理本案错误。①本案明显不属于适用简易程序处理的林业行政处罚案件，而执法人员却适用了当场处罚程序。②执法人员王某未履行先登记、报批立案，后进行案件调查的执法程序，违反了《林业行政处罚程序规定》第二十四条关于"凡发现或者接到举报……应当填写《林业行政处罚登记表》，报行政负责人审批"的规定。③王某勘查案发现场，未依法制作现场勘验、检查笔录，违反了《林业行政处罚程序规定》第二十九条"勘验、检查应当制作《林业行政处罚勘验、检查笔录》"的规定。④询问行为人赵某未出示执法证件和制作询问笔录，违反了《林业行政执法证件管理办法》第三条和《林业行政处罚程序规定》第二十八条关于林业行政执法人员必须亮明身份、应当依法制作询问笔录的规定。⑤未制作任何行政处罚文书收缴4000元罚款，未出具法定罚没票据，分别违反了《林业行政处罚程序规定》第三十一条和第四十条规定的作出林业行政处罚决定的程序，以及决定罚款和收缴罚款相分离的制度。⑥案件执行后补办案件材料的行为，违反了先裁决后处罚的执法原则和程序。⑦未经法定价格评估部门对被伐林木作价即罚款，违反了适用《森林法》第七十六条补种树木并处罚款的前提步骤。

对涉嫌犯罪的案件，未依法移送公安机关处理。本案行为人赵某盗伐县林场5立方米木材，已涉嫌盗伐林木罪。县林业局未移送本县公安机关处理，以行政处罚代替刑事处罚，违反了《行政处罚法》第七条以及《行政执法机关移送涉嫌犯罪案件的规定》的规定。

3. 适用法律存在明显错误。①对赵某未满14周岁的儿子罚款2000元，不符合《行政处罚法》第二十五条关于"不满十四周岁的人有违法行为的，不予行政处罚"的规定。②未依法责令赵某赔偿县林场林木损失，违反了《森林法》第七十六条"盗伐林木的，由县级以上人民政府林业主管部门责令限期在原地或者异地补种盗伐株数一倍以上五倍以下的树木，并处盗伐林木价值五倍以上十倍以下的罚款"的规定。

此外，本案例现场遗留20个被伐树木的新伐桩，但执法机关仅查明了15株树木系赵某所为。其余5个被伐树木的伐桩尚未查明违法行为人，存在案件事实不清的问题。

8.6 林业行政处罚的执行

案例

2016年3月,汪某未经县林业局审核同意,擅自雇请挖掘机将其经营的防护林山场挖掘平整,铺垫石块,建造漂草滩,晾晒宣纸原料,毁坏林地植被,林业种植条件被破坏,改变林地用途达773.2平方米(1.16亩),其行为严重违反了《森林法》及其实施条例的相关规定。根据相关法律规定,县林业局于2016年6月8日作出林业行政处罚决定,对汪某非法改变用途林地773.2平方米,处以每平方米20元罚款,共计罚款15 464元,逾期未缴纳罚款,加处15 464元罚款。林业局实施处罚前后,依法履行了告知、催告义务。但汪某在法定期限内既不申请行政复议或者提起行政诉讼,又不履行义务,林业局遂申请强制执行。法院通过审查,认为县林业局作出的林业行政处罚决定书,认定事实清楚,适用法律正确,程序合法,遂裁定准予强制执行。

1. 汪某逾期不履行行政处罚决定,县林业局是否可以自行强制执行?
2. 县林业局申请人民法院强制执行有哪些注意事项?

8.6.1 林业行政处罚的执行及其方式

为了规范行政强制的设定和实施,保障和监督行政机关依法履行职责,维护公共利益和社会秩序,保护公民、法人和其他组织的合法权益,2011年6月30日,第十一届全国人民代表大会常务委员会第二十一次会议通过《行政强制法》,并于2012年1月1日起施行。

(1)林业行政处罚强制执行的概念和特征

林业行政处罚强制执行,是指具有法定执行权的林业主管部门或其申请的人民法院,依照法定条件和程序采取的强制义务人履行义务或实现与履行义务相同状态的行为。林业行政处罚强制执行具有以下特征:执行的主体是依法享有强制执行权的林业行政主体或人民法院;执行的根据必须是生效的林业行政处罚决定;执行的前提是行政管理相对人逾期不履行生效的林业行政处罚决定所确定的义务;执行的内容是行政处罚决定书所确定的义务。

(2)林业行政强制执行的方式

①直接强制执行。直接强制执行是指义务人逾期不履行义务时,由执行主体直接采取强制性手段,迫使其履行义务或达到与义务人履行义务相同的状态。由于直接强制执行对义务人的人身和财产权益将产生最直接的影响,所以,我国现行法律、法规对其实施条件和程序规定了严格的限制。在林业行政主体中,除了森林公安机关在办理林区治安案件可以依据《治安管理处罚法》的有关规定对违法行为人的人身和财产采用直接强制执行措施外,其他林业行政主体依法不拥有直接强制执行权。

②间接强制执行。间接强制执行是指执行主体通过某种间接的强制手段迫使义务人履行义务或达到与履行义务相同的状态。它又可以分为代履行和执行罚两种。

• 对林业行政机关依法作出要求当事人履行补种树木、恢复原状等义务的行政决定，当事人逾期不履行，经催告仍不履行，其后果已经或者将破坏自然资源的，林业行政机关可以代履行，或者委托没有利害关系的第三人代履行。代履行的费用按照成本合理确定，由当事人承担，但是，法律另有规定的除外。代履行不得采用暴力、胁迫以及其他非法方式。

代履行应当遵守下列规定：一是代履行前送达决定书，代履行决定书应当载明当事人的姓名或者名称、地址，代履行的理由和依据、方式和时间、标的、费用预算以及代履行人；二是代履行3日前，催告当事人履行，当事人履行的，停止代履行；三是代履行时，作出决定的行政机关应当派工作人员到场监督；四是代履行完毕，行政机关到场监督的工作人员、代履行人和当事人或者见证人应当在执行文书上签名或者盖章。

• 执行罚（又称滞纳金）是指行政机关依法作出金钱给付义务的行政决定，当事人逾期不履行的，行政机关可以依法加处罚款或者滞纳金。加处罚款或者滞纳金的标准应当告知当事人。加处罚款或者滞纳金的数额不得超出金钱给付义务的数额。行政机关依照《行政强制法》第四十五条规定实施加处罚款或者滞纳金超过三十日，经催告当事人仍不履行的，具有行政强制执行权的行政机关可以强制执行。

③申请人民法院强制执行。当事人在法定期限内不申请行政复议或者提起行政诉讼，又不履行行政决定的，没有行政强制执行权的行政机关可以自期限届满之日起3个月内，依照《行政强制法》第五章规定申请人民法院强制执行。

行政机关申请人民法院强制执行前，应当催告当事人履行义务。催告书送达十日后当事人仍未履行义务的，行政机关可以向所在地有管辖权的人民法院申请强制执行；执行对象是不动产的，向不动产所在地有管辖权的人民法院申请强制执行。

行政机关向人民法院申请强制执行，应当提供的材料包括：一是强制执行申请书；二是行政决定书及作出决定的事实、理由和依据；三是当事人的意见及行政机关催告情况；四是申请强制执行标的的情况；五是法律、行政法规规定的其他材料。强制执行申请书应当由行政机关负责人签名，加盖行政机关的印章，并注明日期。

人民法院接到行政机关强制执行的申请，应当在五日内受理。行政机关对人民法院不予受理的裁定有异议的，可以在十五日内向上一级人民法院申请复议，上一级人民法院应当自收到复议申请之日起十五日内作出是否受理的裁定。

人民法院对行政机关强制执行的申请进行书面审查，对行政机关所提供材料符合《行政强制法》第五十五条规定的，且行政决定具备法定执行效力的，除《行政强制法》第五十八条规定的三种情形外，人民法院应当自受理之日起七日内作出执行裁定。

人民法院发现有下列情形之一的，在作出裁定前可以听取被执行人和行政机关的意见：一是明显缺乏事实根据的；二是明显缺乏法律、法规依据的；三是其他明显违法并损害被执行人合法权益的。对出现上述三种情形之一的，人民法院应当自受理之日起三十日内作出是否执行的裁定。裁定不予执行的，应当说明理由，并在五日内将不予执行的裁定送达行政机关。行政机关对人民法院不予执行的裁定有异议的，可以自收到裁定之日起十五日内向上一级人民法院申请复议，上一级人民法院应当自收到复议申请之日起三十日内作出是否执行的裁定。

因情况紧急，为保障公共安全，行政机关可以申请人民法院立即执行。经人民法院院长批准，人民法院应当自作出执行裁定之日起五日内执行。

行政机关申请人民法院强制执行，不缴纳申请费。强制执行的费用由被执行人承担。人民法院以划拨、拍卖方式强制执行的，可以在划拨、拍卖后将强制执行的费用扣除。依法拍卖财物，由人民法院委托拍卖机构依照《拍卖法》的规定办理。划拨的存款、汇款以及拍卖和依法处理所得的款项应当上缴国库或者划入财政专户，不得以任何形式截留、私分或者变相私分。

8.6.2 林业行政处罚执行制度和程序

(1) 罚缴分离制度及执行程序

罚缴分离制度是指作出行政罚款决定的机关不得自行收缴罚款，罚款的缴纳只能到指定的银行缴纳的制度。但法律规定可以当场收缴罚款的除外。

①签订代收罚款协议。林业行政主体应当依照国家有关规定同代收机构签订代收罚款协议。

②通知执行。被处罚人接到处罚决定书后十五日内，应持该决定书主动到指定机构缴纳罚款。

③催缴。代收银行在接到行政主体的处罚决定书后，经核被处罚人没有及时缴纳罚款的，应及时通知作出罚款决定的行政主体。行政主体应向当事人发出催缴通知书，以督促当事人按期主动缴纳罚款。

④收受罚款。当事人向代收银行缴纳罚款的，代收机构应当开具法定的统一罚款收据；当事人逾期缴纳的，专门机构还应按每日3%加收滞纳金。

⑤通知行政机关。代收机构应当在被处罚人缴纳罚款之后，及时将这一情况告知林业行政主体。

⑥上交国库。代收罚款的机构应当及时将代收罚款上交国库。

(2) 当场收缴罚款的执行规定

①当场收缴罚款的法定情形。根据《行政处罚法》的规定，有以下情形之一的，执法人员可以当场收缴罚款：当场作出行政处罚决定，依法给予二十元以下的罚款的；当场作出行政处罚决定，不当场收缴罚款事后难以执行的；在边远、水上、交通不便地区，林业执法机关及其执法人员当场作出行政处罚决定，或者林业执法机关按照一般程序作出行政处罚决定，当事人向指定的银行缴纳罚款确有困难，经当事人提出，林业执法机关及其执法人员可以当场收缴罚款。

②当场收缴罚款的执行。林业执法机关及其执法人员当场收缴罚款的，必须向当事人出具省、自治区或直辖市财政部门统一制发的罚款收据；不出具财政部门统一制发的罚款收据的，当事人有权拒绝缴纳罚款。

执法人员当场收缴的罚款应当自收缴罚款之日起两日内，交至林业行政主管部门；在水上当场收缴的罚款,应当自抵岸之日起两日内交至林业行政主管部门;林业行政主管部门应当在两日内将罚款缴付指定的银行。

案例解析

1.《行政处罚法》第四十四条规定,行政处罚决定依法作出后,当事人应当在行政处罚决定的期限内,予以履行。《行政处罚法》第五十一条规定,当事人逾期不履行行政处罚决定的,作出行政处罚决定的行政机关可以采取下列措施:①到期不缴纳罚款的,每日按罚款数额的3%加处罚款;②根据法律规定,将查封、扣押的财物拍卖或者将冻结的存款划拨抵缴罚款;③申请人民法院强制执行。因此,法律没有规定林业主管部门可以自行强制执行,汪某逾期不履行行政处罚决定,县林业局不可以自行强制执行。

2. 根据《行政诉讼法》和《最高人民法院关于执行(中华人民共和国行政诉讼法)若干问题的解释》的规定,公民、法人或者其他组织对具体行政行为在法定期间不提起诉讼又不履行的,行政机关可以申请人民法院强制执行,或者依法强制执行;法律、法规没有赋予行政机关强制执行权,行政机关申请人民法院强制执行的,人民法院应当依法受理。申请人民法院强制执行应注意以下事项:①行政机关申请人民法院强制执行其具体行政行为,应当自被执行人的法定申请复议或起诉期限届满之日起180日内提出。逾期申请的,除有正当理由外,人民法院不予受理。②行政机关申请人民法院强制执行其具体行政行为,应当提交申请执行书、据以执行的行政法律文书、证明该具体行政行为合法的材料和被执行人财产状况以及其他必须提交的材料。③人民法院受理行政机关申请执行其具体行政行为的案件后,在30日内对具体行政行为的合法性进行审查,并就是否准予强制执行作出裁定。合法性审查包括事实根据、法律依据、是否明显违法并损害被执行人合法权益及程序是否合法等方面的审查。

8.7 违反林业行政处罚法规的法律责任

8.7.1 违反林业行政处罚法规的行政责任

(1) 违反规定实施林业行政处罚的法律责任

林业行政主体中直接负责的主管人员和其他直接责任人员具有下列行为之一尚未构成犯罪的,根据《行政处罚法》第五十五条规定,应当依法给予行政处分:没有法定依据实施林业行政处罚的;擅自改变行政处罚种类、幅度的;违反法定处罚程序的;违反《行政处罚法》第十八条关于委托处罚规定的。

(2) 行政机关进行处罚不使用法定的罚款、没收财物单据的法律责任

行政机关对当事人进行处罚不使用罚款、没收财物单据或者使用非法定部门制发的罚款、没收财物单据的,根据《行政处罚法》第五十六条规定,当事人有权拒绝处罚,并有权予以检举。上级行政机关或者有关部门对使用的非法单据予以收缴销毁,对直接负责的主管人员和其他直接责任人员依法给予行政处分。

(3) 行政机关违反规定自行收缴罚款的法律责任

行政机关违反规定自行收缴罚款的，财政部门违反规定向行政机关返还罚款或者拍卖款项的，根据《行政处罚法》第五十七条规定，由上级行政机关或者有关部门责令改正，对直接负责的主管人员和其他直接责任人员依法给予行政处分。

(4) 行政机关截留、私分或变相私分罚没款物的法律责任

行政机关将罚款、没收的违法所得或者财物截留、私分或者变相私分的，根据《行政处罚法》第五十八条第一款规定，由财政部门或者有关部门予以追缴，对直接负责的主管人员和其他直接责任人员依法给予行政处分；情节严重构成犯罪的，依法追究刑事责任。

(5) 执法人员利用职务便利索取或收受他人财物的法律责任

根据《行政处罚法》第五十八条第二款规定，执法人员利用职务上的便利，索取或者收受他人财物、收缴罚款据为己有，构成犯罪的，依法追究刑事责任；情节轻微不构成犯罪的，依法给予行政处分。

(6) 行政机关使用或者损毁扣押的财物的法律责任

行政机关使用或者损毁扣押的财物，对当事人造成损失的，根据《行政处罚法》第五十九条规定，应当依法予以赔偿，对直接负责的主管人员和其他直接责任人员依法给予行政处分。

(7) 行政机关违法实行检查措施或者执行措施的法律责任

行政机关违法实行检查措施或者执行措施，给公民人身或者财产造成损害、给法人或者其他组织造成损失的，根据《行政处罚法》第六十条规定，应当依法予以赔偿，对直接负责的主管人员和其他直接责任人员依法给予行政处分；情节严重构成犯罪的，依法追究刑事责任。

(8) 不按规定移送涉嫌犯罪案件的法律责任

行政机关为牟取本单位私利，对应当依法移交司法机关追究刑事责任的不移交，以行政处罚代替刑罚的，根据《行政处罚法》第六十一条规定，由上级行政机关或者有关部门责令纠正；拒不纠正的，对直接负责的主管人员给予行政处分；徇私舞弊、包庇纵容违法行为的，构成徇私舞弊不移交刑事案件罪，由司法机关依照《刑法》第四百零二条的规定追究刑事责任。

根据国务院《行政执法机关移送涉嫌犯罪案件的规定》第十六条规定，行政执法机关对应当向公安机关移送的案件不移送，或者以行政处罚代替移送的，或者逾期不将案件移送公安机关的，由本级或者上级人民政府或者实行垂直管理的上级行政执法机关，责令限期移送，并对其正职负责人或者主持工作的负责人、直接负责的主管人员和其他直接责任人员，根据情节轻重，给予记过以上的行政处分；构成犯罪的，依法追究刑事责任。

8.7.2 违反林业行政处罚法规的行政赔偿责任

林业行政主体违法实施罚款、吊销许可证和执照、责令停产停业、没收财物等行政处

单元8 林业行政处罚

罚,或者违法对财产采取查封、扣押、冻结等行政强制措施,或者使用或损毁扣押的财物,或者违法实行行政检查措施等,给相对人造成人身伤害或者财产损害的,构成行政侵权行为,根据《国家赔偿法》第三条和第四条之规定,由林业行政主体依法给予被侵权人行政赔偿。

林业行政主体承担行政赔偿责任后,依法可以责令具有故意和重大过失的责任人承担全部或部分赔偿责任。

8.7.3　违反林业行政处罚法规的刑事责任

(1) 私分罚没财物罪

根据《行政处罚法》第五十八条和《刑法》第三百九十六条的规定,林业行政机关等将应当上缴国家的罚没财物,以单位名义集体私分给个人,累计数额在十万元以上的,构成私分罚没财物罪,由司法机关对其直接负责的主管人员和其他直接责任人员,处三年以下有期徒刑或者拘役,并处或者单处罚金。

(2) 受贿罪

根据《行政处罚法》第五十八条和《刑法》第三百八十五条的规定,林业执法人员等国家工作人员利用职务上的便利,索取他人财物或者非法收受他人财物数额不满五千元,但因受贿行为而使国家或社会遭受重大损失的,或者故意刁难、要挟有关单位、个人造成恶劣影响的,或者强行索取财物的,构成受贿罪,由司法机关处两年以下有期徒刑或者拘役;受贿数额在五千元以上不满五万元的,处一年以上七年以下有期徒刑;情节严重的,处七年以上十年以下有期徒刑。

(3) 滥用职权罪

根据《行政处罚法》第六十一条、《刑法》第三百九十七条和《最高人民检察院关于渎职侵权犯罪案件立案标准的规定》的规定,滥用职权罪是指国家机关工作人员超越职权,违法决定、处理其无权决定、处理的事项,或者违反规定处理公务,致使公共财产、国家和人民利益遭受重大损失的行为。行为人涉嫌下列情形之一的,应予立案:①造成死亡1人以上,或者重伤2人以上,或者重伤1人、轻伤3人以上,或者轻伤5人以上的;②导致10人以上严重中毒的;③造成个人财产直接经济损失十万元以上,或者直接经济损失不满十万元,但间接经济损失五十万元以上的;④造成公共财产或者法人、其他组织财产直接经济损失二十万元以上,或者直接经济损失不满二十万元,但间接经济损失一百万元以上的;⑤虽未达到三、四两项数额标准,但三、四两项合计直接经济损失二十万元以上,或者合计直接经济损失不满二十万元,但合计间接经济损失一百万元以上的;⑥造成公司、企业等单位停业、停产6个月以上,或者破产的;⑦弄虚作假,不报、缓报、谎报或者授意、指使、强令他人不报、缓报、谎报情况,导致重特大事故危害结果继续、扩大,或者致使抢救、调查、处理工作延误的;⑧严重损害国家声誉,或者造成恶劣社会影响的;⑨其他致使公共财产、国家和人民利益遭受重大损失的情形。

国家机关工作人员滥用职权,符合《刑法》第九章所规定的特殊渎职罪构成要件的,按照该特殊规定追究刑事责任；主体不符合《刑法》第九章所规定的特殊渎职罪的主体要件，但滥用职权涉嫌前款第①~⑨项规定情形之一的，按照《刑法》第三百九十七条的规定以滥用职权罪追究刑事责任。

构成本罪的，由司法机关处三年以下有期徒刑或者拘役；情节特别严重的，处三年以上七年以下有期徒刑。

（4）玩忽职守罪

根据《行政处罚法》第六十二条、《刑法》第三百九十七条和《最高人民检察院关于渎职侵权犯罪案件立案标准的规定》的规定，玩忽职守罪是指国家机关工作人员严重不负责任，不履行或者不认真履行职责，致使公共财产、国家和人民利益遭受重大损失的行为。涉嫌下列情形之一的，应予立案：①造成死亡1人以上，或者重伤3人以上，或者重伤2人、轻伤4人以上，或者重伤1人、轻伤7人以上，或者轻伤10人以上的；②导致20人以上严重中毒的；③造成个人财产直接经济损失十五万元以上，或者直接经济损失不满十五万元，但间接经济损失七十五万元以上的；④造成公共财产或者法人、其他组织财产直接经济损失三十万元以上，或者直接经济损失不满三十万元，但间接经济损失一百五十万元以上的；⑤虽未达到三、四两项数额标准，但三、四两项合计直接经济损失三十万元以上，或者合计直接经济损失不满三十万元，但合计间接经济损失一百五十万元以上的；⑥造成公司、企业等单位停业、停产一年以上，或者破产的；⑦海关、外汇管理部门的工作人员严重不负责任，造成一百万美元以上外汇被骗购或逃汇一千万美元以上的；⑧严重损害国家声誉，或者造成恶劣社会影响的；⑨其他致使公共财产、国家和人民利益遭受重大损失的情形。

国家机关工作人员玩忽职守，符合《刑法》第九章所规定的特殊渎职罪构成要件的，按照该特殊规定追究刑事责任；主体不符合《刑法》第九章所规定的特殊渎职罪的主体要件，但玩忽职守涉嫌前款第①~⑨项规定情形之一的，按照《刑法》第三百九十七条的规定以玩忽职守罪追究刑事责任。

构成本罪的，由司法机关处三年以下有期徒刑或者拘役；情节特别严重的，处三年以上七年以下有期徒刑。

8.8 林业行政处罚文书

8.8.1 林业行政处罚文书概述

8.8.1.1 林业行政处罚文书的概念和性质

林业行政处罚文书是指林业行政执法部门在查处林业行政违法案件过程中，依照行政处罚法和林业行政处罚程序规定，所制作与认可的具有法律效力或法律意义的林业行政公文的统称。

林业行政处罚文书是法律文书的一个重要组成部分，具有国家公文的性质。林业行政处罚文书与其他法律文书具有共同的基本性质，即都具有法律内容并能引起相应的法律后果，它代表国家的意志，体现国家的林业法律，是国家林业行政法律规范的具体运用。通过依法制作或发布林业行政处罚文书，保证林业行政违法案件及时查处，有效地制止林业行政违法活动，达到保护森林资源和保障林业建设健康发展的目的。

8.8.1.2　林业行政处罚文书制作的基本要求

(1) 格式规范

①文书名称要统一。具有相同功能的林业行政处罚文书名称要统一，不能出现多个名称。

②文书式样要规范。文书纸张、版心尺寸、固定项目的字体大小、字迹颜色等必须符合要求，项目必须齐全，排列次序和位置安排规范。尤其是使用电子文档时，一定要按照规范的格式和字体进行打印。

(2) 语言精确恰当

林业行政处罚文书语言作为一种具有极严格的书面语言，必须做到以下五方面。

①语言要精练。语言精练是指语言要简洁明快，开门见山，言简意赅，意尽言止。

②语言要准确。语言准确是指使用的语言恰当妥帖，分寸有度，正确地反映所要表达的意图。

③语言要平实。平实即通俗、朴实，不夸张渲染，不难涩难解，做到通俗易懂，据情据实。

④语言要庄重。林业行政处罚文书所使用的语言必须庄严郑重，健康文明，不允许出现低级下流的污言秽语。

⑤语言要适当。制作林业行政处罚文书语言应合适、妥当，要符合法律法规的规定，真实地反映案件的客观事实。

(3) 内容真实

内容要真实是对制作林业行政处罚文书最根本的要求。林业行政处罚文书只有内容真实可靠，才能切实保证查处案件顺利进行，如果内容虚假，必然会将查处活动引入歧途，影响案件查处活动顺利进行。

大致包含三层含义：一是涉及有关人员基本情况要真实，如姓名、性别、年龄、住址、单位及职业等都必须真实无误；二是事实必需清楚，如《林业行政处罚意见书》中列举的违法行为人的违法事实必须是清楚的，不得模棱两可，存在冲突、矛盾和引人误解；三是列举的证据必须真实，必须是经过查证属实的，未经过查证，证据不得作为定案的依据。

(4) 填写标准

填写纸质文书时，应当使用能够长期保持字迹的书写工具，书写字体要规范，做到字迹清楚、文字规范、文面整洁。

8.8.1.3 林业行政处罚文书常用栏目和事项的制作要求

尽管林业行政处罚文书性质不同、样式不同，但其中有些栏目和事项是相同的，其制作要求基本一致。

(1) 案件名称

根据不同的案件情况，采取不同的命名方式。如对于有明确的违法嫌疑人、违法行为人、被处罚人、当事人和违法情节清楚的案件，可采用"人名+涉嫌违法行为名"命名。

(2) 案件编号

各地在制作文书过程中应当本着便于对案件进行管理和统计的原则，根据本地或者本系统的要求进行填写。

(3) 违法嫌疑人、违法行为人、被处罚人和当事人的姓名

填写违法嫌疑人、违法行为人、被处罚人和当事人合法身份证件上的姓名，如果没有合法身份证件，填写在户籍登记中使用的姓名。如果违法嫌疑人、违法行为人、被处罚人和当事人是少数民族或外国人，除应当填写其合法身份证件上的姓名外，还应当同时写明汉语译名，在一起案件中译名应当一致。对于一些叙述型文书，如调查报告，应当在写明违法嫌疑人、违法行为人、被处罚人和当事人姓名的同时，写明违法嫌疑人、违法行为人、被处罚人和当事人使用过的其他名称，包括别名、曾用名、化名、乳名、绰号等。确实无法查明其真实姓名的，也可以暂填写其自报的姓名，查清其真实姓名后，按照查清后的姓名填写，对之前填写的内容可不再更改，但应当在案件卷宗中予以书面说明。违法嫌疑人、违法行为人、被处罚人和当事人为法人的，填写该单位的法定名称的全称。

(4) 违法嫌疑人、违法行为人、被处罚人和当事人的年龄

一个人的年龄在一定程度上反映着一个人认识事物、辨别是非和正确表达的能力，年龄登记的正确与否，直接关系到对其行为是否构成违法、违法行为轻重及是否予以处罚。因此，在填写违法嫌疑人、违法行为人、被处罚人和当事人年龄时，应当认真细致，并且应当特别注意：一是计算年龄时，应精确到出生的年、月、日，且均应以公历(阳历)周岁的年龄为准；二是对于违法时已满14周岁不满18周岁的违法嫌疑人、违法行为人和被处罚人，还应准确地写明出生年、月、日。三是作案时年龄的认定，一般应以居民身份证为准。对于没有合法身份证或违法嫌疑人对年龄认定提出异议的，可以从多种途径调查了解，然后综合分析认定。例如，通过询问违法嫌疑人、违法行为人和被处罚人亲属、同学、同年出生的人了解，确定违法嫌疑人的出生日期。违法嫌疑人、违法行为人、被处罚人和当事人为单位的，按要求填写该单位法人代表或负责人的情况。

(5) 违法嫌疑人、违法行为人、被处罚人和当事人的住址

住址是指违法嫌疑人、违法行为人、被处罚人和当事人经常居住的场所或地方。一般应填写被立案调查前的经常居住地。经常居住地以户籍登记或居住证(暂住证)中的住址为准。如果离开户籍所在地，在其他地方连续居住满一年以上的，则以该地为经常居住地，并应当在填写经常居住地的同时注明户籍登记的住址。违法嫌疑人、违法行为人、被处罚人和当事人为法人单位的须写明详细办公地址。

(6) 违法嫌疑人、违法行为人、被处罚人和当事人的职业

在制作林业行政处罚文书时,对"职业"概念的理解不应过于狭窄。对临时性某种职业也要在职业中如实反映。没有工作单位的,可以根据实际情况填写经商、务工、农民、在校学生或者无业等。

(7) 违法嫌疑人、违法行为人、被处罚人和当事人的工作单位

工作单位是指违法嫌疑人工作所在的机关、企业、事业和社会团体等单位的名称。单位名称应当填写全称,必要时在前面加上地域名称。认定违法嫌疑人、违法行为人、被处罚人和当事人的工作单位,不能单纯凭人事档案是否在该单位,而应当视其是否实际在该单位工作。只要其实际在该单位的,即可认定为工作单位。

(8) 身份证件种类及号码

填写居民身份证、军官证、护照等法定身份证件的种类及号码。

(9) 文化程度

林业行政处罚文书中所要填写的文化程度一般是指国家承认的学历,以学校颁发的毕业证书为准。文化程度分为研究生(博士、硕士)、大学、大专、中专、高中、初中、小学、文盲等档次。对于那些虽然就读,但未获毕业证书的,可填写"肄业"。

(10) 批准人

填写批准制作该法律文书的有关负责人的姓名。

(11) 行政负责人

是指县级以上林业行政执法负责人,其中包括正职负责人、副职负责人以及其他领导班子成员。

(12) 批准(决定)时间

填写批准制作该法律文书的批准人或有关负责人的签字时间。

(13) 办案人员(执法人员)

填写办理案件执法人员的姓名,或者有关事项承办人的姓名。

(14) 林业执法证件号码

填写国家林业主管部门统一颁发的《林业行政执法》号码。

(15) 办案单位

填写办案单位或者部门的名称。

(16) 填发时间

填写实际制作法律文书的时间。

(17) 填发人

填写制作法律文书的人的姓名。

(18) 签名

需要当事人签名确认的文书应当其本人亲笔签名,不能签名的,可以捺指印;属于单位的,由法定代表人、主要负责人或者其授权的人签名,或者加盖单位印章,当事人拒绝签名的,执法人员应当在文书中注明。

(19) 各类清单

"编号"栏一律采用阿拉伯数字,按材料、物品的排列顺序从"1"开始逐次填写。"名称"栏填写材料、物品的名称;"数量"栏填写材料、物品的数量,使用阿拉伯数字填写;"规格(特征)"栏填写物品的品牌、型号、颜色、新旧等。表格多余部分应当用斜对角线划掉。

(20) 文书字号

文书字号表明文书制作的数量和次数,有利于文书的管理和存档,林业行政处罚文书字号格式为"×林( )＿＿＿＿字〔 〕号",一般由五个部分组成:①发文单位简称,即代字,也就是格式中"×"处,填写制作法律文书的机关代字,通常是把单位名称中具有代表意义的字作简称。②"( )"处填写发文具体业务部门的简称,通常是把业务部门名称中具有代表意义的一个字作简称。如"森林公安局"简称为"森公"。③文书名称简称,通常是将制作的文书名称中具有代表意义的字作简称。如《林业行政处罚意见书》简称为"罚意",有时也可不写。④〔 〕中填写发文年度,不写到月日,如〔2013〕。⑤该类文书年度内制文排列序号,一般是从1号开始逐次排列。例如,太原市林业局2013年制作的第1号林业行政处罚决定书,就可以写成"并林罚决字〔2013〕第1号"。另外,对于一纸多联式文书,在各联之间骑缝处,应以大写数字在骑缝处写明制文字号。发文字号其排列不能随意颠倒。

(21) 法律条文的援引

许多林业行政处罚文书字在制作时需要引用法律、法规、规章的具体条文,引用时应当注意要写明引用的法律、法规、规章的全称,不能用简称。引用的条文要具体。要写明具体的条文号,条文中有款、项的,要具体到款、项。不能引用宪法、内部规定、政策性文件或会议精神的相关内容。

(22) 计量单位的用法

计量单位在林业行政处罚文书中经常被使用,为了保证林业行政处罚文书的规范性,应当停止使用一些非法的计量单位,统一使用法定的公制单位。同时,也应当停止使用我国人民生活习惯使用但已被国家规定停止使用的计量单位,如"尺""寸""斤""里""担"等,而应换算成"米""千克""千米"等法定计量单位。

(23) 数字

在林业行政处罚文书中,凡涉及时间、长度、面积、口径、材积和其他有关事项时均须使用数字表示。按照《国家行政机关公文处理办法》的规定,在林业行政处罚文书中,除了文书、统计表、计划书、序号、专业术语或者其他必须使用阿拉伯数码外,一般用汉字书写。结构层次序数:第一层为"一、",第二层为"(一)",第三层为"1.",第四层为"(1)"。文书发文字号中年度、发文顺序应当使用阿拉伯数字。

(24) 联系方式

填写联系人的移动电话号码、固定电话号码、电子邮件地址等内容。

(25) 成文日期

成文日期填写批准人的批准日期。内部审批类文书的日期,制作人在末尾落款处填写的日期,为制作日期;审核人、批准人在其签名下方填写的日期,为成文日期。成文日期应当使用大写数字,如"二〇二〇年二月三日"。

(26)印章的使用

对林业行政处罚外使用的文书,应当在成文日期上方加盖能够对外独立承担法律责任的单位印章,即林业行政执法部门的公章。

格式文书的"行政机关(印章)"字样,在印刷纸质文书或打印电子文书时,可以删去。

使用印章时,应端端正正压在制发日期的年、月、日中间,俗称"掩年盖月"。

连体式多联的林业行政处罚文书,在每联中间的骑缝线处填写发文字号,加盖公章(骑缝线)。

(27)骑缝线

打印电子法律文书可以无骑缝线,不必加盖骑缝章。纸质连体式多联法律文书的骑缝线一律用汉字(发文年度和顺序号用大写)填写发文字号,然后加盖单位印章或专用骑缝章。

(28)选择性项目的填写

纸质文书标题中选择性项目不需要选择,根据具体情况可用斜线"\"删去不需要的内容,电子制作法律文书的,根据案情从相应选项中选择适当的项目。

(29)签名或捺指印

文书中凡是要求签名或捺指印的地方,必须由本人亲笔签名或捺指印。本人不会签名的,可以由他人代签,并注明代签人的姓名,经本人捺指印确认。有见证人的,应当由见证人签名证实,并由两名以上在场的执法人员分别签名。

(30)备注

在表格类林业行政处罚文书中常有一栏"备注",它是在表格上为附加必要的注释说明而留的一栏,在制作表格类林业行政处罚文书时,需要对案情注解说明的内容应填写在备注这一栏上。

8.8.2 林业行政处罚主要文书简介

8.8.2.1 林业行政当场处罚决定书

林业行政当场处罚决定书,是适用于案情简单、违法事实清楚、证据确凿、依法可以当场作出林业行政处罚决定的违法案件的文书。其样式见表8-2。

表8-2 林业行政当场处罚决定书样式

林业行政当场处罚决定书

_____林当罚决字[ ]第 号

处罚地点:_____

处罚时间:_____

被处罚人姓名:_____ 性别_____ 出生日期_____

（续）

身份证号码：_____ 联系方式：_____
工作单位：_____ 现住址：_____
被处罚单位名称：_____
营业执照注册号（或组织机构代码证代码）：_____
法定代表人：_____ 职务_____ 联系方式_____
单位地址：_____

你（你单位）于___年___月___日___时___分，在_____因___的行为，违反了_____的规定。本机关执法人员当场向你（你单位）告知了违法事实、理由、依据和依法享有的权利，□听取了你（你单位）的陈述和申辩；□你（你单位）未作陈述申辩（前两项可打√选择）。现依据_____的规定，本机关决定对你（你单位）处以下行政处罚：_____。

罚款的履行方式和期限（见打√处）：□当场缴纳；□收到本决定书之日起十五日内到_____（账号：_____）缴纳罚款款项。到期不缴纳罚款的，依据《中华人民共和国行政处罚法》第五十一条第（一）项的规定，每日按罚款数额的百分之三加处罚款。

如对本林业行政处罚决定不服，可于接到本决定书之日起六十日内向_____或者_____申请行政复议，也可以于三个月内直接向_____人民法院提起诉讼。逾期不申请行政复议或者不提起行政诉讼，又不履行处罚决定的，本机关将依法申请人民法院强制执行或者依法强制执行。

行政机关（印章）
年 月 日

执法人员（签名）：_____
林业行政执法证件号码：_____
共三联　第一联　附卷

8.8.2.2　林业行政处罚立案登记表

林业行政处罚立案登记表是林业主管部门依据法律、法规、规章的规定，对涉嫌违法行为是否立案报送行政机关负责人审批的文书。林业主管部门对林业行政违法行为是否立案查处，使用此文书呈报审批。其样式见表8-3。

林业行政处罚立案登记表的作用是确认林业行政违法案件的成立，是林业行政处罚活动开始的文字凭证，证明承办单位的工作是合法的；立案报告对案情进行了初步分析判断，对确定调查方向具有指导意义。

表8-3　林业行政处罚立案登记表样式

林业行政处罚立案登记表

林罚立字[ ]第 号

	案由				
	案件来源		受案时间		
违法嫌疑人	姓名	性别		出生日期	
	工作单位		住址		
	单位名称		地址		
	法定代表人		职务		

(续)

简要案情(时间、地点、人员、事实经过等):		
承办人意见		承办人(签名): 年 月 日
承办部门负责人意见		负责人(签名): 年 月 日
行政机关负责人意见		负责人(签名): 年 月 日
备注		

8.8.2.3 询问笔录

询问笔录是林业行政执法部门为了查明案件事实，收集证据，向案件当事人、证人或者其他有关人员调查了解有关情况时所作记录的文书。林业行政执法人员询问相关人员，记载询问内容时应当使用统一规范的《询问笔录》首页纸和笔录续页纸。其样式见表8-4。

询问笔录是一种具有法律效力的文书，一经核实和被询问人认可，就成为林业行政执法部门裁决林业行政案件证据之一。

表 8-4 询问笔录样式

第____次询问
共____页第____页

询 问 笔 录

询问时间：____年____月____日____时____分至____年____月____日____时____分
询问地点：_____
询问人姓名：_____ 工作单位：_____ 林业行政执法证件号码：_____
记录人姓名：_____ 工作单位：_____ 林业行政执法证件号码：_____
被询问人姓名：_____ 性别：_____ 出生日期：_____

(续)

民族：_____ 文化程度：_____ 身份证号码：_____
户籍所在地：_____ 联系电话：_____
现住址：_____
问：
答：

被询问人(签名)：　　执法人员(签名)：

共____页第____页

被询问人(签名)：　　　　　　　　　　　　　执法人员(签名)：

8.8.2.4 案件移送书及回执

案件移送书，是林业行政机关将不属于自己管辖，或者发现违法行为已经构成犯罪的案件，移送有管辖权机关的文书。适用于林业行政执法部门受理案件后，经调查，确认不属于自己管辖的，移送有关主管部门；需要追究刑事责任的，移送司法机关处理的案件。案件移送书的回执联，由案件接收单位签收并反馈移送单位。其样式见表 8-5。

表 8-5　案件移送书样式

案 件 移 送 书

　　　　　　　　　　　　　　　　　　　　　　　　　　　　　____林罚移字[　　]第号

_____：
　　我单位于____年____月____日受理了_____一案。经调查，该案不属于我单位管辖，根据_____的规定，现将此案移送你单位处理。
附：
　　1. 案卷材料共_____页；
　　2. 涉案物品共_____件（附清单 2 份，包括涉案物品的序号、名称、单位、规格、数量等，移送人在清单上签名）。

　　　　　　　　　　　　　　　　　　　　　　　　　　　　　　　　移送机关(印章)
　　　　　　　　　　　　　　　　　　　　　　　　　　　　　　　　　年　月　日

移送人(签名)：
联系电话：

共四联　第一联　交被移送单位

案件移送书(回执)

_____：
　　你单位于____年____月____日以《案件移送书》(____林罚移字[　　]第号)移送我单位的_____案已接收。同时收到案卷材料共____页；涉案物品共____件(接收人在涉案物品清单上签名)。

　　　　　　　　　　　　　　　　　　　　　　　　　　　　　　　　被移送机关(印章)
　　　　　　　　　　　　　　　　　　　　　　　　　　　　　　　　　年　月　日

接收人(签名)
联系电话：
共四联　第二联　交移送单位

移送案件涉案物品清单

移送机关(印章)：　　移送人(签名)

序号	名称	单位	规格	数量	备注

接收人(签名)　　　　　　被移送机关(印章)

　　　　　　　　　　　　　　　　　　　　　　　　　　　　　　　　　年　月　日

共四联　第三联　交移送单位

移送案件涉案物品清单

移送机关(印章):　　移送人(签名)

序号	名称	单位	规格	数量	备注

接收人(签名)　　　　被移送机关(印章)

年　月　日

共四联　第四联　交被移送单位

8.8.2.5 勘验、检查笔录

勘验、检查是案件调查的重要手段。"勘验"是办案人员对与违法行为有关的场所、物品观察、检验、测量、拍照、绘图等,以发现和固定违法活动所遗留下来的各种痕迹和物证的活动。勘验现场的任务是查明违法行为发生现场的情况,发现和收集证据,判断案件性质,确定调查方向和范围。"检查"是办案人员依法对违法嫌疑人及其携带的物品或可能隐藏违法嫌疑人及证据的房屋、车辆等场所进行观察、检验的活动。检查的目的在于收集违法行为的证据、查获违法嫌疑人。

勘验、检查笔录是林业行政执法人员对与案件有关的场所、物品等进行勘验或者检查所作文字记载的文书。其样式见表8-6。

表8-6　勘验、检查笔录样式

第___页　共___页

勘验、检查笔录

时间:___年___月___日___时___分至___年___月___日___时___分
勘验、检查地点:_____
勘验、检查人员:

姓名	工作单位	职业/职务/职称	林业行政执法证件号码

记录人员:

姓名	工作单位	职业/职务/职称	林业行政执法证件号码

当事人:

姓名	有效身份证件及号码	联系地址及方式

见证人:

姓名	有效身份证件及号码	联系地址及方式

（续）

勘验、检查事项及结果：_____

第____页 共____页

勘验检查人员(签名)
记录人员(签名)：
当事人(签名)：
见证人(签名)：

年 月 日

8.8.2.6 先行登记保存证据通知单

先行登记保存，是指林业行政主管部门在收集证据时，在证据可能灭失或者以后难以取得的情况下，经林业行政主管部门负责人批准，对证据进行登记，暂时先予封存固定，并放置于一定地点妥善保管，任何人不得动用、转移、损毁或者隐藏，等待进一步调查和作出处理决定的行政强制性措施。

先行登记保存证据通知单，是林业行政主管部门对证据实施登记保存的法律文书。在林业行政主管部门采取证据保存措施期间，当事人或者有关人员不得销毁或者转移证据。其样式见表8-7。

表8-7 先行登记保存证据通知单样式

先行登记保存证据通知单

_____林罚登保字〔 〕第 号

案由		办案单位			
证据持有人		性别		出生日期	
住址					
工作单位				联系电话	

根据《中华人民共和国行政处罚法》第三十七条第二款规定，决定自___年___月___日至___年___月___日对下列物品予以先行登记保存，保存地点_____。在保存期间内未经本机关批准，不得销毁或者转移证据。

序号	名称	单位	数量	规格(特征)	备注

执法人员(签名)：

年 月 日

证据持有人(签名)：

年 月 日

行政机关(印章)

年 月 日

共二联 第一联 附卷

8.8.2.7 封存/扣押决定书及清单

(1) 封存/扣押决定书及清单的作用和样式

封存/扣押决定书及封存/扣押物品清单是林业行政执法部门为了查清案件事实和调查取证的需要，在办理林业行政处罚案件过程中，经行政机关负责人批准，决定对涉案的物品采取封存(查封)、扣押措施时使用的文书。其样式见表8-8。

表 8-8　封存/扣押决定书样式

封存/扣押决定书

　　　　　　林罚封决字〔　〕第　号

被封存/扣押物品持有人：_____

被封存/扣押物品持有人地址：_____

　　因_____，本机关执法人员当场向你(你单位)告知了封存/扣押的理由、依据和依法享有的权利，□听取了你(你单位)的陈述和申辩；□你(你单位)未作陈述申辩(前两项可打√选择)。根据_____的规定，对《封存(扣押)物品清单》(见附件)所列物品自____年____月____日____时起至____年____月____日____时止封(扣押)。封存(扣押)物品存放于_____。

　　如对本封存/扣押决定不服，可于接到本决定书之日起**六十日**内，向_____或者_____申请行政复议，也可以于三个月内直接向_____人民法院提起诉讼。

　　　　　　　　　　　　　　　　　　　　　　　　　　行政机关(印章)
　　　　　　　　　　　　　　　　　　　　　　　　　　　　年　月　日

执法人员(签名)：
林业行政执法证件号码：
被封存/扣押物品持有人(签名)：
见证人(签名)：

共四联　第一联　附卷

附件　封存/扣押物品清单

序号	名称	单位	数量	规格(特征)	备注

执法人员(签名)：
林业行政执法证件号码：
被封存/扣押物品持有人(签名)：
见证人(签名)：

共四联　第一联　附卷

8.8.2.8　(鉴定/检测/评估/聘请)委托书

　　(鉴定/检测/评估/聘请)委托书，是林业行政执法部门在办理林业行政处罚案件过程中，对需要经过技术鉴定、检测的证据物品或者需要对违法物品进行价值评估、对违法行为侵犯对象进行损害程度评估的，聘请、委托有关单位或者个人对其进行相应鉴定、检测或者评估而制作的法律文书，是两种文书合二为一的特殊格式。其样式见表8-9。

表8-9　（鉴定/检测/评估/聘请）委托书样式

（鉴定/检测/评估/聘请）委托书

＿＿＿林聘/委字〔　〕第　号

＿＿＿＿＿＿＿＿＿＿：

根据＿＿＿＿＿＿＿＿＿＿＿＿的规定，特□聘请□委托你（你单位）对以下专业性问题进行□鉴定□检测□评估：

_____

_____

请于＿＿年＿＿月＿＿日前将□鉴定□检测□评估情况及结论形成书面材料送交我单位。

（聘请/委托单位印章）
年　月　日
（续）

本聘请/委托书已收到，□鉴定□检测□评估事项及要求已确认。

被聘鉴定/检测/评估人（签名或盖章）：
年　月　日

共二联　第一联　附卷

8.8.2.9　责令＿＿＿＿＿＿通知书

责令＿＿＿＿＿＿通知书是国家林业主管部门新增加的一种通用法律文书，适用于林业行政执法部门依法责令违法行为人立即（或在一定期限内）纠正违法行为或者履行法律、法规规定义务的文书。如果责令履行法律、法规规定义务的，应当告知不予履行的法律后果。其样式见表8-10。

适用于林业行政执法部门在执法的过程中，为制止违法行为、控制危害扩大等情形，依法对公民、法人或者其他组织的违法行为实施的限制性措施。如责令停止违法行为，责令停止破坏行为，责令改正，责令纠正，责令停止侵权行为，责令停止假冒行为，责令停止试验，责令停止种子的经营、推广，责令停止采种行为，责令停止生产、经营，责令托运人在指定地点进行消毒处理、停止调运、改变用途、控制使用或就地销毁，责令限期改正，责令限期完成造林任务，责令限期恢复原状，责令限期捕回。

适用于执行处罚决定的特定事项时，本文书可作为处罚决定书的附件使用。如责令补种树木。

表8-10　责令＿＿＿＿＿＿通知书样式

责令＿＿＿＿＿＿通知书

＿＿＿＿＿＿林罚责通字〔　〕第　号

＿＿＿＿＿＿＿＿＿＿：

经依法查明，你（你单位）_____

_____

的行为，违反了_____的规定。

(续)

根据_____
_____
现责令你(你单位)_____
_____

行政机关(印章)
年 月 日

共二联　第一联　附卷

8.8.2.10　林业行政处罚先行告知书

　　林业行政处罚先行告知书是指林业行政执法部门以一般程序办理林业行政处罚案件时，对尚未达到听证标准的行政处罚，在作出行政处罚决定前，按照法定程序，以书面形式告知当事人拟作出行政处罚决定的事实、理由、依据以及当事人依法享有陈述和申辩权利的文书。其样式见表8-11。

　　告知程序是林业行政执法部门办理林业行政处罚案件的基本程序，林业行政执法部门必须履行告知义务，否则构成违反法定程序。林业行政处罚先行告知书有两方面功能：一是告知被处罚人拟作出行政处罚决定的事实、理由和法律依据；二是告知被处罚令所享有的陈述、申辩权。将林业行政处罚告知行为格式化，有利于规范林业行政执法行为和保证林业行政处罚程序合法化。

表8-11　林业行政处罚先行告知书样式

林业行政处罚先行告知书

_____林罚权告字〔　〕第　号

被告知人：_____

　　根据《中华人民共和国行政处罚法》第三十一条的规定，现将拟作出行政处罚决定的事实、理由及依据等告知如下：

　　事实：_____
　　理由：_____
　　依据：_____

　　根据《中华人民共和国行政处罚法》第三十二条的规定，对上述告知事项，你(你单位)依法有权进行陈述和申辩。

行政机关(印章)
年 月 日

共二联　第一联　附卷

8.8.2.11　举行听证通知书

　　林业行政处罚听证通知书，是经有权要求举行听证的当事人提出，林业主管部门向当事人发出的决定举行听证的书面通知文书。其样式见表8-12。

表8-12 举行听证通知书样式

举行听证通知书

_____林罚听通字〔 〕第 号

_____：

　　根据你(你单位)于___年___月___日就_____一案提出的听证申请,依据《中华人民共和国行政处罚法》第四十二条的规定,现定于___年___月___日___时___分在_____举行□公开 □不公开 听证。请你(你单位)持本通知准时出席。

　　听证会主持人：_____

　　听证会书记员：_____

　　翻译人员：_____　鉴定人员：_____

　　注意事项如下：

　　1. 当事人可以亲自参加听证,也可以委托一至二人代理。委托代理人参加听证的,应在听证举行前提交由委托人签名或盖章的授权委托书,载明委托的事项及权限。参加听证时应携带身份证明材料。

　　2. 你(你单位)若因特殊原因需申请延期举行听证的,应当在听证举行前向本行政机关提出申请并说明理由,由本机关决定是否延期。

　　3. 申请人无正当理由不参加听证,又未委托代理人到场参加听证的,或者未经听证主持人允许中途退场的,视为放弃听证权利,本机关将终止听证。

　　4. 举行听证会前,本通知内容将在_____进行公告。

行政机关(印章)

年　月　日

本机关联系地址：_____

邮编：_____　联系人：_____　联系电话：_____

共三联　第一联　附卷

8.8.2.12 林业行政处罚意见书

　　林业行政处罚意见书是林业行政执法人员以一般程序调查的案件,在案件调查结束时,对案件处理提出具体意见,报请林业行政机关负责人审核决定的文书。

　　林业行政处罚意见书是提出处理意见、法制部门审核、行政负责人审批的主要载体,各方面的意见要明确地反映在不同的栏目内。林业行政处罚意见书是内部审批文件,不能直接向当事人出示,但它是作出林业行政处罚决定的直接依据。其样式见表8-13。

表8-13 林业行政处罚意见书样式

林业行政处罚意见书

_____林罚意字〔 〕第 号

案　由	
立案时间	年　月　日

(续)

违法行为人	姓名		性别		出生日期	
	身份证号码					
	工作单位		住 址			
	单位名称		地 址			
	法定代表人		职 务			
简要案情						
承办机构处理意见			执法人员(签名)： 负责人(签名)： 年 月 日			
法制工作机构意见			负责人(签名或盖章)： 年 月 日			
行政机关负责人审查决定或集体讨论决定			负责人(签名或盖章)： 年 月 日			

8.8.2.13 林业行政处罚决定书

林业行政处罚决定书是林业主管部门对调查终结的行政违法案件，依据法律、法规和规章，确认当事人已构成违法行为，依法作出行政处罚决定并送达违法行为人的文书（表8-14）。

表8-14 林业行政处罚决定书样式

林业行政处罚决定书

　　　　　　林罚决字[　]第 　号

被处罚人姓名：_____ 性别____出生日期_____
身份证号码：_____
工作单位：_____ 现住址：_____
被处罚单位名称：_____
营业执照注册号(或组织机构代码证代码)：_____
法定代表人：_____ 职务：_____
单位地址：_____
经依法查明，你(你单位)_____
_____。
上述行为及事实有_____等证据为证，违反了_____的规定，已构成违法。依据_____的规定，本机关决定对你(你单位)处以下行政处罚：
　1._____
　2._____
　3._____

(续)

本决定书中的罚款，限你(你单位)于收到本决定书之日起，十五日内到_____银行(账号：_____)缴纳。到期不缴纳罚款的，每日按罚款数额的百分之三加处罚款。

如对本林业行政处罚决定不服，可于接到本决定书之日起六十日内，向_____或者_____申请行政复议，也可以于三个月内直接向_____人民法院提起诉讼。逾期不申请行政复议或者不提起行政诉讼，又不履行处罚决定的，本机关将依法强制执行或者依法申请人民法院强制执行。

行政机关(印章)
年 月 日

共三联　第一联　附卷

8.8.2.14 没收物品清单

没收实物清单是林业行政执法部门作出没收实物的处罚决定时，制作的记录当事人被没收物品名称、单位、数量、规格(特征)等内容的文书。实践中，为防止滥用财产处分权，在决定没收的物品较多时，有必要制作该清单予以明确，作为处罚决定书的附件使用。其样式见表8-15。

表8-15　没收物品清单样式

没收物品清单

根据《林业行政处罚决定书》(____林罚决字[ ]第 号)，没收被处罚人____下列物品：

序号	名称	单位	规格	数量	备注

承办人(签名)：
　　　　　年 月 日

被处罚人(签名)：　　　　　　　　　　　　　　　　　行政机关(印章)
　　　　　年 月 日　　　　　　　　　　　　　　　　　　年 月 日

共二联　第一联　附卷

8.8.2.15 (驳回/批准延期/分期)缴纳罚款申请决定书

(驳回/批准延期/分期)缴纳罚款申请决定书，适用于对确有经济困难的被处罚人提出延期或分期缴纳罚款的申请后，经林业行政执法部门负责人审查，依法决定驳回或批准被处罚人延期或者分期缴纳罚款的文书。该文书属填充型文书，共三联，第一联为附卷，第二联交申请人，第三联交收款银行。内容分首部、正文和尾部。其样式见表8-16。

表 8-16 (驳回/批准延期/分期)缴纳罚款申请决定书样式

(驳回/批准延期/分期)缴纳罚款申请决定书

_____林罚缴决字[ ]第 号

_____:
　　你(你单位)于___年___月___日以_____为由,对《林业行政处罚决定书》(____林罚决字[ ]第 号)中关于罚款缴纳的期限提出[□延期□分期]缴纳罚款的申请。经审查,认为此申请[□符合□不符合]法定情形,根据《中华人民共和国行政处罚法》第五十二条的规定,现决定:
　　□1. 驳回[□延期□分期]缴纳罚款的申请,原《林业行政处罚决定书》(____林罚决字[ ]第 号)中关于罚款缴纳的期限不变。
　　□2. 缴纳罚款的期限延至___年___月___日。
　　□3. 被处罚人可分次缴纳罚款,并在___年___月___日前全额交清。
　　限你(你单位)在收到本决定书之日起,在规定的时间内,到原《林业行政处罚决定书》(____林罚决字[ ]第 号)确定的银行缴纳罚款。到期不缴纳罚款的,每日按罚款数额的百分之三加处罚款。如不履行本决定的,本机关将依法强制执行或者依法申请人民法院强制执行。

行政机关(印章)
年 月 日

共三联　第一联　附卷

8.8.2.16　林业行政处罚文书送达回证

林业行政处罚文书送达回证是林业行政执法部门依照法定的时间和方式将林业行政处罚文书交付当事人,证明当事人已经收到该处罚文书的法律文书。其意义在于它是具体行政行为发生法律效力的基本前提,未经送达的文书,对当事人没有约束力。其样式见表8-17。

表 8-17　林业行政处罚文书送达回证样式

林业行政处罚文书送达回证

_____林罚送字[ ]第 号

案件名称				
受送达人				
送达文书名称	文 号	送达方式	送达或邮寄日期	受送达人或收件人 (签名或盖章)
送达人(签名):				送达单位(印章)
见证人(签名)				
备注:				

8.8.2.17 _____呈批表（通用呈批表）

"_____呈批表"是新增加的一个文书，是体现林业行政机关内部审核审批各种流程的载体。对办理林业行政处罚案件的关键环节依法审核、审批，体现了案件办理程序的合法性和严谨性，也体现了相关人员的责任。其样式见表8-18。

除立案登记、提出行政处罚意见需要分别填写《林业行政处罚立案登记表》和《林业行政处罚意见书》进行专项审核审批以外，凡是需要行政负责人审批的，均可使用该"呈批表"。如，撤销立案、移送案件、案件委托、指定管辖、执法人员回避、登记保存、抽样取证、调取证据、封存扣押、解除封存扣押、聘请/委托/鉴定/检测/评估人员或单位、延长办案期限、解除暂扣木材、案件终止调查、延期/分期缴纳罚款等。

表8-18 _____呈批表样式

_____呈批表

编号：

案件名称	
申请事项及理由：	承办人(签名)： 年 月 日
承办机构意见	负责人(签名)： 年 月 日
行政机关负责人意见	负责人(签名)： 年 月 日
备注	

复习思考题

一、名词解释

1. 林业行政处罚；2. 地域管辖；3. 非法证据排除规划；4. 留置送达；5. 听证程序代。

二、单项选择题

1. 违反林业行政处罚的刑事责任中，构成玩忽职守罪的，由司法机关处（　　）年以下有期徒刑或者拘役。情节特别严重的，处以（　　）以上七年以下有期徒刑。
   A. 一年　　　　　B. 三年　　　　　C. 五年　　　　　D. 七年

2. 下列证据材料不能作为定案依据（　　）。
   A. 严重违反法定程序收集的证据材料
   B. 以偷拍，偷录，窃听等手段获取侵害他人合法权益的证据材料
   C. 不能正确表达意志的证人提供的证言
   D. ABC 均包括

3. 林业行政处罚的证据，应具有（　　）特征。
   A. 证据的客观性　　　　　　　　B. 证据的关联性
   C. 证据的合法性　　　　　　　　D. ABC 均包括

4. 关于行政处罚中的简易程序，下列表述中较为准确的一项是（　　）。
   A. 简易程序是可随意简化步骤的程序
   B. 简易程序是当场处罚的适用程序
   C. 简易程序仅适用于罚款
   D. 简易程序不得 2 人执法

5. 适用林业听证程序的处罚案件，下列说法中不准确的是（　　）。
   A. 并不是所有的案件都必须适用听证程序
   B. 较大数额罚款案件的标准全国统一为达到或超过十万元
   C. 听证主持人不得是本案的调查工作人员
   D. 当事人要在收到权利告知书三日内要求听证

三、判断题（对的打"√"，错的打"×"）

1. 对当事人决定给予 50 元以下罚款的，可以当场收缴罚款。　　　　　　　（　　）
2. 在行政处罚的一般程序中，执行调查取证的执法人员不得少于 2 人。　　（　　）
3. 林业行政主管部门对违法相对人可以实施限制人身自由的处罚。　　　　（　　）
4. 违反法定程序的林业行政处罚是无效的。　　　　　　　　　　　　　　（　　）
5. 同一行政违法行为不能根据同一法律规定由几个行政机关分别处罚。　　（　　）

四、简答题

1. 简述非法证据排除规则。
2. 简述林业行政处罚的种类。
3. 简述调查证据的步骤。
4. 简述听证程序适用的范围。

五、案例分析题

某森林公安派出所接辖区村民王某报案称：自家苹果园 20 株盛果期的苹果树在头天夜里被人毁坏，价值约 4000 元，并怀疑是与他刚打过架的同组村民陈某所为，还称其妹妹头天晚上曾看见陈某在被毁苹果园周围出现。

派出所传唤陈某到所里接受询问时,称王某妹妹见陈某头天晚上去过案发现场,陈某否认是其所为。办案民警称:"传你来你肯定'有事',你没'犯事'就不会传你。你说不是你干的,谁能证明?你拿出证据来!"陈某称他头天晚上一直在家,他妻子和女儿可以证明。办案民警称:你家里人不能作证。陈某辩解道:那王某妹妹为啥能作证?办案人员称:人家是受害人一方,你是违法嫌疑人一方,你凭啥跟人家比。陈某不知所措。

之后,派出所分别询问了王某妹妹、陈某妻子和女儿,并作了笔录,但未让他们阅读笔录,也未向他们宣读,即让3人在笔录上签名。随后对案发现场录了像,并绘制了现场图。又委托县价格事务所对王某被毁苹果树作价,价值为1800元,但该作价单上未加盖价格事务所的公章。

派出所根据收集到的上述证据,采信了王某报案和其妹妹的证言,最后推定本案是陈某所为,并对陈某口头作出罚款5400元的处罚决定。回答下列问题:

①根据法定证据形式和证据理论分类的标准,逐一归类下列证据分别属于何种证据?王某口头报案记录;被毁果树;王某和陈某亲属陈述案情的3份笔录;陈某个人的辩解;案发现场录像;绘制的案发现场图;果树估价书;询问陈某的笔录。

②根据法定举证责任的分配规则,本案依法应由谁承担举证责任?

③陈某是否应承担自证其没有违法的举证责任?为什么?

④王某妹妹、陈某妻子和女儿是否可以作证?办案人员称受害人一方亲属可以作证,而违法嫌疑人一方亲属则不能作证,这种说法是否合法?为什么?

⑤依据证据的证明力规则,在何种情况下可以采信和认定当事人亲属的证言定案?

单元 9　林业行政复议

学习目标

1. 掌握林业行政复议的特征和原则。
2. 掌握林业行政复议的管辖、受案范围和参加人。
3. 掌握有关林业行政复议法律文书的一般格式。
4. 掌握林业行政复议的程序。

9.1　林业行政复议概述

案例

2007年11月12日，青年法律学者郝某向国家林业局寄交了有关华南虎事件的行政复议申请书，申请书提出四项要求：要求国家林业局委托专业机构对周某拍摄的71张虎照和胶卷进行鉴定，是纸板做的，还是活体老虎？请求国家林业局撤销A省林业厅依据周正龙拍摄的华南虎照片和胶卷而认定B地发现野生华南虎这一行政行为；请求国家林业局撤销A省林业厅依据周正龙拍摄的照片和胶卷而公布B地发现野生华南虎这一行政行为，并责令被申请人就此次华南虎事件重新作出新的行政行为；请求国家林业局责令A省林业厅贸然发布虚假信息对申请人造成的精神伤害赔偿人民币1元。

11月26日，郝某收到国家林业局11月23日作出的"国家林业局行政复议不予受理决定书"。决定书认为："A省林业厅根据周某所拍虎照认定B地发现野生华南虎、向社会公布B地发现野生华南虎这两个行政行为均不是针对申请人郝某作出的，对郝某的权利和义务不产生实际影响，申请人郝某的行政复议申请不符合《行政复议法》规定的受理条件，国家林业局据此不予受理行政复议"。

1. 何谓行政复议？行政复议有哪些特征？
2. 行政复议的对象范围包括哪些？
3. 行政复议申请人的资格和范围是什么？
4. 国家林业局不受理郝某的复议请求符合法律规定吗？

9.1.1 林业行政复议的概念及特征

林业行政复议，是指行政相对人认为林业行政主体在行使林业行政管理职权时所作出的具体行政行为或不作为行为侵犯其合法权益，依法向法定的复议机关提出申请，由受理申请的机关依法对该具体行政行为或不作为行为进行审查并作出相应决定的活动。它具有以下特征。

(1) 行政复议是解决行政争议的一种行政方式

行政复议原则上只限于解决行政争议，民事纠纷和其他争议只有在法律有明文规定的情况下才可以被纳入处理范围。如不服行政机关作出的行政处分或者其他人事处理决定的，可依照有关法律、行政法规的规定提出申诉。不服行政机关对民事纠纷作出的调解或者其他处理，可依法申请仲裁或者向人民法院提起诉讼。

(2) 行政复议是一种依申请的行政行为

行政复议是一种行政机关的行政行为，这种行为的特点是以解决行政争议的形式进行的，它基于行政相对人的申请而开始，以行政主体为被申请人。一般说来，无行政相对人的申请，便无行政复议活动的进行。虽然行政机关也可以复查自己的行政决定，但这与由行政相对人提出申请形式的复议请求是有区别的。所以，行政复议是依申请而非依职权主动作出的行政行为。作为行政相对人的公民、法人或者其他组织不主动申请，行政复议机关不能径自作出复议决定。

(3) 林业行政复议的审查对象是具体行政行为和做出该具体行政行为所依据的特定范围的抽象行政行为

所谓具体行政行为，是指林业行政主体将具有普遍约束力的林业行政法规规范或规则适用于特定事件或特定人而作出的特定处理，行为的内容和结果将直接影响行政管理对象的权利和义务。具体行政行为一般包括行政许可、行政确认、行政征收、行政检查、行政处罚、行政强制、行政裁决等行政行为。具体行政行为最突出的特点，就是行为对象的特定性和具体化，它对已经发生的特定事项和特定的人具有拘束力，而对以后发生的同类事件则不产生效力。《行政复议法》第七条规定的"特定范围的抽象行政行为"是指：国务院部门的规定；县级以上地方各级人民政府及其工作部门的规定；乡镇人民政府的规定。以上所列规定不含国务院部、委员会规章和地方人民政府规章。林业行政相对人认为林业行政主体作出的具体行政行为或该具体行政行为所依据的以上规范性规定不合法的，在对具体行政行为申请复议时，可以一并向行政复议机关提出对该规定的审查申请。但依照行政复议法的规定，相对人不得单独对上述抽象行政行为申请行政复议。

(4) 行政复议以合法性与合理性为审查标准

在行政复议中，行政复议机关依据合法性和合理性标准审查具体行政行为，就是审查具体行政行为的行政主体是否履行法定职责；是否事实清楚、证据确凿；适用法律、法规与规章以及具有普遍约束力的行政决定、命令是否正确；是否违反法定程序；是否超越职权、滥用职权以及行政侵权；依据法律、法规和规章等法律规范的规定作出的具体行政行为是否明显不当。按照这样的标准审查后，依法作出行政复议决定。

(5)行政复议的主体一般是作出有争议行政决定的上级机关

如果没有法律规定，作为行政争议一方当事人的行政机关无权审理复议案件，因此，行政复议主要由上级行政机关进行。行政复议法规定，除法律另有规定外，行政复议由县级以上人民政府或者由作出具体行政行为的行政机关的上一级行政机关管辖。从行政复议机关的设置上看，行政复议机关有本级人民政府，也有上级行政主管部门，还有设立的派出机关，但必须是行政机关，才能作出行政复议决定。

(6)行政复议以书面审查为主要方式

从提高行政效率、简化行政程序的角度考虑，行政复议以书面审查为主。行政复议法规定，行政复议机构进行复议审查时，原则上采取书面审查的办法，但是当申请人提出要求或者行政复议机关认为有必要时，也可以听取申请人、第三人和被申请人的意见，包括采取听证的方式，并向有关组织和个人进行调查和了解情况。

(7)行政复议决定必须是针对原行政决定做出的新决定

复议机关受理复议申请后，应结合行政相对人的请求内容，对原行政决定作全面的复查核实，并针对原行政决定做出维持、撤销或者变更的复议决定，并答复复议申请人。复议决定为最终裁决的，或者复议申请人在法定期限内未提起行政诉讼的，或者人民法院判决维持行政复议决定的，行政复议决定经送达后，即产生约束有关当事人的法律效力。

9.1.2　林业行政复议的原则

行政复议的原则包括基本原则和特有原则。基本原则是指法律规定的，贯穿于行政复议活动始终并对行政复议具有普遍指导意义的基本准则，它具有法律性、客观性、普遍指导性和稳定性的特征。根据《行政复议法》第四条的规定，行政复议的基本原则包括：合法原则，公正原则，公开原则，及时、便民原则。特有原则是指行政复议制度区别于其他法律制度的特殊性原则，这些原则主要有实行一级复议制原则、全面审查原则、书面复议原则以及有错必纠原则。

(1)林业行政复议的基本原则

①合法原则。合法原则是指在行政复议的过程中行政复议的主体、权限、程序、决定必须依据法律和符合法律的规定。该原则要求：第一，行政复议的主体应当合法，复议机关必须是依法设立、法律法规赋予的有复议权的林业行政主管部门或者县级以上人民政府。复议机关受理并审理的复议案件，必须是其依法有管辖权的复议案件。行政复议的申请人也必须符合《行政复议法》和《行政复议法实施条例》的有关要求。第二，审理复议案件的依据应当合法，即复议机关受理和审理林业行政复议案件，必须依照宪法、法律、行政法规、地方性法规和其他规范性文件；审理民族自治地方的复议案件，还应当依照民族自治地方的自治条例和单行条例的规定。第三，审理复议案件的程序合法，《行政复议法》和《行政复议法实施条例》等有关法律、法规规定了具体的复议程序，林业复议机关审理复议案件时应当严格按照法律规定的步骤、形式、顺序和时限去操作，严重违背法定程序而作出的复议决定是无效的。第四，作出的复议决定应当合法，即复议机关对复议的具体行政行为的合法性和适当性审查后，作出的复议决定应当符合程序法和实体法的规定、精神

和实质。

②公正原则。公正原则是指林业行政复议机关行政复议时，应当公平地对待双方当事人，不得偏颇。公正性是"法律面前人人平等"的宪法原则在行政复议活动中的具体体现。复议机关不得因被申请人是林业行政主体而有意或无意地袒护。公正原则要求复议机关及其工作人员必须恪尽职责，正确行使对下级林业行政主体的监督权，在积极支持下级行政主体依法行政的同时，依法履行其监督职责，及时纠正下级行政主体的行政违法和行政不当行为，真正树立行政机关公正无私的执法形象，提高行政复议的社会公信度。

③公开原则。公开原则是指林业行政复议案件的受理、调查取证、审理和决定、送达和执行等程序依法必须公开。采信证据、认定事实、复议决定及其依据须向当事人、社会公众公开，但涉及国家秘密、商业秘密和个人隐私的除外。公开原则要求：申请人的复议申请书及其提交给复议机关的证据材料，第三人提交给复议机关的本案证据材料，特别是被申请人的答辩状、当初作出具体行政行为的全部证据和依据等涉案材料，以及复议机关调查收集的与本案有关的证据等都应当对当事人公开，并允许当事人复印，不得隐瞒，严禁暗箱操作。

④及时原则。又称效率原则，是指林业行政复议机关在复议案件的受理、适用程序、审理方式、做出复议决定应在合法的前提下提高工作效率，在法定复议期限内高效地完成复议相关工作。

⑤便民原则。所谓便民原则是指行政复议活动应当在合法的前提下尽可能为申请人提供便利和减少维权成本。便民原则要求：复议机关应当有效地保障行政管理相对人充分行使复议申请权，尽可能减少其不必要的时间、费用和精力。如在复议申请人无能力书写复议申请书时，应当制作复议申请笔录；对缺乏林业行政复议等相关法律知识的申请人，应当耐心释惑解疑，指导其正确行使权利和履行义务等。

(2)林业行政复议的特有原则

①实行一级复议制原则。一级复议制是指林业行政复议案件经过一级法定的行政复议机关审查并作出复议决定，行政复议程序即告终结，行政相对人不得再向上一级行政机关申请复议。这是因为，在通常情况下，行政复议并非行政监督唯一的或最后的救济手段，行政相对人如对行政复议决定不服，仍可继续提起行政诉讼。因此在法律制度上就没有必要在行政机关内部设立两级或多级复议制，以简化行政复议程序，提高行政效率。

②全面审查原则。即行政复议机关既要对申请人提出异议的具体行政行为的合法性进行审查，又要对具体行政行为的合理性进行审查的原则。行政复议机关对具体行政行为的合法性进行审查，目的就是监督作出具体行为的国家行政机关是否依法行政、是否超越权限、滥用职权或违反法定程序的行为；行政复议机关对具体行政行为的合理性进行审查，主要目的是审查作出具体行政行为的国家行政机关做出的具体行政行为是否在法定的自由裁量幅度内，是否合理、适度、公正。合法性和合理性是依法行政原则两个重要的要件，缺一不可，复议机关只有对下级行政机关的行政行为实施全方位的审查，才能监督行政主体作出的具体行政行为合法、合理、适度、公正，从而达到依法行政和监督的目的。

③书面复议原则。即行政复议机关仅就行政复议案件的书面材料进行审理的原则。

实行书面审理原则，通常不需要传唤或通知申请人、被申请人、第三人、证人或其复议参加人到复议机关面对面出证、质证，一般也不采用直接、言词辩论方式。实行书面复议，申请人不必亲自到行政复议机关陈述情况，可以通过书信、传真等方式提起行政复议请求，将有关的请求、证据和其他有关材料全部附上。行政复议原则上采取书面审查的办法，但是申请人提出要求或者行政复议机关负责法制工作的机构认为有必要时，可以向有关组织和人员调查情况，听取申请人、被申请人和第三人的意见。书面复议原则可以免除公民、法人或者其他组织的来回奔波，减少费用，也便于行政复议机关节省时间，从而更迅速地处理案件。

④有错必纠原则。是指复议机构在行政复议过程中发现对被申请人做出的具体行为有错误或违法现象的，必须及时予以纠正。监督机关发现复议机关及复议人员在行政复议中有违法违纪行为的，也必须及时纠正。

9.1.3　林业行政复议的作用

(1) 行政复议是保护公民、法人和其他组织合法权益的重要法律制度

林业行政机关行使职权的行为是国家管理活动，直接与公民、法人和其他组织的切身利益发生联系，当林业行政机关及其工作人员的某些违法或失职行为侵犯了相对人的合法权益时，如果没有一套严格的监督程序，相对人的合法权益就难以得到保护。建立行政复议制度，就是从国家行政机关内部加强对自身依法行政的约束，通过上下级之间的监督和审查，及时发现和纠正错误的决定或行为，从而达到维护公民、法人和其他组织合法权益的目的。

(2) 行政复议制度的建立有利于维护和监督行政机关依法行使职权，纠正违法或不当的具体行政行为

行政复议法的立法目的就是"为了防止和纠正违法的或者不当的具体行政行为，保护公民、法人和其他组织的合法权益，保障和监督行政机关依法行使职权。"设立行政复议制度，通过上级对下级机关的具体行政行为进行审查，发现下级机关作出的具体行为违法或不当的，上级机关依法及时作出相应的纠正决定。这样虽然不经行政诉讼程序，但也能使违法或不当的行政行为及时得到纠正，并根据复议的情况，对违法或不作为的行政机关或工作人员依法给予降级、撤职、开除等行政处分。

(3) 行政复议制度的建立有利于深入推进依法行政，加快建设法治政府

十八届四中全会通过的《中共中央关于全面推进依法治国若干重大问题的决定》中指出：各级政府必须坚持在党的领导下、在法治轨道上开展工作，创新执法体制，完善执法程序，推进综合执法，严格执法责任，建立权责统一、权威高效的依法行政体制，加快建设职能科学、权责法定、执法严明、公开公正、廉洁高效、守法诚信的法治政府。全面依法治国的关键在政府，设立复议制度，通过行政相对人的申请，复议机关依法做出适当的决定，从制度上保证了各级国家行政机关接受人民监督，扩大了人民监督国家行政机关依法行政的渠道，有利于加快法治政府的建设。

案例解析

1. 林业行政复议，是指行政相对人认为林业行政主体在行使林业行政管理职权时所作出的具体行政行为或不作为行为侵犯其合法权益，依法向法定的复议机关提出申请，由受理申请的机关依法对该具体行政行为或不作为行为进行审查并作出相应决定的活动。行政复议具有以下特征：①行政复议是解决行政争议的一种行政方式。②行政复议是一种依申请的行政行为。③林业行政复议的审查对象是具体行政行为和做出该具体行政行为所依据的特定范围的抽象行政行为。④行政复议以合法性与合理性为审查标准。⑤行政复议的主体一般是作出有争议行政决定的上级机关。⑥行政复议以书面审查为主要方式。⑦行政复议决定必须是针对原行政决定做出的新决定。

2. 行政复议的对象包括：①对林业行政处罚主体做出等行政处罚决定不服的。②对林业行政执法主体作出的行政强制措施不服的。③认为符合法定条件，申请林业行政主管部门颁发许可证或申请林业行政部门审批、登记有关事项，林业行政主管部门没有依法办理的。④对林业行政主管部门做出的有关林木采伐许可证、批准进口文件、允许进出口证明等证书的变更、中止或者撤销决定不服的。⑤认为林业行政主管部门侵犯其合法承包经营权的。⑥对行政机关作出的关于确认土地、森林、山岭、荒地、草原、滩涂等自然资源的所有权或者使用权的决定不服的。⑦认为林业行政主体违法要求其履行非法定义务的。⑧认为林业具体行政行为及其所依据的部分抽象行政行为不合法而一并申请行政复议的。⑨认为林业行政主体拒绝为其依法办理林业行政许可证、依法保护其财产权等合法权益而不作为的。⑩法律、法规规定的其他事项。

3. 行政复议申请人的资格：行政复议申请人应当同时符合以下条件：①必须是林业行政管理的公民、法人或其他组织；②与被申请的具体行政行为有法律上的直接利害关系。行政复议申请人的范围：在行政复议申请人的资格发生转移的情况下，以下人员也可以参加申请审议。①有权申请行政复议的公民死亡的，其近亲属可以申请行政复议。②有权申请行政复议的公民是无民事行为能力人或限制民事行为能力人的，其法定代理人可以代为申请行政复议。③有权申请复议的法人或其他组织终止的，承受其权利的法人或其他组织可以以申请人的身份申请行政复议。

4. 国家林业局不受理郝某的复议请求符合法律规定。《行政复议法》第二条规定：公民、法人或者其他组织认为具体行政行为侵犯其合法权益，向行政机关提出行政复议申请，行政机关受理行政复议申请、作出行政复议决定，适用本法。郝某作为青年法律学者在本案例中他不是与被申请的具体行政行为有法律上的直接利害关系，A省林业厅根据周正龙所拍虎照认定B地发现野生华南虎、向社会公布B地发现野生华南虎这两个行政行为均不是针对申请人郝某作出的，对郝某的权利和义务不产生实际影响，因此他不具有申请复议的资格。

9.2 林业行政复议的范围

案例

某乡林场与村民张某的承包林地是地邻。A乡林场在采伐其林场树木时，把位于张某承包林地边界处的3株桐树一并采伐后卖掉。张某发现后向乡政府申请确认被乡林场采伐并卖掉的3株桐树属其所有。乡政府派员调查后作出确权决定：乡林场采伐其与张某承包林地分界处的3株桐树属乡林场所有。张某对乡政府的确权决定不服，向县政府申请行政复议。县政府未让县法制办公室办理本案，而委托县政府办公室复议，县政府办公室经复议后，以自己的名义作出维持乡政府处理决定的复议决定。

1. 乡政府作出的林木确权处理决定是否属于林业行政复议的事项范围？为什么？
2. 县政府办公室受理、审理并作出复议决定的行为是否合法？为什么？

9.2.1 林业行政复议的事项范围

根据《行政复议法》第六条的规定，结合林业行政复议的实际情况，林业行政复议的法定事项包括：

①对林业行政处罚主体做出的罚款、没收违法所得、没收非法财物、责令停产停业、暂扣或者吊销许可证、暂扣或者吊销执照、行政拘留等行政处罚决定不服的。

②对林业行政执法主体作出的查封、扣押、冻结财产等行政强制措施不服的。

③认为符合法定条件，申请林业行政主管部门颁发许可证或申请林业行政部门审批、登记有关事项，林业行政主管部门没有依法办理的。

④对林业行政主管部门做出的有关林木采伐许可证、批准进口文件、允许进出口证明等证书的变更、中止或者撤销决定不服的。

⑤认为林业行政主管部门侵犯其合法承包经营权的。

⑥对行政机关作出的关于确认土地、森林、山岭、荒地、草原、滩涂等自然资源的所有权或者使用权的决定不服的。

⑦认为林业行政主体违法要求其履行非法定义务的。

⑧认为林业具体行政行为及其所依据的部分抽象行政行为不合法而一并申请行政复议的。"部分抽象行政行为"是指《行政复议法》第七条规定的以下三项抽象行政行为：国务院部门的规定，县级以上地方各级人民政府及其工作部门的规定，乡、镇人民政府的规定。

⑨认为林业行政主体拒绝为其依法办理林业行政许可证、依法保护其财产权等合法权益而不作为的。林业行政许可证的许可权限和范围，因实施林业行政许可主体的不同而不同。

⑩法律、法规规定的其他事项。

9.2.2 不可申请林业行政复议的事项范围

(1) 抽象行政行为

抽象行政行为是行政机关以不特定的人或事为管理对象，制定具有普遍约束力的规范性文件的行为。它具有对象的不特定性、效力的普遍性、可反复适用性、准立法性和不可诉性等特征。当事人对抽象行政行为不能申请行政复议，但《行政复议法》第七条规定的抽象行政行为除外。

(2) 林业行政主体内部行政行为

行政主体对其所属的国家公务员作出的行政处分或者其他人事处理决定，属内部行政行为。被处分或被处理的人不服，依法不能申请行政复议，但可依法向有关部门提出申诉。

(3) 林业行政主体居中调解、仲裁等行为

行政主体对公民、法人或其他组织之间的民事纠纷作出的调解或者其他处理，对双方当事人的约束力取决于其自愿接受和履行。如果当事人不服或拒不履行的，权利人可以依照民事诉讼法的有关规定向人民法院依法提起民事诉讼，或者依照仲裁法律规范向有关仲裁机关申请仲裁。由于进行调解或作出处理的行政机关不是该类民事纠纷的当事人，其所进行的调解或作出的决定也就不再发生法律效力。

案例解析

1. 乡政府作出的林木确权处理决定属于林业行政复议的事项范围。根据《行政复议法》第六条给规定，有下列情形之一的，公民、法人或者其他组织可以依照本法申请行政复议：对行政机关作出的关于确认土地、矿藏、水流、森林、山岭、草原、荒地、滩涂、海域等自然资源的所有权或者使用权的决定不服的。

2. 县政府办公室受理、审理并作出复议决定的行为不合法。根据行政复议议法管辖的原则。对乡级人民政府做出的决定不服的，受理行政复议的机关应该是县级人民政府，县政府未让县法制办公室办理本案，而委托县政府办公室复议，县政府办公室没有受理的资格，更不能以自己的名义作出维持乡政府处理决定的复议决定。

9.3 林业行政复议的管辖

案例

A县某供销社根据与D市某药材公司签订的中药材购销合同，直接到该县农户家收购了1431.9千克杜仲。7月21日，供销社将该批杜仲运往药材公司所在市，途经B县时，因无《植物检疫证》被B县林业执法部门当即全部扣留，限其3日内补办有关手续，并将扣留的杜仲交B县林业局保管。供销社回到A县林业局补证。7月23日，供销社持补办的手续到B县林业局要求放行。8月6日，林业局以补办手续不合法，且"两证"日期也不合情理为由，经主管局长批准以无证运输为由作了没收处理。8月17日，供销社向B县上级主管部门C市林业局公安科申请复议。公安科审查后认为已过规定的10日的复议期限，8月18日以口头方式通知申请人，不予复议，如不服此决定，可向人民法院起诉。

1. 行政复议的管辖有哪些规定？
2. 该案例中有哪些不符合行政复议的相关规定？

9.3.1 一般管辖

一般管辖是指按照行政机关的上下级隶属关系确定行政复议案件的管辖。具体内容包括：

①对县级以上地方各级林业行政主管部门做出的具体行政行为不服的，由申请人选择该林业行政主管部门所属的本级人民政府或上一级的林业行政主管部门管辖。

②对地方各级人民政府做出的具体行政行为不服的，由其上一级人民政府管辖。

③对国务院林业行政主管部门或省、自治区、直辖市人民政府做出的具体行政行为不服的，先由做出具体行政行为的部门或机关复议，对做出的复议决定不服的，可以直接向人民法院提起行政诉讼或者申请国务院裁决。如果向国务院申请裁决，国务院依法作出的裁决，是不能提起行政诉讼的最终裁决。

9.3.2 特殊管辖

特殊管辖是指不适用一般管辖，依法需要特殊对待的行政复议管辖。具体分为以下5种：

①由两个或两个以上行政机关以共同名义做出的具体行政行为不服的，由它们共同的上一级行政机关管辖。

②对县级以上地方人民政府依法设立的派出机关的具体行政行为不服的，由设立该派出机关的人民政府管辖。

③对政府工作部门设立的派出机构依照法律、法规或者规章规定，以自己的名义作出的具体行政行为不服的，由设立该派出机构的部门或者该部门的本级人民政府管辖。

④对法律、法规授权的组织做出的具体行政行为不服提出申请复议的，分别由直接管理该组织的地方人民政府、地方政府的工作部门或者国务院林业行政主管部门管辖。

⑤对被撤销的行政机关在其被撤销前作出的具体行为不服提起申请复议的，由继续行使其职权的行政机关的上一级行政机关管辖。

9.3.3 转送管辖

根据《行政复议法》第十五条第二款和第十八条的规定，申请人如果弄不清向哪一个行政机关申请复议，可以向具体行政行为发生地的县级地方人民政府提出行政复议申请，如属于行政复议的事项，接受申请的地方人民政府应当自接到该行政复议申请之日起七日内，转送有关复议机关，并告知申请人。接受转送的行政复议机关应当依照有关规定办理。

9.3.4 指定管辖

它是指因特殊原因或发生管辖权争议，由上一级行政机关或者同级人民政府指定的行政机关管辖。

案例解析

1. 行政复议的管辖有如下4种类别的规定。

(1) 一般管辖。是指按照行政机关的上下级隶属关系确定行政复议案件的管辖。①对县级以上地方各级林业行政主管部门做出的具体行政行为不服的，由申请人选择该林业行政主管部门所属的本级人民政府或上一级的林业行政主管部门管辖。②对地方各级人民政府做出的具体行政行为不服的，由其上一级人民政府管辖。③对国务院林业行政主管部门或省、自治区、直辖市人民政府做出的具体行政行为不服的，先由做出具体行政行为的部门或机关复议，对做出的复议决定不服的，可以直接向人民法院提起行政诉讼或者申请国务院裁决。

(2) 特殊管辖。是指不适用一般管辖，依法需要特殊对待的行政复议管辖。具体分为以下5种：①由两个或两个以上行政机关以共同名义做出的具体行政行为不服的，由它们共同的上一级行政机关管辖。②对县级以上地方人民政府依法设立的派出机关的具体行政行为不服的，由设立该派出机关的人民政府管辖。③对政府工作部门设立的派出机构依照法律、法规或者规章规定，以自己的名义作出的具体行政行为不服的，由设立该派出机构的部门或者该部门的本级人民政府管辖。④对法律、法规授权的组织做出的具体行政行为不服提出申请复议的，分别由直接管理该组织的地方人民政府、地方政府的工作部门或者国务院林业行政主管部门管辖。⑤对被撤销的行政机关在其被撤销前作出的具体行为不服提起申请复议的，由继续行使其职权的行政机关的上一级行政机关管辖。

(3) 转送管辖。申请人如果弄不清向哪一个行政机关申请复议，可以向具体行政行为发生地的县级地方人民政府提出行政复议申请，如属于行政复议的事项，接受申请的地方人民政府应当自接到该行政复议申请之日起7日内，转送有关复议机关，并告知申请人。接受转送的行政复议机关应当依照有关规定办理。

(4) 指定管辖。是指因特殊原因或发生管辖权争议，由上一级行政机关或者同级人民政府指定的行政机关管辖。

2. 复议程序解析。①复议机关错误。根据《行政复议法》第十二条的规定，对县级以上地方各级人民政府工作部门的具体行政行为不服的，由申请人选择复议机关。复议申请人既可以向该部门所隶属的同级人民政府申请行政复议，也可以向上一级林业行政主管部门申请行政复议。本案复议申请人供销社依法可以向B县人民政府申请行政复议，也可以向C市林业局申请行政复议。C市林业局公安科不是一级主管部门，不享有复议管辖权。②申请复议期限错误。公安科依本省适用地方性法规10日的申请复议期限错误。根据《行政复议法》第九条的规定，公民、法人或者其他组织认为具体行政行为侵犯其合法权益的，可以自知道该具体行政行为之日起60日内提出行政复议申请；但是法律规定的申请期限超过60日的除外。供销社申请复议的法定期限应为60日，而非10日。③法定期限错误。复议机关未向复议申请人告知向何处人民法院起诉的法定期限错误。根据《行政诉讼法》第三十八条第二款的规定，申请人不服复议决定的，可以在收到复议决定书之日起15日内向人民法院提起诉讼。复议机关逾期不作决定的，申请人可以在复议期满之日起15日内向人民法院提起诉讼。法律另有规定的除外。供销社依法可以在收到复议决定书之日起15

日内向人民法院提起诉讼。

9.4 林业行政复议参加人

 案例

2007年8月1日，A省B县C乡人民政府根据该乡李某的申请，作出山林权属界址纠纷的决定书，认定争议的山场四至界址清楚，并依据《A省山林权属争议调解处理办法》第十条、第十六条和第二十一条规定，作出决定：某地以东属李某所有，以西属刘某所有。李某不服山林权属界址的决定书，向B县政府提出申请行政复议。B县人民政府经审理后作出《行政复议决定书》，维持了C乡人民政府作出的山林权属界址纠纷的确权决定。

1. 什么是行政复议的参加人？
2. 在本案例中有哪些复议参加人？分别处于什么地位？

9.4.1 林业行政复议申请人

(1) 行政复议申请人

林业行政复议申请人，是指认为林业行政主体侵犯其合法权益，以其名义向复议机关申请对该具体行政行为进行审查并作出复议决定的行政相对人。行政复议申请人应当同时符合以下条件：①必须是林业行政管理的公民、法人或其他组织；②与被申请的具体行政行为有法律上的直接利害关系。也就是说，只有具体行政行为侵犯了谁的权益，谁才有资格提起复议申请，才能成为行政复议申请人。在本节案例中，李某对山林权属界址纠纷的决定书不服，认为该决定书侵犯了自己的合法权益，依法可以成为申请人提起行政复议，享有复议申请人的权利。

(2) 复议申请人的资格转移

复议申请人的资格转移，是指在法定条件下，复议申请人的复议申请权由有权代为申请行政复议的个人或单位行使的情形。根据《行政复议法》第十条第二款的规定，复议申请人的资格转移有以下情形：

①有权申请行政复议的公民死亡的，其近亲属可以申请行政复议。这里的近亲属包括：配偶、父母、子女、兄弟姐妹、祖父母、外祖父母、孙子女、外孙子女和其他具有抚养、赡养关系的亲属。近亲属提起行政复议其地位等同于有申请行政复议权的公民，而不是法定代理人的地位。

②有权申请行政复议的公民是无民事行为能力人或限制民事行为能力人的，其法定代理人可以代为申请行政复议。法定代理人是指根据法律的直接规定，代理无民事行为能力人或限制民事行为能力人实施法律行为的监护人。法定代理一般适用于精神病人、未成年人和其他无行为能力的人。未成年人和其他无行为能力人的监护人可以由其父母、祖父母、外祖父母、兄、姐以及关系密切的其他家属、朋友、未成年人的父母所在单位或者未

成年人住所地的居民委员会、村民委员会或者民政部门担任。精神病人的监护人员由配偶、父母、成年子女、其他近亲属、关系密切的亲属、朋友、精神病人的所在单位或者住所地的居民委员会、村民委员会或者民政部门担任。

③有权申请复议的法人或其他组织终止的，承受其权利的法人或其他组织可以以申请人的身份申请行政复议。包括以下情形：有权申请行政复议的法人或其他组织被另一法人或其他组织吸收合并的，吸收合并后的法人或其他组织取得申请行政复议的法定资格；有权申请行政复议的法人或其他组织分立成两个或两个以上的法人或其他组织的，合法权益被侵害的分立后的法人或其他组织分别取得行政复议申请资格；法人或其他组织因破产、解散和被撤销的，承受其权利的法人或其他组织取得以其名义申请行政复议的资格；股份制企业法人自行解散或破撤销的，承受其权利的原股东拥有行政复议申请资格。

9.4.2 林业行政复议被申请人

(1) 林业行政复议被申请人的概念及条件

林业行政复议被申请人是指林业行政主体的具体行政行为或不作为被行政复议申请人认为侵犯其合法权利而提出复议申请，受案复议机关通知其参加复议活动的林业行政主体。行政机关及授权组织的行政执法人员不能成为行政复议的被申请人，这是因为他们的执法行为代表的是其所从属的行政机关的意志，是行政机关的行为。当行政管理相对人不服行政机关工作人员在执行公务过程中所作出的具体行政行为时，只能以该工作人员所从属的行政机关为被申请人，而不能以该工作人员为被申请人。

林业行政复议被申请人应当符合下列条件。

①必须是依法拥有林业行政管理职能的林业行政主体。它可以是各级林业行政主管部门，也可以是法律、法规授权的组织，如森林植物检疫机构。但依法不享有林业行政处罚权的林业行政主体的内设机构、派出机构滥用职权进行行政处罚的，应当以设立该机构的行政主体为林业行政复议的被申请人。

②对不作为行为申请行政复议的，应当以负有行政管理法定职责的林业行政主体为被申请人。

(2) 行政复议的被申请人的确定

①公民、法人或者其他组织对行政机关的具体行政行为不服，依照《行政复议法》和《行政复议法实施条例》的规定作出该具体行政行为的行政机关为被申请人。

②行政机关与法律、法规授权的组织以共同的名义作出具体行政行为的，行政机关和法律、法规授权的组织为共同被申请人。行政机关与其他组织以共同名义作出具体行政行为的，行政机关为被申请人。

③下级行政机关依照法律、法规、规章规定，经上级行政机关批准作出具体行政行为的，批准机关为被申请人。

④行政机关设立的派出机构、内设机构或者其他组织，未经法律、法规授权，对外以自己名义作出具体行政行为的，该行政机关为被申请人。

9.4.3 林业行政复议第三人

(1) 林业行政复议第三人的概念及条件

林业行政复议第三人是指认为自己与申请人申请的行政复议案件有利害关系，申请参加或被复议机关通知参加复议活动的复议申请人和被申请人以外的行政相对人。第三人在行政复议中具有独立的法律地位，其参加行政复议是为了维护自己的合法权益，在行政复议中不依附于行政复议申请人或被申请人，具有与复议申请人基本相同的权利和义务。

林业行政复议的第三人必须符合以下条件。

①必须与申请复议的具体行政行为有直接或间接的利害关系。

②必须是申请并经复议机关批准或经复议机关通知参加复议活动的人。

(2) 第三人的确定

第三人参加行政复议活动的目的是为了维护其合法权益。第三人参加行政复议活动，实践中大体有以下几种情形。

①在林业行政处罚案件中，被处罚人和被侵害人中的一方申请行政复议的，另一方有权以第三人的身份参加行政复议活动。

②因林业行政裁决引发的林业行政复议案件，被裁决的林权争议中一方当事人不服裁决申请行政复议的，另一方当事人有权作为第三人参加行政复议活动。

③两个或两个以上行政机关就同一事实作出相互矛盾的具体行政行为的，行政相对人对其中一个行政机关的具体行政行为不服申请行政复议的，另一行政机关可以作为第三人参加复议活动。

④林业行政主体越权行政处罚的，被越权的行政机关可以作为第三人参加复议活动。第三人不参加行政复议，不影响行政复议案件的审理。

9.4.4 行政复议代理人

行政复议代理人，是指接受行政复议申请人、第三人的委托，代为参加行政复议活动的律师或其他公民。申请人、第三人可以委托1~2名代理人参加行政复议。实行行政复议代理人制度，不仅有利于为行政复议当事人提供法律上的帮助，使他们更好地维护自己的合法权益，而且有利于复议机关正确、及时、合法审理行政复议案件，提高办案质量。

申请人、第三人委托代理人的，应当向行政复议机构提交授权委托书。授权委托书应当载明委托事项、权限和期限。行政复议代理人是以被代理人的名义，并为维护被代理人的合法权益而参加行政复议活动的。这就要求代理人必须在代理权限范围内实施代理行为，其代理行为的法律后果依法由被代理人承担。需要强调的是，行政复议活动中的被申请人不得委托行政机关法制机构以外的人员作为代理人，这源于《行政复议法》本身仅规定了"申请人、第三人可以委托代理人代为参加行政复议。"不主张被申请人委托代理人。

案例解析

1. 行政复议的参加人是指参加行政复议的当事人和与行政复议当事人地位相类似的人，包括行政复议申请人、被申请人、林业行政复议第三人、行政复议代理人。

2. ①本节案例中，李某对山林权属界址纠纷的决定书不服，认为该决定书侵犯了自己的合法权益，依法可以成为申请人提起行政复议，享有复议申请人的权利。②C乡人民政府根据该乡李某的申请，作出山林权属界址纠纷的决定书，李某对该决定书不服提出行政复议，那么C乡政府应该被通知参加行政复议，成为被申请人。③C乡人民政府根据该乡李某的申请，作出山林权属界址纠纷的决定书，某地以东属李某所有，以西属刘某所有。刘某在该案例中涉及共同争议的林地，和自己的权益密切相关，因此他可以以第三人的身份参与到行政复议的过程中。

9.5 林业行政复议程序

案例

2015年10月7日，张某驾驶自己的运营车辆，将自家自留地的20立方米木材运往邻县销售，当车行至A市某国道时，被市林业局的执法人员查获，执法人员以张某没有木材合法来源为由，将20立方米的木材扣留，张某称忘带村委会证明，执法人员于是决定给予罚款15 000元，张某交了罚款后被放行。事后，张某以罚款过重为由，于2015年11月10日向A市政府法制办递交了行政复议书面申请书。市政府法制办于2015年11月20日口头通知张某，该法制办已受理了复议申请，并电话通知市林业局到该法制办接受询问。2015年11月20日，市林业局向该市法制办递交了由韩某以张某的名义书写的申请撤销行政复议的申请书一份，市政府法制办据此认为行政复议程序终止，故未作出复议决定，亦未退回张某提交的各类材料，张某等了2个多月后，遂于2015年2月10日，向A市某基层人民法院提起行政诉讼。

1. 张某的行政复议申请书应包含哪些主要内容？
2. 行政复议的受理有哪些具体要求？
3. 本案有哪些地方不符合行政复议法的有关规定？

9.5.1 林业行政复议申请

(1) 林业行政复议申请的含义

林业行政复议申请，是指林业行政主体作出的具体行政行为指向的相对人在法定复议申请期限内，向复议机关申请对涉及其权利义务的原具体行政行为的合法性和合理性进行审查，以维护其合法权益的法律行为。林业行政复议的申请是行政复议程序的出发点，是行政复议程序中不可缺少的环节。没有行政相对人的申请，就不能启动行政复议机关受理、审查等行政复议程序。林业行政复议申请的具体内容包括：申请复议的方式、条件、内容、效力等。

(2) 林业行政复议申请的方式

行政相对人提出申请，可以书面申请，也可以口头申请，申请人书面申请行政复议的，可以采取当面递交、邮寄或者传真等方式提出行政复议申请，有条件的行政复议机构可以接受以电子邮件形式提出的行政复议申请。对口头申请的，复议机关依法应当当场记录申请人的基本情况、行政复议请求、申请行政复议的主要事实、理由和时间等，交申请人核对或者向申请人宣读，并由申请人签字确认。申请行政复议的，应当在行政复议申请书中或口头申请登记表上载明下列事项：

①申请人的基本情况。申请人是自然人的，应包括公民的姓名、性别、年龄、身份证号码、工作单位、住所、邮政编码；申请人是法人或其他组织的应包括法人或者其他组织的名称、住所、邮政编码和法定代表人或者主要负责人的姓名、职务。

②被申请人的名称。

③行政复议请求、申请行政复议的主要事实和理由。

④申请人的签名或者盖章。

⑤申请行政复议的日期。

(3) 申请林业行政复议的条件

申请行政复议应当同时满足以下五个条件。

①申请人资格特定。申请人必须是认为具体行政行为侵犯其合法权益的行政管理相对人，但法律规定复议申请人资格依法可以转移的除外。

②有明确的被申请人。被申请人是作出具体行政行为的行政主体或继受其权利的组织。

③有具体的复议请求和事实根据。"复议请求"是指申请人要求复议机关确认申请复议的具体行政行为违法，并要求撤销、变更或责令被申请人重新做出具体行政行为的具体主张。"事实根据"包括：林业行政主体已作出的具体行政行为的证据材料，如林业行政处罚决定书、罚款收据、扣押物品清单等；申请人自己认为能够证明林业行政主体所作出的具体行政行为侵犯其合法权益的其他证明材料，如向林业行政主体申请林业行政许可、审批、登记、确认被拒绝或在法定期限、合理期限内不予答复的证据等。

④申请复议的事项属于林业行政复议的法定范围和受案复议机关拥有管辖权。申请复议的事项是属于可以申请复议的法定事项范围，受理复议申请的复议机关对该事项有管辖权。

⑤符合行政复议申请的法定期限。申请人需在法定的期限内向有关机关提出申请，并且申请人在复议期间，不得针对同一个具体行为同时提起行政诉讼。

(4) 林业行政复议申请期限

《行政复议法》第九条规定，公民法人或者其他组织认为具体行政行为侵犯其合法权益的，可以自知道该具体行政行为之日起六十日内提出复议申请；但是法律规定的申请期限超过六十日的除外。因不可抗力或者其他正当理由耽误法定申请期限的，申请期限自障碍消除之日起继续计算，复议机关依法应当允许续延。

申请人"知道"具体行政行为之日的起算点，有以下几种情况。

①当场作出具体行政行为的，自具体行政行为作出之日起计算。

②载明具体行政行为的法律文书直接送达的，自受送达人签收之日起计算。

③载明具体行政行为的法律文书邮寄送达的，自受送达人在邮件签收单上签收之日起计算；没有邮件签收单的，自受送达人在送达回执上签名之日起计算。

④具体行政行为依法通过公告形式告知受送达人的，自公告规定的期限届满之日起计算。

⑤行政机关作出具体行政行为时未告知公民、法人或者其他组织，事后补充告知的，自该公民、法人或者其他组织收到行政机关补充告知的通知之日起计算。

⑥被申请人能够证明公民、法人或者其他组织知道具体行政行为的，自证据材料证明其知道具体行政行为之日起计算。

另外，申请人认为符合法定条件，申请行政机关颁发许可证、执照、资质证、资格证等证书，或者申请行政机关审批、登记有关事项，行政机关没有依法办理的，行政复议申请期限依照下列规定计算：一是，有履行期限规定的，自履行期限届满之日起计算；二是，没有履行期限规定的，自行政机关收到申请满六十日起计算。公民、法人或者其他组织在紧急情况下请求行政机关履行保护人身权、财产权的法定职责，行政机关不履行的，行政复议申请期限不受前款规定的限制。行政机关作出具体行政行为，依法应当向有关公民、法人或者其他组织送达法律文书而未送达的，视为该公民、法人或者其他组织不知道该具体行政行为。

(5) 申请林业行政复议提交的材料

①复议申请主要提交复议申请书。复议申请书的内容主要包括：申请人的基本情况、被申请人及其基本情况、复议请求、事实和理由、要求复议的行政机关、日期。

②有关证据等附件材料以及申请复议的原具体行政行为等。

(6) 申请林业行政复议的效力

①行政复议期间具体行政行为不停止执行。复议申请的提出就意味着行政争议的产生，同时发生启动林业行政复议程序的法律效力，但是复议申请人的复议申请并不当然产生停止被申请人作出的具体行政行为的执行效力，这是因为具体行政行为，一经作出就推定为符合法律规定，对行政机关和行政管理相对人都具有拘束力。

②行政复议期间具体行政行为有条件的可以停止执行。根据《行政复议法》第二十一条的规定，具有下列情形之一的，可以停止执行：第一，被申请人认为需要停止执行的。具体情况有：具体行政行为所依据的规范性文件尚未生效或已经失效的；作出具体行政行为时，忽视了从轻、减轻或者免于处罚等情节的；行政机关工作人员滥用职权或超越权限作出具体行政行为的；证明行政管理相对人的行为违法的事实有误或者已经发生变化而作出具体行政行为的；行政相对人的行为违法可能需要进一步验证，给予处罚会给管理相对人造成难以弥补的损失的。第二，行政复议机关认为需要停止执行的。第三，申请人申请停止执行，行政复议机关认为其要求合理，决定停止执行的。第四，法律规定停止执行的其他情形。

(7) 林业行政复议申请的撤回

根据《行政复议法》第二十五条和《行政复议法实施条例》第三十八条规定，申请人在行政复议决定作出前，经说明理由并经行政复议机构同意，可以撤回。撤回复议申请，行政复议终止。申请人撤回行政复议申请的，不得再以同一事实和理由提出行政复议申请。但是，申请人能够证明撤回行政复议申请违背其真实意思表示的除外。

9.5.2 林业行政复议的受理

(1) 受理机关和复议机构

受理是指复议机关对符合条件的复议申请决定立案的行为。受理行政复议的机关，是指拥有行政复议权的行政机关。行政复议机构，是指享有行政复议权的行政机关内部设立的专门负责行政复议案件受理、审理和裁决工作的办事机构。行政复议机关受理行政复议申请，不得向申请人收取任何费用，行政复议活动所需经费，应当列入本机关的行政经费，由本级财政予以保障。

根据《行政复议法》第三条、第三十八条的规定，行政复议机关负责法制工作的机构应履行下列职责：受理行政复议申请；向有关组织和人员调查证据、查阅文件和资料；审查申请行政复议的具体行政行为是否合法与适当，拟订行政复议决定；处理或者转送对行政复议法所列有关规定的审查申请；对行政机关违反行政复议法规定的行为依照规定的权限和程序提出处理意见；办理因不服行政复议决定提起行政诉讼的应诉事项；发现无正当理由不予受理申请人行政复议申请、不按规定期限作出行政复议决定、徇私舞弊、对申请人打击报复或者不履行行政复议决定等情形的，应当向有关行政机关提出建议；法律、法规规定的其他职责。

行政复议机构作为行政复议机关的内设机构，依法只能以所隶属的行政复议机关的名义受理案件、调查取证、审理行政复议案件、拟订行政复议决定书以及应诉行政诉讼事项，而不能以自己的名义办理行政复议事项。

(2) 对行政复议申请的处理方式

复议机关在收到复议申请书后，应当在五日内进行初步审查并做出以下处理意见。

①受理行政复议申请。对于符合申请复议条件且没有向人民法院提起诉讼的，复议机关依法应当决定受理，并书面告知申请人。对于复议申请材料不齐全或者表述不清楚的，行政复议机构可以自收到该行政复议申请之日五日内书面通知申请人补正，补正通知应当载明需要补正的事项和合理的补正期限。无正当理由逾期不补正的，视为申请人放弃行政复议申请。补正申请材料所用时间不计入行政复议审理期限。复议申请自转送复议机构收到之日起即为受理。

②不予受理行政复议申请。对不符合申请复议条件的复议申请决定不予受理，并书面告知申请人不予受理的理由。对于不属于本机关受理的行政复议申请，应当告知申请人向有关行政复议机关提出。

根据《行政复议法》第二十条的规定，复议机关无正当理由拒绝受理申请人复议申请的，申请人可依法请求复议机关的上一级行政机关责令其依法受理；必要时，上级行政机关可以直接受理。

9.5.3 林业行政复议审理

林业行政复议审理，是指林业行政复议机关对受理的行政复议案件的事实、证据、法律适用的合法性和适当性进行审查的过程，是林业行政复议程序的关键环节。其主要内容包括：审理前的准备工作、调查取证、审理方式、审理范围、审查标准、审理期限。

(1) 审理前的准备工作

行政复议机构应当自决定受理行政复议申请之日起七日内，将行政复议申请书副本或者申请行政复议的申请笔录复印件送达被申请人。被申请人应当在收到申请书或申请复议申请笔录复印件之日起十日内提出答辩状，并提交当初做出具体行政复议行为的证据、法律依据和其他相关材料；如不提交，复议机关将直接作出撤销该具体行政行为的决定。对被申请人提交的上述材料，申请人和第三人依法享有阅卷权和知情权，但涉及国家机密、商业秘密和个人隐私的除外。

(2) 调查取证

①调查取证。行政复议机构为查清事实可以向当事人、证人及第三人了解案情，认为必要时，可以实地调查核实证据；调查取证时，行政复议人员不得少于2人，并应当向当事人或者有关人员出示证件。

行政复议人员向有关组织和人员调查取证时，可以查阅、复制、调取有关文件和资料，向有关人员进行询问。

根据行政复议原理及有关法律规定，行政复议机关在复议过程中收集和补充的证据，不能作为复议机关维持原具体行政行为的根据，但复议机关收集的证据，可以作为撤销、变更、确认原具体行政行为违法的证据。

②被申请人在行政复议期间收集证据的有关规定。根据《行政复议法》第二十四条的规定："在行政复议过程中，被申请人不得自行向申请人和其他有关组织或者个人收集证据。"

(3) 行政复议审理范围和审理方式

①行政复议的审理实行全面审理。其范围包括：一是，复议机关对被申请人作出具体行政行为的审查，不受复议申请人申请范围的限制，也不受被申请人作出具体行政行为的限制；二是，既要审查事实是否清楚、定性是否准确、适用法律法规和其他规范性文件是否正确，又要审查适用程序是否正确、行政处理是否适当、合理；三是，既要审查该具体行政行为有无遗漏及未作处理的问题，又要审查被申请人有无超越职权、滥用职权等内容。

行政复议机构审理行政复议案件，应当由2名以上行政复议人员参加。行政机关中初次从事行政复议的人员，应当通过国家统一法律职业资格考试取得法律职业资格。

②行政复议的审理方式。行政复议原则上采用书面审理方式，即对申请人、被申请人和第三人提供的书面材料依法审查，然后作出决定。对重大、复杂的案件，申请人提出要求或者行政复议机构认为必要时，可以采取听证的方式审理。

(4) 审查标准

依照《行政复议法》第二十八条的规定，行政复议审查行政行为的标准包括以下主要 5 个方面：

①证据是否确凿、充分。根据《行政复议法》第二十三条的规定，被申请人对其当初作出具体行政行为承担举证责任，且主要证据的证明程度必须达到确凿、充分。

所谓"主要证据确凿"，是指对被申请人作出的具体行政行为时必不可少的证据的质的要求。真实可靠的证据必须同时符合以下条件：据以定案的各个证据与案件事实之间具有关联性，与案件的证明对象具有对应性；据以定案的各个证据均是真实可靠的；据以定案的全案证据协调一致、相互印证，不存在矛盾和冲突，或证据之间的矛盾、冲突能予以排除，或能得以合理的解释。

所谓"主要证据充分"，是指具体行政行为具备足以证明其认定的案件事实的证据数量要求，并且必须符合以下条件：案件事实的每个构成要件均有相应的证据予以证明和支持；案件事实的所有证据形成了完整的证据链，环环相扣，没有"断环"现象；从足够的证据数量中所证明的案件事实和得出的定性结论是唯一的，不存在其他较大概率的定性结论。

实践中，林业行政主体运用证据认定案件事实的常见错误表现形式有：第一，无中生有，即以根本不存在的"事实"定案。第二，使用非法证据定案，即采纳、采信严重违法无效的证据材料认定案件事实。第三，使用补强证据定案，即用法律明确规定的、不能单独作为认定案件事实的证据材料定案。第四，划分责任错误。在认定共同违法行为人各自责任大小时，依法应当区别共同违法行为人在违法活动中的地位、作用、过错大小等违法情节，从而准确划分他们各自的责任轻重。第五，将违反道德规范的行为、合法行为误认为违法行为。第六，将违法行为误认为合法行为。第七，将甲种违法行为错误认定为乙种违法行为。第八，将一般林业违法行为认定为涉嫌林业犯罪行为，或者把涉嫌林业犯罪行为认定为一般林业违法行为。

②适用依据是否正确。"适用依据"是指被申请人当初作出具体行政行为所适用的实体法规范，包括法律、行政法规、地方性法规、部门规章、地方政府规章以及其他规范性文件。

"适用依据正确"主要表现为适用法律法规等规范性文件性质正确、适用法条正确以及适用法律法规对象正确。若与之相反，被申请人选择适用依据时违背了立法法规定的法的适用规则和基本法理，其适用依据则错误。

实践中，适用依据错误具体表现为：第一，没有法律依据。第二，没有适用应当适用的法律或法条，即应当适用甲法律规范的适用了乙法律规范。第三，适用已经废止的法律。第四，适用了尚未生效的法律。第五，错误地溯及既往的适用法律。第六，适用了不相关的法律。

③是否符合法定程序。法定行政程序是行政行为作出的方式、形式、顺序、步骤、时限的法定过程。程序公正是实体公正的前提和保障。实现实体公正必须贯彻程序法定原则、程序公正原则、程序公开原则和行政效率原则，并具体落实规范立案制度、证据调查制度、回避制度、听证制度、告知制度和时效制度等法定行政程序制度。否则，则构成程

序违法。

实践中，程序违法的主要表现形式有：第一，适用程序种类错误。例如，对应当适用一般程序处理的林业行政案件，却错误地适应了简易程序处理。第二，适用方式、形式错误。第三，缺失法定步骤。第四，颠倒法定步骤顺序。第五，法定时限内不作为。第六，违反执法回避制度。

④是否超越职权。所谓超越职权，是指林业行政主体超越其法定行政职权（权限和权能）的违法行政行为。越权无效是公认的行政法原则。

实践中，超越职权的具体表现形式主要有：第一，超越事务管辖权，又称为超越职能管辖权或无权限性的越权，即行政主体无法律、法规授权而管辖了不属其法定职能范围的事务。第二，超越级别管辖权，又称为纵向的越权行为，即在法无明确授权的情况下，具有直接或间接隶属关系的上下级行政主体相互逾越职权。第三，超越地域管辖权，又称为横向的越权行为，即行政主体的行政行为超越了法定的地域空间范围。第四，超越数项管辖权，又称为综合越权，即行政主体当初作出的具体行政行为时，在两项以上管辖权方面发生越权。

⑤是否滥用职权。滥用职权是指林业行政主体及其工作人员在职权范围内严重违反行政合理性原则的自由裁量行为。

实践中，滥用职权的常见表现形式有：第一，背离法定目的，即行政主体的行政行为在客观上不符合法律、法规授权的目的。第二，不相关的考虑，即行政主体及其公务人员在实施行政决定时，考虑了不应当考虑的事项，或者没有考虑应当考虑的事项。第三，违反均衡原则（比例原则），即行政主体在实施行政决定时违背错罚相当的原则，轻过重罚、重过轻罚或不分轻重过错、情节和危害后果同一处罚，致使行政目的与行政手段明显失衡。第五，行政处理结果显失公正，即行政主体实施行政行为的结果违反社会公认的衡量标准或过分极端。第六，在行政复议过程中，自行向申请人和其他组织或个人收集本案的证据。

(5) 审理期限

复议机关应当在受理复议申请之日起六十日内做出复议决定，但法律法规规定行政复议期限少于六十日的除外。情况复杂、在规定期限内不能做出复议决定的，经行政机关的负责人批准，可以适当延长，并告知申请人和被申请人；但延长期限最多不得超过三十日。在行政复议过程中需要现场勘验和对专门事项进行鉴定的，现场勘验和对专门事项的鉴定所用时间不计入行政复议审理期限。

9.5.4 林业行政复议决定

行政复议机构对被申请人作出的具体行政行为进行审查，提出意见，经行政机关负责人同意或者集体讨论后，行政复议机关根据案件的不同情况作出复议决定。

9.5.4.1 林业行政复议决定种类

行政复议决定是指行政复议机关在对具体行政行为的合法性和合理性进行审查后，依据法律、行政法规、地方性法规、部门规章、地方政府规章、其他规范性文件和案件事实做出的审查结论。行政复议决定有维持原具体行政行为、撤销原具体行政行为等。

(1) 维持原具体行政行为

行政复议机关经过审理，认为被申请人作出的原具体行政行为认定事实清楚，证据确凿，适用依据正确，程序合法，内容适当的，应当作出维持原具体行政行为的决定。

(2) 撤销原具体行政行为

有下列情形之一的，行政复议机关可以撤销原具体行政行为，复议机关认为被申请人做出的具体行政行为：①主要事实不清、证据不足的；②适用依据错误的；③违反法定程序违法的；④越权或者滥用职权的；⑤具体行政行为明显不当的。

根据《行政复议法》第二十八条第四款的规定：被申请人不按照本法第二十三条的规定提出书面答复、提交当初作出具体行政行为的证据、依据和其他有关材料的，视为该具体行政行为没有证据、依据，决定撤销该具体行政行为。

(3) 变更原具体行政行为的决定

根据《行政复议法实施条例》第四十七条规定，复议机关认为原具体行政行为有下列情形之一的，行政复议机关可以决定变更：①认定的事实清楚，证据充分确凿，程序合法，但明显不当或适用依据错误的；②认定事实不清，证据不足，但是经行政复议机关审理查明事实清楚，证据确凿的。

(4) 确认原具体行政行为违法

有下列情形之一的，行政复议机关可以确认原具体行政行为违法：①主要事实不清，证据不足的；②适用依据错误的；③违反法定程序的；④超越职权或者滥用职权的；⑤具体行政行为明显不当的。

确认原具体行政行为违法主要适用于撤销和变更两种形式可以处理的行为以外的其他行政行为(作为或不作为)；可以作出撤销或变更决定的，原则上不宜以确定违法决定来解决。

(5) 决定被申请人限期履行法定职责

有下列情形之一的，应当决定被申请人在一定期限内履行法定职责：①属于被申请人的法定职责，被申请人明确表示拒绝履行或者不予答复的；②属于被申请人的法定职责，并有法定履行时限，被申请人逾期未履行或者未予答复的。对没有规定法定履行期限的，行政复议机关可以根据案件的具体情况和履行的实际可能，确定履行的期限或者责令其采取相应措施。

(6) 决定驳回行政复议申请

根据《行政复议法实施条例》第四十八条规定，有下列情形之一的，行政复议机关应当决定驳回行政复议申请：①申请人认为行政机关不履行法定职责申请行政复议，行政机关受理后发现该行政机关没有相应的法定职责或者在受理前已经履行法定职责的；②受理行政复议申请后，发现该行政复议申请不符合行政复议法和行政复议法实施条例规定的受理条件的。

(7) 给予赔偿、责令赔偿、返还财产、解除对财产的查封、扣押、冻结措施的决定

申请人在申请复议时可以一并提出行政赔偿请求，行政复议机关认为符合国家赔偿法的有关规定，应当给予赔偿时，在决定撤销、变更具体行政行为或确认具体行政行为违法时，同时决定被申请人依法给予赔偿。

申请人在申请行政复议时没有提出行政赔偿请求的，行政复议机关在依法决定撤销或者变更罚款、撤销违法集资、没收财物、征收财物、摊派费用以及对财产的查封、扣押、冻结等具体行政行为时，应当同时责令被申请人返还财产、解除对财产的查封、扣押、冻结措施，或者赔偿相应的价款。

（8）责令被申请人在一定期限内重新作出具体行政行为

行政复议机关决定撤销或者确认该具体行政行为违法的，行政复议机关可以责令被申请人在一定期限内重新作出具体行政行为。被申请人重新作出具体行政行为时，不得以同一事实和理由作出与原具体行政行为相同或者基本相同的具体行政行为。

行政复议机关作出行政复议决定，应当制作行政复议决定书。行政复议决定书的内容包括：复议申请人、被申请人、复议申请人请求、事实和理由、被申请人的主张、复议机关认定的事实和复议决定、不服行政复议决定向人民法院起诉的期限、作出行政复议决定的日期、加盖印章等。

9.5.4.2 行政复议决定的分类

（1）终局决定

行政复议决定分为终局决定和非终局决定。所谓行政复议的终局决定，是指行政复议决定一经作出并送达行政复议参加人即产生法律效力，申请人不得向人民法院提起行政诉讼的行政复议决定。根据《行政复议法》第十四条和第三十条第二款的规定，行政复议终局决定分为以下两类：

①国务院的最终裁决。对国务院部门或省、自治区、直辖市人民政府的具体行政行为不服的，向作出该具体行政行为的国务院部门或省、自治区、直辖市人民政府申请行政复议，对行政复议不服的，如申请人选择向国务院申请裁决，国务院作出的裁决为最终裁决，申请人不得再向人民法院提起行政诉讼。

②资源类最终裁决。根据国务院或者省、自治区、直辖市人民政府对行政区划的勘定、调整或者征用土地的决定，省、自治区、直辖市人民政府确认土地、矿藏、水流、森林、山岭、草原、荒地、滩涂、海域等自然资源的所有权或者使用权的行政复议决定，是最终裁决。

（2）非终局决定

非终局决定是指行政复议决定一经作出后，申请人不服行政复议决定，可以在法定期限内向人民法院提起行政诉讼的行政复议决定。

9.5.4.3 行政复议决定的效力

复议机关做出的复议决定具有确定力、拘束力和执行力，复议决定一经做出就被推定为合法有效，其内容对有关人员和组织具有法律上的强制力。即使复议申请人不服复议决定而提起行政诉讼的，在行政诉讼期间的复议决定一般也不停止执行。

9.5.5 行政复议和解、调解

(1) 行政复议和解

根据《行政复议法实施条例》第四十条规定，公民、法人或者其他组织对行政机关行使法律、法规规定的自由裁量权作出的具体行政行为不服申请行政复议的，申请人与被申请人在行政复议决定做出前自愿达成和解的，应当向行政复议机构提交书面和解协议；和解内容不损害社会公共利益和他人合法权益的，行政复议机构应当准许。

(2) 行政复议调解

有下列情形之一的，行政复议机关可以按照自愿、合法的原则进行调解：①公民、法人或者其他组织对行政机关行使法律、法规规定的自由裁量权作出的具体行政行为不服申请行政复议的；②当事人之间的行政赔偿或者行政补偿纠纷。

当事人经调解达成协议的，行政复议机关应当制作行政复议调解书。调解书应当载明行政复议请求、事实、理由和调解结果，并加盖行政复议机关印章。行政复议调解书经双方当事人签字，即具有法律效力。调解未达成协议或者调解书生效前一方反悔的，行政复议机关应当及时作出行政复议决定。

9.5.6 林业行政复议决定的送达和执行

(1) 林业行政复议决定的送达

行政复议机关向行政复议案件的参加人送达行政复议决定书，是行政复议法为其设定的一项法定义务，同时又是行政复议决定书发生法律效力的必备条件。行政复议决定书的送达方式与行政处罚部分中的"送达"相同，这里不再赘述。根据《行政复议法》第三十一条第三款规定："行政复议决定书一经送达，即发生法律效力。"行政复议决定书未经送达，依法不发生法律效力。

(2) 林业行政复议决定的执行

林业行政复议决定的执行就是指行政复议的申请人或者被申请人拒不履行复议机关作出的发生法律效力的行政复议决定时，有关国家机关责令或者强制其履行的活动。

根据《行政复议法》第三十一条、第三十二条的规定，行政复议决定书一经送达，即发生法律效力；被申请人不履行或无正当理由拖延履行政复议决定的，行政复议机关或者上级行政机关应当责令其限期履行。

根据《行政复议法》第三十三条的规定，申请人逾期对非终局复议决定既不履行又不起诉的，或者拒绝履行终局复议决定的，将被依法强制执行。申请人不履行生效行政复议决定的，如果法律赋予行政机关强制执行权的，由行政机关强制执行或者依法申请有管辖权的人民法院强制执行。

根据《行政复议法》第三十三条的规定，行政复议决定的执行依复议决定的种类分别作出以下处理：对于维持决定，由最初作出具体行政行为的行政机关依法强制执行或依法申请人民法院强制执行；对于变更决定，由行政复议机关依法强制执行或依法申请人民法院强制执行。

9.5.7 林业行政复议的中止和终止

(1) 林业行政复议中止

行政复议中止,是指在行政复议进行过程中,因出现需要中断行政复议活动的情形,行政复议暂时停止,待引起中止的原因消失后行政复议继续进行的制度。

在行政复议期间,出现下列情形之一的,行政复议应当中止:①作为申请人的自然人死亡,其近亲属尚未确定是否参加行政复议的;②作为申请人的自然人丧失参加行政复议的能力,尚未确定法定代理人参加行政复议的;③作为申请人的法人或者其他组织终止,尚未确定权利义务承受人的;④作为申请人的自然人下落不明或者被宣告失踪的;⑤申请人、被申请人因不可抗力,不能参加行政复议的;⑥案件涉及法律适用问题,需要有权机关作出解释或者确认的;⑦案件审理需要以其他案件的审理结果为依据,而其他案件尚未审结的;⑧其他需要中止行政复议的情形。

行政复议中止的原因消除后,应当及时恢复行政复议案件的审理。行政复议机构中止、恢复行政复议案件的审理,应当告知有关当事人。

(2) 林业行政复议终止

行政复议终止,是指在行政复议开始后,因出现使行政复议不可能或无必要继续进行的情形,行政复议机关结束行政复议活动以后不再继续进行该案的复议审理的制度。

行政复议期间有下列情形之一的,行政复议终止:①申请人在行政复议决定做出前自愿撤回行政复议申请的,经行政复议机构同意,可以撤回。申请人撤回行政复议申请的,不得再以同一事实和理由提出行政复议申请。但是,申请人能够证明撤回行政复议申请违背其真实意思表示的除外。②作为申请人的自然人死亡,没有近亲属或者其近亲属放弃行政复议权利的;③作为申请人的法人或者其他组织终止,其权利义务的承受人放弃行政复议权利的;④公民、法人或者其他组织对行政机关行使法律、法规规定的自由裁量权作出的具体行政行为不服申请行政复议,申请人与被申请人在行政复议决定做出前自愿达成和解的,应当向行政复议机构提交书面和解协议;和解内容不损害社会公共利益和他人合法权益的,行政复议机构应当准许;⑤申请人对行政拘留或者限制人身自由的行政强制措施不服申请行政复议后,因申请人同一违法行为涉嫌犯罪,该行政拘留或者限制人身自由的行政强制措施变更为刑事拘留的。

因下列三种情形行政复议中止,满六十日复议中止的原因仍未清除的,行政复议终止:①作为申请人的自然人死亡,其近亲属尚未确定是否参加行政复议的;②作为申请人的自然人丧失参加行政复议的能力,尚未确定法定代理人参加行政复议的;③作为申请人的法人或者其他组织终止,尚未确定权利义务承受人的。

案例解析

1. 张某的行政复议申请书应包含:①申请人的基本情况。申请人是自然人的,应包括姓名、性别、年龄、身份证号码、工作单位、住所、邮政编码;②被申请人的名称;③

行政复议请求、申请行政复议的主要事实和理由；④申请人的签名；⑤申请行政复议的日期。

2. 行政复议的受理应满足以下具体要求：①受理机关符合法律规定即受理行政复议的机关是拥有行政复议权的行政机关；②行政复议机关受理行政复议申请，不得向申请人收取任何费用；③受理机关应审查行政复议申请书的内容，是否符合行政复议法的相关要求。

本案例中，不符合行政复议法的有关规定表现在：①张某以罚款过重为由，于2015年11月10日向A市政府法制办递交了行政复议书面申请书，市政府法制办于11月20日口头通知张某，该法制办已受理了复议申请，并电话通知市林业局到该法制办接受询问。这其中审查时间和通知方式均不符合法律规定。市政府法制办口头通知张某，该法制办已受理了复议申请，不符合《行政复议法》第十七条的规定，行政复议机关收到行政复议申请后，应当在五日内进行审查，受理行政复议申请。对于符合申请复议条件且没有向人民法院提起诉讼的，复议机关依法应当决定受理，并书面告知申请人。除前款规定外，行政复议申请自行政复议机关负责法制工作的机构收到之日起即为受理。②A市林业局向该市法制办递交了由韩某以张某的名义书写的申请撤销行政复议的申请书一份，市政府法制办据此认为行政复议程序终止，故未作出复议决定，亦未退回张某提交的各类材料。根据《行政复议法》第二十五条规定，行政复议决定作出前，申请人要求撤回行政复议申请的，经说明理由，可以撤回；撤回行政复议申请的，行政复议终止。本案例中由韩某以张某的名义书写的申请撤销行政复议的申请书无法证实是张某真实意思的表示，因此申请撤销的理由不能成立。市政府法制办也不能据此认为行政复议程序终止。

9.6 违反行政复议法律、法规的法律责任

案例

张某因盗伐他人林木1.5立方米被县林业主管部门处以所伐树木价值三倍的罚款，共3000元。张某对县林业主管部门行政处罚不服，依法向市林业主管部门申请行政复议，市林业主管部门认为张某应向张某所在的县人民政府申请行政复议而不予受理。

1. 市林业局不受理林业行政复议合法吗？
2. 市林业局不予受理张某的行政复议申请应承担什么法律责任？

9.6.1 行政复议机关及其工作人员的法律责任

（1）行政复议机关不作为或违反复议程序的法律责任

行政复议机关违反本法规定，无正当理由不予受理依法提出的行政复议申请或者不按照规定转送行政复议申请的，或者在法定期限内不作出行政复议决定的，对直接负责的主管人员和其他直接责任人员依法给予警告、记过、记大过的行政处分；经责令受理仍不受理或者

不按照规定转送行政复议申请,造成严重后果的,依法给予降级、撤职、开除的行政处分。

(2) 行政复议机关工作人员徇私舞弊或者有其他渎职、失职行为的法律责任

行政复议机关工作人员在行政复议活动中徇私舞弊或者有其他渎职、失职行为的,根据《行政复议法》第三十五条规定,应当依法给予警告、记过、记大过的行政处分;情节严重的,依法给予降级、撤职、开除的行政处分;构成犯罪的,依法追究刑事责任。

(3) 行政复议机关或者行政复议机构不履行规定的行政复议职责的法律责任

根据《行政复议法实施条例》第六十四条规定,行政复议机关或者行政复议机构不履行行政复议法和行政复议法实施条例规定的行政复议职责,经有权监督的行政机关督促仍不改正的,对直接负责的主管人员和其他直接责任人员依法给予警告、记过、记大过的处分;造成严重后果的,依法给予降级、撤职、开除的处分。

9.6.2　被申请人的法律责任

(1) 被申请人不作为或阻挠、变相阻挠申请人依法申请行政复议的法律责任

被申请人违反行政复议法的规定,不提出书面答复或者不提交作出具体行政行为的证据、依据和其他有关材料,或者阻挠、变相阻挠公民、法人或者其他组织依法申请行政复议的,对直接负责的主管人员和其他直接责任人员依法给予警告、记过、记大过的行政处分。

(2) 对申请人进行报复陷害的法律责任

被申请人的工作人员对申请人报复陷害的,根据《行政复议法》第三十六条规定,应当依法对违法行为人给予降级、撤职、开除的行政处分;构成报复陷害罪的,由司法机关依照《刑法》第二百五十四条的规定追究刑事责任。

(3) 不履行或无正当理由拖延履行行政复议决定的法律责任

被申请人不履行或无正当理由拖延履行行政复议决定的,根据《行政复议法》第三十七条规定,应当对直接负责的主管人员和其他责任人员依法给予警告、记过、记大过的行政处分;经责令履行仍拒不履行的,依法给予降级、撤职、开除的行政处分。

(4) 未按要求重新作出具体行政行为的法律责任

根据《行政复议法实施条例》第六十二条规定,被申请人在规定期限内未按照行政复议决定的要求重新作出具体行政行为,或者违反规定重新作出具体行政行为的,应当对直接负责的主管人员和其他责任人员依法给予警告、记过、记大过的行政处分;经责令仍不改正的,依法给予降级、撤职、开除的行政处分。

案例解析

1. 市林业局不受理林业行政复议不合法。《行政复议法》第十二条规定:对县级以上地方各级人民政府工作部门的具体行政行为不服的,由申请人选择,可以向该部门的本级人民政府申请行政复议,也可以向上一级主管部门申请行政复议。根据该规定,张某既可以向市林业主管部门或者县人民政府申请行政复议,二者均有义务受理张某的复议申请。

2. 市林业局不予受理张某的行政复议申请应承担相应法律责任。《行政复议法》第三十四条规定:行政复议机关违反本法规定,无正当理由不予受理依法提出的行政复议申请或者不按照规定转送行政复议申请的,或者在法定期限内不作出行政复议决定的,对直接负责的主管人员和其他直接责任人员依法给予警告、记过、记大过的行政处分;经责令受理仍不受理或者不按照规定转送行政复议申请,造成严重后果的,依法给予降级、撤职、开除的行政处分。

复习思考题

一、技能训练

1. 分小组模拟林业行政复议案件的审理过程。
2. 各小组分别写一份《行政复议申请书》《答辩书》《行政复议决定书》。

二、名词解释

1. 林业行政复议;2. 林业行政复议申请人;3. 林业行政复议被申请人;4. 林业行政复议第三人。

三、简答题

1. 行政复议有哪些特征?
2. 林业行政复议的原则有哪些?
3. 林业行政复议的主要作用有哪些?
4. 哪些具体行政行为可以提起行政复议?
5. 申请行政复议应当满足哪些条件?
6. 行政复议申请书包括哪些内容?
7. 申请林业行政复议提交的材料?
8. 行政复议决定有哪些种类?

四、案例分析题

1. 2005年12月8日,某县林业局向该省林业局(现为省林业厅)报送《关于农村居民户口迁移后原有家庭经营山使用证可否注销的请示》,其中涉及申某的《家庭经营山使用证》是否注销的事项。12月29日,省林业局作出《关于农村居民户口迁移后原有(家庭经营山使用证)可否注销的答复》,明确针对请示中的事项表明"原发证机关应当及时收回并注销申某的《家庭经营山使用证》"。2006年2月27日,李某(系申某之妻子,因申某去世)、王某(系申某之儿媳妇)不服该答复向省人民政府申请行政复议。审理期间,省林业局撤销该答复,李某、王某自愿撤回行政复议申请,省政府作出终止审理决定。回答下列问题:

①李某、王某提出行政复议有法律依据吗?请说出你的理由。

②李某、王某自愿撤回行政复议的申请,省政府作出终止复议审理的决定是否合法?为什么?

2. 村民孙某全家 5 口人，于 2000 年 1 月承包了村集体林地 100 亩，合同约定承包期为 30 年。2001 年孙某的父亲过世；2002 年和 2005 年，孙某的两个女儿先后嫁到外乡，并将户口迁移到公婆家。因两个女儿户口所在村为稳定土地承包经营责任制，没有为她们发包土地。但孙某所在村委会根据乡政府制定的"村民死亡或者结婚后，村集体可以收回承包地另行调整和发包"的文件规定，强行把孙某 60 亩林地调整给村民刘某承包。刘某多次催促孙某移植走该 60 亩林地上的果树，遭到孙某拒绝。刘某扬言要毁掉孙某的果树。孙某为避免矛盾激化，以所在村委会为被申请人、刘某为第三人申请乡政府处理。乡政府依照本乡政府关于"村民死亡或结婚后，村集体可以收回承包地另行调整和发包"的文件规定，作出本案争议的 60 亩林地由刘某承包经营的行政处理决定。刘某收到乡政府的处理决定的当晚，便自行组织亲属朋友 20 人将孙某的果树伐掉，造成孙某经济损失 6000 元。孙某对乡政府的处理决定不服，以乡政府为复议申请人，以所在村委会和刘某为第三人，申请县政府行政复议。请求复议机关撤销乡政府的违法处理决定，并要求乡政府、村委会和刘某共同赔偿其 6000 元的经济损失。县法制办在依法受理本案后，书面通知被申请人乡政府在 10 日内提出答辩，并提交作出行政处理决定的证据、依据和相关材料，但被申请人拒不理睬。县法制办逐以县政府的名义作出复议决定：撤销乡政府的处理决定。但对孙某提出的赔偿请求未置可否。回答下列问题：

①孙某申请复议的两项请求是否符合法律规定？为什么？

②孙某申请行政复议所列的被申请复议人、第三人是否符合行政复议法和法理的规定？为什么？

③复议机关撤销被申请人的复议决定是否正确？为什么？

④复议机关在其行政复议中审查乡政府制定的文件有无法律依据？

⑤假若你是孙某，面对本案的复议结果，你将如何维护自己的合法权益？

单元 10　林业行政诉讼

> **学习目标**
>
> 1. 掌握林业行政诉讼的特征和原则。
> 2. 掌握林业行政诉讼的管辖。
> 3. 掌握林业行政诉讼参加人。
> 4. 掌握林业行政诉讼的执行。

10.1　林业行政诉讼概述

案例

2013年4月,A镇B村村委会向被告县林业局申请办理林木采伐许可证,4月下旬作出了林木采伐许可证,同意B村村委会对该林木自4月20日至5月20日进行采伐,并注明超过采伐期限此证无效。原告赵某向法院诉称:第三人B村村委会向被告县林业局申请对其村路南侧所有的2000余株柳树、刺槐进行采伐的许可证,被告在没有经过核实的情况下向B村委会发放了采伐许可证,而第三人村委会申请采伐的林木是原告种植、管理的林木。原告并提交了以下证据:①原告因虫灾于2009年4月向被告提出减伐的申请,证明该林木归原告所有。②B村村委会2008年6月的证明,证明该林木是原告种植、管理。③A镇人民政府因修建公路给原告的通知,证明该林木归原告所有。请求法院依法撤销被告2013年4月发放的林木采伐许可证。被告辩称:原告起诉主体不适格,该林木采伐许可证是严格按程序发放的,请求法院驳回原告的诉讼请求。

1. 原告资格是否符合法定条件?
2. 被告作出的林木采伐许可证是否有效?

10.1.1　林业行政诉讼的概念

林业行政诉讼是指公民、法人或者其他组织认为行政机关和行政机关工作人员的具体行政行为侵犯其合法权益，有权依照《行政诉讼法》向人民法院提起诉讼，由人民法院依法定程序审理并做出裁判的活动。林业行政诉讼是我国行政诉讼的一种，其诉讼活动必须依照行政诉讼法的规定进行。所谓行政诉讼法，是指人民法院据以审理公民、法人或者其他组织不服行政机关具体行政行为而形成的行政案件的一系列程序方面的法律规范的总称。行政诉讼法有广义、狭义之分。狭义的行政诉讼法仅指我国1989年制定，2014年和2017年修改的《行政诉讼法》。广义的行政诉讼法包括四类：行政诉讼基本法律；涉及行政诉讼内容的法律法规；可以适用、参照和准用的民事诉讼法规范；法律解释，特别是最高人民法院有关行政审判的司法解释。

10.1.2 林业行政诉讼的主要特征

10.1.2.1 林业行政诉讼中的原告、被告具有特定性

林业行政诉讼中的原告，是指对林业行政执法主体作出的具体行政行为不服，依法向人民法院提起行政诉讼的公民、法人或者其他组织。林业行政诉讼中的被告，是指针对行政管理相对人作出具体行政行为并且相对人对该具体行政行为不服而向人民法院提起行政诉讼的林业行政执法主体。也就是说，林业行政诉讼中的原告只能是行政相对人，而被告只能是做出具体行政行为的林业行政机关或法律法规授权的组织。

10.1.2.2 林业行政诉讼是解决行政纠纷的一种诉讼活动

林业行政诉讼发动的前提，是行政相对人与林业行政主体发生行政争议纠纷，以及行政相对人以林业行政主体为被告提起行政诉讼。这种行政纠纷的实质是行政权利义务的争议。它是原告请求人民法院按照法定的程序依法支持其诉讼请求，纠正林业行政主体违法行政或不当行政的一种司法活动。

10.1.2.3 林业行政诉讼的标的主要是林业行政执法主体作出的具体行政行为

林业行政执法主体即各级林业行政主管部门和法律、法规授权的组织。原告提起的行政诉讼，依法通常是针对与其有利害关系的具体行政行为的合法性和适当性所发生的争议，依法不得单独针对行政主体的抽象行政行为提起行政诉讼，但法律另有规定的除外。

10.1.2.4 林业行政诉讼的性质是人民法院对林业行政主体的具体行政行为的司法监督

由于主观和客观原因，行政主体在行使行政职权的过程中或多或少地存在不当行政或违法行政的现实，故意或过失地侵犯了相对人的合法权益。为了防止和纠正违法行政和不当行政，维护相对人的合法权益，法律设置了司法权监督行政权的行政诉讼制度。总之，林业行政诉讼的性质是司法权对林业行政权的监督，本质是解决林业行政纠纷，功能是促进林业行政主体依法行政和维护正常的林业行政秩序，主要目的是为林业行政相对人提供司法救济以维护林业行政相对人的合法权益。

10.1.3 林业行政诉讼的基本原则

10.1.3.1 人民法院依法独立行使行政案件审判权原则

人民法院依法独立行使审判权，不受任何组织和个人的非法干涉，是我国诉讼活动中的一项极为重要的原则。它不仅关系到国家公权力机关的相互制约和监督功能的实现，而且关系到国家审判机关的权威能否真正实现。在行政诉讼中，一方是处于强势地位的国家行政机关或行使行政权的法律法规授权的组织，另一方是处于弱势地位的行政相对人。人民法院只有真正做到依法独立审理行政案件，才能维护法律的尊严和彰显社会公平正义，司法为民，取信于民。

10.1.3.2 以事实为根据，以法律为准绳原则

该项原则是我国社会主义法治的基本要求。人民法院审理行政案件只有依据证据证明的案件事实，遵从法律、法规的规定、原则和精神公正司法，才能使其真正起到监督林业行政主体依法行政和保护相对人合法权益，发挥构建和谐社会、化解社会矛盾的最后法律屏障的应有作用。

10.1.3.3 合议、回避、辩论、公开审判和两审终审原则

①合议原则。是指林业行政诉讼案件必须依法由审判员或由审判员和人民陪审员共同组成的合议庭共同审理案件，不适用独任审判制。合议庭是审判活动的主体，合议庭成员必须以少数服从多数的方式决定案件的裁判结果，任何个人不得专横擅断，以权势压法。

②回避原则。是指当事人认为审判人员、书记员、翻译人员、鉴定人员或勘验人与本案有利害关系或有其他关系有可能影响公正断案的，有权要求回避。审判人员认为自己与本案有利害关系或其他关系的，应主动申请回避，以保证行政案件公正处理。

③辩论原则。是指人民法院在审理林业行政诉讼案件时，必须依法保障双方当事人平等地行使辩论权。引导双方当事人针对案件的事实和证据，适用法律、法规的正确与否、行政程序是否正当等案件焦点问题，充分阐述自己的主张和根据，互相反驳对方，通过直接、言辞抗辩形式，查明案件事实，辩明是非曲直，为公正裁判提供法律理由。

④公开审判原则。是指人民法院在审理林业行政案件时，除涉及国家秘密、商业秘密和个人隐私等法定事项依法不得公开审理的案件外，一律公开审理。公开审判原则适用于法庭调查、法庭辩论和宣判等诉讼的各个阶段。

⑤两审终审原则。是指一个林业行政诉讼案件最多经过两级人民法院的审理就宣告终结的制度。

10.1.3.4 当事人诉讼法律地位平等原则

尽管行政相对人与行政主体在行政管理中存在权力(利)的显著差异性，但进入行政诉

讼程序后,当事人在行政诉讼中的法律地位是平等的,依法享有平等的诉讼权利和诉讼义务。人民法院受理、审理、裁判行政案件,应当依法为双方当事人提供平等行使诉讼权利的条件和机会,不得厚此薄彼,实行差别待遇。

10.1.3.5 林业行政案件不适用调解原则

林业行政诉讼案件不得以调解为审理方式和终结方式。人民法院审判行政案件,依法应在查明事实、分清是非的基础上做出公正的裁判。这是由于行政机关做出的具体行政行为是代表国家的意志,是一种社会公共权力,在人民法院没有做出裁判之前都推定为合法,不像民事案件的当事人那样,对其民事权利均可以依法处分。但行政赔偿案件除外。

10.1.3.6 行政诉讼主要审理具体行政行为的合法性原则

人民法院的司法审查之所以只限于具体的行政行为,是因为我国对行政机关抽象行政行为的监督和审查主要由各级人大及常委会或做出抽象行政行为的行政机关的上级行政机关行使。人民法院通常仅审查具体行政行为的合法性而一般不审查其适当性,其原因在于:行政权和审判权是两种不同的国家权力,行政权的行使需广泛运用法律赋予的自由裁量权,法院在审理行政案件时不应代替行政机关行使行政机关的自由裁量权。但是,人民法院在审理行政案件时发现行政机关滥用自由裁量权,作出的具体行政行为显失公正的,依法有权作出变更判决。

10.1.4 林业行政诉讼的受案范围

10.1.4.1 林业行政诉讼受案范围的依据

林业行政诉讼的受案范围,是指人民法院受理林业行政诉讼案件的范围,即公民、法人或其他组织依法对行政争议可以向人民法院起诉。人民法院受理公民、法人或者其他组织提起的下列诉讼。

①对行政拘留、暂扣或者吊销许可证和执照、责令停产停业、没收违法所得、没收非法财物、罚款、警告等行政处罚不服的。

②对限制人身自由或者对财产的查封、扣押、冻结等行政强制措施和行政强制执行不服的。

③申请行政许可,行政机关拒绝或者在法定期限内不予答复,或者对行政机关作出的有关行政许可的其他决定不服的。

④行政机关作出的关于确认土地、矿藏、水流、森林、山岭、草原、荒地、滩涂、海域等自然资源的所有权或者使用权的决定不服的。

⑤对征收、征用决定及其补偿决定不服的。

⑥请行政机关履行保护人身权、财产权等合法权益的法定职责,行政机关拒绝履行或者不予答复的。

⑦认为行政机关侵犯其经营自主权或者农村土地承包经营权、农村土地经营权的。
⑧认为行政机关滥用行政权力排除或者限制竞争的。
⑨认为行政机关违法集资、摊派费用或者违法要求履行其他义务的。
⑩认为行政机关没有依法支付抚恤金、最低生活保障待遇或者社会保险待遇的。
⑪认为行政机关不依法履行、未按照约定履行或者违法变更、解除政府特许经营协议、土地房屋征收补偿协议等协议的。
⑫认为行政机关侵犯其他人身权、财产权等合法权益的。

10.1.4.2 林业行政诉讼的具体范围

(1) 行政处罚行为

林业行政主体对违反林业行政法律规范的相对人处以拘留、罚款、吊销许可证和执照、责令停产停业、没收财物等行政制裁的具体行政行为。

(2) 行政强制措施

林业行政主体为预防、制止或控制正在发生或可能发生违法行为、危险状态，或保全证据、财产以及查处行政案件的需要而对相对人的人身、财产或涉案证据所采取的暂时性行政强制行为。例如，林业行政主管部门采取的财产查封、扣押、没收等；森林公安机关对违法嫌疑人采取的强制传唤、行政拘留等。

(3) 认为侵犯其法定承包经营自主权的行为

根据《森林法》《农村土地承包法》等法律法规的规定，承包经营自主权是承包人对国有或集体所有的森林、林木和林地依据承包经营合同享有的占有、使用、收益和依法处分的法定权利。任何单位和个人不得侵犯承包人的承包经营自主权，否则构成侵权行为。承包人的承包经营自主权遭受侵犯的，承包人依法可以根据侵权的主体和具体情况选择民事侵权之诉或寻求公力救济。

(4) 林业行政许可行为

根据《行政许可法》等法律、法规的规定，相对人依法有权申请林业行政主管部门核发林业行政许可证，林业行政主管部门对符合法定条件的申请人负有依法颁发林业行政许可证的法定职责。林业行政主管部门无法定理由或其他正当理由拒绝发给申请人申请的林业行政许可证或不予答复的，申请人依法有权提起行政诉讼。

(5) 认为林业行政主体违法要求履行义务的行为

林业行政主体和相对人的权力(利)和义务是法律规范配置的，任何行政主体无权自行创设权力和为相对人配置义务。没有法律依据的权力(利)和义务自始不在。林业行政主体违法要求履行非法定义务的，相对人有权拒绝履行，并可以提起行政诉讼。

(6) 认为行政主体侵犯其他人身权、财产权的行为

这一概括性规定是指林业行政主体实施了上述5种具体行政行为以外的侵犯其人身权、财产权的具体行政行为，实践中主要包括：行政确认(权)行为，如各级人民政府在发放林权证过程中，故意或过失地侵害权利人以外的相对人的合法权益的行为；行政裁决行为，如各级人民政府对林权争议作出的违法或不当行政确权决定行为；行政检查行为，如林业行政主体对相对人的正常生产经营活动实施违法或不当行政检查，扰乱其正常生产经营秩序的行为；行政合同行为，如政府在征占用林地中违法或不当审批、同意损害供地单位合法权益的具体行政行为等。

10.1.4.3 人民法院不受理的事项范围

①国防、外交等国家行为。
②抽象行政行为。
③行政机关对工作人员的奖惩、任免等决定。
④法律规定的行政终局裁决行为。
⑤刑事司法行为。
⑥行政调解、仲裁行为。
⑦不具有强制力的行政指导行为。
⑧驳回当事人对行政行为提起申诉的重复处理行为。
⑨对相对人权利义务不产生实际影响的行为。

案例解析

本节案例中，法院经审理认为，原告起诉符合《行政诉讼法》第十一条、第四十一条的法定条件，应予支持。庭审中原告提供的3份证据，证明该林权归原告所有的主张，但不属行政诉讼的审理范畴，应另案处理，所以原告提供的该3份证据与本案无关。被告提供的证据能够证明被告是按B村村委会的申请发放的，但林木采伐证上载明的采伐期已过，已不具有法律效力，不能作为本案的定案依据。对被告在第一次庭审后向本院提交的3份法律依据，依照《最高人民法院关于执行〈中华人民共和国行政诉讼法〉若干问题的解释》第二十六条第二款规定：被告应当在收到起诉状副本之日起十日内提交答辩状，并提供作出具体行政行为的证据、依据；被告不提供或无正当理由逾期提供的，应当认定该具体行政行为没有证据、依据，因此，这3份依据本院不予采信。判决：确认被告县林业局作出的林木采伐许可证无效。

10.2 林业行政诉讼管辖

案例

B县某乡林场与村民肖某的承包林地是地邻。林场在采伐其林场树木时，把位于与肖某承包林地边界处的3株松树并采伐后卖掉。肖某发现后向B县林业局申请确认被林场采伐并卖掉的3株松树归其所有。林业局派员调查后作出确权决定：林场采伐其与张某承包林地分界处的3株松树属林场所有。肖某对林业局的确权决定不服，向C县初级人民法院申请行政诉讼。

本案是否属于C县法院的管辖范围？

10.2.1 林业行政诉讼管辖概述

10.2.1.1 林业行政诉讼管辖的概念及特征

林业行政诉讼管辖,是指上下级人民法院之间和同级人民法院之间受理第一审林业行政案件的分工和权限。其具有以下特征。

(1)行政诉讼管辖是普通人民法院受理第一审行政案件的权限分工

我国的人民法院按专业分工分为普通人民法院和专门人民法院。普通人民法院按层级设置为:基层人民法院、中级人民法院、高级人民法院和最高人民法院四级。专门人民法院分为铁路运输法院、军事法院、海事法院和森林法院等。根据《若干解释》的有关规定,专门人民法院和基层人民法院的派出法庭不受理、审理行政案件。因此,行政诉讼管辖专指普通人民法院受理第一审行政案件的权限分工。

(2)行政诉讼管辖具有排他性和恒定性

行政诉讼管辖的法律规定是刚性规定,是程序公正的具体体现。行政诉讼管辖一经依法确定,非遇法律规定的特别情形,任何单位和个人不得干涉、变更。

(3)行政诉讼管辖有别于主管和主审

行政诉讼的主管是划分其他国家机关与人民法院之间处理行政争议的权限分工。而行政诉讼的主审是指拥有管辖权的人民法院内部的审判机构之间审理案件的权限分工。根据《若干解释》第六条的规定,各级人民法院的行政审判庭具体负责行政诉讼案件的审判和执行,以及审查、执行行政机关申请执行其生效具体行政行为的非诉行政案件。

10.2.1.2 确定行政诉讼管辖的原则

人民法院依法行使审判权,是以正确执行管辖权为条件的,因此,正确确定人民法院的管辖就具有十分重要的意义。根据《行政诉讼法》的相关规定,管辖权的确定应遵循以下原则。

(1)便于当事人参加行政诉讼的原则

这项原则是指确定行政诉讼管辖要本着方便当事人参加诉讼活动,以利于原告、被告进行诉讼。尤其需要考虑的是便于作为原告的行政管理相对人参加诉讼,以充分保障原告的诉讼权利。

(2)便于人民法院公正、有效地行使审判权的原则

人民法院是审判权的执掌者,是裁判者,在诉讼中处于特别重要的地位,起着决定性作用。从审判权的角度分析,行政诉讼就是一个行使国家审判权的过程。所以,便于法院行使审判权是诉讼管辖的前提与基础,也是我们确定管辖时应当遵循的原则。

(3)均衡人民法院之间负担的原则

均衡人民法院之间负担的原则要求,确定管辖时应考虑到不同地方各级法院之间在诉讼负担上的合理、适当的分配,不能使某一地方或者级别的人民法院负担过重。

(4)注意原则性和灵活性相结合的原则

有关行政诉讼管辖的事项很复杂,很多情况在立法时难于预料到,仅有法定管辖尚不足以适应负责多变的情况。因此,《行政诉讼法》规定上级法院有权审判下级法院管辖的第一审行政案件,也可以把管辖的第一审行政案件移交下级法院审判。这条规定就体现了原则性与灵活性相结合的原则。

按照以上原则,林业行政诉讼案件的管辖分为级别管辖、地域管辖和裁定管辖。如图10-1所示。

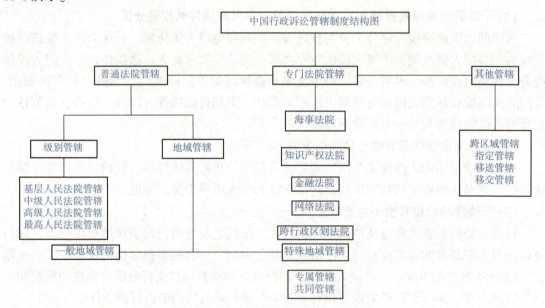

图 10-1　林业行政诉讼案件的管辖分级

10.2.2　级别管辖

级别管辖是指按照人民法院组织系统划分上下级人民法院之间受理第一审行政案件的分工和权限,是从纵向上解决哪些第一审行政案件应由哪一级法院审理的问题。我国的人民法院的层级设置为:基层人民法院、中级人民法院、高级人民法院和最高人民法院四级。

上下级人民法院的工作关系是业务指导和审判监督关系,有别于上下级人民检察院和上下级公安机关之间的领导关系。根据《行政诉讼法》第十三条、第十四条的规定,级别管辖包括以下几方面的内容。

(1)基层人民法院管辖的第一审林业行政案件

基层人民法院管辖除法律法规规定的由上级人民法院管辖的特殊情形以外的第一审林业行政案件。之所以如此规定是因为一般情况下,基层人民法院辖区既是原告、被告的所在地,又是行政行为和行政争议的发生地。把大量的行政案件交由基层法院审理,有利于当事人进行诉讼,有利于节省开支,有利于法院调查、取证和审理以及判决、裁定的执行，还有利于人民法院对当事人和广大群众进行法制教育。

(2) 中级人民法院管辖的第一审林业行政案件

该类案件具体包括：①确认发明专利权的案件、海关处理的案件。②对国务院各部门或者省、自治区、直辖市人民政府所作的具体行政行为提起的诉讼案件。③本辖区内重大、复杂的案件。主要包括被告为县级以上人民政府，基层法院不适宜审理的案件。社会影响重大的共同诉讼、集团诉讼案件。重大涉外或者涉及香港特别行政区、澳门特别行政区、台湾地区的案件；其他重大、复杂案件。

(3) 高级人民法院管辖的第一审林业行政案件

高级人民法院管辖本辖区内重大、复杂的第一审林业行政案件。

(4) 最高人民法院管辖的第一审林业行政案件

最高人民法院管辖全国范围内重大、复杂的第一审林业行政案件。

10.2.3 地域管辖

行政诉讼的地域管辖，又称"区域管辖""土地管辖"，是指同级人民法院之间在各自辖区内受理的第一审林业行政案件的分工和权限。它主要是根据当事人住所地、诉讼标的物所在地或者法律事实所在地等条件确定第一审行政案件的管辖。即当事人住所地、诉讼标的或者法律事实的发生地、结果地在哪个法院辖区，案件就由该地人民法院管辖。

地域管辖与级别管辖既有区别又有联系。区别主要是：级别管辖是从纵向上来确定各级人民法院对案件的管辖权限，它所解决的是案件应由哪一级法院管辖的问题；而地域管辖则是从横向上来确定同级人民法院之间对案件的管辖权限划分问题，它所解决的是案件应由同级的哪一个地方法院管辖的问题。二者的联系主要在于：一个具体的行政案件首先应确定级别管辖，然后进一步确定地域管辖。因此，级别管辖是地域管辖的前提。可见，地域管辖是在级别管辖的基础上划分的，只有在级别管辖明确的前提下，才能进一步确定地域管辖，要最终确定某一案件的管辖法院，则必须在确定了级别管辖之后，再通过地域管辖来进一步落实具体受理案件的法院，最终确定第一审行政案件的管辖法院。

我国行政案件的地域管辖分为一般地域管辖和特殊地域管辖。特殊地域管辖又分为专属管辖和共同管辖。下面将分别对此进行阐述。

(1) 一般地域管辖

一般地域管辖，又称"普通地域管辖"，按照最初作出具体行政行为的行政机关所在地确定的管辖。根据《行政诉讼法》第十七条的规定，凡是未经复议而直接向人民法院提起诉讼的，或者虽经过复议，但复议机关维持原具体行政行为的，当事人不服向人民法院提起诉讼的，均由最初作出具体行政行为的行政机关所在地的人民法院管辖。行政诉讼法之所以确定一般由最初作出具体行政行为的行政机关所在地的人民法院管辖，主要理由从以下几个方面分析。

①便于双方当事人进行诉讼。行政诉讼的原告绝大多数居住在最初作出具体行政行为的行政机关辖区内，由最初作出具体行政行为的行政机关所在地的人民法院管辖，便于原告起诉；同时被告是最初作出具体行政行为的行政机关，因而也便于被告应诉。

②便于人民法院审理和执行。最初作出具体行政行为的行政机关所在地，一般都是违法行为发生地或者行政争议发生地，由当地人民法院管辖，便于勘验现场、调查取证、及时审结案件。同时，也便于人民法院对判决和裁定的执行。

③便于地方性法规和地方政府规章的适用。根据行政诉讼法的规定，地方性法规和地方政府规章适用于制定机关所辖行政区域内的行政案件。如果原告为其他行政区域的公民、法人或者其他组织，由其所在地的人民法院审理这类案件，在适用地方法规和参照地方规章上就会出现一定的困难。

(2) 特殊地域管辖

特殊地域管辖，又称"特别管辖"，是指根据具体行政行为的特殊性或标的物所在地来确定受诉法院的管辖。特殊地域管辖是相对于一般地域管辖而言的，是对一般地域管辖的例外规定。因为某些行政案件，如果适用一般地域管辖规则，会不利于法院审理行政案件和当事人参加诉讼。因此，《行政诉讼法》第十八条、第十九条专门作出了有关特殊地域管辖的规定。特殊地域管辖是根据法律的特别规定所确定的管辖，又分为专属管辖和共同管辖两种。

①专属管辖。是指法律明确规定某些行政案件只能由特定的人民法院行使管辖权。即以诉讼标的所在地为标准，强制规定该诉讼只能由特定法院管辖。《行政诉讼法》第十九条规定："因不动产提起的行政诉讼，由不动产所在地人民法院管辖。"所谓不动产，是指不能移动其位置的财产，或者移动其位置以后，会引起性质、状态、价值改变的财产。一般指土地（包括滩涂、草原、山岭、荒地等）及其附着物。所谓附着物，是指自然的或者人工的附在土地之上或土地之中的物体，如建筑物、山林、水流等。

②共同管辖。是指根据法律规定，两个或者两个以上的人民法院对同一行政案件都有管辖权时，由原告选择其中一个法院的管辖制度。根据行政诉讼法的规定，共同管辖有以下两种情况：一是经过复议，复议机关改变原具体行政行为的，由最初作出具体行政行为的行政机关所在地或者由复议机关所在地的人民法院管辖。即如果复议机关与最初作出具体行政行为的行政机关不在同一区域内的，两地法院都有管辖权。二是对限制人身自由的行政强制措施不服提起的行政诉讼，由被告所在地或者原告所在地人民法院管辖。这里的"被告所在地"，是指被诉行政机关的主要办事机关所在地："原告所在地"，是指原告的户籍所在地、经常居住地或被限制人身自由所在地。如果被告所在地与原告所在地分处数地，则数地人民法院都有管辖权。根据最高人民法院《若干解释》第九条规定，如果行政机关基于同一事实既对人身又对财产实施行政处罚或者采取行政强制措施的，被限制人身自由的公民、被扣押或者没收财产的公民、法人或者其他组织对上述行为均不服的，既可以向被告所在人民法院提起诉讼，也可以向原告所在地人民法院提起诉讼，受诉人民法院应都有管辖权管辖。

共同管辖只是表明了各有关人民法院对同一行政案件都拥有管辖权，这并不是几个有管辖权的人民法院共同审理同一个行政案件或者分别审理同一案件。这一行政案件具体应由哪一个的人民法院行使管辖权，还必须由原告选择来确定。原告可以选择其中任何一个法院起诉，从而确定具体管辖。《行政诉讼法》第二十条规定："两个以上人民法院都有管辖权的案件，原告可以向其中一个人民法院提起诉讼。原告向两个以上有管辖权的人民法院提起诉讼的，由最先收到起诉状的人民法院管辖。"由此可见，共同管辖和原告选择是就同一问题分别从管辖权和当事人两个不同的角度作出的规定,共同管辖是原告选择的前提和基础,原告选择又是共同管辖的必要补充和具体落实。行政诉讼法之所以这样规定,是为避免和解决人民法院管辖权争议,它将其同地域管辖和当事人选择管辖原则联系在一起。

10.2.4 裁定管辖

裁定管辖是指根据人民法院的裁定而不是法律的直接规定而确定的行政案件的管辖。裁定管辖是法定管辖的必要补充,它可以帮助人民法院在解决具体案件的管辖上出现的一些特殊问题。《行政诉讼法》第二十一条、第二十二条、第二十三条分别规定了裁定管辖的3种情形,即移送管辖、指定管辖和管辖权转移。

(1) 移送管辖

移送管辖,是指人民法院对已经受理的行政案件经审查发现不属于本法院管辖时,将案件移送给有管辖权的人民法院审理的管辖制度。

《行政诉讼法》第二十一条规定:"人民法院发现受理的案件不属于自己管辖时,应当移送有管辖权的人民法院。受移送的人民法院不得自行移送。"

(2) 指定管辖

指定管辖,是指由于特殊原因,或两个人民法院对同一案件的管辖权发生争议,上级人民法院用裁定的方式,决定案件由某个下级人民法院进行审理的管辖制度。根据《行政诉讼法》第二十二条的规定,有管辖权的人民法院由于特殊原因不能行使管辖权的,由上级人民法院指定管辖。人民法院对管辖权发生争议,由争议双方协商解决。协商不成的,报它们的共同上级人民法院指定管辖。指定管辖有以下两种情形:

①有管辖权的人民法院由于有特殊原因不能行使管辖权。有管辖权的人民法院由于有特殊原因不能行使管辖权,这里的"特殊原因",一般是指法律上的原因或者事实上的原因。法律上的原因,主要是法律规定的情形,如因回避,审判人员不够,不能组成合议庭审理该案件等;事实上的原因,如发生了严重的自然灾害、意外事故、战争等事件,有管辖权的人民法院实际上不能受理该案件等。当出现特殊原因时,上级人民法院可以指定其他人民法院管辖,被指定的人民法院因此取得对该案件的管辖权。

②由于管辖权发生争议,双方法院又协商不成。管辖权发生争议的情况主要有:一是因辖区境界不明引起的管辖权争议;二是因行政区划发生变动引起的管辖权争议;三是原告向两个或两个以上有管辖权的人民法院递交起诉状,这些人民法院同时收到起诉状等。当发生管辖权争议时,先由争议的人民法院协商解决,协商不成的,再报请共同的上级人民法院指定管辖。

此外,接受移送的人民法院认为移送的人民法院的裁定有错误,自己没有管辖权时,也可报共同上级人民法院指定管辖。与前3种情况不同的是,它在报请共同上级人民法院之前,不需要进行协商。

(3) 管辖权转移

管辖权转移,又称移转管辖,是指由上级人民法院决定或者同意,将行政诉讼案件的管辖权由下级人民法院移交给上级人民法院,或者上级人民法院移交给下级人民法院审判。《行政诉讼法》第二十三条规定了管辖权的转移制度。管辖权的转移应具备三个条件：①必须是人民法院已受理的案件；②移交的人民法院对案件有管辖权；③移交的人民法院与接受移交的人民法院具有直接的上下级关系。

在审判实践中，有些行政案件比较疑难、复杂，或者难以排出外来干扰或阻碍，下级法院难以处理，需报请上级人民法院决定，由上级法院审判；有些本属于上级法院审判的案件，但上级法院认为有必要将管辖权下放，交下级法院审理更为妥当。为了解决这方面问题，《行政诉讼法》第二十三条规定，管辖权的转移一般有3种情况：①上级人民法院审理下级人民法院管辖的第一审行政案件。主要原因有：有管辖权的下级人民法院对它所受理的第一审行政案件，在认定事实和适用法律上确有困难的；或者在处理案件时可能有失公正或产生不良影响的；或者案情重大、复杂、政策性强，涉及面广，下级人民法院审理有困难等；②上级人民法院把自己管辖的第一审行政案件移交下级人民法院审理；③下级人民法院对其管辖的第一审行政案件，认为需要由上级人民法院审判的，可以报请上级人民法院决定。下级人民法院报请上级人民法院决定审判的案件，需经院长批准后报送。

（4）管辖权转移与移送管辖的区别

管辖权的转移与移送管辖都是人民法院将某一已受理的案件移送给另一个人民法院审理的制度。但是，两者存在以下主要区别。

①前者是某一人民法院将本身就属于自己管辖的案件，为了便于审理或更加客观公正审理而移交给原来没有管辖权的人民法院审理，后者则是移送的法院本没有管辖权而在错误受理以后才发现，为保证案件的依法受理和正确审理，而将案件移送给有管辖权的法院管辖，其实质是一种纠错补救措施。

②前者适用于隶属关系的上下级法院之间，它是级别管辖的一种变通措施，其目的是为了在级别管辖方面调整具体案件的管辖权。后者一般是在同级人民法院之间进行的，它是地域管辖的一种补充措施。

③前者必须由上级人民法院决定或者同意，非经法定人民法院（一般是上级人民法院）的决定或同意不得移转；后者则由移送人民法院裁定。

④前者主要用于调整级别管辖问题，后者主要解决案件受理的失误问题。

10.2.5 管辖权异议

管辖权异议，是指行政诉讼当事人对受理案件的法院提出的管辖权方面的异议。对此，《最高人民法院关于执行〈行政诉讼法〉若干问题的解释》第十条规定，当事人提出管辖异议，应当在接到人民法院应诉通知之日起十日内书面形式提出。对当事人提出的管辖异议，人民法院应当进行审查。异议成立的，裁定将案件移送有管辖权的人民法院；异议不成立的，裁定驳回。当事人对裁定不服的，有权在裁定送达后五日内上诉。

案例解析

本节案例中，B县林业局作出的林木确权处理决定属于林业行政许可行为。根据《行政许可法》等法律、法规的规定，相对人依法有权申请林业行政主管部门核发林业行政许可证，林业行政主管部门对符合法定条件的申请人负有依法颁发林业行政许可证的法定职责。林业行政主管部门无法定理由或其他正当理由拒绝发给申请人申请的林业行政许可证或不予答复的，申请人依法有权提起行政诉讼。基层人民法院辖区既是原告、被告的所在地，又是行政行为和行政争议的发生地。把大量的行政案件交由基层法院审理，有利于当事人进行诉讼，有利于节省开支，有利于法院调查、取证和审理以及判决、裁定的执行，还有利于人民法院对当事人和广大群众进行法制教育。案件发生在B县，原告、被告的所在地也均为B县，应由B县初级人民法院来审理，C县法院无管辖权。

10.3 林业行政诉讼参加人

案例

2002年春，居住在村边的李某将自己房屋四周杨树、泡桐等围村树木砍伐。县林业局接到举报后派执法人员到现场调查，经清点李某滥伐树木5株。县林业局根据李某违法的事实，依法作出林业行政处罚决定，责令补种15株林木，并按滥伐林木价值3倍处以罚款5600元。李某以采伐自己房前屋后的林木不需林业主管部门审批为由，不服县林业局处罚诉至县人民法院。法院经过调查审理，维持林业局对李某作出的处罚决定。

如何看待李某的诉讼理由？

10.3.1 林业行政诉讼参加人概述

10.3.1.1 林业行政诉讼参加人

林业行政诉讼参加人，是指在林业行政诉讼中为保护自己或他人的合法权益而参加诉讼的当事人和类似当事人诉讼地位的人，包括原告、被告、共同诉讼人、第三人和诉讼代理人。第三人是指同提起诉讼的具体行政行为有利害关系的其他公民、法人或者其他组织。第三人可以申请参加诉讼，或者由人民法院通知参加诉讼。诉讼代理人是指代为他人从事诉讼活动的人。

10.3.1.2 行政诉讼参与人

行政诉讼参与人是所有在整个行政诉讼过程或某个诉讼阶段参与诉讼活动的人。诉讼参与人不仅包括诉讼参加人，还包括与被诉具体行政行为无法律上的利害关系，为履行公民义务或工作职责的证人、鉴定人、翻译人员和勘验人等，他们在所参与的行政诉讼中，不具有当事人的诉讼地位、诉讼权利和诉讼义务，但应当履行法律为其设定的相应法律义务。

10.3.2 林业行政诉讼当事人

诉讼当事人,是指因具体行政行为发生争议,与被诉的具体行政行为具有法律上的利害关系,以自己名义起诉、应诉和参加诉讼,并受人民法院裁判拘束的公民、法人或者其他组织和行政机关。包括原告、被告、共同诉讼人和第三人。

林业行政诉讼当事人具有以下特征:①与被诉的具体行政行为具有法律上的直接或间接的利害关系。即认为被诉具体行政行为侵犯了其合法权益,包括妨害权利和强加非法定义务两个方面。因为,当事人都是为了维护自己的合法权益而进行诉讼的,案件的处理结果对之有直接或间接的利害关系。与案件没有利害关系的其他诉讼参与人(如证人、鉴定人等)虽然参加行政诉讼,但并非当事人。②以自己名义起诉、应诉和参加诉讼。这是当事人与其他诉讼参与人的重要区别。即原告以自己的名义起诉,被告以自己的名义应诉,第三人以自己的名义参诉。诉讼代理人不能以自己名义进行诉讼,因此他不是当事人,但他具有类似当事人的诉讼地位。③受人民法院裁判拘束。这是当事人与证人、鉴定人、翻译人员等诉讼参加人的主要区别。司法审查机关作出裁判后,当事人必须遵守执行该裁判。人民法院的裁判对证人、鉴定人、翻译人员和勘验人等诉讼参与人无拘束力。

行政诉讼当事人在不同的诉讼阶段有不同的称谓。在第一审程序中,当事人称为原告、被告和第三人;在第二审程序中,当事人称上诉人和被上诉人;在审判监督程序中,当事人称为申诉人和被申诉人;在执行程序中,又称申请执行人和被申请执行人。这些不同称谓,表明其所处的诉讼程序、诉讼地位、诉讼权利和诉讼义务的差异。一般情况下,行政诉讼当事人,是指一审程序中的原告、被告、共同诉讼人和第三人。

10.3.2.1 原告

(1)原告的概念

原告是指认为林业行政主体及其工作人员的具体行政行为侵犯其合法权益,而依法以自己的名义向人民法院依法提起诉讼的公民、法人和其他组织。

(2)原告的特征

原告具有以下法律特征。

①原告是作为行政相对方的公民、法人和其他组织。提起行政诉讼的原告是被行政机关管理的公民、法人或者其他组织。法人中既包括企业法人,也包括机关法人,如果是被行政机关管理的其他行政机关,该其他行政机关如果对作出具体行政行为不服,作为原告向人民法院起诉的,该其他行政机关也是以行政管理相对人的身份出现的。

②认为具体行政行为侵犯其合法权益。这种认为只是主观上的认识,并不一定是客观事实,被告行政机关的具体行政行为是否侵犯了原告的合法权益,有待人民法院判决认定。

③以自己的名义向人民法院起诉。以自己的名义向法院提起诉讼,不同于诉讼代理人的活动,需要有原告的主体资格,同时承担人民法院的裁定和判决的法律后果。以自己的名义起诉,也不同于作为第三者身份向有关部门反映情况为他人鸣不平申冤。

④是受人民法院裁定、判决的拘束。原告向人民法院起诉被受理后，开始享有诉讼权利，承担诉讼义务，并且受人民法院判决和裁定的拘束。

(3) 原告的类型

提起行政诉讼的原告资格有两类：一类是认为具体行政行为侵犯其合法权益的公民、法人或者组织；另一类是与具体行政行为在法律上有利害关系并对该行为不服的公民、法人或者其他组织。

依照《最高人民法院关于执行〈行政诉讼法〉若干问题的解释》第十三条，有下列情形之一的，公民、法人或者其他组织可以依法提起行政诉讼：一是被诉的具体行政行为涉及其相邻权或者公平竞争权的；二是与被诉的行政复议决定有法律上利害关系或者在复议程序中被追加为第三人的；三是要求主管行政机关依法追究加害人法律责任的；四是与撤销或者变更具体行政行为有法律上利害关系的。

最高人民法院《关于执行〈行政诉讼法〉若干问题的解释》第十四条至十八条还规定了可以作为原告提起行政诉讼的其他 5 种情况：一是合伙企业向人民法院提起诉讼的，应当以核准登记的字号为原告，由执行合伙企业事务的合伙人作诉讼代表人；其他合伙组织提起诉讼的，合伙人为共同原告。二是联营企业、中外合资或者合作企业的联营、合资、合作各方，认为联营、合资、合作企业权益或者自己一方合法权益受具体行政行为侵害的，均可以自己的名义提起诉讼。三是农村土地承包人等土地使用权人对行政机关处分其使用的农村集体所有土地的行为不服，可以自己的名义提起诉讼。四是非国有企业被行政机关注销、撤销、合并、强令兼并、出售、分立或者改变企业隶属关系的，该企业或者其法定代表人可以提起诉讼。五是股份企业的股东大会、股东代表大会、董事会等认为行政机关作出的具体行政行为侵犯企业经营自主权的，可以企业名义提起诉讼。

有权提起行政诉讼的公民死亡的，其近亲属可以提起诉讼。公民因被限制人身自由而不能提起诉讼的，其近亲属可以依其口头或者书面委托以该公民的名义提起诉讼。这里的"近亲属"，包括配偶、父母、子女、兄弟姐妹、祖父母、外祖父母、孙子女、外孙子女和其他具有扶养、赡养关系的亲属。有权提起诉讼的法人或者其他组织终止，承受其权利的法人或者其他组织可以提起诉讼。

(4) 原告的诉讼权利

原告的诉讼权利主要包括：起诉权；委托诉讼代理人的权利；提供证据和申请保全证据权；申请回避权；补充、变更诉讼请求权；申请保全财产和申请预先执行权；申请撤诉权；申请强制执行权等。与被告权利相比，其中起诉权和补充、变更诉讼请求权、申请强制执行权为原告所独有。

10.3.2.2 被告

(1) 被告的概念和特征

被告是指其实施的具体行政行为被原告认为侵犯其行政法上的合法权益，而由人民法院通知其应诉的林业行政机关或法律、法规授权的组织。根据《行政诉讼法》第二十五条的规定，成为行政诉讼被告的法定条件是：必须是林业行政主体；必须是实施原告认为侵犯其合法权益的具体行政行为；人民法院通知其应诉。公民、法人或者其他组织对具体行政行为不服提起诉讼的,应有明确而且符合法定条件的被告。原告所起诉的被告不符合法定条件的,人民法院应当告知原告变更被告;原告不同意变更的,裁定驳回起诉。

(2) 被告的特征

被告具有以下法律特征:

①被告是行使行政管理权、作出具体行政行为的行政机关。行政机关包括法定的行政机关和法律、法规授权的组织。

②作出的具体行政行为被原告起诉。

③被法院通知应诉。

④以自己的名义应诉,并受法院裁定、判决的拘束。

(3) 被告的确定

根据行政诉讼法的规定,作为林业行政诉讼被告的情形有:公民、法人或者其他组织直接向人民法院提起诉讼的,作出具体行政行为的行政机关是被告;经复议的案件,复议机关决定维持原具体行政行为的,作出原具体行政行为的行政机关是被告;复议机关改变原具体行政行为的,复议机关是被告。两个以上行政机关作出同一具体行政行为的,共同作出具体行政行为的行政机关是共同被告。由法律、法规授权的组织所作的具体行政行为,该组织是被告。由行政机关委托的组织所作的具体行政行为,委托的行政机关是被告。行政机关被撤销的,继续行使其职权的行政机关是被告。

另外,《最高人民法院关于执行〈行政诉讼法〉若干问题的解释》第十九条至二十二条对确定被告还规定了如下4种情况:一是当事人不服经上级行政机关批准的具体行政行为,向人民法院提起诉讼的,应当以在对外发生法律效力的文书上署名的机关为被告。二是行政机关组建并赋予行政管理职能但不具有独立承担法律责任能力的机构,以自己的名义作出具体行政行为,当事人不服提起诉讼的,应当以组建该机构的行政机关为被告。行政机关的内设机构或者派出机构在没有法律、法规或者规章授权的情况下,以自己的名义作出具体行政行为,当事人不服提起诉讼的,应当以该行政机关为被告。法律、法规或者规章授权行使行政职权的行政机关内设机构、派出机构或者其他组织,超出法定授权范围实施行政行为,当事人不服提起诉讼的,应当以实施该行为的机构或者组织为被告。三是行政机关在没有法律、法规或者规章规定的情况下,授权其内设机构、派出机构或者其他组织行使行政职权的,应当视为委托。当事人不服提起诉讼的,应当以该行政机关为被告。四是复议机关在法定期间内不作复议决定,当事人对原具体行政行为不服提起诉讼的,应当以作出原具体行政行为的行政机关为被告;当事人对复议机关不作为不服提起诉讼的,应当以复议机关为被告。

10.3.2.3 共同诉讼人

(1) 共同诉讼与共同诉讼人

共同诉讼是指当事人一方或者双方为二人以上,因同一具体行政行为发生的行政案件,或者因同样的具体行政行为发生的行政案件,人民法院认为可以合并审理的诉讼。

共同诉讼人,是指在共同诉讼案件中,人数在两个或两个以上的一方或双方当事人。原告一方是两个或两个以上的公民、法人或者其他组织的,称为共同原告;被告方是两个或者两个以上的行政机关或者法律、法规授权的组织的，称为共同被告；第三人为两个或两个以上的公民、法人或其他组织的、称为共同第三人。共同诉讼是诉讼主体的合并，即一个案件有两个或者两个以上的原告或者被告以及第三人。共同诉讼的意义在于减少诉讼，简化诉讼程序，节省诉讼时间和费用，避免人民法院在同一案件或同类案件上作出不同的判决，甚至相互矛盾的判决。

(2) 共同诉讼的种类

根据共同诉讼成立的不同条件，可以将共同诉讼分为必要的共同诉讼和普通的共同诉讼。必要的共同诉讼，是指当事人一方或者双方为二人以上，因同一具体行政行为发生的行政案件，法院必须合并审理的诉讼。

①共同诉讼的发生。在行政诉讼中以下几种情况，可能引起必要共同诉讼的发生：一是，二人以上共同实施了违反行政法的行为，被行政机关在同一处罚决定中分别制裁，被制裁人均不服起诉的。二是，行政机关在同一决定中给予法人或者其他组织及其负责人分别制裁，二者均不服而起诉的。三是，两个以上的共同被害人不服行政机关对加害人所作的行政制裁而起诉的。四是，被制裁人和被侵害人双方均不服行政机关的处罚决定而起诉的。五是，两个以上行政机关共同作出具体行政行为，相对方不服而起诉的。普通的共同诉讼，是指当事人一方或者双方为二人以上，因同样的具体行政行为发生的行政案件，人民法院认为可以合并审理的诉讼。

②共同诉讼应具备的条件。可能引起普通共同诉讼发生的情况很多。普通共同诉讼的形成需要具备以下条件：①必须是基于"同样"的具体行政行为。所谓有"同样"，是指具体行政行为性质相同或作出具体行政行为的事实和理由相同。②共同被告或共同原告必须是在同一人民法院辖区内。③必须是人民法院认为可以合并审理的。如果人民法院认为不可以合并审理，则分别成为独立的诉讼。

③必要共同诉讼与普通共同诉讼的主要区别。必要共同诉讼是因行政机关的同一具体行政行为而引起两个以上的原告或者被告，他们之间因该具体行政行为而有着相互联系的或者共同的利害关系，人民法院必须合并审理，因而属不可分之诉；普通共同诉讼是因行政机关的同样具体行政行为而引起两个以上的原告或者被告，他们之间没有相互联系的或者共同的利害关系，当人民法院合并审理时，形成共同诉讼，当人民法院分开审理时，成为各个独立的案件，因而属可分之诉。

10.3.2.4　行政诉讼第三人

(1) 第三人的概念

行政诉讼的第三人，是指与提起诉讼的具体行政行为有利害关系的原告和被告以外的公民、法人或其他组织。"有利害关系"，应作广义的理解，既包括直接的利害关系，也包括间接的利害关系；既包括与具体行政行为有权利义务关系，也包括与诉讼结果的利害关系。第三人是以自己的名义进行诉讼活动，参加诉讼的目的也是为了维护自己的合法权益。法律规定第三人参加诉讼，有利于人民法院查明案情。保护第三人的合法权益，同时也有利于简化诉讼程序，提高办案效率。在行政诉讼中，第三人具有当事人的地位。从而享有与原、被告基本相同的权利和义务。第三人有权提出与本案有关的诉讼请求，对人民法院一审判决不服，有权提出上诉。

(2) 第三人的特征

第三人具有的主要特征：一是与提起诉讼的具体行政行为有利害关系；二是原告、被告以外的其他公民、法人或者其他组织；三是在诉讼期间参加诉讼，第三人参加诉讼要在人民法院受理案件后到判决或裁定作出前参加诉讼；四是申请参加诉讼或者由人民法院通知参加诉讼。

(3) 第三人的种类

根据《行政诉讼法》和《最高人民法院关于执行〈行政诉讼法〉若干问题的解释》的有关规定，林业行政诉讼的第三人主要包括：在涉及人身权和财产权等侵权案件的行政诉讼中，被处罚人和受害人一方对行政处罚不服提起行政诉讼的，二者互为第三人；森林、林木、林地等自然资源行政确权案件中的被确权人或其他主张权利的人；林业行政许可案件中的被许对人或许可争议人；受林业具体行政行为影响而未提起行政诉讼的其他利害关系人；与被告共同作出具体行政行为的其他行政主体；与行政主体共同署名的不具有行政主体资格的其他组织或个人；对同一行政事项作出相互矛盾具体行政行为的非同一行政主体等。

10.3.3 行政诉讼代理人

(1) 诉讼代理和诉讼代理人

诉讼代理，是指根据法律规定或者当事人、法定代理人的委托，以被代理人的名义进行诉讼活动的制度。

诉讼代理人，是指根据法律规定或者当事人、法定代理人的委托或者人民法院指定，以被代理人的名义在代理权限内进行诉讼活动的人。下列人员可以被委托为诉讼代理人。

①律师、基层法律服务工作者。

②当事人的近亲属或者工作人员。

③当事人所在社区、单位以及有关社会团体推荐的公民。

(2) 行政诉讼代理人的职责

设立行政诉讼代理人的主要目的，一是协助或帮助当事人进行诉讼，维护其合法权益；二是协助人民法院及时、正确、公正地审结行政案件。

(3) 行政诉讼代理人的分类和特征

根据代理权产生的依据不同，可以将行政诉讼的代理人分为法定代理人和委托代理人。一般将诉讼代理人分为三类：法定代理人、委托代理人和指定代理人。诉讼代理人具有以下特征：诉讼代理人只能以被代理人的名义进行诉讼活动，不得以自己的名义进行诉讼活动；诉讼代理人参加诉讼的目的，是为了维护被代理人的合法权益；诉讼代理人在代理权限范围内实施诉讼行为，其法律后果由被代理人承担。当事人、法定代理人，可以委托一至二人作为诉讼代理人。

10.3.3.1 法定代理人

(1) 法定代理人的概念

法定代理人是指根据法律的规定，代替无诉讼能力的公民进行行政诉讼活动的人。行政诉讼上的法定代理人，是为无诉讼能力的当事人而设立的一种代理制度。

(2) 法定代理人的特征

法定代理人具有以下特征：一是代理权的产生和代理权限的范围必须是基于法律的明确规定：《行政诉讼法》第二十八条规定："没有诉讼行为能力的公民，由其法定代理人代为诉讼。法定代理人互相推诿代理责任的，由人民法院指定其中一人代为诉讼。"被指定的法定代理人不得拒绝。应当指出，被人民法院指定代理的人仍然是法定代理人，而不是指定代理人。二是法定代理人所代理的被代理人，是没有诉讼能力的自然人。在行政诉讼中，法定代理人只适用于代理未成年人、精神病人等无诉讼行为能力的原告或第三人，而不适用于法人、其他组织或作为被告的林业行政主体。三是法定代理人代理诉法既是一种法定权利，又是一种法定义务，其实质是一种身份上的责任。在行政诉讼中，法定代理人一般都是对被代理人负有保护和监督责任的监护人，法定代理人和被代理人之间存在着亲权或监护关系。

未成年人的法定代理人的范围、顺序依次为：父母、祖父母和外祖父母、兄姐、关系密切的其他亲朋、其父母所在单位或其住所的居委会、村委会或民政部门。

精神病人的法定代理人的范围、顺序为：配偶、父母、成年子女、其他近亲属、关系密切的亲朋、精神病人所在单位或住所地居委会、村委会或民政部门。

以上两种代理在没有前一顺序的法定代理人或前一顺序代理人没有代理能力的，由后一顺序的法定代理人担任。法定代理人的代理诉讼行为与被代理人本人所参加的诉讼活动具有同等的法律效力，其代理权限为全权代理。

(3) 法定代理人的诉讼地位

法定代理人的代理权是基于亲权或者监护权而产生的，因而其在诉讼中居于与原告或第三人相类似的诉讼地位。凡是原告享有的诉讼权利，他都有权代为行使；凡是原告承担的诉讼义务，他都应代为履行。他所进行的诉讼行为视为原告或第三人的行为。原告的法定代理人不仅有权代原告处分诉讼权利，如起诉、上诉等，而且有权处分原告的实体权利，如放弃诉讼请求、撤诉等。

10.3.3.2 委托代理人

(1) 委托代理人的概念

委托代理人是指受当事人或法定代理人的委托而代理当事人进行诉讼行为的人。《行政诉讼法》第二十九条规定，当事人、法定代理人，可以委托一至二人代为诉讼。律师、社会团体、提起诉讼的公民的近亲属或者所在单位推荐的人，以及经人民法院许可的其他公民，可以受委托为诉讼代理人。行政诉讼法规定的委托代理人的范围十分广泛，这为当事人、法定代理人委托诉讼代理人提供了便利。当事人、法定代理人、委托代理人代为诉讼的，应当向受理案件的人民法院提交授权委托书。授权委托书应当记明委托事项和委托权限。公民在特殊情况下，无法书面委托的，也可以口头委托。口头委托的，人民法院应加以核实并记录在卷。被诉行政机关或其他有义务协助的机关拒绝人民法院向被限制人身自由的公民核实的，视为委托成立。如果解除或变更委托的，应当书面报告人民法院，由人民法院通知其他当事人。

（2）委托代理人的特征

委托代理人的主要特征：一是委托代理权的发生，是基于当事人或法定代理人的意思表示。委托代理人的代理权来自委托人的授权。有诉讼行为能力的当事人可以亲自委托；无诉讼行为能力的当事人应当由其法定代理人进行委托；作为原告的法人或者其他组织以及作为被告的行政机关，在诉讼中需要委托代理人的，应由其法定代表人进行委托。二是代理事项和权限由委托人自行决定。委托代理人的代理权限，取决于委托人的意志，被委托人只能在受托的权限范围内进行诉讼活动。三是当事人、法定代理人必须向法院提交授权委托书。授权委托书既是表明受托人取得代理资格的诉讼文书，又是确定代理权限范围的证明文书。委托代理人代为承认、放弃、变更诉讼请求的，必须有委托人的特别授权。

（3）委托代理人的代理权限和诉讼地位

委托代理人的代理权是委托人授予的，其代理权限依委托人在授权委托书中所确定的授权范围而定。委托人的授权可分为一般授权和特别授权。一般授权，即只在委托书上证明代理人仅有权代为诉讼行为；特别授权，即委托代理人不仅有权代为进行诉讼行为，还可代为处分当事人的某些实体权利。特别授权要有委托人明确表示。一方当事人委托两人代理诉讼时，授权委托书中应分别记明委托代理人各自的代理事项和权限，以免代理人之间因意见不一，而损害委托人的利益。

代理诉讼的律师可以依照规定查阅本案有关材料，可以向有关组织和公民调查，收集证据。对涉及国家秘密和个人隐私的材料，应当依照法律规定保密。但作为被告诉讼代理人的律师，在诉讼过程中，不得自行向原告和证人收集证据。

当事人以及律师以外的诉讼代理人，经人民法院许可，可以在人民法院内查阅本案庭审材料，但涉及国家秘密和个人隐私的除外。当事人及诉讼代理人对准许查阅的庭审材料，可以摘抄，但不得擅自复制。

委托代理人的代理权一般因下列原因而消灭：诉讼终结、委托代理人丧失诉讼行为能力或者死亡、被代理人解除委托代理或者委托代理人辞去委托等。

10.3.3.3 指定代理人

指定代理人是指被人民法院指定代理无诉讼能力的当事人进行诉讼的人。指定代理适用于原告、共同诉讼人、第三人为无诉讼能力又无法定代理人，或者虽有法定代理人但不能行使代理权的场合。指定代理人的特点：一是指定代理的被代理人是无诉讼行为能力的公民；二是被代理人无法定代理人，或者虽有法定代理人但其无代理能力。

为无诉讼能力人指定代理人，旨在保护其合法权益和保证诉讼活动的顺利进行。指定代理人在代理被代理人处分实体权利时，应接受人民法院的审查和监督。

案例解析

本节案例中，法院认为"房前屋后"的范围一般是指农村居民宅基地的范围；依法不需办理，林木采伐许可证的"零星林木"，一般是指农村居民宅基地范围内的零星分布的林木。李某采伐的林木必须办理林木采伐许可证后方可采伐。

10.4　林业行政诉讼程序

案例

2010年至2012年期间，某村村委会购买树苗种植林木，林木的所有权归该村村委会所有。村委会于2013年4月，将林木承包给第三人王某，并签订了林木承包经营合同。王某经申请，由县政府于2013年6月为其办理了两份林权证。原告同村村民张某等13人认为，县政府为王某颁发林权证的行为事实不清、证据不足、程序违法，向法院提起行政诉讼，请求法院撤销被告县政府为第三人王某颁发的两份林权证。

法院经审理认为，原告没有提供其对争议林木享有所有权的证据，故其原告主体不适。村委会将其所有的林木承包给第三人王某，并通过被告县政府办理林权证的行为，没有侵害原告的合法权益，故裁定驳回张某等13人的起诉。

法院驳回张某等13人的起诉是否合理？

林业行政诉讼程序，是指人民法院受理林业行政案件之后至终审之前所适用的法定步骤和方式。我国的行政诉讼程序分为：第一审程序、第二审程序、审判监督程序和执行程序。

10.4.1　第一审程序

第一审程序是所有林业行政案件的法定必经程序。它是指人民法院首次审理林业行政诉讼案件的程序。它包括起诉、受理、审理前的准备工作、开庭审理和判决五个阶段。

10.4.1.1　起诉

起诉是指公民、法人或者其他组织认为林业行政执法主体的具体行政行为侵犯其合法权益，依法向人民法院提起诉讼，要求法院对具体行为进行审查从而保护自己合法权益的诉讼行为。原告起诉应当符合《行政诉讼法》第四十一条规定的以下条件：原告必须是认为具体行政行为侵其合法权益的相对人；有明确的被告；有具体的诉讼请求、事实和理由；属于人民法院受案范围和受诉人民法院管辖；在法定期限内起诉。如图10-2所示。

公民、法人或者其他组织直接向人民法院提起诉讼的，应当自知道或者应当知道作出行政行为之日起六个月内提出。法律另有规定的除外。因不动产提起诉讼的案件自行政行为作出之日起超过二十年，其他案件自行政行为作出之日起超过五年提起诉讼的，人民法

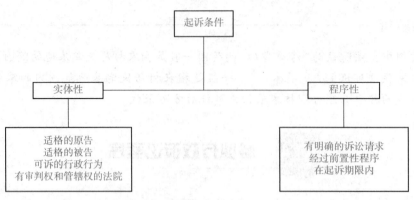

图 10-2　起诉条件

院不予受理。公民、法人或者其他组织申请行政机关履行保护其人身权、财产权等合法权益的法定职责，行政机关在接到申请之日起两个月内不履行的，公民、法人或者其他组织可以向人民法院提起诉讼。法律、法规对行政机关履行职责的期限另有规定的，从其规定。公民、法人或者其他组织因不可抗力或者其他不属于其自身的原因耽误起诉期限的，被耽误的时间不计算在起诉期限内。公民、法人或者其他组织因不可抗力或者其他不属于其自身的原因以外的其他特殊情况耽误起诉期限的，在障碍消除后十日内，可以申请延长期限，是否准许由人民法院决定。

起诉的方式。起诉应当向人民法院递交起诉状，并按照被告人数提出副本。书写起诉状确有困难的，可以口头起诉，由人民法院记入笔录，出具注明日期的书面凭证，并告知对方当事人。

10.4.1.2　受理

受理是指人民法院对原告的起诉经审查后，在法定期限内决定是否立案的诉讼行为。人民法院对原告起诉的审查主要包括：是否符合《行政诉讼法》第四十一条起诉的条件；依法应当经过行政复议的行政争议是否经过行政复议；是否重复起诉；起诉手续是否明确、完备。经过审查后，法院应当在七日内作出受理或者不予受理的决定。原告对不予受理的裁定不服的，依法可以提起上诉。起诉一经法院受理，即产生一定的法律效果，标志着行政诉讼的开始。从实体法上讲，诉讼时效就中断；从程序法上讲，受理法院就取得了对该案件的审判权和审理解决行政案件的义务；起诉与应诉各方也分别取得原告和被告的权利和义务。

10.4.1.3　审理前的准备工作

审理前的准备工作是人民法院受理案件后到开庭前，为保证庭审工作的顺利进行所做的一系列准备工作。其内容包括送达诉讼文书、组织合议庭并决定条件是否公开审理等。

（1）送达诉讼文书

人民法院应当在立案之日起五日内将原告的起诉状副本送达给被告，通知其应诉；被告应当在收到起诉状副本之日起十日内提交答辩状；人民法院在收到被告答辩状后五日内将答辩状副本送达给原告。如果被告不提交答辩状的，不影响人民法院对案件的审理。

（2）组织合议庭并决定案件是否公开审理

合议庭由3人以上的单数审判员或审判员和人民陪审员组成，其中由一名审判员担任审判长，审判长由法院院长或行政审判庭庭长指定，院长或庭长参加合议庭时，由院长或庭长担任审判长。合议庭成员地位平等，对案件的调查、审理、裁判以及其他审理中的重要事项，均由全体成员按照少数服从多数的原则决定，合议庭成员对所审理的案件应负集体责任。除了案件事实涉及国家机密、商业秘密和个人隐私的案件外，依法应当公开审理。

（3）依原告、第三人、共同诉讼人的申请和依职责调查收集证据

人民法院在审查被告提供的作出具体行政行为所依据的证据等诉讼材料的基础上，可以根据原告、第三人、共同诉讼人的申请或审理需要，依法调查和收集有关证据；对一些专门性问题委托或聘请鉴定人进行司法鉴定；采取证据保全措施等。

（4）确认、更换和追加当事人

经过调查，人民法院根据案情需要确认原告、被告和第三人资格，对于不具备当事人资格的应当依法更换或追加新的当事人。

（5）通知和公告

人民法院在开庭三日前将庭审的时间、地点和方式通知当事人及其他诉讼参与人开庭审理的时间、地点和方式，并依法进行公告公开审理案件的法定项目。

10.4.1.4 开庭审理

开庭审理是指在当事人和其他诉讼参与人的共同参加下，在法院合议庭的主持下，依法定程序对当事人之间的行政争议案件进行审理，查明案件事实，适用相应的法律、法规，并作出裁判的活动，它是整个审判程序的中心环节。

在开庭审理前由书记员查明当事人和其他诉讼参与人是否到庭，向全体到庭人员及旁听者宣布法庭纪律。法庭审理主要分为以下四个阶段。

（1）宣布开庭

首先由审判长宣布开庭；然后核对原告、被告及第三人的身份、宣布案由、宣布审判人员、书记员名单；告知当事人的有关诉讼权利和义务；询问当事人是否申请回避并作出决定；审查代理人的资格和代理权限。

（2）法庭调查

首先，依次由原告陈述起诉意见，被告提出答辩和第三人发表意见；其次，合议庭根据起诉状和答辩状的内容，分别概括原告的诉讼请求和理由、被告的答辩观点和理由和第三人的发言、小结并提出本案争点和审理要点，征询各方当事人的意见，然后依次按原告、被告、第三人的顺序出示有关证据，相互质证；再次，由合议庭宣读合议庭依法收集的证据，由各方当事人质证和发表意见。法庭调查的主要目的，是审查被告出示的证据的关联性、真实性和合法性，查明案件事实，为正确确认事实和下一步适用法律作出裁判奠定前提和基础。

(3) 法庭辩论

法庭辩论是当事人及其诉讼代理人运用证据和法律、其他规范性文件，就案件争议的事实和应当适用的法律、其他规范性文件阐明己方的观点和法律理由，反驳对方的观点和法律理由的诉讼活动。"法律理由"是指根据现有证据及其可采性如何认定本案案件事实，以及依照法律等级效力和法的适用规则如何适用法律、其他规范性文件的论点、论据。法庭辩论的主要目的，是听取各方当事人对案件争议焦点的观点和理由，进一步核实证据、查明案件事实和正确适用法律，对具体行政行为的合法性与否进行审查。

(4) 合议裁判

法庭辩论后，审判长宣布休庭，由合议庭组成人员退庭进行合议。合议庭对当事人各方出示和法庭宣读的证据进行确认采信后，据以认定案件事实，然后适用相关法律判定被告所作具体行政行为是否合法有效，最终形成法院对案件的判决。合议结论遵照少数服从多数的原则决定，但少数人的意见应当如实写入合议记录，每一名合议庭成员均应在合议笔录上签名。

10.4.1.5 判决

判决是人民法院对行政案件经过审理，根据查明的案件事实，依照相关法律法规对案件作出职务上的判定。法院判决可以分为以下 6 种判决形式。

(1) 维持判决

行政主体作出的具体行政行为事实清楚、证据确凿充分，适用法律正确，程序合法，依法应作出维持判决。

(2) 撤销判决

行政主体作出的具体行政行为的全部内容或部分内容依据的主要证据不足，适用法律错误、程序违法、超越职权和滥用职权，依法应作出撤销判决。

(3) 变更判决

对于行政主体作出的显失公正的具体行政行为，依法应作出变更判决。

(4) 履行判决

对于行政主体依法负有履行职责、具有法定义务而消极不作为的案件，依法应作出限期履行判决。

(5) 驳回判决

对于原告起诉被告不作为理由不成立，被诉具体行政行为合法，但因法律、政策变化需要变更或废止的以及其他情形，依法应作出驳回判决。

(6) 确认判决

被告不履行法定职责，但判决责令其履行已无实际意义；被诉具体行政行为违法，但具有不可撤销的内容；被诉的具体行政行为依法不成立或无效的，依法应当作出确认具体行政行为违法或者无效的判决。对于人民法院的判决，法庭可以当庭宣判，也可以定期宣判。但不论哪种形式，宣告判决一律公开进行。如果当庭宣判的应当在十日内送达判决书；定期宣判的，应当在宣判后立即送达判决书。判决宣告时，依法应当告诉当事人不服一审判决的上诉权利、上诉期限和上诉法院。

《行政诉讼法》第八十一条规定:"人民法院应当在立案之日起六个月内作出第一审判决。有特殊情况需延长的,由高级人民法院批准,高级人民法院审理第一审案件需要延长的由最高人民法院批准。"第一审程序的审限,1989年的行政诉讼法规定3个月,2014年修改后,延长到6个月。

10.4.2 第二审程序

第二审程序,又称上诉审程序、终审程序,是指当事人对第一审人民法院做出的尚未生效判决或裁定不服的,依法向上一级法院提起上诉,请求上一级法院对案件重新审理和裁判的程序。第一审程序是第二审的前提和基础,第二审程序是第一审程序的继续和发展。但并不是所有的案件都必须经过第二审程序,只有当事人上诉才是第二审程序开始的动因。通过第二审程序可以及时纠正第一审的错误判决,保护当事人的合法权益,有利于上级法院对下级法院的审判活动实施监督、检查。第二审程序为终审程序,当事人不服,不得上诉。

根据《行政诉讼法》的规定,除该法有特别规定的以外,第二审程序适用第一审程序的规定。第二审程序有其特殊规定。

10.4.2.1 上诉的提起

上诉是指当事人不服人民法院的一审裁判,提请二审法院行使审判监督权的诉讼行为。法律在赋予当事人诉权的同时也规定了上诉的条件。

(1)实质条件

即上诉人对哪些一审判决和裁定可以提起上诉。一审当事人对一审法院做出的各种判决均可以提起上诉;对于裁定的上诉,仅限于不予受理裁定。《行政诉讼法》第四十二条的规定:"人民法院接到起诉状,经审查,应当在七日内立案或者作出裁定不予受理,原告对裁定不服的,可以提起上诉。"

(2)形式条件

即法律对上诉人、上诉期限等问题的限制。有权提起上诉的主体,包括第一审程序中的原告、被告和第三人。上诉期限,即法律规定的上诉权行使的时间限制,只有在诉期限内上诉才可以行使上诉权。如果超越了法定的期限,一审裁判就发生终审性法律效力,上诉权也就失去存在的理由。《行政诉讼法》规定了两种上诉期限,即对判决的上诉期为十五日,对裁定的上诉期为十日。上诉人提出上诉,原则上须提交书面上诉状。应当按照其他当事人或者诉讼代理人的人数提出上诉状副本;原审人民法院在收到上诉状的五日内,将上诉状副本送达其他当事人,对方当事人应在收到上诉状副本之日起十日内提出答辩状;原审人民法院应当在收到答辩状之日起五日内将答辩状副本送达对方当事人;原审人民法院收到上诉状、答辩状后,应当在五日内连同全部案卷和证据,报送二审人民法院。上诉状是上诉人行使上诉权意思表示的外在形式,上诉状应载明改变一审法院裁判的请求、上诉事实和具体理由。当事人收到一审裁判后在规定期限内不上诉或逾期上诉的,当事人都会失去上诉权，人民法院的第一审裁判便发生法律效力。

10.4.2.2　对上诉的审理

《行政诉讼法》第八十八条规定："人民法院审理上诉案件，应当在收到上诉状之日起3个月内作出终审判决。有特殊情况需要延长的，由高级人民法院批准，高级人民法院审理上诉案件需要延长的，由最高人民法院批准。"这说明，现行行政诉讼的二审审限是3个月。二审不设置简易程序，因而3个月是二审所有案件的统一审限。2014年行政诉讼法的修改，随着行政诉讼一审审限从3个月调整为6个月，二审审限也相应从2个月调整为3个月。二审审限是3个月。

二审法院审理上诉案件，应当对原审人民法院的裁判和被诉具体行政行为是否合法进行全面审查，即实行全面审查原则。审理形式分为开庭审理和书面审理两种方式。

(1) 开庭审理

开庭审理适用于当事人对原审人民法院认定的事实有争议或者二审人民法院认为原审人民法院认定事实不清。首先，二审人民法院在开庭前须组成合议庭，二审的合议庭应由审判员组成。其次，审查有关上诉材料，合议庭通过阅卷和必要的调查，弄清双方争议的案件焦点，包括法律和事实问题。二审开庭审理的各个阶段与一审程序基本相同。但审判实践中，通常二审法院重在调查、质证新证据，法庭调查和法庭辩论相对简约。

(2) 书面审理

书面审理适用于除事实清楚以外的情形。即人民法院对于事实清楚的上诉案件，在诉讼参加人不出席法庭，不向社会公开的情况下，根据书面材料对案件进行审理的裁判活动。它分以下几个步骤：第一，确定案件是否属于书面审理范围。判断案件是否属于书面审理的标准是：一是上诉当事人对案件事实问题没有争议；二是二审法院一审裁判所依据的事实清楚。第二，组成合议庭。合议庭由审判员组成，并把组成情况通知上诉当事人，当事人可以申请合议庭组成人员回避。第三，审阅案卷，弄清争议的焦点问题和可能存在的问题，主要是在适用法律上的争议。第四，合议庭评议。第五，做出二审判决或裁定。

10.4.2.3　裁判

无论是书面审理或是开庭审理，人民法院应当在收到上诉状之日起2个月内做出终审判决。有特殊情况需要延长的，由高级人民法院批准，高级人民法院审理上诉案件需要延长的，由最高人民法院批准。

根据《行政诉讼法》第八十九条和(《行政诉讼法解释》第一百零九条规定，二审人民法院应当针对上诉案件中的不同情况作出不同的裁判。

(1) 驳回上诉，维持原裁判

原判决、裁定认定事实清楚，适用法律法规正确，符合审判程序的，二审法院就判决或者裁定驳回上诉，维持原判决裁定的法律效力。一般而言，原审是裁定的，二审也作出裁定，原审是判决的，二审也作出判决。但对于原审判决严重违反法定程序，要发回重审的，采用裁定。

(2) 裁定撤销一审裁定，指令立案和审理

如果一审法院对当事人作出不予立案或者驳回起诉的裁定，当事人不服提起上诉。二审法院经审理认为原审法院不予立案或者驳回起诉的裁定确有错误且当事人的起诉符合起诉条件的，应当裁定撤销原审法院的裁定，并指令原审法院依法立案或者继续审理。

(3) 依法改判、撤销或者变更原裁判

原判决、裁定认定事实错误或者适用法律、法规错误的，或者既认定事实错误又适用法律、法规错误，二审法院应当依法改判、撤销或者变更原裁判。一审判决认定事实错误或者适用法律、法规错误的，二审法院以判决方式直接改判。改判是指用二审判决改变一审判决的内容。如果是一审裁定认定事实错误或者适用法律、法规错误的，二审法院应当以裁定的方式予以撤销或改变原裁定。

(4) 发回重审或直接改判

原判决认定基本事实不清、证据不足的，二审法院就有两种做法：一是发回原审人民法院重审；二是查清事实后直接改判。如果原审判决认定事实错误不严重，二审法院可查清事实后直接改判；如果原审判决认定事实错误非常严重，连基本事实也不清楚，那就应当发回原审法院重新审理。

(5) 裁定撤销原判决并发回重审

原判决遗漏当事人或者违法缺席判决等严重违反法定程序的，裁定撤销原判决，发回原审人民法院重审。只要是一审程序严重违反法定程序的，二审法院就应当裁定撤销原判决并发回重审。严重违反法定程序的情形包括：①遗漏当事人。如剥夺第三人的诉讼权利，共同诉讼中应当参加的当事人没有通知其参加。②违法缺席判决。如缺席判决不符合《行政诉讼法》第五十八条规定的条件和程序的。③其他严重违反法定程序的情形，如剥夺当事人聘请律师辩论的权利等。对于严重违反法定程序的情形，虽然当事人是针对一审判决上诉，但二审法院只能适用裁定。

10.4.3 再审程序

再审程序是指人民法院对已经发生法律效力的判决和裁定，发现确有错误，经审判委员会决定由人民法院进行再次审理的程序。审判监督程序与第二审程序都是为审查、纠正错误判决、裁定而设定的程序，但二者在提起的主体、审理的对象、提起的理由和审理的法院等方面都是不同的。审判监督程序的意义，旨在坚持有错必纠的方针，保护当事人的合法权益。

10.4.3.1 再审案件的提起

根据《人民法院组织法》和《行政诉讼法》的规定，有权提起再审的人员和机关有：各级人民法院的院长对本院做出的已经生效的判决和裁定认为确有错误的，应当提交审判委员会决定是否再审；上级人民法院对下级人民法院做出的已生效判决、裁定认为确有错误的，有权提审或指令下级人民法院再审；最高人民检察院对各级人民法院已生效的裁判、裁定，上级人民检察院对下级人民法院已生效的裁判或裁定，如果发现有违反法律、法规规定的,有权向同级人民法院提出抗诉;当事人申请再审,应当在裁判、裁定发生法律效力后的两年内提出;当事人对生效的行政赔偿调解书,提出证据证明调解违反自愿原则或者调解协议的内容违反法律规定的,也可以在两年内申请再审。当事人的申请符合下列情形之一的,人民法院应当再审。

①不予立案或者驳回起诉确有错误的。
②有新的证据,足以推翻原判决、裁定的。
③原判决、裁定认定事实的主要证据不足、未经质证或者系伪造的。
④原判决、裁定适用法律、法规确有错误的。
⑤违反法律规定的诉讼程序,可能影响公正审判的。
⑥原判决、裁定遗漏诉讼请求的。
⑦据以作出原判决、裁定的法律文书被撤销或者变更的。
⑧审判人员在审理该案件时有贪污受贿、徇私舞弊、枉法裁判行为的。

当事人对生效裁判的申诉是启动再审程序的一种可能,但并不必然引起再审程序,而只是人民法院发现生效裁判错误的途径之一。这是因为能启动再审程序的法定条件是生效裁判确有错误。因此,当事人再审申请的效力不具有上述前3种公权力行为的强制力。

10.4.3.2 再审案件的审理程序

凡是决定再审的林业行政案件,不管通过哪条途径进入再审,原判决和裁定均应中止执行。中止原判决、裁定执行的裁定应由人民法院院长署名,加盖人民法院印章。原来只经第一审人民法院审理就终结而生效的裁判,无论是自行再审或是指令再审,应按照第一审程序重新审理,并应当另行组成合议庭,原合议庭成员应当一律回避。审理后做出的裁判是第一审裁判,当事人不服的,可以上诉。原来是第二审法院审理而生效的裁判、裁定,再审时适用第二审程序,做出的裁判为终审判决、裁定,为终审的判决、裁定,当事人不得上诉。

人民法院审理再审案件,发现生效裁判有下列情形之一的,应当裁定发回作出生效判决、裁定的人民法院重新审理:审理本案的审判人员、书记员应当回避而未回避的,依法应当开庭审理而未经开庭即作出判决的;未经合法传唤当事人而缺席判决的;遗漏必须参加诉讼的当事人的;对与本案有关的诉讼请求未予裁判的;其他违反法定程序可能影响案件正确裁判的(图10-3)。

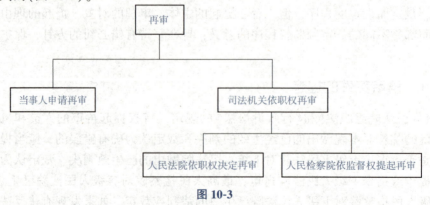

图 10-3

10.4.3.3 再审案件的裁判

人民法院按照审判监督程序对案件进行重新审理后，根据案情分别做出以下判决。

(1) 维持原判

原判决、裁定认定事实和适用法律并无错误的，做出维持原判或裁定，恢复原裁判执行。

(2) 依法改判

原判决、裁定认定事实和适用法律确有错误，判决撤销原判，予以改判。

(3) 依法判决或发回重审

原判决认定事实不清或证据不足，判决撤销原判，根据重新认定的事实做出判决或发回原审法院重新审理。

起诉、上诉和申诉尽管都是行政案件当事人的一种诉讼行为，但在提起主体、针对对象、诉讼条件和诉讼期限等方面则显著不同。

10.4.4 执行程序

执行程序是指人民法院根据申请人的申请，对拒不履行生效行政法律文书、行政裁判文书的义务人，采取强制措施，使生效行政法律文书、行政裁判文书的内容得以实现的程序。如图 10-4 所示。

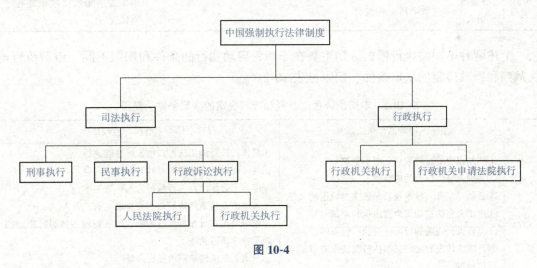

图 10-4

10.4.4.1 行政案件的执行条件

行政案件的执行，是指人民法院或行政主体依法定程序，强制当事人履行生效法律文书所确定义务的行为。行政案件的执行，依执行根据不同可分为对司法裁判的执行和对具体行政行为的执行。所谓执行根据是指人民法院据以采取执行措施的生效法律文书。对司法裁判的执行，执行根据是人民法院已生效的行政诉讼文书（行政判决书、行政裁定书、行政赔偿判决书、行政附带民事诉讼判决书、行政赔偿调解书）。对行政具体行政行为的执行，是人民法院以生效行政决定书、行政裁决书等生效行政法律文书为执行根据所依法采取的执行行为。生效行政诉讼文书和生效行政法律文书在产生程序、制作主体、执行程序等均有明显区别。起诉、上诉、申诉的主体、对象、期限和条件见表10-1。

表10-1 起诉、上诉、申诉的主体、对象、期限和条件

名称	提起主体	针对对象	诉权期限	诉讼条件
起诉	林业行政相对人	林业具体行政行为	①直接向法院起诉，应当在知道作出具体行政行为之日起三个月内提出 ②行政机关未做出具体行政行为时未告知当事人诉权或起诉期限的，从当事人实际指导诉权或者起诉期限时计算，但预期时间最长不超过一年 ③经过复议程序的，申请人对复议决定不服的，可以在接到复议决定之日起十五日内向法院起诉 ④复议机关逾期不做出决定的，申请人可以在复议期满之日起十五日内向法院起诉。但法律另有规定的除外	①原告是认为具体行政行为侵犯其合法权益的相对人 ②有明确的被告 ③有具体的诉讼请求、事实和理由 ④属于人民法院受案范围和受诉人民法院管辖 ⑤在法定期限内起诉
上诉	一审诉讼当事人	一审未生效裁判	对判决的上诉期为十五日，对裁定的上诉期为十日	认为一审未生效裁判在认定事实或适用法律或审理程序有错误
申诉	一、二审诉讼当事人	一、二审生效裁判	申诉无法定期限，申诉再审须在裁判生效后两年内提出	当事人认为生效裁判在认定事实或适用法律或审理程序有错误

上述两种不同的执行根据区别主要在于两者启动执行的条件和期限不同。申请执行司法裁判和行政决定的法定条件、期限见表10-2。

表10-2 申请执行司法裁判和行政决定的法定条件、期限

	当事人申请执行司法裁判	行政主体等申请执行行政法律文书
执行条件	①必须以生效行政裁判文书为依据 ②必须具有可执行的内容 ③必须是义务人拒绝履行司法文书规定的义务 ④申请人在法定期间内提出执行申请 ⑤符合人民法院的行政诉讼执行管理的规定 ⑥行政主体没有法定强制执行权或没有启动自行执行权	①具体行政行为依法可以由人民法院执行 ②具体行政行为已生效并具有可执行内容 ③申请人是作出具体行政行为的行政主体 ④被申请人是该具体行政行为所确定的义务人 ⑤被申请人在具体行政行为确定的或行政主体另行指定的期限内未履行义务 ⑥申请人在法定期限内提出申请 ⑦被申请执行的行政案件属于受案的人民法院管辖
法定期间（限）	①申请人是公民的，申请执行生效司法裁判的期限为1年 ②申请人是法人或其他组织的，申请执行生效司法文书的期限为一百八十日	①行政主体申请人民法院执行其生效具体行政行为的法定期限，自相对人法定起诉期限届满之日起6个月内 ②行政裁决中确定的权利人或其继承人、权利承受人在行政机关未申请执行其生效行政裁决的，可以在上述①规定6个月期限届满后的3个月内申请人民法院强制执行

10.4.4.2 行政案件的一般执行程序

(1) 提起执行的方式

执行案件的提起方式有两种：一是移送执行，即人民法院的审判人员依职权主动将生效司法裁判交付执行；二是申请执行，即司法裁判、行政法律文书确定的义务人在裁判确定的期限内，拒绝履行生效法律文书规定的法定义务的，权利人依法申请人民法院强制执行。无论是当事人申请执行司法裁判或是行政主体申请执行其行政决定等，或是行政裁决中确定的权利人或其继承人、权利承受人申请执行生效行政裁决，原则上必须向人民法院提交书面申请执行书。申请书须写明申请人、被执行人的基本情况，申请执行的根据，申请执行的事实和理由，并附具生效法律文书等有关材料。如图10-5所示。

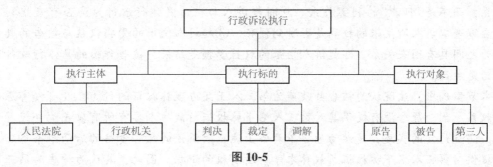

图 10-5

(2) 审查立案

人民法院对行政主体申请执行其具体行政行为的案件，符合上述受理条件的，应当在受理后的三十日内由行政审判庭组成合议庭进行审查，并就是否准予强制执行作出裁定。对明显缺乏事实根据、法律依据以及明显违法并损害被执行人合法权益的，应当裁定不予执行；对于行政诉讼当事人申请人民法院执行其生效司法裁决的，由人民法院的执行机构负责依法执行。

(3) 调查了解

对依法应当强制执行的行政案件，执行人员应当调查了解被执行人不履行义务的原因和履行义务的能力。

(4) 指定履行期限和督促履行

执行人员应当在调查了解被执行人不履行义务的原因、履行义务能力的基础上，明确指定被执行人履行义务的期限，并督促其自行履行义务。

(5) 制定强制执行方案，依法强制执行

强制执行的措施分为两种情况：一是对相对人的执行措施。具体包括：冻结、划拨、扣留、提取被执行人的存款或其他劳动收入；查封、扣押、变卖被执行人的财产；强制拆除违法违章建筑、强制退出非法征用占用的林地等土地等。二是对被告行政主体适用的执行措施。具体包括：归还罚款，给付赔偿金；划拨其账户资金；按逾期履行天数处每日50~100元的罚款；向其上一级机关或监察、人事机关提出对责任人处理的司法建议；情节严重的，依法追究有关主管人员和直接责任人员拒不履行判决裁定罪的刑事责任。

案例解析

根据《行政诉讼法》第二条规定，公民、法人或者其他组织认为行政机关和行政机关工作人员的具体行政行为侵犯自己合法权益，有权依照本法向人民法院提起诉讼。该法第四十一条第一款规定，原告是认为具体行政行为侵犯其合法权益的公民、法人或者其他组织。四十一条第三款又规定了原告提起诉讼必须"有事实根据"。综上规定可见，确定行政诉讼的原告资格应具备下列3个条件：①起诉人有其诉讼主张。即起诉人认为行政主体的具体行政行为或不作为侵犯其合法权益，而向法院提出其具体的诉讼请求。至于其诉讼请求成立与否，是在审理后确定的，并不影响其起诉权的行使。②起诉人起诉的理由是其与具体行政行为有法律上的直接利害关系。"法律上的直接利害关系"所指的是"实际"的利害关系，而不是"可能"的利害关系。判断起诉人与被诉具体行政行为是否有直接利害关系，应审查起诉人所主张的权利是否受到侵犯。③起诉人主张的受损权益与被告的具体行政行为之间具有因果关系。即起诉人主张的权益受损是结果，被告作出的具体行政行为或不作为是原因。

本节案例中，法院认为被告县政府为第三人王某办理林权证的行为，没有侵害原告的合法权益，因为原告没有提供其对第三人名下林权证所载林木享有所有权或承包经营权的证据。法院认定的实质，是认为原告不具备上述行政诉讼的原告资格的后两个条件。原告不能提供对第三人名下林权证所载林木享有所有权的证据，因此，其认为被告为第三人王某颁发的两份林权证的行为侵犯其合法权益，不存在成立侵权纠纷的前提条件，也就不具备原告的法定资格，其请求法院撤销被告的具体行政行为，无事实根据和法律依据。法院驳回其起诉，是正确的。

复习思考题

一、名词解释

1. 林业行政诉讼；2. 林业行政诉讼的受案范围；3. 林业行政诉讼管辖；4. 级别管辖；5. 林业行政诉讼参加人；6. 原告；7. 被告；8. 共同诉讼人；9. 第三人；10. 代理人。

二、填空题

1. 行政案件的执行程序包括_____、_____、_____、_____、_____。
2. 裁判包括_____、_____、_____。
3. 上诉期中裁定的上诉期为_____，判决的上诉期为_____。
4. 开庭审理的过程包括_____、_____、_____、_____。
5. 判决包括_____、_____、_____、_____、_____。

三、问答题

1. 林业行政诉讼的特征是什么？
2. 林业行政诉讼的基本原则是什么？
3. 林业行政诉讼的具体范围是什么？

4. 我国强制执行法律制度是什么？

四、论述题
1. 说明林业行政诉讼中的具体管辖范围？
2. 说明林业行政诉讼参加人与林业诉讼当事人的区别？
3. 说明在林业行政诉讼中要注意的时间？

五、案例分析题

1. 2015年10月，张某拖运4000多千克松脂油到A县销售，当货车行至A县路段时，被林业局的执法人员拦下。执法人员以原告无证经营木材为由，将原告的松脂油予以暂扣。在向原告询问并制作笔录后，即向原告下达了林业行政处罚权利告知书和林业行政处罚决定书，决定对原告违法经营的4000多千克松脂油予以没收。2015年12月，张某向A县所在市的林业局法制办递交了行政复议申请书。法制办于2016年1月口头通知申请人已受理其申请，并电话询问申请人情况，其后再无音信。张某遂于2016年3月，以市林业局为被告向法院提起行政诉讼。被告在接到应诉通知和原告诉状后，答辩称，根据《行政诉讼法》第三十九条规定，公民、法人或者其他组织直接向人民法院提起诉讼的，应当在知道作出具体行政行为之日起3个月内提出，原告于2016年3月起诉，已超过3个月的诉讼时效期间，请求人民法院依法驳回其起诉。法院经审理后认为，被告抗辩原告起诉超过3个月诉讼时效的前提条件错误，并以被告作出具体行政行为的程序严重违法为由，判决撤销了被告的处罚决定。回答下列问题：

原告的诉讼请求是否符合法定时效？

2. 某医药公司于2003年4月，从私人手中收购约30千克药材（豹属国家级重点保护野生动物、豹骨属国家级重点保护药材）。销售后获利6000元，森林公安局接到举报后，依法以其名义作出行政处罚决定：没收违法所得6000元，罚款18 000元。医药公司对处罚不服，欲申请行政诉讼，但因该地区当时是"非典"疫区，政府实行了行政管理措施，限制本地区人员外出。直到当年12月解除应急管制措施后，医药公司才得以向法院提起行政诉讼。请求法院依法确认森林公安局作出的具体行政行为违法，并撤销其处罚决定。回答下列问题：

原告已超过法定诉讼申请期限是否还可以申请诉讼？

3. 2014年6月，某村村委会实施春季造林工作，明确约定：村民在各家林地上所栽树木均归个人所有。此后，村民黄某等7人分别在各家林地上栽上了桉树，经县林业局组织有关人员检查验收，确定为丰产林（65亩）。同年6月，村干部到乡林业站领取造林费时，背着村民以村集体的名义与县林业局签订了经营合同，领取了造林补助金。村干部既没有向本村群众讲明签订合同的情况,也未采取合理补偿措施。村民仍各自管理其栽植的树木。2016年5月,黄某等7人未经林业主管部门批准,私自采伐个人所有的桉树。乡林业站对黄某等7人以盗伐林木为名,分别作出没收盗伐林木、并处所伐林木价值6倍罚款的决定,并当场没收盗伐林木和收缴了罚款。

黄某等7人均不服,向法院提起行政诉讼,请求撤销被告的处罚决定,并退还没收的树木及罚款。法院经审理认为:黄某等7人未经林业主管部门批准,擅自砍伐个人所有的树木,违反了《森林法》的有关规定,应定性为滥伐行为,依法应予处罚。村委会为领取造林补助金,背着群众将村民个人所有的树木以集体名义签订合同的做法是错误的,应负一定责任。林业局处罚定性不准,适用法律不当,依据《森林法》等有关规定作出判决:撤销林业局对黄某等7人的处罚决定,改为对黄某等7人分别处以滥伐林木价值3倍的罚款。回答下列问题。

法院对本案被告的行政处罚决定是否合法?

参 考 文 献

杜秋洋，郭赞权，杨少斌，等. 新形势下《森林防火条例》修订有关问题探讨[J]. 今日消防，2021，6(02)：43-44.
国家林业局政策法规司. 林业行政执法案例评析[M]. 北京：法律出版社，2010.
韩焕金. 新旧《森林防火条例》的解读[J]. 法制与社会，2009(04)：331-332.
韩焕金. 学习新的《森林防火条例》时应注意的几组词语[J]. 林业科技情报，2009，41(4)：18.
黄松林. 中国野生动物及其制品标识与可追溯体系研究[D]. 北京：北京林业大学. 2016.
刘折. 关于公安行政法律文书制作及规范化使用的分析探讨[J]. 法律博览，2017(14)：297.
刘宗仁，吴国新. 林业执法理论与实务[M]. 郑州：黄河水利出版社，2006.
彭发基. 木材运输证签发与管理[M]. 南宁：广西人民出版社，2009.
全国人大环资委法案室，全国人大法工委经济法室，农业部渔业局，国家林业局法规司保护司. 中华人民共和国野生动物保护法解读[M]. 北京：中国法制出版社，2016.
石荣胜. 林业法规与执法实务[M]. 2版. 北京：中国林业出版社，2014.
孙国华，朱景文. 法理学[M]. 4版. 北京：中国人民大学出版社，2015.
孙茂利. 公安行政法律文书制作与范例[M]. 北京：中国人民公安大学出版社，2013.
王祝雄，赵宇翔. 深度解读《国务院办公厅关于进一步加强林业有害生物防治工作的意见》[N]. 中国绿色时报，2014-09-09(2).
汶哲. 新旧《森林防火条例》法律责任条款之比较[J]. 森林公安，2009(01)：28-29.
杨合庆. 中华人民共和国森林法释义[M]. 北京：法律出版社，2020.
尤德康，柴守权. 三起突发林业有害生物事件应急处置案例分析[J]. 中国森林病虫，2010，29(2)：44-46.
张力，贺建伟. 林业政策与法规[M]. 北京：高等教育出版社，2015.
张力，王洪杰. 林业政策法规[M]. 北京：高等教育出版社，2002.
张力. 林业法规与执法实务[M]. 北京：中国林业出版社，2009.
赵文清. 浅谈森林失火案件的法律适用[J]. 森林公安，2009(05)：28-30.

附　录

法律名称	简称(按拼音首字母排序)
《中华人民共和国濒危野生动植物进出口管理条例》	《濒危野生动植物进出口管理条例》
《中华人民共和国草原法》	《草原法》
《中华人民共和国对外贸易法》	《对外贸易法》
《中华人民共和国反不正当竞争法》	《反不正当竞争法》
《中华人民共和国防沙治沙法》	《防沙治沙法》
《中华人民共和国国家赔偿法》	《国家赔偿法》
《中华人民共和国海关法》	《海关法》
《中华人民共和国行政处罚法》	《行政处罚法》
《中华人民共和国行政复议法》	《行政复议法》
《中华人民共和国行政复议法实施条例》	《行政复议法实施条例》
《中华人民共和国行政强制法》	《行政强制法》
《中华人民共和国行政诉讼法》	《行政诉讼法》
《中华人民共和国行政许可法》	《行政许可法》
《中华人民共和国合同法》	《合同法》
《中华人民共和国环境法保护法》	《环境保护法》
《中华人民共和国监察法》	《监察法》
《中华人民共和国进出境动植物检疫法》	《进出境动植物检疫法》
《中华人民共和国立法法》	《立法法》
《中华人民共和国猎枪弹具管理办法》	《猎枪弹具管理办法》
《中华人民共和国陆生野生动物保护实施条例》	《陆生野生动物保护实施条例》
《中华人民共和国陆生野生植物保护实施条例》	《陆生野生植物保护实施条例》
《中华人民共和国民法典》	《民法典》
《中华人民共和国民事诉讼法》	《民事诉讼法》
《中华人民共和国农村土地承包法》	《农村土地承包法》
《中华人民共和国拍卖法》	《拍卖法》
《中华人民共和国人民法院组织法》	《人民法院组织法》
《中华人民共和国森林法》	《森林法》
《中华人民共和国森林法实施条例》	《森林法实施条例》
《中华人民共和国生物安全法》	《生物安全法》

(续)

法律名称	简称（按拼音首字母排序）
《中华人民共和国突发事件应对法》	《突发事件应对法》
《中华人民共和国土地改革法》	《土地改革法》
《中华人民共和国土地管理法》	《土地管理法》
《中华人民共和国土壤污染防治法》	《土壤污染防治法》
《中华人民共和国宪法》	《宪法》
《中华人民共和国消防法》	《消防法》
《中华人民共和国刑法》	《刑法》
《中华人民共和国刑事诉讼法》	《刑事诉讼法》
《中华人民共和国野生动物保护法》	《野生动物保护法》
《中华人民共和国野生植物保护条例》	《野生植物保护条例》
《中华人民共和国招标投标法》	《招标投标法》
《中华人民共和国植物新品种保护条例》	《植物新品种保护条例》
《中华人民共和国植物新品种保护条例实施细则》	《植物新品种保护条例实施细则》
《中华人民共和国治安管理处罚法》	《治安管理处罚法》
《中华人民共和国种子法》	《种子法》
《中华人民共和国自然保护区条例》	《自然保护区条例》